特定共同住宅等の消防用設備等技術基準解説

第2次改訂版

特定共同住宅等防火安全対策研究会 編集

ぎょうせい

はじめに

　平成17年3月25日に、消防法施行令第29条の4に基づき「特定共同住宅等における必要とされる防火安全性能を有する消防の用に供する設備等に関する省令」（平成17年総務省令第40号。以下「共住省令」という。）、「特定共同住宅等の位置、構造及び設備を定める件」（平成17年消防庁告示第2号）、「特定共同住宅等の構造類型を定める件」（平成17年消防庁告示第3号）、「特定共同住宅等の住戸等の床又は壁並びに当該住戸等の床又は壁を貫通する配管等及びそれらの貫通部が一体として有すべき耐火性能を定める件」（平成17年消防庁告示第4号）が、平成18年5月30日に「共同住宅用スプリンクラー設備の設置及び維持に関する技術上の基準」（平成18年消防庁告示第17号）、「共同住宅用自動火災報知設備の設置及び維持に関する技術上の基準」（平成18年消防庁告示第18号）、「住戸用自動火災報知設備及び共同住宅用非常警報設備の設置及び維持に関する技術上の基準」（平成18年消防庁告示第19号）、「戸外表示器の基準」（平成18年消防庁告示第20号）が制定された。これらの省令及び関連する告示は、一定の構造上、設計上の要件を満たした共同住宅等について、消防長又は消防署長が消防法施行令第32条に基づき消防用設備等の設置の緩和を行う際の判断基準を示してきた「共同住宅等に係る消防用設備等の技術上の基準の特例について」（平成7年10月5日消防予第220号。以下「220号通知」という。）を、総務省令及び消防庁告示として定め直したものである。

　共同住宅に関する特例基準は、共同住宅の構造や設計による防火安全性能を、消防用設備等の設置の要否や設置方法等に反映させてきたものである。時代の進展と共に共同住宅の大規模化、高層化、多様化、住戸の大型化、他用途との複合化などが進んできたことを踏まえ特例基準も時代に即した基準とするために、概ね10年ごとに見直しと改正が行われてきたものである。

　220号通知は、高層マンションが続々と建設され、また住宅火災による死者が年々増加する状況の中で、「昭和36年8月1日付け自消乙予発第118号通知」、「昭和50年5月1日付け消防安第49号」、「昭和61年12月5日付け消防予第170号」による過去の共同住宅等特例基準の集大成としてそれまでに築き上げられた知見をもとに定められたもので、共同住宅等の安全確保に大きく寄与されており制定後10年を経てもその内容に大きな変更はしていない。

　しかしながら、「行政の透明化」、「性能規定の導入」など、行政を取り巻く新たな動きを踏まえ、共同住宅等特例基準についてもそのあり方について見直しを図ることとなり、平成17年3月25日の共住省令及び関係する告示の制定につながることとなったものである。

　「行政の透明化」という流れの中で、平成6年10月に行政手続法（平成5年法律第88号）が施行され、行政庁の処分その他公権力の行使に当たる行為を行う場合には意思決定過程等を透明化することなどが制度化された。これに伴い、課長通知等に基づく基準については、原則的には政令や省令として定めるべきものとして、より明確に位置づけられることとなった。

このため、予防課長通知によって定められていた「共同住宅等特例基準」についても、政省令や告示などの形で定め直すこととされたものである。

また、従来の消防用設備等に係る技術上の基準は、材料、寸法等を仕様書的に規定する、いわゆる「仕様書規定」的に定められるのが一般的であったが、近年、法令にその規制の目的である「性能」を明確に規定しておき、その性能を満たすための技術的な手法については規制を受ける側の選択に委ねるという「性能規定」を、日本の規制体系の中にできるだけ導入していくということが政府全体の方針となっているところである。

消防庁では、このような政府全体の方針のもと、平成15年に消防法を改正し、消防用設備等の技術基準に性能規定の導入を図った。この改正では、消防法第17条に第3項を新設して、通常の消防用設備等に代えて総務大臣が同等の「性能」を有すると認める「特殊消防用設備等」を用いることができるとするとともに、第1項に政令以下の規定に性能規定を導入していくための根拠となる「消火、避難その他の消防の活動のために必要とされる性能」という概念を導入した。

同条第1項の規定を受けて新設されたのが、消防法施行令第29条の4である。この規定では、「通常用いられる消防用設備等」に代えて、総務省令で定めるところにより消防長等が「通常用いられる消防用設備等」と同等以上の「防火安全性能を有する消防の用に供する設備等」を有すると認めたものを用いることができることとされた。消防用設備等に求められる性能として、「火災の拡大を初期に抑制する性能」、「火災時に安全に避難することを支援する性能」、「消防隊による活動を支援する性能」と規定し、仕様規定を残しつつ必要に応じて省令等を定め、防火安全性能が同等以上であると認められた設備を設置することができることとなったものである。

これにより、共住省令では、特定共同住宅等について、屋内消火栓設備やスプリンクラー設備、自動火災報知設備などの「通常用いられる消防用設備等」に代えて、「住宅用消火器及び消火器」、「共同住宅用スプリンクラー設備」、「共同住宅用自動火災報知設備」、「住戸用自動火災報知設備及び共同住宅用非常警報設備」、「共同住宅用連結送水管」、「共同住宅用非常コンセント設備」を「特定共同住宅等における必要とされる防火安全性能を有する消防の用に供する設備等」として用いることができると規定されたところである。

共住省令は、基本的に220号通知の考え方を踏襲しつつ、「必要とされる防火安全性能」という概念に基づいて整理したものである。

共同住宅等の防火安全に関する基本的な考え方そのものは時代によって変化しているが、共住省令により特定共同住宅等の防火安全については、構造類型と階数に応じて「必要とされる防火安全性能を有する消防の用に供する設備等」を定めることにより「防火安全性能」の視点から判断することとなった。これは単に建築構造のみで判断するものではなく、また設備のみで判断するものでもない。

本書では、特定共同住宅等に係る「建築構造」及び「特定共同住宅等における必要とされる防火安全性能を有する消防の用に供する設備等」について解説するものである。

なお、本書の内容は、令和6年4月1日現在の法令等によるものである。

令和6年10月

特定共同住宅等防火安全対策研究会

凡　例

消防法（昭和23年法律第186号）　…………………………………………「法」

消防法施行令（昭和36年政令第37号）　………………………………「令」

消防法施行規則（昭和36年自治省令第6号）　………………………「規則」

特定共同住宅等における必要とされる防火安全性能を有する消防

　　の用に供する設備等に関する省令（平成17年総務省令第40号）「共住省令」

特定共同住宅等の位置、構造及び設備を定める件

　　（平成17年消防庁告示第2号）　…………………………………「位置・構造告示」

特定共同住宅等の構造類型を定める件

　　（平成17年消防庁告示第3号）　…………………………………「構造類型告示」

特定共同住宅等の住戸等の床又は壁並びに当該住戸等の床又は

　　壁を貫通する配管等及びそれらの貫通部が一体として有すべき

　　耐火性能を定める件（平成17年消防庁告示第4号）　…………「区画貫通告示」

危険物の規制に関する政令（昭和34年政令第306号）　…………「危政令」

建築基準法（昭和25年法律第201号）　……………………………「建基法」

建築基準法施行令（昭和25年政令第338号）　……………………「建基令」

平成7年消防予第220号通知　………………………………………「220号通知」

平成17年消防予第188号通知　………………………………………「188号通知」

平成18年消防予第500号通知　………………………………………「500号通知」

目　次

はじめに

第1章　特定共同住宅等に係る消防法令の運用 ——————————1
　第1節　防火対象物の用途分類 ……………………………………2
　第2節　消防用設備等・特殊消防用設備等 ………………………5
　第3節　特定共同住宅等 ……………………………………………9
　第4節　共同住宅等に設置すべき消防用設備等 …………………11
　第5節　特殊消防用設備等・消防用設備等と消防設備士及び点検資格者制度 …………17
　第6節　消防用設備等の技術基準の性能規定化と特定共同住宅等における
　　　　　必要とされる防火安全性能を有する消防の用に供する設備等に関する省令 ………19

第2章　特定共同住宅等における必要とされる防火安全性能を有する
消防の用に供する設備等に関する基準 ——————————21
　第1節　特定共同住宅等における必要とされる防火安全性能を有する
　　　　　消防の用に供する設備等に関する一連の省令・告示の概要・構成 ……………22
　第2節　特定共同住宅等における必要とされる防火安全性能を有する
　　　　　消防の用に供する設備等に関する省令 …………………34
　第3節　特定共同住宅等における必要とされる防火安全性能を有する
　　　　　消防の用に供する設備等に関する基準を適用する場合の建築構造上の要件 ………39
　第4節　特定光庭の判断基準 ………………………………………56
　第5節　開放型の廊下及び階段室等の判断基準 …………………75
　第6節　二方向避難の判断基準 ……………………………………100
　第7節　共同住宅用スプリンクラー設備に関する基準 …………109
　第8節　共同住宅用自動火災報知設備の設置基準 ………………119
　第9節　住戸用自動火災報知設備の設置基準 ……………………126
　第10節　共同住宅用非常警報設備の設置基準 …………………131
　第11節　共住省令の運用 …………………………………………133

第3章　特定共同住宅等のタイプ別の設計例 ——————————135
　第1節　片廊下型共同住宅 …………………………………………136
　第2節　階段室型特定共同住宅等 …………………………………149
　第3節　中廊下型共同住宅等 ………………………………………158
　第4節　コア型共同住宅 ……………………………………………166
　第5節　ボイド型共同住宅 …………………………………………172

第4章　共同住宅等の防火管理 ——————————————————185
　第1節　防火管理制度の概要 ………………………………………186
　第2節　共同住宅の防火管理 ………………………………………191
　第3節　防火管理者の業務の外部委託等に関する事項 …………197

第5章　共同住宅等の防炎物品 ——————————————————201

第6章　参考資料 ——————————————————————————205
特定共同住宅等における必要とされる防火安全性能を有する
消防の用に供する設備等に関する省令
　（平成17年　総務省令第40号）…………………………………206

特定共同住宅等の位置、構造及び設備を定める件
（平成17年　消防庁告示第2号）‥‥‥‥‥‥‥‥‥‥‥‥‥‥‥‥‥‥‥214
特定共同住宅等の構造類型を定める件
（平成17年　消防庁告示第3号）‥‥‥‥‥‥‥‥‥‥‥‥‥‥‥‥‥‥‥217
特定共同住宅等の住戸等の床又は壁並びに当該住戸等の床又は壁を貫通する配管等
及びそれらの貫通部が一体として有すべき耐火性能を定める件
（平成17年　消防庁告示第4号）‥‥‥‥‥‥‥‥‥‥‥‥‥‥‥‥‥‥‥219
特定共同住宅等における必要とされる防火安全性能を有する
消防の用に供する設備等に関する省令等の公布について
（平成17年　消防予第66号）‥‥‥‥‥‥‥‥‥‥‥‥‥‥‥‥‥‥‥‥‥220
特定共同住宅等における必要とされる防火安全性能を有する
消防の用に供する設備等に関する省令等の運用について
（平成17年　消防予第188号）‥‥‥‥‥‥‥‥‥‥‥‥‥‥‥‥‥‥‥‥223
共同住宅用スプリンクラー設備の設置及び維持に関する技術上の基準
（平成18年　消防庁告示第17号）‥‥‥‥‥‥‥‥‥‥‥‥‥‥‥‥‥‥236
共同住宅用自動火災報知設備の設置及び維持に関する技術上の基準
（平成18年　消防庁告示第18号）‥‥‥‥‥‥‥‥‥‥‥‥‥‥‥‥‥‥239
住戸用自動火災報知設備及び共同住宅用非常警報設備の
設置及び維持に関する技術上の基準
（平成18年　消防庁告示第19号）‥‥‥‥‥‥‥‥‥‥‥‥‥‥‥‥‥‥243
戸外表示器の基準
（平成18年　消防庁告示第20号）‥‥‥‥‥‥‥‥‥‥‥‥‥‥‥‥‥‥246
消防用設備等に係る執務資料の送付について
（平成18年　消防予第500号）‥‥‥‥‥‥‥‥‥‥‥‥‥‥‥‥‥‥‥‥247
特定共同住宅等における必要とされる防火安全性能を有する消防の用に供する
設備等に関する省令（平成17年総務省令第40号）等に係る執務資料の送付に
ついて
（平成19年　消防予第114号）‥‥‥‥‥‥‥‥‥‥‥‥‥‥‥‥‥‥‥‥260
消防用設備等に係る執務資料の送付について
（平成19年　消防予第317号）‥‥‥‥‥‥‥‥‥‥‥‥‥‥‥‥‥‥‥‥261
令8区画及び共住区画を貫通する配管等に関する運用について
（平成19年　消防予第344号）‥‥‥‥‥‥‥‥‥‥‥‥‥‥‥‥‥‥‥‥263
消防用設備等に係る執務資料の送付について
（平成28年　消防予第163号）‥‥‥‥‥‥‥‥‥‥‥‥‥‥‥‥‥‥‥‥266
消防用設備等に係る執務資料の送付について
（平成30年　消防予第426号）‥‥‥‥‥‥‥‥‥‥‥‥‥‥‥‥‥‥‥‥267
消防用設備等に係る執務資料の送付について
（平成31年　消防予第103号）‥‥‥‥‥‥‥‥‥‥‥‥‥‥‥‥‥‥‥‥268
消防設備士免状の交付を受けている者又は総務大臣が認める資格を有する者が
点検を行うことができる消防用設備等又は特殊消防用設備等の種類を定める件
（平成16年　消防庁告示第10号）‥‥‥‥‥‥‥‥‥‥‥‥‥‥‥‥‥‥269
消防法（抄）
（昭和23年　法律第186号）‥‥‥‥‥‥‥‥‥‥‥‥‥‥‥‥‥‥‥‥‥271
消防法施行令（抄）
（昭和36年　政令第37号）‥‥‥‥‥‥‥‥‥‥‥‥‥‥‥‥‥‥‥‥‥‥274
消防法施行規則（抄）
（昭和36年　自治省令第6号）‥‥‥‥‥‥‥‥‥‥‥‥‥‥‥‥‥‥‥‥275
建築基準法（抄）
（昭和25年　法律第201号）‥‥‥‥‥‥‥‥‥‥‥‥‥‥‥‥‥‥‥‥‥276
建築基準法施行令（抄）
（昭和25年　政令第338号）‥‥‥‥‥‥‥‥‥‥‥‥‥‥‥‥‥‥‥‥‥277
可燃物燃焼温度を定める件
（平成12年　建設省告示第1432号）‥‥‥‥‥‥‥‥‥‥‥‥‥‥‥‥‥278
準耐火構造の防火区画等を貫通する給水管、配電管その他の管の外径を定める件
（平成12年　建設省告示第1422号）‥‥‥‥‥‥‥‥‥‥‥‥‥‥‥‥‥279

第 1 章

特定共同住宅等に係る
消防法令の運用

第1章●特定共同住宅等に係る消防法令の運用

第1節
防火対象物の用途分類

　防火対象物とは、法第2条において「山林又は舟車、船きょ若しくはふ頭に繋留された船舶、建築物その他の工作物若しくはこれらに属する物をいう。」と定義されており、火災予防の目的を達するために法規制を加える必要のあるあらゆる対象を想定している。

　しかし、防火管理者の選任（法第8条）、共同防火管理の協議（法第8条の2）、消防用設備等の設置及び維持（法第17条）、消防用設備等の設置時の届出（法第17条の3の2）、消防用設備等の点検（法第17条の3の3）等の特別の規制を加える対象としては、これらの防火対象物をしぼり、主として公衆が出入りし、又は多数の者が勤務して比較的火災発生の危険度が高く、火災が発生した場合に消火、延焼防止又は避難が困難で、人命の損傷や物的な面での損害をもたらすおそれが大きいものに限定することが必要であることから、こうした防火対象物を令別表第1において定めている。個人の住宅は、規制の必要性が認められないわけではないが、規制の対象とすることに伴う経済上の負担等の問題もあるので本表から除外されている。ただし、近年、住宅における火災による死者が大幅に増加していることを踏まえ、個人住宅についても住宅用火災警報器等の設置義務が課せられたが、これは令第2章の消防用設備等としてではなく、第1章の火災予防として規定されている。

　令別表第1に掲げる防火対象物は、その用途の類似性を考慮し、次に示すように（1）項から（20）項までに分類されている。

（1）	イ　劇場、映画館、演芸場又は観覧場 ロ　公会堂又は集会場
（2）	イ　キャバレー、カフェー、ナイトクラブその他これらに類するもの ロ　遊技場又はダンスホール ハ　風俗営業等の規制及び業務の適正化等に関する法律（昭和23年法律第122号）第2条第5項に規定する性風俗関連特殊営業を営む店舗（ニ並びに（1）項イ、（4）項、（5）項イ及び（9）項イに掲げる防火対象物の用途に供されているものを除く。）その他これに類するものとして総務省令で定めるもの ニ　カラオケボックスその他遊興のための設備又は物品を個室（これに類する施設を含む。）において客に利用させる役務を提供する業務を営む店舗で総務省令で定めるもの
（3）	イ　待合、料理店その他これらに類するもの ロ　飲食店
（4）	百貨店、マーケツトその他の物品販売業を営む店舗又は展示場
（5）	イ　旅館、ホテル、宿泊所その他これらに類するもの ロ　寄宿舎、下宿又は共同住宅
（6）	イ　次に掲げる防火対象物 （1）　次のいずれにも該当する病院（火災発生時の延焼を抑制するための消火活動を適切に実施することができる体制を有するものとして総務省令で定めるものを除く。） （ⅰ）　診療科名中に特定診療科名（内科、整形外科、リハビリテーション科その他の総務省令で定める診療科名をいう。（2）（ⅰ）において同じ。）を有すること。 （ⅱ）　医療法（昭和23年法律第205号）第7条第2項第4号に規定する療養病床又は同項第5

2

　　　　　号に規定する一般病床を有すること。
　（２）　次のいずれにも該当する診療所
　　（ⅰ）　診療科名中に特定診療科名を有すること。
　　（ⅱ）　四人以上の患者を入院させるための施設を有すること。
　（３）　病院（（１）に掲げるものを除く。）、患者を入院させるための施設を有する診療所（（２）
　　　　に掲げるものを除く。）又は入所施設を有する助産所
　（４）　患者を入院させるための施設を有しない診療所又は入所施設を有しない助産所
ロ　次に掲げる防火対象物
　（１）　老人短期入所施設、養護老人ホーム、特別養護老人ホーム、軽費老人ホーム（介護保険法
　　　　（平成９年法律第123号）第７条第１項に規定する要介護状態区分が避難が困難な状態を
　　　　示すものとして総務省令で定める区分に該当する者（以下「避難が困難な要介護者」とい
　　　　う。）を主として入居させるものに限る。）、有料老人ホーム（避難が困難な要介護者を主
　　　　として入居させるものに限る。）、介護老人保健施設、老人福祉法（昭和38年法律第133
　　　　号）第５条の２第４項に規定する老人短期入所事業を行う施設、同条第５項に規定する小
　　　　規模多機能型居宅介護事業を行う施設（避難が困難な要介護者を主として宿泊させるもの
　　　　に限る。）、同条第６項に規定する認知症対応型老人共同生活援助事業を行う施設その他こ
　　　　れらに類するものとして総務省令で定めるもの
　（２）　救護施設
　（３）　乳児院
　（４）　障害児入所施設
　（５）　障害者支援施設（障害者の日常生活及び社会生活を総合的に支援するための法律（平成17
　　　　年法律第123号）第４条第１項に規定する障害者又は同条第２項に規定する障害児であつ
　　　　て、同条第４項に規定する障害支援区分が避難が困難な状態を示すものとして総務省令で
　　　　定める区分に該当する者（以下「避難が困難な障害者等」という。）を主として入所させ
　　　　るものに限る。）又は同法第５条第８項に規定する短期入所若しくは同条第17項に規定す
　　　　る共同生活援助を行う施設（避難が困難な障害者等を主として入所させるものに限る。ハ
　　　　（５）において「短期入所等施設」という。）
ハ　次に掲げる防火対象物
　（１）　老人デイサービスセンター、軽費老人ホーム（ロ（１）に掲げるものを除く。）、老人福祉
　　　　センター、老人介護支援センター、有料老人ホーム（ロ（１）に掲げるものを除く。）、老
　　　　人福祉法第５条の２第３項に規定する老人デイサービス事業を行う施設、同条第５項に規
　　　　定する小規模多機能型居宅介護事業を行う施設（ロ（１）に掲げるものを除く。）その他
　　　　これらに類するものとして総務省令で定めるもの
　（２）　更生施設
　（３）　助産施設、保育所、幼保連携型認定こども園、児童養護施設、児童自立支援施設、児童家
　　　　庭支援センター、児童福祉法（昭和22年法律第164号）第６条の３第７項に規定する一時
　　　　預かり事業又は同条第９項に規定する家庭的保育事業を行う施設その他これらに類するも
　　　　のとして総務省令で定めるもの
　（４）　児童発達支援センター、児童心理治療施設又は児童福祉法第６条の２の２第２項に規定す
　　　　る児童発達支援若しくは同条第３項に規定する放課後等デイサービスを行う施設（児童発
　　　　達支援センターを除く。）
　（５）　身体障害者福祉センター、障害者支援施設（ロ（５）に掲げるものを除く。）、地域活動支
　　　　援センター、福祉ホーム又は障害者の日常生活及び社会生活を総合的に支援するための法
　　　　律第５条第７項に規定する生活介護、同条第８項に規定する短期入所、同条第12項に規定
　　　　する自立訓練、同条第13項に規定する就労移行支援、同条第14項に規定する就労継続支援
　　　　若しくは同条第17項に規定する共同生活援助を行う施設（短期入所等施設を除く。）
ニ　幼稚園又は特別支援学校

（７）	小学校、中学校、義務教育学校、高等学校、中等教育学校、高等専門学校、大学、専修学校、各種学校その他これらに類するもの
（８）	図書館、博物館、美術館その他これらに類するもの
（９）	イ　公衆浴場のうち、蒸気浴場、熱気浴場その他これらに類するもの ロ　イに掲げる公衆浴場以外の公衆浴場
（10）	車両の停車場又は船舶若しくは航空機の発着場（旅客の乗降又は待合いの用に供する建築物に限る。）

(11)	神社、寺院、教会その他これらに類するもの
(12)	イ　工場又は作業場 ロ　映画スタジオ又はテレビスタジオ
(13)	イ　自動車車庫又は駐車場 ロ　飛行機又は回転翼航空機の格納庫
(14)	倉庫
(15)	前各項に該当しない事業場
(16)	イ　複合用途防火対象物のうち、その一部が（1）項から（4）項まで、（5）項イ、（6）項又は（9）項イに掲げる防火対象物の用途に供されているもの ロ　イに掲げる複合用途防火対象物以外の複合用途防火対象物
(16の2)	地下街
(16の3)	建築物の地階（（16の2）項に掲げるものの各階を除く。）で連続して地下道に面して設けられたものと当該地下道とを合わせたもの（（1）項から（4）項まで、（5）項イ、（6）項又は（9）項イに掲げる防火対象物の用途に供される部分が存するものに限る。）
(17)	文化財保護法（昭和25年法律第214号）の規定によつて重要文化財、重要有形民俗文化財、史跡若しくは重要な文化財として指定され、又は旧重要美術品等の保存に関する法律（昭和8年法律第43号）の規定によつて重要美術品として認定された建造物
(18)	延長50メートル以上のアーケード
(19)	市町村長の指定する山林
(20)	総務省令で定める舟車

備考
1　2以上の用途に供される防火対象物で第1条の2第2項後段の規定の適用により複合用途防火対象物以外の防火対象物となるものの主たる用途が（1）項から（15）項までの各項に掲げる防火対象物の用途であるときは、当該防火対象物は、当該各項に掲げる防火対象物とする。
2　（1）項から（16）項までに掲げる用途に供される建築物が（16の2）項に掲げる防火対象物内に存するときは、これらの建築物は、同項に掲げる防火対象物の部分とみなす。
3　（1）項から（16）項までに掲げる用途に供される建築物又はその部分が（16の3）項に掲げる防火対象物の部分に該当するものであるときは、これらの建築物又はその部分は、同項に掲げる防火対象物の部分であるほか、（1）項から（16）項に掲げる防火対象物又はその部分でもあるものとみなす。
4　（1）項から（16）項までに掲げる用途に供される建築物その他の工作物又はその部分が（17）項に掲げる防火対象物に該当するものであるときは、これらの建築物その他の工作物又はその部分は、同項に掲げる防火対象物であるほか、（1）項から（16）項までに掲げる防火対象物又はその部分でもあるものとみなす。

第2節　消防用設備等・特殊消防用設備等

第2節
消防用設備等・特殊消防用設備等

1　消防用設備等

（1）消防用設備等は、令第7条に規定する消防の用に供する設備、消防用水及び消火活動上必要な施設のことをいい（法第17条第1項）、①通常用いられる消防用設備等及び②必要とされる防火安全性能を有する消防の用に供する設備等に大別される。

①　通常用いられる消防用設備等

通常用いられる消防用設備等とは、令第2章第3節第2款から第6款までの規定により設置し、及び維持しなければならない消防用設備等をいう（令第29条の4第1項）。

②　必要とされる防火安全性能を有する消防の用に供する設備等

必要とされる防火安全性能を有する消防の用に供する設備等とは、消防長又は消防署長が通常用いられる消防用設備等の防火安全性能と同等以上の性能を有すると認める消防の用に供する設備、消防用水又は消火活動上必要な施設をいい（令第29条の4第1項）、通常用いられる消防用設備等に代えて、防火対象物又はその部分に設置し、維持することができる。

この場合において、必要とされる防火安全性能を有する消防の用に供する設備等は、令第2章第3節第2款から第6款までの規定（通常用いられる消防用設備等の技術上の基準をいう。）は適用しないこととされている（令第29条の4第3項）。

また、必要とされる防火安全性能を有する消防の用に供する設備等のうち消火器、避難器具等に類するものとして消防庁長官が定めるものについては、法第17条の2の5第1項及び第17条の3第1項の特例が適用されず、常に法令改正後の技術上の基準に関する規定が適用される。

なお、共住省令に規定される共同住宅用スプリンクラー設備、共同住宅用自動火災報知設備、住戸用自動火災報知設備、共同住宅用非常警報設備、共同住宅用連結送水管及び共同住宅用非常コンセント設備は、必要とされる防火安全性能を有する消防の用に供する設備等である。

（2）通常用いられる消防用設備等及び必要とされる防火安全性能を有する消防の用に供する設備等には、消防の用に供する設備、消防用水及び消火活動上必要な施設があり（法第17条第1項）、その具体的な種類は令第7条において規定されている。

①　消防の用に供する設備

消防の用に供する設備は、消火、通報又は避難の用に供されるものであり、消火設備、警報設備及び避難設備に大別される（令第7条第1項）。

5

ⅰ　消火設備

消火設備とは、水その他の消火剤を使用して消火を行う機械器具又は設備であって、次に掲げるものをいう（令第7条第2項）。

（ⅰ）消火器及び簡易消火用具（水バケツ、水槽、乾燥砂、膨張ひる石及び膨張真珠岩をいう。）

（ⅱ）屋内消火栓設備

（ⅲ）スプリンクラー設備

（ⅳ）水噴霧消火設備

（ⅴ）泡消火設備

（ⅵ）不活性ガス消火設備

（ⅶ）ハロゲン化物消火設備

（ⅷ）粉末消火設備

（ⅸ）屋外消火栓設備

（ⅹ）動力消防ポンプ設備

ⅱ　警報設備

警報設備とは、火災の発生を報知する機械器具又は設備であって、次に掲げるものをいう（令第7条第3項）。

（ⅰ）自動火災報知設備

（ⅱ）ガス漏れ火災警報設備（液化石油ガスの保安の確保及び取引の適正化に関する法律（昭和42年法律第149号）第2条第3項に規定する液化石油ガス販売事業によりその販売がされる液化石油ガスの漏れを検知するためのものを除く。）

（ⅲ）漏電火災警報器

（ⅳ）消防機関へ通報する火災報知設備

（ⅴ）警鐘、携帯用拡声器、手動式サイレンその他の非常警報器具

（ⅵ）非常警報設備（非常ベル、自動式サイレン及び放送設備をいう。）

ⅲ　避難設備

避難設備とは、火災が発生した場合において避難するために用いる機械器具又は設備であって、次に掲げるものをいう（令第7条第4項）。

（ⅰ）すべり台、避難はしご、救助袋、緩降機、避難橋その他の避難器具

（ⅱ）誘導灯及び誘導標識

②　消防用水

消防用水は、防火水槽又はこれに代わる貯水池その他の用水をいう（令第7条第5項）。

③　消火活動上必要な施設

消火活動上必要な施設は、消防隊による消火活動に利便を提供するための施設であって、次に掲げるものをいう（令第7条第6項）。

ⅰ　排煙設備

ⅱ　連結散水設備

ⅲ　連結送水管

ⅳ　非常コンセント設備

ⅴ　無線通信補助設備

④　必要とされる防火安全性能を有する消防の用に供する設備等

必要とされる防火安全性能を有する消防の用に供する設備等であるパッケージ型消火設備、

パッケージ型自動消火設備、住宅用消火器、共同住宅用スプリンクラー設備、共同住宅用自動火災報知設備、住戸用自動火災報知設備、共同住宅用非常警報設備、共同住宅用連結送水管及び共同住宅用非常コンセント設備、特定小規模施設用自動火災報知設備、加圧防排煙設備、複合型居住施設用自動火災報知設備及び特定駐車場用泡消火設備は、令第7条第7項の規定に基づき、法第17条第1項に規定する政令で定める消防の用に供する設備、消防用水又は消火活動上必要な施設とされる。

2　特殊消防用設備等

（1）特殊消防用設備等とは、①特殊の消防用設備等、及び②その他の設備等に大別され（法第17条第3項）、消防用設備等と同等以上の性能を有し、かつ防火対象物の関係者が規則第31条の3の2に定めるところにより作成する設備等設置維持計画（以下「設備等設置維持計画」という。）に従って設置し、及び維持するものとして総務大臣の認定を受けたものをいう。

　①　特殊の消防用設備等

　　特殊の消防用設備等とは、科学技術の進展等により、従前用いることが予想されなかった特殊の消防の用に供する設備、消防用水及び消火活動上必要な施設であって、消防の用に供する設備、消防用水及び消火活動上必要な施設の範疇にあるが、従来の仕組み、使用方法、機能等が異なるために消防用設備等の技術上の基準に適合しないものをいう。

　②　その他の設備等

　　その他の設備等とは、消防に関する科学技術等の研究の進展、知見の蓄積等により出現する可能性があるもので、消防の用に供する設備・施設、建築構造、それらを組み合わせた防災上の総合的なシステムなどが想定される。

（2）前（1）の総務大臣の認定を受けるためには、あらかじめ、日本消防検定協会又は登録検定機関（法人であって総務大臣の登録を受けたものをいう。）が行う性能評価を受け（法第17条の2第1項）、その後、申請書に当該性能評価の結果及び設備等設置維持計画を添えて、総務大臣に申請する必要がある（法第17条の2の2第1項）。

（3）特殊消防用設備等は、その評価方法等が確立されていないことから、総務大臣が個別具体的に特殊消防用設備等としてその性能が消防用設備等と同等以上であるかどうかを認定するものであって、対象となる防火対象物の個別具体的な状況等を勘案して認定を行うものである。

　このため、総務大臣の認定を受けて設備等設置維持計画に従って設置し、及び維持された特殊消防用設備等（法第17条第3項）は、法第17条第1項及び第2項の規定（消防用設備等の技術上の基準及び付加条例による消防用設備等の技術上の基準をいう。）は適用しないこととされているほか、第17条の2の5及び第17条の3の規定も適用されないため、法令改正により技術上の基準が代わっても改正後の技術上の基準に適合させる必要がないというメリットがある。

第1章●特定共同住宅等に係る消防法令の運用

3 消防用設備等又は特殊消防用設備等の設置維持に係る消防法令の適用規定

消防用設備等又は特殊消防用設備等の設置維持に係る消防法令の適用規定は、次に示す表による。

消防用設備等又は特殊消防用設備等／適用規定	消防用設備等		特殊消防用設備等
	通常用いられる消防用設備等	必要とされる防火安全性能を有する消防の用に供する設備等	
設置維持義務 （法17条） （令29条の4）	○ 法第17条 第1項 第2項	○ 令第29条の4	○ 法第17条 第3項
基準の特例の適用 （令第32条）	○	○	×
設備等設置維持計画 （法17条）	×	×	○
技術基準の遡及等 （法17条の2の5） （法17条の3）	○	○	×[※1]
設置時における消防長等への届出及び検査 （法17条の3の2）	○	○	○
点検及び報告の義務 （法17条の3の3）	○	○	○[※2]
消防長等の設置維持命令 （第17条の4）	○	○	○
消防設備士の独占業務 （第17条の5）	○	○[※1]	○[※3]
検定適合品の使用義務 （法21条の2）	○	○	×[※4]
登録認定機関による認定 （規則31条の4）	○	○	×[※5]

※1 特殊消防用設備等は、個々の防火対象物の状況を勘案し、特殊消防用設備等の性能を確認するため、通常用いられる消防用設備等の技術基準が改正されても遡及適用されることはない。

※2 点検の期間、方法等は法第17条第3項に規定する設備等設置維持計画による。

※3 消防設備士の業務独占の対象となっている消防用設備等に類するものとして消防庁長官が定めるものに限る。

※4 総務大臣による認定の際に特殊消防用設備等又はこれらの部分である機械器具の性能の確認を行うため。

※5 特殊消防用設備等の一部に登録認定機関による認定を受けた消防用設備等又はこれらの部分である機械器具を用いることは可能。

第3節　特定共同住宅等

第3節
特定共同住宅等

1　特定共同住宅等

　特定共同住宅等とは、令別表第1（5）項ロに掲げる防火対象物及び同表（16）項イに掲げる防火対象物（同表（5）項イ及びロ並びに（6）項ロ及びハに掲げる防火対象物（同表（6）項ロ及びハに掲げる防火対象物にあっては、有料老人ホーム、福祉ホーム、老人福祉法（昭和38年法律第133号）第5条の2第6項に規定する認知症対応型老人共同生活援助事業を行う施設又は障害者自立支援法（平成17年法律第123号）第5条第10項若しくは第16項に規定する共同生活介護若しくは共同生活援助を行う施設に限る。以下同じ。）の用途以外の用途に供される部分が存せず、かつ、同表（5）項イ並びに（6）項ロ及びハに掲げる防火対象物の用途に供する各独立部分（構造上区分された数個の部分の各部分で独立して住居その他の用途に供されることができるものをいう。以下同じ。）の床面積がいずれも100㎡以下であって、同表（5）項ロに掲げる防火対象物の用途に供される部分の床面積の合計が、当該防火対象物の延べ面積の2分の1以上のものに限る。）であって、火災の発生又は延焼のおそれが少ないものとして、その位置、構造及び設備について消防庁長官が定める基準（位置・構造告示）に適合するものをいう（共住省令第2条第1号）。

　令別表第1（5）項ロに掲げる防火対象物は、集団居住のため又は居住性の宿泊のための施設であって、①寄宿舎、②下宿及び③共同住宅に細分される。

①　寄宿舎

　　寄宿舎とは、官公庁、会社、学校等が従業員、学生、生徒等を集団的に居住させるための施設で、有料無料を問わない。

　　なお、学校教育法（昭和23年法律第26号）に定める盲学校、ろう学校及び養護学校の寄宿舎で自力避難困難な者が多数入所しているものについては、令別表第1（6）項ハとして取り扱われる場合がある（「社会福祉施設等に係る防火安全対策に関する消防法令の運用について」（昭和62年10月26日付け消防予第187号通知））。

②　下宿

　　下宿とは、1月以上の期間を単位とする宿泊料を受けて、人を宿泊させる施設のうち、旅館業法（昭和23年法律第138号）第2条第5項の下宿営業の用に供させるものをいう。ただし、業として行われるものに限られ、いわゆる素人下宿でその実態が個人住宅と同様であると認められるものは含まれない。

③　共同住宅

　　共同住宅とは、居住として用いられる独立した1又は2以上の居室を単位として構成される集合住宅のうち、居住者が出入口、廊下、階段室、エレベーター室、屋上等を共用するもの（構造上の共用部分を有するもの）をいい、台所、便所、浴室等が各戸ごとに存在することは要件ではない。また、分譲、賃貸の別を問わない。いわゆるアパートはほとんどが共同住宅に該当する。

独立家屋の単なる集団である団地はもちろん、いわゆるテラスハウス（庭付き住宅）などの長屋式の家屋は、それぞれが平面的に連結し、主として壁体のみを共用するものであると、立体的に重畳し、主として床及び壁体のみを共用する形式の重畳家屋であるとを問わず、出入口、廊下、階段等を共用しないものである限り、共同住宅には該当しない。

平成30年の改正により、特定共同住宅等の定義（共同住宅省令第２条第１号）に（16）項イに掲げる防火対象物（令別表第１（５）項イ及びロ並びに（６）項ロ及びハに掲げる防火対象物の用途以外の用途に供される部分が存せず、かつ、同表（５）項イ並びに（６）項ロ及びハに掲げる防火対象物の用途に供する各独立部分の床面積がいずれも100㎡以下であって、同表（５）項ロに掲げる防火対象物の用途に供される部分の床面積の合計が、当該防火対象物の延べ面積の２分の１以上のものに限る。）となり、火災の発生又は延焼のおそれが少ないものとして、その位置、構造及び設備について消防庁長官が定める基準に適合すれば、特定共同住宅等として共住省令の規定を適用することが可能とされた。

2　特殊な形態の共同住宅

近年、共同住宅においては、高齢者が主として入居する共同住宅、住戸を短期間の賃貸に供する共同住宅、観光地等に存し住戸の多くが通年居住されず宿泊の用に供される共同住宅等の特殊な形態の共同住宅が多数出現する等その多様化が進展しており、こうした共同住宅は、火災の発生の危険度が高く、また火災が発生した場合に消火、延焼防止又は避難が困難で、人命の損傷や物的な面での損害をもたらすおそれが大きく、火災の予防上又は消防の活動上、一般の共同住宅と同列に扱うことができない。

このため、①高齢者が主として入居する共同住宅、②住戸を短期間の賃貸に供する共同住宅、③観光地等に存し住戸の多くが通年居住されず宿泊の用に供される共同住宅の用途の取扱いについては、「共同住宅における防火管理に関する運用について」（平成６年10月19日付け消防予第271号通知。以下この節において「運用通知」という。）により下記のとおり運用している。

なお、運用通知により、共住省令第２条第１号に掲げる特定共同住宅等の定義に該当しないものとして取り扱われた場合は、共住省令の規定は適用できない。

（１）高齢者が主として入居する共同住宅

一般に老人福祉関係の法律の適用を受けず、入居の条件として居住者の全部又は一部について最低年齢の制限を設ける等、主として高齢者の入居を目的としたもののうち、入居形態が一般の共同住宅と変わらないものにあっては、令別表第１（５）項ロとして取り扱われる。ただし、主として高齢者が入居する共同住宅のうち、介護等のサービスを提供し、自力避難困難な者が入居するものにあっては、サービス提供の形態、居住者の自立の程度等を総合的に勘案し、令別表第１（６）項ロとして取り扱われる場合がある。

（２）住戸を短期間の賃貸に供する共同住宅

一般に旅館業法の適用を受けず、共同住宅の住戸単位で比較的短期間の契約により賃貸を行うものは令別表第１（５）項ロとして扱われる。ただし、リネンの提供等、明らかにホテル等と同等の宿泊形態をとるものにあっては令別表第１（５）項イとして扱うべき場合もある。

（３）観光地等に存し住戸の多くが通年居住されず宿泊の用に供される共同住宅

所有者又は占有者の大半が当該防火対象物に居住せず、一の住戸について複数の所有者又は占有者が存在するもののうち、住戸ごとに限定された者により、比較的短期間の宿泊に利用されるものにあっては令別表第１（５）項ロとして扱われる。ただし、研修所等として利用されるもの又は他の者が所有する住戸に宿泊ができるもの、あるいは自己の所有する住戸を第三者に貸出しするもの等、一の住戸に不特定の者が宿泊する形態をとるものにあっては令別表第１（５）項イとして扱う場合がある。

第4節　共同住宅等に設置すべき消防用設備等

第4節

共同住宅等に設置すべき消防用設備等

　　共同住宅等（令別表第1（5）項ロに掲げる防火対象物をいう。以下同じ。）に設置しなければな
らない消防用設備等は、当該共同住宅等の規模、収容人員、態様等に応じて、表1．4．1に示すよう
な基準に基づき、消防用設備等を防火対象物全体にわたって設置し、あるいは特定の部分に設置しな
ければならないこととされている。

表1．4．1　共同住宅等における消防法令規制の概要

区分			共同住宅等の規模等	
収容人員			居住者の数	
防火管理者の選任			収容人員50人以上	
防炎物品の使用			高層建築物（高さ31mを超えるもの） 防炎カーテン、じゅうたん等の使用の義務付け	
消火器又は 簡易消火用具	全体	一般の部分	延べ面積　150㎡以上	
		危険物等の貯蔵・取扱う部分	少量危険物（危政令第1条の11に規定する指定数量1／5以上で指定数量未満）^{※6} 指定可燃物（危政令別表第4）^{※7}	
	部分	地階 無窓階^{※1} 3階以上の階	床面積　50㎡以上	
屋内消火栓設備	全体	一般の部分	延べ面積　700㎡以上（耐火構造・内装制限2,100㎡以上、耐火構造又は準耐火建築物・内装制限1,400㎡以上）	
		指定可燃物の貯蔵・取扱う部分	危政令別表第4の数量の750倍以上の指定可燃物（可燃性液体類に係るものを除く。）	
	部分	地階 無窓階 4階以上の階	床面積　150㎡以上（耐火構造・内装制限450㎡以上、耐火構造又は準耐火建築物・内装制限300㎡以上）	
スプリンクラー設備^{※2}	全体	指定可燃物の貯蔵・取扱う部分	危政令別表第4の数量の1,000倍以上の指定可燃物（可燃性液体類に係るものを除く。）	
	部分	階数11以上のもの	11階以上の階	
水噴霧消火設備 泡消火設備 不活性ガス消火設備 ハロゲン化物消火設備	部分	指定可燃物の貯蔵・取扱う部分	危政令別表第4の数量の1,000倍以上	綿花類、木毛及びかんなくず、ぼろ及び紙くず（動植物がしみ込んでいる布又は紙及びこれらの製品を除く。）、糸類、わら類又は合成樹脂類（不燃性又は難燃性でないゴム製品、ゴム半製品、原料ゴム及びゴムくずに限る。）に係るもの →水噴霧、泡、不活性ガス（全域）
				ぼろ類及び紙くず（動植物油がしみ込んでいる布又は紙及びこれらの製品に限る。）又は石炭・木炭類に係るもの →水噴霧、泡

11

第1章 ●特定共同住宅等に係る消防法令の運用

	部分		可燃性固体類、可燃性液体類又は合成樹脂類（不燃性又は難燃性でないゴム製品、原料ゴム及びゴムくずを除く。）に係るもの →水噴霧、泡、不活性ガス、ハロゲン、粉末
			木材加工品及び木くずに係るもの →水噴霧、泡、不活性ガス（全域）、ハロゲン（全域）
		屋上部分	回転翼航空機、垂直離着陸航空機の発着場 →泡、粉末
		道路の用に供される部分	床面積　屋上部分　　600㎡以上 　　　　その他　　　400㎡以上 →水噴霧、泡、不活性ガス、粉末
		自動車の修理整備部分	床面積　地階・2階以上の階　200㎡以上 　　　　1階　　　　　　　　500㎡以上 →水噴霧、泡、不活性ガス、粉末
		駐車場	床面積　地階・2階以上の階　200㎡以上 　　　　1階　　　　　　　　500㎡以上 　　　　屋上　　　　　　　　300㎡以上 　　　　機械装置駐車　収容数10台以上 →水噴霧、泡、不活性ガス、ハロゲン、粉末
		発電機・変圧器等電気設備	床面積　200㎡以上 →不活性ガス、ハロゲン、粉末
		鍛造場・ボイラー室・乾燥室等	床面積　200㎡以上 →不活性ガス、ハロゲン、粉末
		通信機器室	床面積　500㎡以上 →不活性ガス、ハロゲン、粉末
屋外消火栓設備※3	全体		1・2階の床面積の合計　耐火建築物　　　9,000㎡以上 　　　　　　　　　　　準耐火建築物　　6,000㎡以上 　　　　　　　　　　　その他の建築物　3,000㎡以上
動力消防ポンプ	屋内・屋外消火栓設備と同じ		
自動火災報知設備	全体	一般の部分	延べ面積　500㎡以上
		指定可燃物の貯蔵・取扱う部分	危政令別表第4の数量の500倍以上の指定可燃物
	部分	地階 無窓階 3階以上の階	床面積　300㎡以上
		駐車の用に供する部分	床面積　地階・2階以上の階　200㎡以上
		道路の用に供される部分	床面積　屋上部分　　　　　600㎡以上 　　　　屋上部分以外の部分　400㎡以上
		通信機器室	床面積　500㎡以上
		階数11以上のもの	11階以上の階
漏電火災警報器※4	全体	一般の部分	延べ面積　150㎡以上
		契約電流容量	50Aを超えるもの
消防機関へ通報する火災報知設備※5	全体	一般の部分	延べ面積　1,000㎡以上

12

非常警報設備	全体	非常ベル等	収容人員　　　　　　　　　50人以上 地階・無窓階の収容人員　20人以上
		非常ベル等及び放送設備	収容人員　800人以上 地階を除く階数が11以上のもの 地階の階数が3以上のもの
避難器具	部分	2階以上の階 地階	収容人員　30人以上 （下階に（1）から（4）項、（9）項、（12）項イ、（13）項イ、（14）項、（15）項が存するものにあっては収容人員10人以上）
		3階以上の階	避難階又は地上に直通する階段が一の階 収容人員　10人以上
誘導灯及び誘導標識	全体	誘導標識	全部
	部分	誘導灯	地階・無窓階・11階以上の階
消防用水※3			敷地面積20,000㎡以上で、1階、2階の床面積の合計 　耐火建築物　　　15,000㎡以上 　準耐火建築物　　10,000㎡以上 　その他の建築物　 5,000㎡以上 高さ31mを超え、延べ面積2,5000㎡以上（地階の面積を除く。）
連結散水設備	部分	地階	床面積の合計　700㎡以上
連結送水管	全体	一般の部分	地階を除く階数が7以上 地階を除く階数が5以上で、延べ面積が6,000㎡以上
	部分	道路の用に供される部分	全部
非常コンセント設備	全体	一般の部分	地階を除く階数が11以上のもの

※1　表中の「無窓階」とは、建築物の地上階のうち、次に掲げる一定の基準を満たした避難上又は消火活動上有効な開口部を有していない階をいう（規則第5条の5）。
　①　避難上又は消火活動上有効な開口部とは次のものをいう。
　　〜10階以下の階〜
　　　ア　aの開口部を2以上有するものであること。
　　　イ　a・bの開口部の面積の合計＞床面積／30
　　〜11階以上の階〜
　　　bの開口部の面積の合計＞床面積／30

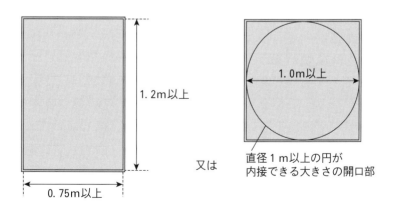

aの開口部

bの開口部

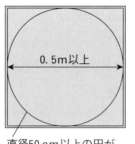

直径50cm以上の円が
内接できる大きさの開口部

　② 開口部は、次の条件を満たすものとされている。
　　ア　床面から開口部の下端までの高さは、1.2m以内であること。
　　イ　開口部は、道又は道に通ずる幅員1m以上の通路その他の空地に面したものであること（11階以上の階を除く。）。
　　ウ　開口部は、内側から容易に避難できるとともに、外部からも容易に進入できるものであること。
　　エ　開口部は、開口のため常時良好な状態に維持されていること。
※2　スプリンクラー設備を設置しなければならない階のうち、規則第13条第1項に定める区画には、当該設備を設置しないことができるとされていたが、「消防法施行規則の一部を改正する省令」（平成8年自治省令第2号）が平成8年2月16日に公布されたことに伴い、スプリンクラー設備の設置が義務付けられる共同住宅等については、初期消火対策の充実を図るため、当該区画にかかわらずスプリンクラー設備の面積算定除外や設置免除はできないこととされた。
※3　屋外消火栓設備及び消防用水については、一敷地に二以上の建築物がある場合、相互の外壁間の中心線からの水平距離が1階にあっては3m以下、2階にあっては5m以下の部分を有するものにあっては、当該二以上の建築物は一の建築物としてみなされ床面積の算定がなされる。ただし、屋外消火栓設備を設置しなければならない建築物が耐火建築物又は準耐火建築物の場合を除く。また、スプリンクラー設備、特殊消火設備又は動力消防ポンプの有効範囲内の部分には、その設備の役割の同等性から屋外消火栓設備の設置はしないことができることとされている。
　　一般的に次のような図式によって有効範囲内の部分に設置をしないことができる。
　　　スプリンクラー設備又は特殊消火設備＞屋外消火栓設備＞屋内消火栓設備
※4　漏電火災警報器を設置しなければならない防火対象物の構造は、間柱若しくは下地を不燃材料及び準不燃材料以外の材料で造った鉄網入りの壁、根太若しくは下地を不燃材料及び準不燃材料以外の材料で造った鉄網入りの床又は天井、野縁若しくは下地を不燃材料及び準不燃材料以外の材料で造った鉄網入りの天井を有するものとされている。
※5　共同住宅部分の消防機関へ通報する火災報知設備については、消防機関に常時通報することができる電話を設置したときは、当該設備を設けないことができる。
※6　危険物（危政令別表第3）

類別	品名	性質	指定数量	
第1類		第1種酸化性固体	キログラム	50
		第2種酸化性固体		300
		第3種酸化性固体		1,000
第2類	硫化りん		キログラム	100
	赤りん			100
	硫黄			100
		第1種可燃性固体		100
	鉄粉			500

第4節　共同住宅等に設置すべき消防用設備等

		第2種可燃性固体		500
	引火性固体			1,000
第3類	カリウム		キログラム	10
	ナトリウム			10
	アルキルアルミニウム			10
	アルキルリチウム			10
		第1種自然発火性物質及び禁水性物質		10
	黄りん			20
		第2種自然発火性物質及び禁水性物質		50
		第3種自然発火性物質及び禁水性物質		300
第4類	特殊引火物		リットル	50
	第一石油類	非水溶性液体		200
		水溶性液体		400
	アルコール類			400
	第2石油類	非水溶性液体		1,000
		水溶性液体		2,000
	第3石油類	非水溶性液体		2,000
		水溶性液体		4,000
	第4石油類			6,000
	動植物油類			10,000
第5類		第1種自己反応性物質	キログラム	10
		第2種自己反応性物質		100
第6類			キログラム	300

備考
1　第1種酸化性固体とは、粉粒状の物品にあつては次のイに掲げる性状を示すもの、その他の物品にあつては次のイ及びロに掲げる性状を示すものであることをいう。
　イ　臭素酸カリウムを標準物質とする第1条の3第2項の燃焼試験において同項第2号の燃焼時間が同項第1号の燃焼時間と等しいか若しくはこれより短いこと又は塩素酸カリウムを標準物質とする同条第6項の落球式打撃感度試験において試験物品と赤りんとの混合物の爆発する確率が50パーセント以上であること。
　ロ　第1条の3第1項に規定する大量燃焼試験において同条第3項第2号の燃焼時間が同項第1号の燃焼時間と等しいか又はこれより短いこと及び同条第7項の鉄管試験において鉄管が完全に裂けること。
2　第2種酸化性固体とは、粉粒状の物品にあつては次のイに掲げる性状を示すもの、その他の物品にあつては次のイ及びロに掲げる性状を示すもので、第1種酸化性固体以外のものであることをいう。
　イ　第1条の3第1項に規定する燃焼試験において同条第2項第2号の燃焼時間が同項第1号の燃焼時間と等しいか又はこれより短いこと及び同条第5項に規定する落球式打撃感度試験において試験物品と赤りんとの混合物の爆発する確率が50パーセント以上であること。
　ロ　前号ロに掲げる性状
3　第3種酸化性固体とは、第1種酸化性固体又は第2種酸化性固体以外のものであることをいう。
4　第1種可燃性固体とは、第1条の4第2項の小ガス炎着火試験において試験物品が3秒以内に着火し、かつ、燃焼を継続するものであることをいう。
5　第2種可燃性固体とは、第1種可燃性固体以外のものであることをいう。
6　第1種自然発火性物質及び禁水性物質とは、第1条の5第2項の自然発火性試験において試験物品が発火するもの又は同条第5項の水との反応性試験において発生するガスが発火するものであることをいう。

第1章●特定共同住宅等に係る消防法令の運用

7　第2種自然発火性物質及び禁水性物質とは、第1条の5第2項の自然発火性試験において試験物品がろ紙を焦がすもの又は同条第5項の水との反応性試験において発生するガスが着火するもので、第1種自然発火性物質及び禁水性物質以外のものであることをいう。

8　第3種自然発火性物質及び禁水性物質とは、第1種自然発火性物質及び禁水性物質又は第2種自然発火性物質及び禁水性物質以外のものであることをいう。

9　非水溶性液体とは、水溶性液体以外のものであることをいう。

10　水溶性液体とは、一気圧において、温度20度で同容量の純水と緩やかにかき混ぜた場合に、流動がおさまった後も当該混合液が均一な外観を維持するものであることをいう。

11　第1種自己反応性物質とは、孔径が9ミリメートルのオリフィス板を用いて行う第1条の7第5項の圧力容器試験において破裂板が破裂するものであることをいう。

12　第2種自己反応性物質とは、第1種自己反応性物質以外のものであることをいう。

※7　指定可燃物（令別表第4）

品名		数量	
綿花類		キログラム	200
木毛及びかんなくず			400
ぼろ及び紙くず			1,000
糸類			1,000
わら類			1,000
再生資源燃料			1,000
可燃性固体類			3,000
石炭・木炭類			10,000
可燃性液体類		立方メートル	2
木材加工品及び木くず			10
合成樹脂類	発泡させたもの		20
	その他のもの	キログラム	3,000

備考
1　綿花類とは、不燃性又は難燃性でない綿状又はトップ状の繊維及び麻糸原料をいう。

2　ぼろ及び紙くずは、不燃性又は難燃性でないもの（動植物油がしみ込んでいる布又は紙及びこれらの製品を含む。）をいう。

3　糸類とは、不燃性又は難燃性でない糸（糸くずを含む。）及び繭をいう。

4　わら類とは、乾燥わら、乾燥繭及びこれらの製品並びに干し草をいう。

5　再生資源燃料とは、資源の有効な利用の促進に関する法律（平成3年法律第48号）第2条第4項に規定する再生資源を原材料とする燃料をいう。

6　可燃性固体類とは、固体で、次のイ、ハ又はニのいずれかに該当するもの（一気圧において、温度20度を超え40度以下の間において液状となるもので、次のロ、ハ又はニのいずれかに該当するものを含む。）をいう。
　イ　引火点が40度以上100度未満のもの
　ロ　引火点が70度以上100度未満のもの
　ハ　引火点が100度以上200度未満で、かつ、燃焼熱量が34キロジュール毎グラム以上であるもの
　ニ　引火点が200度以上で、かつ、燃焼熱量が34キロジュール毎グラム以上であるもので、融点が100度未満のもの

7　石炭・木炭類には、コークス、粉状の石炭が水に懸濁しているもの、豆炭、練炭、石油コークス、活性炭及びこれらに類するものを含む。

8　可燃性液体類とは、法別表第1備考第14号の総務省令で定める物品で液体であるもの、同表備考第15号及び第16号の総務省令で定める物品で一気圧において温度20度で液状であるもの、同表備考第17号の総務省令で定めるところにより貯蔵保管されている動植物油で一気圧において温度20度で液状であるもの並びに引火性液体の性状を有する物品（一気圧において、温度20度で液状であるものに限る。）で一気圧において引火点が250度以上のものをいう。

9　合成樹脂類とは、不燃性又は難燃性でない固体の合成樹脂製品、合成樹脂半製品、原料合成樹脂及び合成樹脂くず（不燃性又は難燃性でないゴム製品、ゴム半製品、原料ゴム及びゴムくずを含む。）をいい、合成樹脂の繊維、布、紙及び糸並びにこれらのぼろ及びくずを除く。

第5節
特殊消防用設備等・消防用設備等と消防設備士及び点検資格者制度

　消防設備士とは、特殊消防用設備等及び消防用設備等（以下「工事整備対象設備等」という。）について、設置工事又は整備の段階で不備欠陥があれば、せっかくの工事整備対象設備等もその機能を発揮することができず、かえってその効果を信頼したがために不慮の災害を招くことが予想されるため、工事整備対象設備等の完全な機能の確保を担保しようとする目的から、法第17条の5の規定に基づき、工事整備対象設備等の設置工事又は整備を行う際に、その業務を独占で行うことができるいわば工事整備対象設備等のエキスパート的存在である。

　それぞれの工事整備対象設備等ごとにその設置工事又は整備を行う消防設備士の指定区分が決められており、具体的には表1．5．1のようになっている。

表1．5．1　消防設備士免状の種類に応ずる工事又は整備の種類

指定区分	甲種・乙種の別	特殊消防用設備等又は消防用設備等の種類
特　類	甲種	特殊消防用設備等
第1類	甲種・乙種	屋内消火栓設備、スプリンクラー設備、水噴霧消火設備又は屋外消火栓設備
第2類	甲種・乙種	泡消火設備
第3類	甲種・乙種	不活性ガス消火設備、ハロゲン化物消火設備又は粉末消火設備
第4類	甲種・乙種	自動火災報知設備、ガス漏れ火災警報設備又は消防機関へ通報する火災報知設備
第5類	甲種・乙種	金属製避難はしご、救助袋又は緩降機
第6類	乙種	消火器
第7類	乙種	漏電火災警報器

　令第29条の4第1項に規定されている「必要とされる防火安全性能を有する消防の用に供する設備等」については、どのような性能をもった設備等が現れるのか不明でもあることから、消防設備士の指定区分について、その都度消防庁長官が定めることとされている。現時点では、表1．5．2のように定められており、特定共同住宅等に設置される共同住宅用スプリンクラー設備、共同住宅用自動火災報知設備及び住戸用自動火災報知設備などが挙げられている。

表1．5．2　消防設備士免状の種類に応ずる必要とされる防火安全性能を有する消防の用に供する設備等の種類

指定区分	甲種・乙種の別	必要とされる防火安全性能を有する消防の用に供する設備等の種類
第1類、第2類又は第3類	甲種・乙種	パッケージ型消火設備、パッケージ型自動消火設備
第2類	甲種・乙種	特定駐車場用泡消火設備
第1類	甲種・乙種	共同住宅用スプリンクラー設備
第4類	甲種・乙種	共同住宅用自動火災報知設備、住戸用自動火災報知設備、特定小規模施設用自動火災報知設備、複合型居住施設用自動火災報知設備

第1章●特定共同住宅等に係る消防法令の運用

　特殊消防用設備等についての設置工事ができるものとしては、必然的に「甲種特類の消防設備士」とされているが、これは従来の消防用設備等の範疇を超えた特殊消防用設備等の認定がなされる可能性もあることから、第1類から第3類までのいずれか、第4類及び第5類の指定区分（消火設備系、警報設備系及び避難設備系のすべて）にかかる甲種の消防設備士の免状を受けている者がその受験要件とされている。なお、特類の消防設備士には乙種の区分がないが、これは特殊消防用設備等が防火対象物ごとに認定するものであり、それぞれの特殊性・個別性が高いこと、整備に当たって高度かつ特殊な知見が必要となる場合もあることから、設置工事を行うことができる甲種特類の消防設備士が整備についても責任を持つことが一般的であると考えられたためである。

　なお、消防設備士は、設置工事又は整備に加え、それぞれの指定区分に従って、工事整備対象設備等の点検も行うことができる。

　また、共同住宅用非常警報設備の設置工事又は整備については、消防設備士の独占業務とはされていないが、点検に当たっての有資格者による点検は、第4類の甲種若しくは乙種消防設備士又は第7類の乙種消防設備士が行うこととされている。

表1.5.3　資格に応じて点検を行うことができる必要とされる防火安全性能を有する消防の用に供する設備等の種類

資格	点検を行うことができる必要とされる防火安全性能を有する消防の用に供する設備等
甲種第1類消防設備士 乙種第1類消防設備士 甲種第2類消防設備士 乙種第2類消防設備士	共同住宅用連結送水管
甲種第4類消防設備士 乙種第4類消防設備士 乙種第7類消防設備士	共同住宅用非常コンセント設備
甲種第1類消防設備士 乙種第1類消防設備士 甲種第2類消防設備士 乙種第2類消防設備士 甲種第3類消防設備士 乙種第3類消防設備士	パッケージ型消火設備 パッケージ型自動消火設備
甲種第1類消防設備士 乙種第1類消防設備士	共同住宅用スプリンクラー設備
甲種第4類消防設備士 乙種第4類消防設備士	共同住宅用自動火災報知設備 住戸用自動火災報知設備 特定小規模施設用自動火災報知設備 複合型居住施設用自動火災報知設備
甲種第4類消防設備士 乙種第4類消防設備士 乙種第7類消防設備士	共同住宅用非常警報設備
甲種第2類消防設備士 乙種第2類消防設備士	特定駐車場用泡消火設備
第1種消防設備点検資格者	パッケージ型消火設備 パッケージ型自動消火設備 共同住宅用スプリンクラー設備 共同住宅用連結送水管 特定駐車場用泡消火設備
第2種消防設備点検資格者	共同住宅用自動火災報知設備 住戸用自動火災報知設備 共同住宅用非常警報設備 共同住宅用非常コンセント設備 特定小規模施設用自動火災報知設備 加圧防排煙設備 複合型居住施設用自動火災報知設備

第6節

消防用設備等の技術基準の性能規定化と特定共同住宅等における必要とされる防火安全性能を有する消防の用に供する設備等に関する省令

1 消防用設備等の技術基準の性能規定化

（1）背景

　　近年、超高層建築物、大空間を有する建築物、巨大複合建築物等の大規模・特殊な防火対象物を中心に、新技術を用いた設備等が開発されるようになり、こうした新たな設備等を防火対象物の状況に即してより合理的かつ効率的に導入できる制度の創設が強く望まれるようになった。また、「規制改革推進3か年計画（再改定）」（平成15年3月28日閣議決定）において、「技術革新に対して柔軟に対応できるよう、仕様規定となっている基準については原則としてこれをすべて性能規定化するよう検討を行うべき」とされ、消防法令のみならず、様々な規制法令における技術基準の性能規定化が、政府の基本的な方針とされた。この改正では、まず法第17条に第3項を追加して通常の消防用設備等に代えて総務大臣が同等以上の性能を有すると認める「特殊消防用設備等」を設置できることとするとともに、同条第1項に令以下の規定に性能規定を導入していくための布石となる「消火、避難その他の消防活動のために必要とされる性能」という概念を規定した。

　　これを受け、新設されたのが令第29条の4であり、「通常用いられる消防用設備等」に代えて、総務省令で定めるところにより消防長又は消防署長が「通常用いられる消防用設備等と同等以上の防火安全性能を有すると認める消防の用に供する設備等」を用いることができるとされた。

　　総務省消防庁では、消防用設備等の技術基準を性能規定化するための検討に着手し、平成10年の改正により性能規定化された建築基準法との整合を図りつつ、「消防組織法及び消防法の一部を改正する法律」（平成15年6月18日法律第84号）及び「消防法施行令の一部を改正する政令」（平成16年2月6日政令第19号）により消防用設備等の技術基準に性能規定を導入した。

（2）仕様規定

　　仕様規定とは、技術基準が要求する性能を具体的に明示せずに、「仕様書」のように材料、寸法、構造などを具体的に記述する規定の仕方をいい、仕様規定的に定められた基準を仕様基準という。仕様基準は、技術基準制定時の一般的・標準的な技術を前提として、関係者間の共通の技術的基盤に立脚して定められるため、基準の内容が、常識的で紛れが少なく、基準への適否の判定も行いやすい一方で、基準制定時の技術を前提とすることから、その後の技術革新や経済・社会のグローバル化に対する対応が硬直的になりがちで、新たな技術を受け入れにくい面がある。

　　消防法令における仕様基準（ルートA）は、令第2章第3節第2款から第6款までに掲げる技術基準がこれに当たるとされているが、放送設備のスピーカーの設置（規則第25条の2第2項第3号ハ）、誘導灯の視認距離（規則第28条の3第2項第2号）など一部の技術基準は、性能基準である。

（3）性能規定

　　仕様規定に対置する概念が「性能規定」である。性能規定とは、通常、技術基準にその規制が目的とする「性能」を明確に規定し、その規制が要求する「性能」を有するものについては積極的に認めることができるようにする規定の仕方をいい、性能規定的に定められた基準を性能基準という。技術基準を性能規定化する際には、規制を受ける者及び規制を行う者の双方が、規制対象の有する「性能」が、その規制の要求する「性能」を有しているかどうかについて客観的に評価できる検証法（ルートＢ）が必要である一方で、規制対象の有するすべての「性能」についてこのような検証法を一挙に策定することは困難であるため、適切な検証法が整備されていない分野でその規制が要求する「性能」を有する新たに開発された機器、技術的工夫などをできるだけ速やかに受け入れる仕組み（ルートＣ）が必要である。

　　消防法令における性能基準には、令第29条の４の規定に基づき検証法等により性能を認められた必要とされる防火安全性能を有する消防の用に供する設備等を用いるルート（ルートＢ）及び法第17条第３項の規定に基づき総務大臣が認定をした特殊消防用設備等を用いるルート（ルートＣ）の２つのルートがある。

2　共同住宅等に係る消防用設備等の技術上の基準の特例

　共同住宅等は、常時多数の者が生活し就寝を伴う施設であり、また日常的に火気を使用し、出火危険が高い防火対象物であることから、消防法令により、他の防火対象物と同様に、その規模等に応じた消防用設備等の設置及び維持が義務付けられている（法第17条第１項）。

　しかし、一定の構造要件等を満たす共同住宅等にあっては、火災時の危険性が比較的低いことから、220号通知別添の基準に基づき、消防長又は消防署長は、令第32条の規定を適用し、共同住宅等に設置すべき消防用設備等の設置免除等を認めてきた。

3　特定共同住宅等における必要とされる防火安全性能を有する消防の用に供する設備等に関する省令

　近年の科学技術の進展、社会的形態の変化、ライフスタイルの変化等に伴い、従来の共同住宅等の特例基準が想定しない新たな形態を有する共同住宅等が出現しており、こうした共同住宅等の状況に即して、より合理的かつ効果的な設計が導入できる制度の創設が強く望まれるようになった。

　一方で、220号通知は、地域を管轄する消防長又は消防署長が令第32条の規定を適用する際のガイドラインを示したものに過ぎず、消防本部によって運用が異なる場合があり、共同住宅等の設計に際して、消防本部ごとにその仕様を変更しなければならないという弊害が指摘されてきた。

　このため、総務省消防庁では、220号通知の基本的な枠組みを維持しつつ、これらの問題を解決するため、共住省令として規定し直し、全国で統一的な運用を図るとともに、共同住宅用スプリンクラー設備、共同住宅用自動火災報知設備等を必要とされる防火安全性能を有する消防の用に供する設備等として位置付け、技術基準の一部に性能規定を導入して、共同住宅等の状況に即して、より合理的かつ効果的な設計が導入できる制度として構築し直したのである。

第2章

特定共同住宅等における
必要とされる防火安全性能を有する
消防の用に供する設備等に関する基準

第1節

特定共同住宅等における必要とされる防火安全性能を有する消防の用に供する設備等に関する一連の省令・告示の概要・構成

本節では、特定共同住宅等における必要とされる防火安全性能を有する消防の用に供する設備等に関する一連の省令・告示の制定の経緯、適用フローなど総括的な説明をする。

1 特定共同住宅等における必要とされる防火安全性能を有する消防の用に供する設備等に関する一連の省令・告示の制定の経緯

従来から共同住宅等における消防用設備等については、常時多数の者が生活し、公共危険性の高い防火対象物であることから、令第10条から第29条の3までの技術基準に基づき、規模や収容人員などに応じて、所要の消防用設備等を設置し、維持しなければならなかった。

しかしながら、令制定当初から、共同住宅は個人住宅の集合体であり、居住者が避難経路等を熟知していることを期待できるため、延焼防止性能が高く、廊下・階段、バルコニーを利用して安全に避難するルートが確保されている構造（具体的には耐火構造の床・壁・バルコニー・常時外気に開放された開口部など）になっていれば、消防用設備等に頼るだけでなく、それらに重点を置いた防火安全手法をとる方が、総合的な防火安全性能はむしろ高くなると考えられてきた。そのため、消防用設備等の技術上の基準において、最初の特例基準が昭和36年8月に118号予防課長通知という形で出された。これは当時の共同住宅が比較的小規模であったため、それらを考慮した特例基準であり、当時から、消防庁予防課長通知＋令第32条の消防長又は消防署長による特例といった形がとられた。次に、共同住宅の高層化・大型化が進む昭和50年5月に、それら共同住宅に対応した特例基準である49号通知が出され、更にその通知の課題を整理して、昭和61年12月に170号通知が出された。また、これらの課題等を集大成したともいえる220号通知が出されるといったことで、ほぼ10年に一度の間隔で共同住宅の時代に見合った見直しを行ってきた。

旧特例基準の内容では、その完成度が高く、特に見直す必要はないと思われたが、このような運用によると、以下のような社会的限界と課題が浮き彫りにされた。

① 220号通知では、法的拘束力がなかったため、消防機関ごとに独自の運用がなされることによる統一性のなさが浮き彫りになり、設計者側や関係者から改善の声が多かったこと。

② 行政の透明化と自治事務化の流れにより、予防課長通知など通知による行政が制限されたこと。

これにより、共同住宅の特例基準は予防課長通知及び令第32条による運用から、省令、告示化（法制化）へと移行することが必要となり、共住省令が平成17年3月25日に公布され、法令の位置付けを有することとなった。

第1節　特定共同住宅等における必要とされる防火安全性能を有する消防の用に供する設備等に関する一連の省令・告示の概要・構成

○消防法施行令

（必要とされる防火安全性能を有する消防の用に供する設備等に関する基準）

第29条の4　法第17条第1項の関係者は、この節の第2款から前款までの規定により設置し、及び維持しなければならない同項に規定する消防用設備等（以下この条において「通常用いられる消防用設備等」という。）に代えて、総務省令で定めるところにより消防長又は消防署長が、その防火安全性能（火災の拡大を初期に抑制する性能、火災時に安全に避難することを支援する性能又は消防隊による活動を支援する性能をいう。以下この条及び第36条第2項第4号において同じ。）が当該通常用いられる消防用設備等の防火安全性能と同等以上であると認める消防の用に供する設備、消防用水又は消火活動上必要な施設（以下この条、第34条第8号及び第36条の2において「必要とされる防火安全性能を有する消防の用に供する設備等」という。）を用いることができる。

2　前項の場合においては、同項の関係者は、必要とされる防火安全性能を有する消防の用に供する設備等について、通常用いられる消防用設備等と同等以上の防火安全性能を有するように設置し、及び維持しなければならない。

3　通常用いられる消防用設備等（それに代えて必要とされる防火安全性能を有する消防の用に供する設備等が用いられるものに限る。）については、この節の第2款から前款までの規定は、適用しない。

　共住省令により、特定共同住宅等における必要とされる防火安全性能を有する消防の用に供する設備等として、「住宅用消火器及び消火器具」、「共同住宅用スプリンクラー設備」、「共同住宅用自動火災報知設備」、「住戸用自動火災報知設備」、「共同住宅用非常警報設備」、「共同住宅用連結送水管」、「共同住宅用非常コンセント設備」が、新たに位置付けられた。

　平成22年には、「複合型居住施設における必要とされる防火安全性能を有する消防の用に供する設備等に関する省令」（平成22年総務省令第7号）が制定されると共に、共住省令における特定共同住宅等の定義に福祉施設等が追加され、特定共同住宅等の一部にグループホーム等の社会福祉施設が存する場合に当該防火対象物全体が（16）項イに該当しても共住省令を適用することが可能となった。

　これは、共同住宅の一部を利用して小規模なグループホーム等の福祉施設が開設される場合が増加しており、この場合に防火対象物全体が（16）項イに該当するために、新たに共同住宅部分についてもスプリンクラー設備や自動火災報知設備等の消防用設備等の設置・改修が必要となることから、福祉施設の新設時において入居を拒否される、あるいは、既存のものにあっても退去を求められるといった事態が想定されることを踏まえ、規定の整備が図られたものである。

　なお、共住省令を適用できる特定共同住宅等の部分に存する福祉施設等は、家具・調度等の可燃物、調理器具・暖房器具等の火気使用、入所者数等も他の一般住戸とほぼ同様の形状であること、及びこれらの福祉施設等における入所者の避難安全性が確保されれば、他の一般住戸については、福祉施設等の入居により危険性が高まることはないと考えられることから、令別表第1（6）項ロ及びハに掲げる防火対象物であって、有料老人ホーム、福祉ホーム、認知症高齢者グループホーム及び障害者グループホーム及びケアホームとされている。

2 特定共同住宅等における必要とされる防火安全性能を有する消防の用に供する設備等に関する一連の省令・告示・通知の構成

共住省令の制定に伴い、新たに制定された特定共同住宅等関係告示・通知の構成は、以下のとおりとなっている。

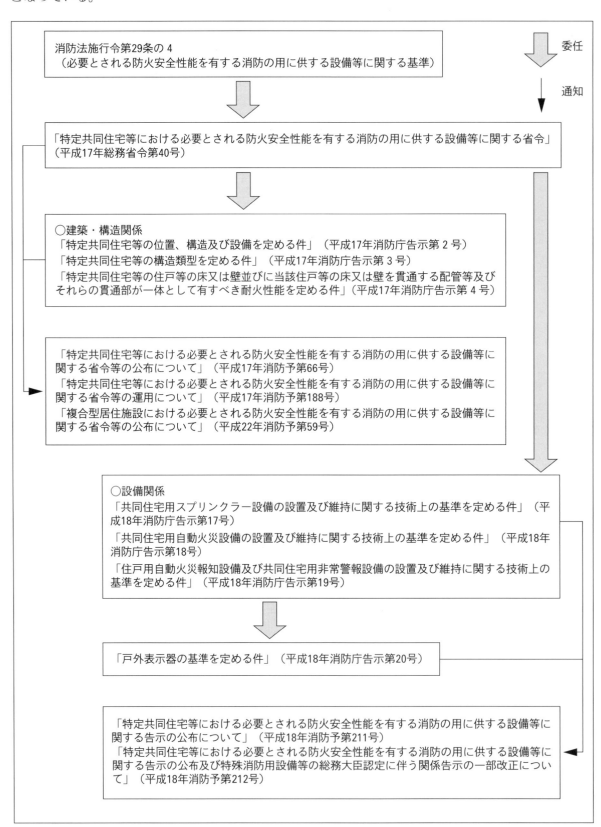

図2.1.1 特定共同住宅等における必要とされる防火安全性能を有する消防の用に供する設備等に関する省令・告示・通知の構成

第1節　特定共同住宅等における必要とされる防火安全性能を有する消防の用に供する設備等に関する一連の省令・告示の概要・構成

3　特定共同住宅等における必要とされる防火安全性能を有する消防の用に供する設備等に関する一連の省令・告示の概要

　共同住宅等における必要とされる防火安全性能を有する消防の用に供する設備等に関する一連の省令・告示は、220号通知が世間一般に幅広く認知されている状況にかんがみ、次の比較表のとおり、旧特例基準の基本的な考え方、枠組みなどを維持しつつ、従来、その判断に迷いを生じやすい部分を中心に性能規定化し、その判断が円滑に行えるようにした。

　ただし、220号通知のうち、現在までの識見では性能規定化することが困難であると思われる部分については、220号通知の規定を準用することとされた。

表2．1．1　220号通知と特定共同住宅等における必要とされる防火安全性能を有する消防の用に供する設備等に関する一連の省令・告示基準との比較表

220号通知	特定共同住宅等における必要とされる防火安全性能を有する消防の用に供する設備等に関する一連の省令・告示
別添 共同住宅等に係る消防用設備等の技術上の基準の特例 第1　適用範囲	特定共同住宅等：位置・構造告示第3
第2　用語の意義	共住省令第2条
第3　建築構造上の要件	位置・構造告示第3
第4　消防用設備等の特例等	共住省令（性能ごとに規定）
第5　その他	共住省令など
別紙1 共同住宅用スプリンクラー設備の設置基準	共同住宅用スプリンクラー設備の設置及び維持に関する技術上の基準を定める件（平成18年消防庁告示第17号）
別紙2 共同住宅用自動火災報知設備の設置基準	・共同住宅用自動火災報知設備の設置及び維持に関する技術上の基準を定める件（平成18年消防庁告示第18号） ・戸外表示器の基準を定める件（平成18年消防庁告示第20号）
別紙3 住戸用自動火災報知設備の設置基準	・住戸用自動火災報知設備及び共同住宅用非常警報設備の設置及び維持に関する技術上の基準を定める件（平成18年消防庁告示第19号） ・戸外表示器の基準を定める件（平成18年消防庁告示第20号）
別紙4 共同住宅用非常警報設備の設置基準	住戸用自動火災報知設備及び共同住宅用非常警報設備の設置及び維持に関する技術上の基準を定める件（平成18年消防庁告示第19号）
別紙5 住戸等の防火区画の基準及び開口部の防火措置 （令8区画及び共住区画の構造並びに当該区画を貫通する配管等の取扱いについて（平成7年消防予第53号））	・位置・構造告示第3第3項（4） ・区画貫通告示
別紙6 特定光庭に面する開口部の防火措置	位置・構造告示第4第2号（1）及び（2）
別紙7 二方向避難※1、開放型廊下及び階段室等※2並びに特定光庭※3の判断基準	※1　構造類型告示第3☆ ※2　構造類型告示第4☆ ※3　位置・構造告示第4第1号☆

注）☆は220号通知で示していた判断基準の一部を性能規定化した告示

25

第2章●特定共同住宅等における必要とされる防火安全性能を有する消防の用に供する設備等に関する基準

　また、特定共同住宅等における必要とされる防火安全性能を有する消防の用に供する設備等に関する一連の省令・告示・通知の個々の概要は、次のとおりである。

表2.1.2　特定共同住宅等における必要とされる防火安全性能を有する消防の用に供する設備等に関する
　　　　　省令・告示・通知の概要

法令・通知の名称	法令・通知の主な概要
「特定共同住宅等における防火安全性能を有する消防の用に供する設備等に関する省令」(平成17年総務省令第40号)	特定共同住宅等において通常用いられる消防用設備等に代えて用いることができる必要とされる防火安全性能を有する消防の用に供する設備等を規定
特定共同住宅等の位置・構造及び設備を定める件(平成17年消防庁告示第2号)	特定共同住宅等となるための位置・構造及び設備の要件を規定
特定共同住宅等の構造類型を定める件(平成17年消防庁告示第3号)	特定共同住宅等の構造類型(二方向避難型・開放型)の要件を規定
特定共同住宅等の住戸等の床又は壁並びに当該住戸等の床又は壁を貫通する配管等及びそれらの貫通部が一体として有すべき耐火性能を定める件(平成17年消防庁告示第4号)	共住区画の耐火性能を確かめるための試験方法を規定
共同住宅用スプリンクラー設備の設置及び維持に関する技術上の基準(平成18年消防庁告示第17号)	共同住宅用スプリンクラー設備の設置及び維持の技術上の基準を規定
共同住宅用自動火災報知設備の設置及び維持に関する技術上の基準(平成18年消防庁告示第18号)	共同住宅用自動火災報知設備の設置及び維持に関する技術上の基準を規定
住戸用自動火災報知設備及び共同住宅用非常警報設備の設置及び維持に関する技術上の基準(平成18年消防庁告示第19号)	住戸用自動火災報知設備及び共同住宅用非常警報設備の設置及び維持に関する技術上の基準を規定
戸外表示器の基準(平成18年消防庁告示第20号)	共同住宅用自動火災報知設備及び住戸用自動火災報知設備の戸外表示器の基準を規定
特定共同住宅等における必要とされる防火安全性能を有する消防の用に供する設備等に関する省令等の公布について(平成17年3月25日消防予第66号)	共住省令、位置・構造告示、構造類型告示、区画貫通告示の公布通知
特定共同住宅等における必要とされる防火安全性能を有する消防の用に供する設備等に関する省令等の運用について(平成17年8月12日消防予第188号)	共住省令、位置・構造告示、構造類型告示の運用通知
消防用設備等に係る執務資料の送付について(平成18年11月30日消防予第500号)	共住省令、位置・構造告示、構造類型告示等の運用通知
特定共同住宅等における必要とされる防火安全性能を有する消防の用に供する設備等に関する省令(平成17年総務省令第40号)等に係る執務資料の送付について(平成19年3月27日消防予第114号)	共住省令、位置・構造告示、構造類型告示等の運用通知
消防用設備等に係る執務資料の送付について(平成19年9月3日消防予第317号)	告示等の運用通知
複合型居住施設における必要とされる防火安全性能を有する消防の用に供する設備等に関する省令等の公布について(平成22年2月5日消防予第59号)	複合型居住施設における必要とされる防火安全性能を有する消防の用に供する設備等に関する省令の制定に伴って改正された共住省令の改正内容に関する公布通知
消防用設備等に係る執務資料の送付について(平成28年5月16日消防予第163号)	特定共同住宅の一部を宿泊施設として使用する場合の運用通知
消防用設備等に係る執務資料の送付について(平成30年6月15日消防予第426号)	共住省令等の運用通知
消防用設備等に係る執務資料の送付について(平成31年3月29日消防予第103号)	共住省令、告示等の運用通知

第1節　特定共同住宅等における必要とされる防火安全性能を有する消防の用に供する設備等に関する一連の省令・告示の概要・構成

4　共住省令の規定が適用できる共同住宅

共住省令の規定が適用できる防火対象物は、共同住宅等のうち、位置・構造告示の規定に適合するもの（特定共同住宅等）である。また、当該特定共同住宅等の構造類型（詳細については5を参照）を決める必要があり、これらのフローを以下に示す。

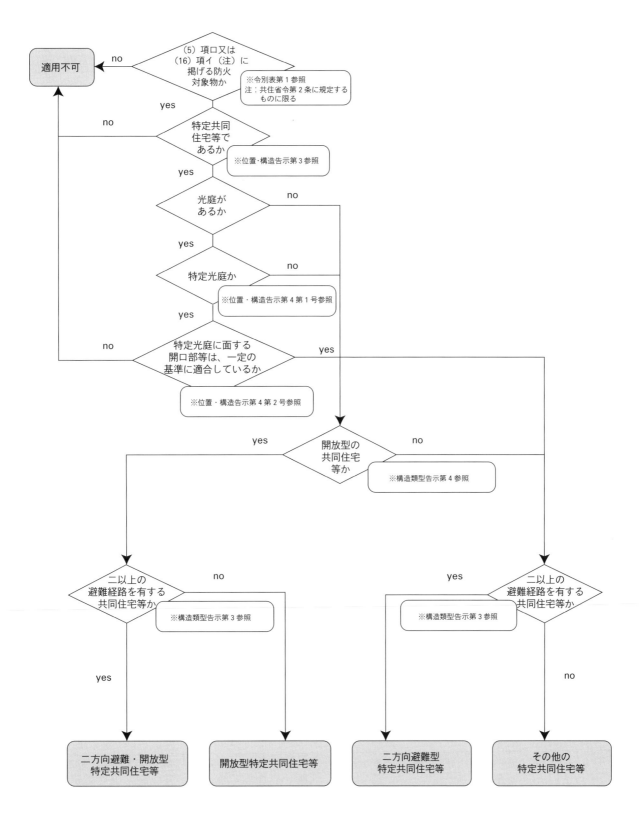

図2.1.2　特定共同住宅等の構造類型判定フロー図

第2章●特定共同住宅等における必要とされる防火安全性能を有する消防の用に供する設備等に関する基準

5 共住省令の対象となる特定共同住宅等の構造類型区分

　共住省令の規定が適用できる共同住宅等は、その構造類型に応じて、通常用いられる消防用設備等に代えて用いることができる必要とされる防火安全性能を有する消防の用に供する設備等が異なる。

　特定共同住宅等の構造類型区分は、次のとおりである。

（1）二方向避難型特定共同住宅等

　特定共同住宅等の住戸等（住戸、共用室及び管理人室に限る。以下この**5**において同じ。）において火災が発生した場合に、当該住戸等が存する階の住戸等に存する者が、当該階の住戸等から、少なくとも一以上の避難経路を利用して階段室等（当該住戸等が避難階に存する場合にあっては地上。以下この**5**において同じ。）まで安全に避難できるようにするため、一定の要件（構造類型告示第3第2号）により、二以上の異なった避難経路（避難上有効なバルコニーを含む。以下この**5**において同じ。）を確保していると認められるものをいう。

　具体的には、構造類型告示第3の規定により、二方向避難型特定共同住宅等とされたものであって、（3）の二方向避難・開放型共同住宅等以外のものをいう。

（2）開放型特定共同住宅等

　特定共同住宅等の住戸等において火災が発生した場合に、当該住戸等が存する階、その上階の廊下及び階段室等（階段室型特定共同住宅等における階段室に限る。）における消火、避難その他の消防活動に支障がないものとして、一定の要件（構造類型告示第4第2号）により、廊下及び階段室等（階段室型特定共同住宅等における階段室に限る。）が開放性を有すると認められるものをいう。

　具体的には、構造類型告示第4の規定により、開放型特定共同住宅等とされたものであって、（3）の二方向避難・開放型共同住宅等以外のものをいう。

（3）二方向避難・開放型特定共同住宅等

　特定共同住宅等の住戸等において火災が発生した場合に、当該住戸等が存する階の住戸等に存する者が、当該階の住戸等から少なくとも一以上の避難経路を利用して階段室等まで安全に避難できるようにするため、一定の要件（構造類型告示第3第2号）により、二以上の異なった避難経路を確保し、かつ、住戸等が存する階及びその上階の階段室等（階段室型特定共同住宅等における階段室に限る。）における消火、避難その他の消防活動に支障がないものとして、一定の要件（構造類型告示第4第2号）により、廊下及び階段室等（階段室型特定共同住宅等における階段室に限る）が開放性を有すると認められるものをいう。具体的には、構造類型告示第3及び第4の規定により、二方向避難型及び開放型の特定共同住宅等とされたものをいう。

（4）その他の特定共同住宅等

　上記（1）から（3）までの特定共同住宅等以外の特定共同住宅等をいう。

6 特定共同住宅等において通常用いられる消防用設備等に代えて用いることができる必要とされる防火安全性能を有する消防の用に供する設備等

　共住省令の規定を適用できる特定共同住宅等においては、共同住宅等に設置し、維持しなければならない通常用いられる消防用設備等に代えて、特定共同住宅等の構造類型に応じて、「初期拡大抑制性能」（火災の拡大を初期に抑制する性能）、「避難安全支援性能」（火災時に安全に避難することを支援する性能）、「消防活動支援性能」（消防隊による活動を支援する性能）の各性能単位で必要とされる防火安全性能を有する消防の用に供する設備等を用いることができる（例えばスプリンクラー設備だけを共同住宅用スプリンクラー設備に代えることはできない。）。なお、各性能単位でセットとして考えるとしても、設置義務のない消防用設備等に対しては、それに対する必要とされる防火安全性能

28

第1節　特定共同住宅等における必要とされる防火安全性能を有する消防の用に供する設備等に関する一連の省令・告示の概要・構成

を有する設備等は設置する必要はないので注意が必要である（例えば、住戸内に設置する消火器を住宅用消火器に代えた場合に、スプリンクラー設備の設置義務がないにもかかわらず共同住宅用スプリンクラー設備を設置する必要はない。）。それぞれの性能で、必要とされる防火安全性を有する消防の用に供する設備等に代えることができる通常用いられる消防用設備等は、次のとおりである。

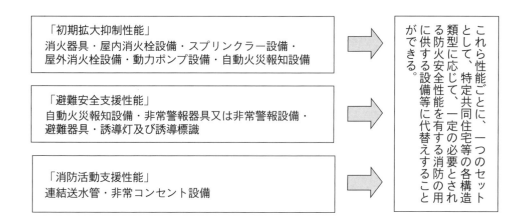

また、特定共同住宅等（福祉施設等を除く。）の階数ごとに設置される必要とされる防火安全性能を有する消防の用に供する設備等及び特定共同住宅等の部分に存する福祉施設等の階数ごとに設置される必要とされる防火安全性能を有する消防の用に供する設備等は次図のとおりとなっている。

なお、その他の消防用設備等（水噴霧消火設備、泡消火設備、不活性ガス消火設備、ハロゲン化物消火設備、粉末消火設備、ガス漏れ火災警報設備、漏電火災警報器、消防機関へ通報する火災報知設備、消防用水、連結散水設備、無線通信補助設備）は、特定共同住宅等であっても通常用いられる消防用設備等として消防法令に定める技術上の基準に従って設置しなければならない。

第2章●特定共同住宅等における必要とされる防火安全性能を有する消防の用に供する設備等に関する基準

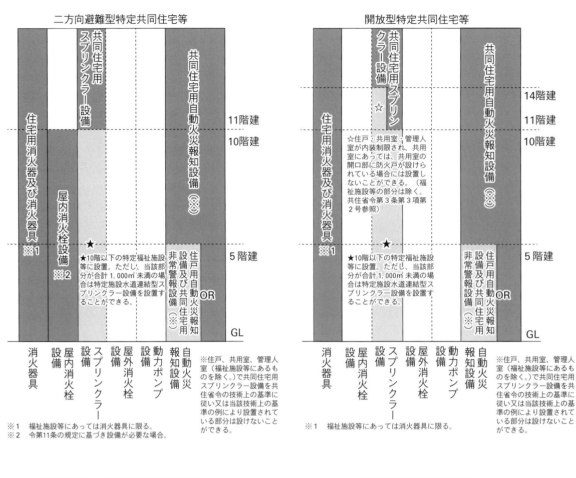

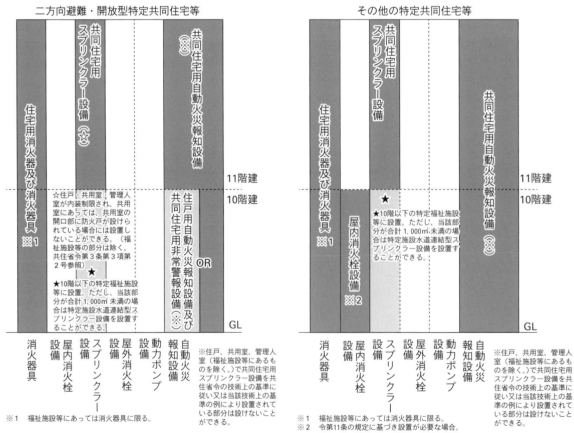

図2.1.3　特定共同住宅等における階数ごとの消防用設備等適用図（初期拡大抑制性能）

第1節　特定共同住宅等における必要とされる防火安全性能を有する消防の用に供する設備等に関する一連の省令・告示の概要・構成

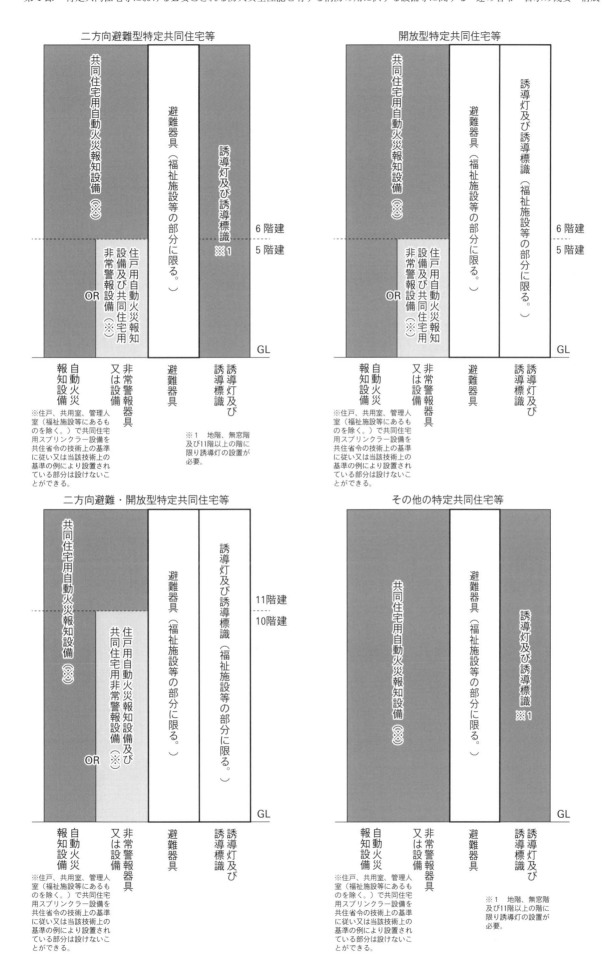

図2．1．4　特定共同住宅等における階数ごとの消防用設備等適用図（避難安全支援性能）

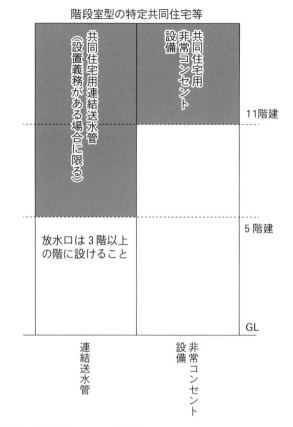

図2.1.5　特定共同住宅等における階数ごとの消防用設備等適用図（消防活動支援性能）

7　特定共同住宅等と住宅用防災機器

　平成16年6月に消防法の一部が改正され、法第9条の2において、住宅には住宅用防災機器（住宅用防災警報器及び住宅用防災報知設備）を設置及び維持することとされ、住宅用防災機器の設置及び維持に関する基準その他住宅における火災の予防のために必要な事項は、令第5条の7から第5条の9及び「住宅用防災機器の設置及び維持に関する条例の制定に関する基準を定める省令」（平成16年総務省令第138号。以下「138号省令」という。）に従って各市町村の条例により定めることとされた。

　特定共同住宅等にあっても、住宅の範囲であることから、基本的に「就寝の用に供する居室」、「メゾネット型の住戸の階段」等には、次の例のように住宅用防災警報器又は住宅用防災報知設備の感知器の設置が必要である。なお、廊下、階段、エレベーターホールなどの共用部分には、設置は必要ないものとしている（138号省令第3条）。

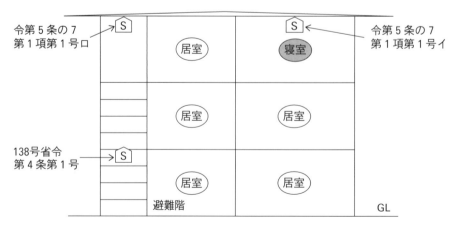

図2.1.6　三階層のメゾネット型共同住宅の場合（例1）

第1節　特定共同住宅等における必要とされる防火安全性能を有する消防の用に供する設備等に関する一連の省令・告示の概要・構成

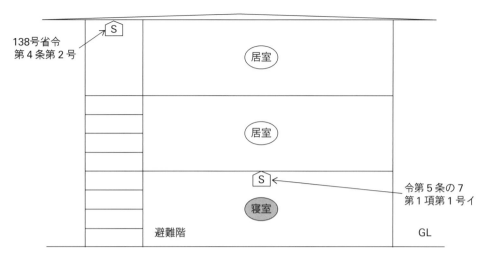

図2.1.7　三階層のメゾネット型共同住宅の場合（例2）

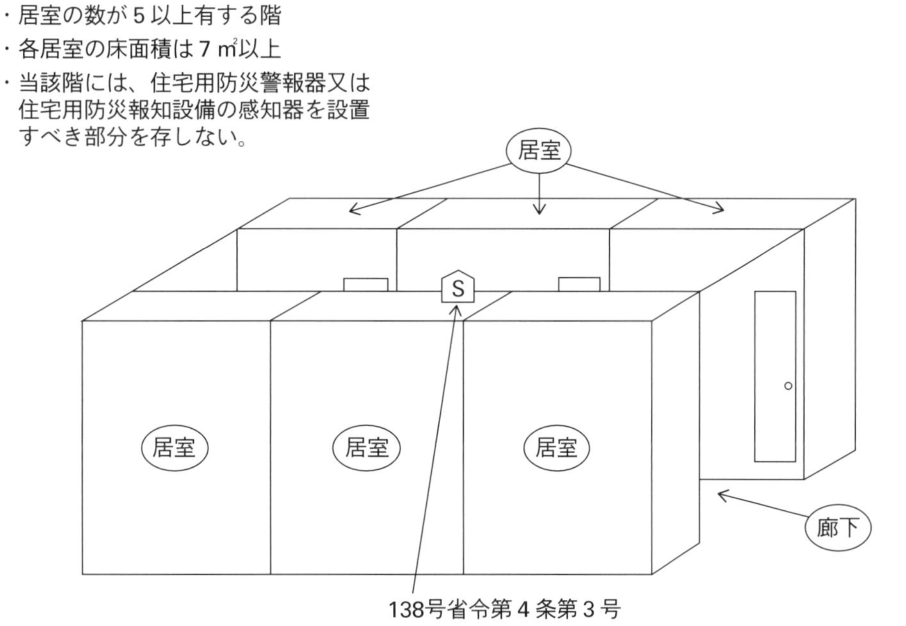

・居室の数が5以上有する階
・各居室の床面積は7㎡以上
・当該階には、住宅用防災警報器又は住宅用防災報知設備の感知器を設置すべき部分を存しない。

図2.1.8　就寝の用に供する居室以外の居室が複数ある場合（例3）

しかしながら、スプリンクラー設備又は自動火災報知設備を令第12条又は令第21条に定める技術上の基準に従って設置した場合、共同住宅用スプリンクラー設備、共同住宅用自動火災報知設備又は住戸用自動火災報知設備を共住省令に定める技術上の基準に従って設置した場合には、住宅用防災警報器又は住宅用防災報知設備を設置しないことができることとしている（138号省令第6条）ので、結果的に特定共同住宅等では、上記に示す設備等がすべて設置されていない、住戸の就寝の用に供する居室、三階層のメゾネット型共同住宅内の階段部分、非常にレアケースではあるが就寝の用に供する居室等以外で床面積7㎡以上の居室が5以上存する階の廊下部分等には、住宅用防災警報器又は住宅用防災報知設備の感知器が必要となるということである。

第2章 ●特定共同住宅等における必要とされる防火安全性能を有する消防の用に供する設備等に関する基準

第2節

特定共同住宅等における必要とされる防火安全性能を有する消防の用に供する設備等に関する省令

1 趣旨

　これまで、共同住宅等に設置する消防用設備等については、共同住宅等の位置、構造及び設備によっては火災の発生又は延焼のおそれが少ないと認められるものがあることにかんがみ、220号通知別添の要件を満たすものについて令第32条の規定を適用して基準の特例を認めてきたところである。

　必要とされる防火安全性能を有する消防の用に供する設備等に関する技術基準を定める令第29条の4の規定が追加され、平成16年6月から施行されていることを踏まえ、共同住宅等の構造等に応じて設置すべき消防用設備等の基準について省令及び関係告示に定め、全国的に統一的な運用を図るとともに、検査、点検報告及び消防設備士の工事又は整備等に関する消防法令の関係規定を適用し、より適切な維持管理の確保を図るため、220号通知に定める基準に沿って、共住省令が制定されたものである。

2 共住省令の構成

（1）第1条は、共住省令制定の趣旨である。

　　　省令に用いられる用語の意味は次のとおりである。（2）、（3）、（4）、（15）カ及びキを除き、220号通知で用いられていた用語の意味を踏襲した内容となっている。

（2）「特定共同住宅等」とは、共住省令により新たに定義付けられたもので令別表第1（5）項ロに掲げる共同住宅等及び同表（16）項イに掲げる防火対象物（同表（5）項イ及びロ並びに（6）項ロ及びハに掲げる防火対象物（同表（6）項ロ及びハに掲げる防火対象物にあっては、有料老人ホーム、福祉ホーム、老人福祉法（昭和38年法律第133号）第5条の2第6項に規定する認知症対応型老人共同生活援助事業を行う施設又は障害者の日常生活及び社会生活を総合的に支援するための法律（平成17年法律第123号）第5条第17項に規定する共同生活援助を行う施設に限る。以下同じ。）の用途以外の用途に供される部分が存せず、かつ、同表（5）項イ並びに（6）項ロ及びハに掲げる防火対象物の用途に供する各独立部分（構造上区分された数個の部分の各部分で独立して当該用途に供されることができるものをいう。以下同じ。）の床面積がいずれも100㎡以下であって、同表（5）項ロに掲げる防火対象物の用途に供される部分の床面積の合計が、当該防火対象物の延べ面積の2分の1以上のものに限る。）であって、火災の発生又は延焼のおそれが少ないものとして位置・構造告示に定める基準に適合する共同住宅等をいう。

　　　具体的には、「特定主要構造部が耐火構造であること」、「共用部分の壁及び天井の仕上げを準不燃材料でしたものであること」、「住戸等は耐火構造の床又は壁で区画すること」等の基準が定められている。その判断基準については、本章第3節に示す。

　　　なお、「特定共同住宅等」は、（16）項に掲げる防火対象物のうち、他の用途に供される部分と令第8条に規定する開口部のない耐火構造の床又は壁で区画された共住省令第2条第1号に掲げ

第2節　特定共同住宅等における必要とされる防火安全性能を有する消防の用に供する設備等に関する省令

る防火対象物の部分にも適用されるものである。

　　また、共住省令を適用する防火対象物の一部に（5）項ロに掲げる用途以外の独立した用途に供される部分が存する場合の扱いは、「令別表第1に掲げる防火対象物の取扱いについて」（昭和50年4月15日付け消防予第41号、消防安第41号通知（以下「41号通知」という。））記1（2）の「独立した用途に供される部分」に該当する場合は、住戸とみなして共住省令を適用して差し支えないものである。

　　具体的には特定共同住宅等に供される部分の床面積の合計が、当該防火対象物の延べ面積の90％以上であり、かつ特定共同住宅等に供される部分以外の「独立した用途に供される部分」の床面積の合計が300㎡未満である場合には、当該「独立した用途に供される部分」を含めて全体を特定共同住宅等とみなすことができる。ただし、「独立した用途に供される部分」から出火した場合の延焼危険性等にかんがみ、当該部分は床面積150㎡以内ごとに住戸等に準じて防火区画し、延焼のおそれが少ないものとする必要がある。

　　例えば、延べ面積3,000㎡の特定共同住宅等の一部に物販店舗（150㎡）と飲食店（140㎡）が存する場合は、（5）項ロの用途に供される部分の床面積は2,710㎡、（5）項ロの用途に供される部分以外の独立した用途に供される部分（物販店舗、飲食店）の床面積は合計で290㎡となる。

　　この場合は（5）項ロに供される部分の床面積（2,710㎡）は全体の90％以上であり、かつ物販店舗と飲食店の合計床面積は300㎡未満であるので、店舗部分を床面積150㎡以内ごとに防火区画することにより、当該店舗部分を含めて全体を特定共同住宅等とみなして省令を適用することができることとなる。

（3）「住戸利用施設」とは、特定共同住宅等の部分であって、令別表第1（5）項イ並びに（6）項ロ及びハに掲げる防火対象物の用途に供されるものをいう。ここでいう（6）項ロ及びハに掲げる防火対象物の用途は、（2）に示す有料老人ホーム、福祉ホーム等を指すものである。

（4）「特定住戸利用施設」とは住戸利用施設のうち、次に掲げる部分で、消防法施行規則（昭和36年自治省令第6号。以下「規則」という。）第12条の2第1項又は第3項に規定する構造を有するもの以外のものをいう。

　イ　令別表第1（6）項ロ（1）に掲げる防火対象物の用途に供される部分
　ロ　令別表第1（6）項ロ（5）に掲げる防火対象物の用途に供される部分（規則第12条の3に規定する者を主として入所させるもの以外のものにあっては、床面積が275平方メートル以上のものに限る。）

　　平成27年には、41号通知の一部が改正され、令別表第1（2）項ニ、（5）項イ若しくは（6）項イ（1）から（3）まで若しくはロに掲げる防火対象物又は同表（6）項ハに掲げる防火対象物（利用者を入居させ、又は宿泊させるものに限る。）は、面積にかかわらず主たる用途に従たる用途としてみなすことができなくなった。

（5）「住戸等」とは、特定共同住宅等に存する住戸（下宿の宿泊室及び寄宿舎の寝室及び各独立部分で令別表第1（5）項イ並びに（6）項ロ及びハに掲げる防火対象物の用途に供されるものを含む。）、共用室、管理人室、倉庫、機械室その他これらに類する室をいう。「その他これらに類する室」とは電気室、防災センター等、一般的には共用部分以外の部分で室の形態となっている部分を指すものである。

　　また、（5）項ロに掲げる用途以外の独立した用途に供される部分で、（1）に示した「独立した用途に供される部分」に該当するもので住戸等とみなした部分についても住戸等に準じた取扱いとすることとされている。

35

第2章●特定共同住宅等における必要とされる防火安全性能を有する消防の用に供する設備等に関する基準

メゾネット型の住戸等における階数の算定にあっては当該住戸等を一の階数として扱うものではなく、建基令第2条第1項第8号の規定によるものである。

（6）「共用室」とは、特定共同住宅等に存する室のうち、居住者が集会、談話等の用に供する室をいう。具体的には集会室、談話室、キッズルーム等がある。

（7）「共用部分」とは、特定共同住宅等の廊下、階段、エレベーターホール、エントランスホール、駐車場、駐輪場等で、住戸等以外の部分をいう。

（8）「階段室等」とは、避難階又は地上に通ずる直通階段で壁、床又は防火設備等で区画されている階段室の他、壁、床又は防火設備等で区画されていない階段を含むものである。

（9）「開放型廊下」とは、廊下が直接外気に開放されており、火災時に生ずる煙を有効に排出することができる廊下をいう。その判断基準は本章第5節に示す。

（10）「開放型階段」とは、階段が直接外気に開放されており、火災時に生ずる煙を有効に排出することができる階段をいう。その判断基準は本章第5節に示す。

（11）「二方向避難型特定共同住宅等」とは、火災時に全ての住戸、共用室及び管理人室から、少なくとも一以上の避難経路を利用することにより安全に避難できるようにするため、廊下、階段、バルコニー等により避難階又は地上に通ずる二以上の異なった避難経路を確保している特定共同住宅等をいう。その判断基準は本章第6節に示す。

（12）「開放型特定共同住宅等」とは、すべての住戸、共用室及び管理人室について、その主たる出入口が開放型廊下又は開放型階段に面していることにより、火災時に生ずる煙を有効に排出することができる特定共同住宅等をいう。その判断基準は本章第5節に示す。

（13）「二方向避難・開放型特定共同住宅等」とは、火災時に、すべての住戸、共用室及び管理人室から、少なくとも一以上の避難経路を利用して安全に避難できるようにするため、廊下、階段、バルコニー等により避難階又は地上に通ずる二以上の異なった避難経路を確保し、かつその主たる出入口が開放型廊下又は開放型階段に面していることにより、火災時に生ずる煙を有効に排出することができる特定共同住宅等で、（11）「二方向避難型特定共同住宅等」及び（12）「開放型特定共同住宅等」の双方の基準を満たしているものである。

（14）「その他の特定共同住宅等」とは、二方向避難型特定共同住宅等、開放型特定共同住宅等、二方向避難・開放型特定共同住宅等のいずれにも該当しない特定共同住宅等をいう。

（15）特定共同住宅等における必要とされる防火安全性能を有する消防の用に供する設備等について
特定共同住宅等において必要とされる防火安全性能を有する消防の用に供する設備等とは次のア～キのことをいう。

ア「住宅用消火器」とは、消火器の技術上の規格を定める省令（昭和39年自治省令第27号）第1条の2第2号に規定するもので、共住省令では特定共同住宅等において主として初期拡大抑制性能を有するものとされ、住戸、共用室又は管理人室ごとに設置するものをいう。

イ「共同住宅用スプリンクラー設備」とは、主として初期拡大抑制性能を有するものとされ、スプリンクラーヘッド、制御弁、自動警報装置、加圧送水装置、送水口等で構成されており、住戸、共用室又は管理人室ごとに自動警報装置の発信部が設けられているものをいう。

ウ「共同住宅用自動火災報知設備」とは、主として初期拡大抑制性能及び避難安全支援性能を有するものとされ、火災の発生を感知し、及び火災の発生を報知する設備であって、受信機、感知器、戸外表示器等で構成されており、自動試験機能又は遠隔試験機能を有することにより、住戸の自動試験機能等対応型感知器の機能の異常が当該住戸の外部から容易に確認できるものをいう。

エ「住戸用自動火災報知設備」とは、主として初期拡大抑制性能及び避難安全支援性能を有する

ものとされ、火災の発生を感知し、及び火災の発生を報知する設備であって、受信機、感知器、戸外表示器等で構成されており、住戸等における火災の発生を感知し、及び当該住戸等に火災の発生を報知する設備であって、受信機、感知器、戸外表示器等で構成されており、遠隔試験機能を有することにより、住戸の自動試験機能等対応型感知器の機能の異常が当該住戸の外部から容易に確認できるものをいう。

オ 「共同住宅用非常警報設備」とは、主として初期拡大抑制性能及び避難安全支援性能を有するものとされ、火災の発生を報知する設備であって、起動装置、音響装置、操作部等で構成されるものをいう。

カ 「共同住宅用連結送水管」とは、共住省令により新たに定義付けられたもので、主として消防活動支援性能を有するものとされ、放水口、配管、送水口等で構成されるものをいう。

通常用いられる消防用設備等である連結送水管との技術基準上の違いは、放水口の設置場所について階ごとの水平距離による設置基準ではなく、3階及び当該階から上方3階層ごとに、かつ階段室等及び非常用エレベーター乗降ロビーその他これらに類する場所ごとに設ける点である。

キ 「共同住宅用非常コンセント設備」とは、共住省令により新たに定義付けられたもので、主として消防活動支援性能を有するものとされ、非常コンセント、配線等で構成されるものをいう。通常用いられる消防用設備等である非常コンセント設備との技術基準上の違いは、設置場所について階ごとの水平距離による設置基準ではなく、11階及び当該階から上方3階層ごとに、かつ階段室等及び非常用エレベーター乗降ロビーその他これらに類する場所ごとに設けることとされている点である。

第3条では特定共同住宅等における必要とされる初期拡大抑制性能を主として有する消防の用に供する設備等に関する基準を、第4条では特定共同住宅等における必要とされる避難安全支援性能を有する消防の用に供する設備等に関する基準を、第5条では特定共同住宅等における必要とされる消防活動支援性能を有する消防の用に供する設備等に関する基準を規定している。

第3条第1項及び第2項、第4条第1項及び第2項、第5条第1項では、「通常用いられる消防用設備等」に代えて「必要とされる防火安全性能を有する消防の用に供する設備等」を用いることができる代替関係を示している。

これは個々の設備ごとに代えて用いることができるとするものではなく、表中上欄第1欄（構造類型）及び第2欄（階数）の区分ごとに中欄に示されるすべての「通常用いられる消防用設備等」に代えて、下欄に示されるすべての「必要とされる防火安全性能を有する消防の用に供する設備等」を用いることができるとするものである。表中、二方向避難型特定共同住宅等で「階数が地階を除く階数が10以下のもの」及び「地階を除く階数が5以下のもの」、その他の特定共同住宅等で「階数が地階を除く階数が10以下のもの」の中欄「通常用いられる消防用設備等」に屋内消火栓設備が定められていないのは、当該屋内消火栓設備に代えて下欄の「必要とされる防火安全性能を有する消防の用に供する設備等」を用いることができない。つまり、表に示されていない「通常用いられる消防用設備等」については、従来の技術基準（令第10条～29条の3）に従い設置維持することが必要である。

なお、第3条第1項及び第4条第1項では、住戸利用施設以外の特定共同住宅等の部分における初期拡大抑制性能又は避難安全支援性能を有する消防の用に供する設備等を規定しており、第3条第2項、第4条第2項では、特定共同住宅等の部分に存する福祉施設等における初期拡大抑制性能又は避難安全支援性能を有する消防の用に供する設備等を規定している。

第2章●特定共同住宅等における必要とされる防火安全性能を有する消防の用に供する設備等に関する基準

　また、第3条第3項、第4条第3項、第5条第2項では、必要とされる防火安全性能を有する消防の用に供する設備等の設置及び維持に関する技術基準を示し細目は告示で示すこととされている。

　第3条第4項では、必要とされる防火安全性能を有する消防の用に供する設備等を免除する場合に関する基準を規定している。

　第4条第4項では、初期拡大抑制性能を有する共同住宅用自動火災報知設備、住戸用自動火災報知設備、共同住宅用非常警報設備は、同時に避難安全支援性能を有する消防の用に供する設備等である旨を規定し、同条第5項では、必要とされる防火安全性能を有する消防の用に供する設備等を免除する場合に関する基準を規定している。

第3節

特定共同住宅等における必要とされる防火安全性能を有する消防の用に供する設備等に関する基準を適用する場合の建築構造上の要件

○位置・構造告示

第3 通常用いられる消防用設備等に代えて、必要とされる防火安全性能を有する消防の用に供する設備等を用いることができる特定共同住宅等の位置、構造及び設備

　省令第2条第1号に規定する特定共同住宅等は、その位置、構造及び設備が次の各号に適合するものとする。

一　建築基準法（昭和25年法律第201号）第2条第9号の2イに規定する特定主要構造部が、耐火構造（同条第7号に規定する耐火構造をいう。以下同じ。）であること。

二　共用部分の壁及び天井（天井のない場合にあっては、屋根。以下同じ。）の室内に面する部分（回り縁、窓台その他これらに類する部分を除く。以下同じ。）の仕上げを準不燃材料（建築基準法施行令（昭和25年政令第338号）第1条第5号に規定する準不燃材料をいう。以下同じ。）でしたものであること。

三　特定共同住宅等の住戸等は、開口部のない耐火構造の床又は壁で区画すること。ただし、特定共同住宅等の住戸等の床又は壁（以下単に「床又は壁」という。）並びに当該床又は壁を貫通する配管又は電気配線その他これらに類するもの（以下単に「配管等」という。）及びそれらの貫通部が次に定める基準に適合する場合は、この限りでない。

（1）　床又は壁は、耐火構造であること。

（2）　住戸等の外壁に面する開口部は、当該住戸等に接する他の住戸等の開口部との間に設けられる外壁面から0.5メートル以上突出した耐火構造のひさし、床、そで壁その他これらに類するもの（以下「ひさし等」という。）で防火上有効に遮られていること。ただし、当該住戸等に接する他の住戸等の外壁に面する開口部（直径が0.15メートル以下の換気口等（防火設備が設けられたものに限る。）及び面積が0.01平方メートル以下の換気口等を除く。）相互間の距離が、0.9メートル以上であり、かつ、次に定める基準のいずれかに適合する場合は、この限りでない。

　　イ　上下に設けられた開口部（直径0.15メートル以下の換気口等及び相互間の距離が3.6メートル以上である開口部を除く。）に防火設備である防火戸が設けられていること。

　　ロ　住戸等で発生した火災により、当該住戸等から当該住戸等及びそれに接する他の住戸等の外壁に面する開口部を介して他の住戸等へ延焼しないよう措置されたものであること。

（3）　住戸等と共用部分を区画する壁は、次に定めるところによること。

　　イ　開口部（（イ）から（ハ）までに掲げる換気口等を除く。）には、防火設備（主たる出入口に設けられるものにあっては、随時開くことができる自動閉鎖装置付のものに限る。）である防火戸が設けられていること。

第 2 章 ●特定共同住宅等における必要とされる防火安全性能を有する消防の用に供する設備等に関する基準

　　　　（イ）　直径0. 15メートル未満の換気口等（開放性のある共用部分に面するものに限る。）
　　　　（ロ）　直径0. 15メートル以上の換気口等であって、かつ、防火設備が設けられているもの
　　　　（ハ）　（イ）及び（ロ）に掲げるもののほか、開放性のある共用部分以外の共用部分に面
　　　　　　　し、かつ、防火設備が設けられている換気口等
　　　ロ　開放型特定共同住宅等（省令第 2 条第 9 号に規定する開放型特定共同住宅等をいう。）及
　　　　　び二方向避難・開放型特定共同住宅等（省令第 2 条第10号に規定する二方向避難・開放型特
　　　　　定共同住宅等をいう。）以外の特定共同住宅等の住戸等（共同住宅用スプリンクラー設備が
　　　　　設置されているものを除く。）にあっては、開口部の面積の合計が一の住戸等につき 4 平方
　　　　　メートル（共用室にあっては、 8 平方メートル）以下であること。
　　　ハ　ロの規定による一の開口部の面積は、 2 平方メートル以下であること。
　（4）　床又は壁を貫通する配管等及びそれらの貫通部は、次に定めるところによること。
　　　イ　配管の用途は、給排水管、空調用冷温水管、ガス管、冷媒管、配電管その他これらに類す
　　　　　るものであること。
　　　ロ　配管等の呼び径は、200ミリメートル以下であること。
　　　ハ　配管等を貫通させるために設ける開口部は、内部の断面積が直径300ミリメートルの円の
　　　　　面積以下であること。
　　　ニ　配管等を貫通させるために設ける開口部を床又は壁（住戸等と共用部分を区画する床又は
　　　　　壁を除く。）に二以上設ける場合にあっては、配管等を貫通させるために設ける開口部相互
　　　　　間の距離は、当該開口部の最大直径（当該直径が200ミリメートル以下の場合にあっては、200
　　　　　ミリメートル）以上であること。
　　　ホ　床又は壁を貫通する配管等及びそれらの貫通部は、次の（イ）又は（ロ）に定めるところ
　　　　　によるものであること。
　　　　（イ）　配管は、建築基準法施行令第129条の 2 の 4 第 1 項第 7 号イ又はロに適合するものと
　　　　　　　し、かつ、当該配管と当該配管を貫通させるために設ける開口部とのすき間を不燃材料
　　　　　　　（建築基準法第 2 条第 9 号に規定する不燃材料をいう。以下同じ。）で埋めること。
　　　　（ロ）　別に告示で定めるところにより、床又は壁を貫通する配管等及びそれらの貫通部が一
　　　　　　　体として耐火性能を有しているものとして認められたものであること。
　　　ヘ　配管等には、その表面に可燃物が接触しないような措置を講じること。ただし、当該配管
　　　　　等に可燃物が接触しても発火するおそれがないと認められる場合は、この限りでない。

【趣旨】
　位置・構造告示第 3 「通常用いられる消防用設備等に代えて、必要とされる防火安全性能を有する
消防の用に供する設備等を用いることができる特定共同住宅等の位置、構造及び設備」（以降、「特定
共同住宅等の位置、構造及び設備基準」）は、共住省令第 2 条第 1 号の特定共同住宅等についての位
置、構造、設備に関する具体的な基準を定めたものである。
　「特定共同住宅等の位置、構造及び設備基準」に定められている要件は、「特定共同住宅等におけ
る火災の延焼拡大を防止」を主目的とするものであり、図 2 . 3 . 1 に示している。

40

第3節　特定共同住宅等における必要とされる防火安全性能を有する消防の用に供する設備等に関する基準を適用する場合の建築構造上の要件

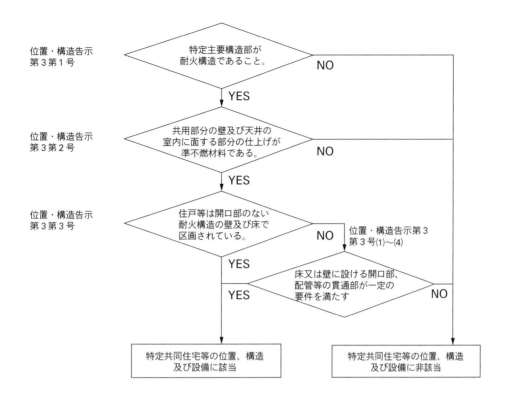

図2.3.1　特定共同住宅等の位置、構造及び設備基準フロー

　住戸等の床又は壁は、開口部のない耐火構造の床又は壁による区画が必要となる。ただし、住戸の床や壁には窓や玄関、配管貫通部が存在するため、これらについては一定の要件を満たしたものを認める（第3第3号）。
　「特定共同住宅等の位置、構造及び設備基準」は、「220号通知・別紙5」の内容をほぼ踏襲した内容となっている。変更点は、特定共同住宅等の住戸等の上下に設けられた開口部について位置・構造告示第3第3号（2）ロが追加されたことであり、客観的検証法により開口部での延焼がないことが確認されれば、一定の距離以内に開口部が設けられていても当該開口部に防火設備を設ける必要はない。客観的検証法の具体的な内容は、188号通知に示されている。（P223〜P235）
　また、特定共同住宅等の住戸等の床又は壁を貫通する配管等とその貫通部については、位置・構造告示第3第3号（4）ホ（イ）に「建築基準法施行令第129条の2の4第1項第7号イ又はロに適合し、かつ、貫通部を不燃材料で埋める」と規定する例示仕様と、同号（4）ホ（ロ）に規定する「特定共同住宅等の床又は壁を貫通する配管等およびそれらの貫通部を一体として耐火性能を評価する」と規定する性能的な確認方法の位置・構造告示第3第3号（4）ホ（ロ）のいずれかとすることができる。この性能的な確認方法の具体的内容は、区画貫通告示に示されている。

【解説】
（1）主要構造部（位置・構造告示第3第1号）
　位置・構造告示第3第1号の主要構造部は、壁、柱、床、はり、屋根又は階段をいい、建築物の構造上重要でない間仕切壁、間柱、付け柱、揚げ床、最下階の床、廻り舞台の床、小ばり、ひさし、局部的な小階段、屋外階段その他これに類する建築物の部分を除くものとする。
（2）共用部分の壁及び天井の室内に面する部分の仕上げ（位置・構造告示第3第2号）
　共用部分の壁、天井の仕上げは準不燃材料とし、共用部分の腰壁、階段等の軒裏等についても、

内装制限の対象となる。

また、共用部分の壁及び天井に吹付塗装等が施される場合についても、準不燃材料である必要がある。

　準不燃材料：建築材料のうち通常の火災による加熱が加えられた場合に、加熱開始後10分間建基令第108条の2各号に挙げる要件を満たすものとして、国土交通大臣が定めたもの又は国土交通大臣の認定を受けたものをいう（建基令第1条第5号）。国土交通大臣が定めたものについては、平成12年建設省告示第1401号に材料と厚さが定められている。

「準不燃材料」には、準不燃材料より上位の性能を有す不燃材料も含まれる。

（3）住戸等の床又は壁（位置・構造告示第3第3号）

図2.3.2に示すように、住戸等の外壁に面する開口部、住戸等と共用部の区画の壁、配管等との貫通部が一定の要件を満たす場合に開口部が認められる。

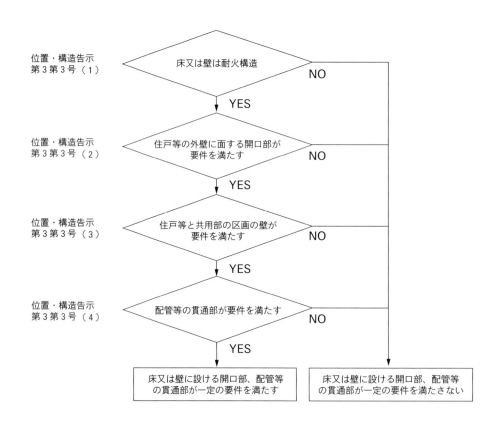

図2.3.2　位置・構造告示第3第3号

1）住戸等の外壁に面する開口部

　図2.3.3に住戸等の外壁に面する開口部の確認フローを示す。

第3節　特定共同住宅等における必要とされる防火安全性能を有する消防の用に供する設備等に関する基準を適用する場合の建築構造上の要件

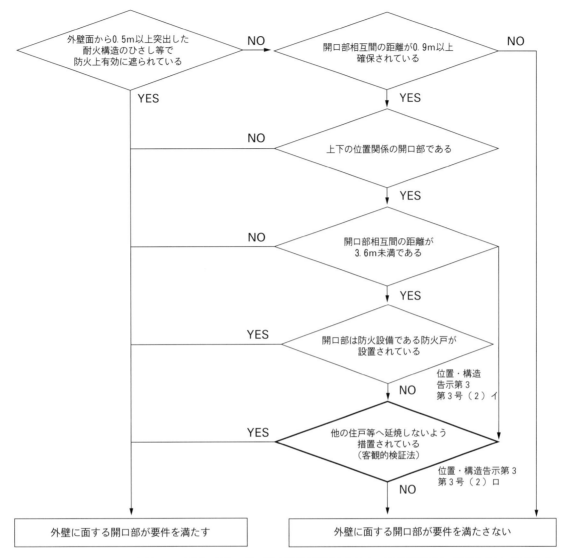

直径0.15m以下の換気口等で防火設備が設けられたもの及び直径0.01m以下の換気口等を除く。

図2.3.3　住戸等の外壁に面する開口部の確認フロー

　住戸等の外壁に面する開口部は、火災住戸から他の部分への延焼を防止するために、他の住戸との開口部との間に外壁面から0.5m以上突出したひさし等で防火上有効に遮られているか、あるいは相互間の距離を0.9m以上とする必要がある。
　なお開口部相互の距離を0.9m以上確保した場合であっても、上下の位置関係の開口部においては0.9m以上の離隔距離に加え、以下のいずれかを満たすことが必要となる。
（イ）上下に設けられた開口部に防火設備を設けること（位置・構造告示第3第3号（2）イ）。
（ロ）住戸等で発生した火災により、当該住戸等の外壁に面する開口部から区画を介して隣接する他の住戸等へ延焼しないよう措置されたものであること（位置・構造告示第3第3号（2）ロ）。

（ロ）は、火災住戸からの噴出火炎・気流により上部の開口部が破壊され、延焼しないことを客観検証法により確かめるものである。上下開口部間の垂直距離Zと開口部寸法、開口部の材料から求めた限界垂直距離Z_{lim}を比較することで判断する。

外壁に面する開口部の措置の考え方を具体例を用いて説明する（図2．3．4～6参照）。

① 　AとBの水平距離が0.9m以上確保されていない場合は、Aの高さ以上で幅0.5m以上の袖壁が必要となる。

② 　AとDの垂直距離が0.9m以上確保されていない場合は、幅0.5m以上のひさし等がDの開口部の端より左右それぞれ0.5m以上の長さが必要となる（平面図　a≧0.5m、b≧0.5m）。

③ 　Aの面するバルコニーに腰壁（当該部分の共住区画と同等の構造及び耐火性能のものに限る。）が設けられており、当該腰壁を含めてAとDが0.9m以上隔離される場合にあっては、AとDの垂直距離が0.9m以上あるものとして扱う。

④ 　ひさし等がない場合、CとFの垂直距離が0.9m以上3.6m未満であれば防火戸の措置が必要となる。（ただし位置・構造告示第3第3号（2）ロで延焼措置されていると確認できれば防火戸の措置の必要はない。）

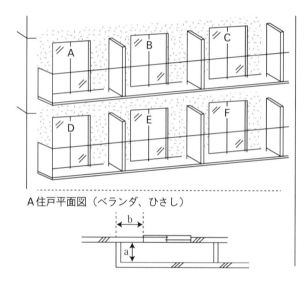

図2．3．4　同一壁面上の開口部の例とひさし等の大きさ（A～Fの開口部の大きさは同一）

⑤ 　ひさし等の大きさについて、幅0.5m以上で開口部の両端から0.5m以上とは下図におけるa≧0.5m、b≧0.5mと解して良い。

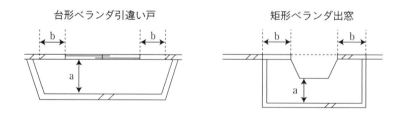

図2．3．5　台形ベランダと出窓の防火上有効なひさし等の大きさ

第3節　特定共同住宅等における必要とされる防火安全性能を有する消防の用に供する設備等に関する基準を適用する場合の建築構造上の要件

⑥　開口部間の距離については下図のとおり計測するものとして解してよい。

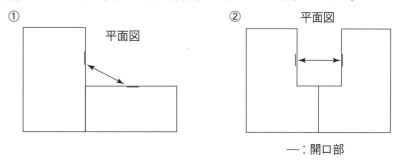

図2.3.6　異なる壁面にある開口部間の距離のとり方

<位置・構造告示第3第3号（2）ロの客観的検証法（188号通知）>

第2.3　住戸等への延焼防止措置について

　位置・構造告示第3第3号（2）ロの「住戸等で発生した火災により、当該住戸等から当該住戸等及びそれに接する他の住戸等の外壁に面する開口部を介して他の住戸等へ延焼しないよう措置されたものであること。」として、住戸等と区画を介して隣接する他の住戸等の開口部が次に定める基準に適合しているものをいうことができるものであること。

（1）火災住戸等の開口部の最大幅から上方の左右の壁面方向に15度開いた範囲外に存する他の住戸等の開口部には、防火設備を設けないことができること。この場合において、火災住戸等の開口部が、四角形以外の形状（以下「円等」という。）の場合は、当該円等が内接する長方形を当該住戸等の開口部とみなすものであること。

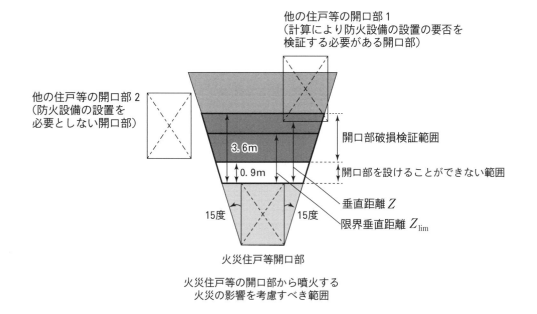

図1

第2章●特定共同住宅等における必要とされる防火安全性能を有する消防の用に供する設備等に関する基準

（2）火災住戸等の開口部の最大幅から上方の左右の壁面方向に15度開いた範囲内に存する他の住戸等の開口部のうち、開口部相互間の垂直距離が3.6メートル以下の範囲（火災住戸等の開口部の上部0.9メートルの範囲を除く。以下「開口部破損検証範囲」という。）については、上下の開口部間の垂直距離Zが、次の①から⑥までの手順により求めた限界垂直距離$Z_{\lim}$より小さい場合に、当該他の住戸等の開口部（図1中の開口部1をいう。）に防火設備を設けること。ただし、当該他の住戸等の開口部が換気口等であり、かつ、防火設備が設けられた直径0.15メートル以下のもの又は開口部の面積が0.01平方メートル以下のものにあっては、この限りでない。

① 開口部破損検証範囲にある他の住戸等の開口部の材料の許容温度と周囲の温度との差を次式により求めること。

$\Delta T = T_{\lim} - 293$ ・・・・・式（1）

ΔTは、他の住戸等の開口部の材料の許容温度と周囲の温度との差（単位 ケルビン。以下3において同じ。）

$T_{\lim}$は、他の住戸等の開口部の材料に応じて、次の表により求められる許容温度（単位 ケルビン。以下同じ。）

開口部の材料	許容温度
フロートガラス	373ケルビン
フロートガラス（飛散防止フィルム付）	423ケルビン
線入りガラス	673ケルビン

※ 開口部の材料として上記以外のガラスを用いる場合の許容温度については、試験データ等により判断すること。

② 火災住戸等の一の開口部から噴出する熱気流の等価半径（当該開口部から噴出する熱気流が影響する一定以上の範囲を円状にみなした場合の半径。以下同じ。）を次式により求めること。

$r_0 = \sqrt{\dfrac{A}{2\pi}}$ ・・・・・式（2）

r_0は、火災住戸等の一の開口部から噴出する熱気流の等価半径（単位 メートル。以下同じ。）

Aは、火災住戸等の一の開口部の面積（開口部がサッシ等により連結している場合は、当該開口部を一の開口部として取り扱う。単位 平方メートル。以下同じ。）

πは、円周率

③ 火災住戸等の一の開口部から噴出する熱気流の発熱速度を次式により求めること。

$Q = 400A\sqrt{H}$ ・・・・・式（3）

Qは、火災住戸等の一の開口部から噴出する熱気流の発熱速度（単位 キロワット。以下同じ。）
Hは、火災住戸等の一の開口部の高さ（火災住戸等の開口部が円等の場合は、当該円等の最高の高さ。単位 メートル。以下同じ。）

④ 火災住戸等の一の開口部から噴出する熱気流軸上における部材許容温度を無次元化した値Θを次式により求めること。

$\Theta = 16.09\Delta T r_0^{5/3} / (QT_{\lim})^{2/3}$ ・・・・・式（4）

⑤ 開口部の材料の許容温度となる噴出気流の垂直距離Z_tをΘの値に従い、次のア又はイの式により求めること。

ア ④により求められるΘの値が0.35以下の場合

$$Z_t = \frac{1.05 r_0}{\Theta} \quad \cdots \cdots 式（5）$$

Z_tは、開口部の材料の許容温度となる噴出気流の垂直距離（単位　メートル。以下同じ。）

イ ④により求められるΘの値が0.35より大きい場合

$$Z_t = \frac{1.93 \times 10^{-3} r_0}{\Theta^7} \quad \cdots \cdots 式（6）$$

⑥ 限界垂直距離$Z_{\lim}$は、⑤で求めた開口部の材料の許容温度となる噴出気流の垂直距離Z_tと次式で求めた火災住戸等の開口部上端からの火炎高さZ_{Lm}のいずれか大きい方とし、火災住戸等の開口部と他の住戸等の開口部との垂直距離が$Z_{\lim}$より大きい場合、当該他の住戸等の開口部に防火設備を設ける必要はないこと。

$$Z_{Lm} = 2.39H \quad \cdots \cdots 式（7）$$

①客観的検証法の考え方

　「住戸等への延焼防止措置の客観的検証法」では、火災住戸等の開口部（火災住戸等開口部）から噴出する火炎により、上階の開口部（検証対象開口部）が破損しないかどうかを確認する。火炎が直接開口部に到達しない場合でも火炎からの熱気流により開口部が破損することがあるため、本検証法での開口部が破損する条件は、噴出火炎が検証対象開口部に到達、あるいは、検証対象開口部高さの噴出気流温度が検証対象開口部の破損する温度に達した場合としている。破損しない場合は火災住戸等開口部から検証対象開口部へは延焼しないものと判断し、第3第3号（2）ロを満足することとなる。

　本検証法は、外壁に面した開口部で「外壁面から0.5m以上突出した耐火構造のひさし等がある」「開口部間の垂直方向の離隔距離3.6m以上、又は離隔距離0.9mを確保しかつ防火設備を設けている」場合を除き、原則としてすべての開口部について検証を行うことが必要である。

②計算手順

　「住戸等への延焼防止措置の客観的検証法」の手順を以下に示す。

(a) 各住戸において検証が必要な開口部を選定する。

(b) 火災住戸（検討対象開口部の下階の住戸）開口部の噴出火炎の高さを算出する。

(c) 開口部の材料に応じて検討対象開口部許容温度を設定する。

(d) 火災住戸等開口部からの噴出気流の温度を算定する。

(e) 噴出火炎・噴出気流により検証対象開口部が破損する垂直距離（限界垂直距離）を算出する。開口部間の垂直距離が限界垂直距離よりも大きいことを確認する。

第2章●特定共同住宅等における必要とされる防火安全性能を有する消防の用に供する設備等に関する基準

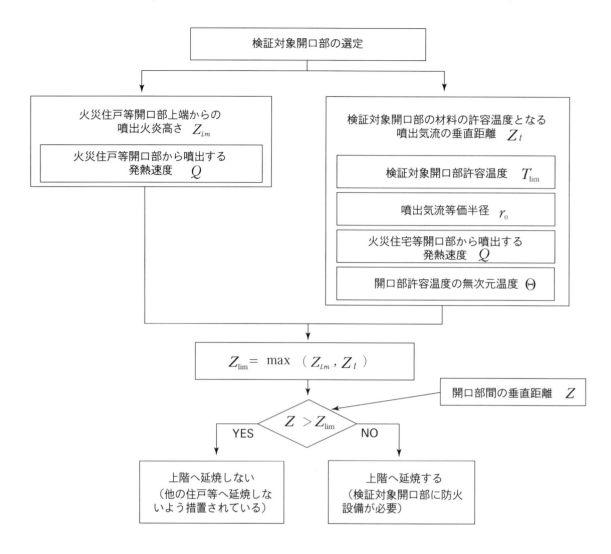

図2.3.7　住戸等への延焼防止措置の検証フロー

③客観的検証法の解説
（a）検証対象開口部
　客観的検証法は、外壁の上下に設けられた開口部で、以下のいずれの条件にも該当しない場合に適用する。
・外壁面から0.5m以上突出した耐火構造のひさし等がある。
・開口部間の垂直方向の離隔距離を3.6m以上確保している。
・開口部間の離隔距離を0.9m以上確保し開口部に防火設備を設けている。

　火災住戸等開口部は、火災により破損し開放した状態を想定している。火災住戸等開口部からの上階延焼を確認すべき水平方向の範囲は、図2.3.8に示すように火災住戸等開口部下端において両側に15度の角度で上方に伸ばした内側とする。この角度15度は、既往研究による熱気流の広がり角度を参考としたものである。垂直方向の範囲は火災住戸等開口部上端から0.9m以上3.6m以下の範囲とする。垂直距離0.9m未満の範囲は、0.5m突き出したひさし等がない限り開口部を設けることができない。検証は基本的に開口部毎に行うが、開口部の条件が同じ場合は計算を省略することが可能である。連続した開口部は1開口部として扱うものとする。

第3節　特定共同住宅等における必要とされる防火安全性能を有する消防の用に供する設備等に関する基準を適用する場合の建築構造上の要件

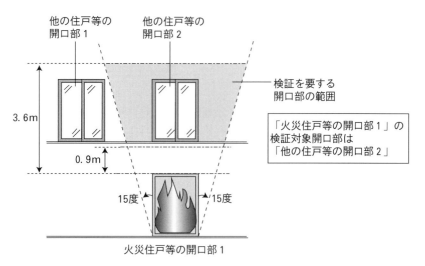

図2.3.8　検証を行う開口部

（b）火災住戸等開口部上端からの火炎高さZ_{Lm}

開口部上端からの火炎高さは以下の式により算出する。

$$Z_{Lm} = 2.39H$$

H：火災住戸開口部高さ（m）

開口部上端からの火炎高さは、①開口部からの噴出熱量により噴出火炎が立ち上がる、②開口部の中性帯位置を炎の下端と想定、③火源条件を壁際、代表長さを開口部幅とした場合の平均火炎片高さ※として算出したものである（開口部からの噴出火炎の発熱速度の式の算出根拠は、「第4節　特定光庭の判断基準」の解説文「（4）⑧　開口からの噴出火炎の発熱速度」を参照）。

$$L_m = 6.0 \times Q_l^{*2/3} \times B$$

$$Q_l^* = Q_l / p_\infty C_p T_0 g^{1/2} B^{3/2}$$

$$Q = 400A\sqrt{H}$$

以上より、

$$L_m = 3.03H$$

開口部上端からの距離で表すと、

$$Z_{Lm} = L_m - 0.64H$$
$$= 2.39H$$

L_m：平均火炎片高さ（m）
Q_l：無次元発熱速度
B：火災住戸開口部幅（m）
Q_l：単位幅当たりの発熱速度（kW/m）
p_∞：空気の密度（kg/m³）
C_p：空気の定圧比熱（kJ/K/kg）
T_0：空気の温度（K）
g：重力加速度（＝9.8m/s²）
A：火災住戸等開口部面積（m²）
H：火災住戸等開口部高さ（m）

※国土開発技術研究センター：建築物の総合防火設計法第2巻（出火拡大防止設計法），日本建築センター，1989

(c) 検証対象開口部の材料の許容温度となる噴出気流の垂直距離 Z_t

Z_t は以下の式により算出する。

$$Z_t = \begin{cases} 1.05 r_0 / \Theta & (\Theta \leq 0.35) \\ 1.93 \times 10^{-3} r_0 / \Theta^7 & (0.35 < \Theta) \end{cases}$$

Z_t は、図2.3.9に示すように火災住戸等開口部の形状より、火災住戸等開口部から噴出する発熱速度噴出気流の等価半径、噴出気流軸上における検証対象開口部許容温度の無次元温度を求める。そして、気流軸上の温度と距離の関係に関する既往の実験結果を利用することにより算定する。

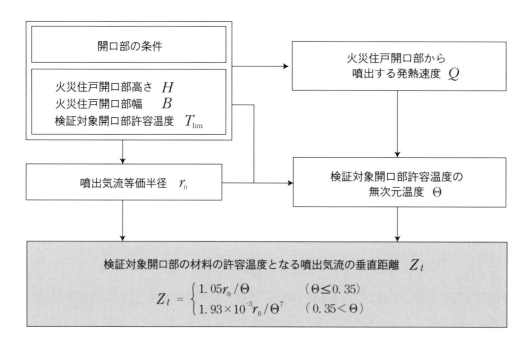

図2.3.9　Z_t の算出フロー

a) 検証対象開口部許容温度　$T_{\lim}$

開口部が破損する許容温度は、既往研究の知見より表2.3.1に示す値とする。

なお、開口部の材料として表2.3.1以外のガラスを用いる場合の許容温度については試験データ等により判断すること。

表2.3.1　検証対象開口部の許容温度

材料	許容温度
フロートガラス	373 K
フロートガラス （飛散防止フィルム貼り）	423 K
線入りガラス	673 K

b）噴出気流等価半径　r_0

　r_0は、火炎が噴出する開口部の面積を等価の円に置き換えた時の半径を示している。

$$r_0 = \sqrt{B_{op}H/2\pi}$$

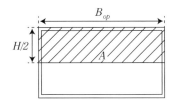

図2.3.10　噴出気流等価半径r_0

c）開口部から噴出する発熱速度　Q

　火災住戸等開口部から噴出する熱気流の発熱速度を示している。

$$Q = 400A\sqrt{H}$$

d）開口部許容温度の無次元温度　Θ

　求める開口部許容温度の無次元温度を下記の式から計算する。周辺温度は293Kとして計算する。

$$\Theta = 16.09 \times \Delta T r_0^{5/3}/(QT_{\lim})^{2/3}$$

ΔT：求める噴出気流中心軸上温度（$T_{\lim}$）と周辺温度との差

上記式は、無次元温度　$\Theta = \Delta T r_0^{5/3}/(T_\infty Q^2/C_p^2 p^2 g)^{1/3}$に、
$T_\infty = 293$、$C_p = 1.0$、$g = 9.8$、$p = 353/T_{\lim}$を代入して整理した式である。

---

e）検証対象開口部の材料の許容温度となる噴出気流の垂直距離　Z_t

　火災住戸等からの噴出気流温度は高さが増すとともに低下していく。開口部の許容温度となる噴出気流の垂直距離を、図2.3.11に示す既往の実験結果※を用いることにより算定する。図2.3.11は、上方に壁がある場合には、窓の形状によらず温度分布は一定の関係があることを示しており、窓の条件と噴出する熱量が与えられれば特定の温度となる位置までの距離が求められることを示している。
　d）で求めたΘより対応するZ_t/r_0が算出され、b）のr_0により求める温度になる高さZ_tが算出できる。

$$Z_t = \begin{cases} 1.05 r_0/\Theta & (\Theta \leq 0.35) \\ 1.93 \times 10^{-3} r_0/\Theta^7 & (0.35 < \Theta) \end{cases}$$

※横井鎮男：耐火造火災時の窓からの噴出気流のトラジェクトリ, 日本火災学会論文集, vol.8, No.1, pp 1-5, 1958

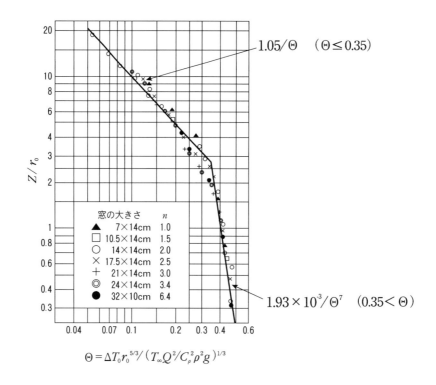

図2.3.11　噴出気流のトラジェクトリに沿っての温度分布（開口上方に壁が存在する場合）※

（d）評価

　噴出火炎の火災高さと検証対象開口部の材料の許容温度となる噴出気流の垂直距離の大きい方を垂直限界距離 Z_{lim} とし、上下の開口部間の垂直距離 Z と比較する。

　垂直距離 Z が垂直限界距離 Z_{lim} を上回れば、火災住戸からの噴出火炎により検証対象開口部が破損しないと判断でき、検証対象開口部に設定した材料を用いることが可能となる。

　　$Z_{lim} = \max(Z_{lim}, Z_t)$
　　$Z > Z_{lim}$

　　　　　　　　Z ：開口部間の垂直距離（m）
　　　　　　　　Z_{lim}：検証対象開口部が破壊しない限界垂直距離（m）
　　　　　　　　Z_{Lm}：火災住戸等開口部上端からの火炎高さ（m）
　　　　　　　　Z_t：検証対象開口部の材料の許容温度となる噴出気流の垂直距離（m）

＜参考：上階延焼検証の計算プログラム＞

　消防庁のホームページには、188号通知 第2、3に示す位置・構造告示第3第3号（2）ロに規定する「住戸等で発生した火災により、当該住戸等から当該住戸等及びそれに接する他の住戸等の外壁に面する開口部を介して他の住戸等に延焼しないように措置されたものであること」を確認する計算プログラムが掲載されている。このプログラムは、入力項目のみ入力することで、自動的に判定される仕組みとなっている。

2）住戸等と共用部分の区画の壁

　住戸等と共用部分を区画する壁に面する開口部は、一部の換気口を除き、特定共同住宅等の類型によらず防火設備が必要である。二方向避難型、その他型の特定共同住宅等は、共用部での煙による避難や消防活動への影響を考慮し、開口部の面積が制限されている。

　具体的には開口部の面積の合計が、一の住戸等につき4 m²以下（共用室にあっては8 m²以下）とし、一の開口部の面積は2 m²以下としなければならない。

　ただし、開口部に常時閉鎖式の特定防火設備を設けた電気室、受水槽室等の機械室は一の開口部の面積を4 m²以下とすることができるとされている。

※鋼構造耐火設計指針，日本建築学会，p 48-50，1999

第3節　特定共同住宅等における必要とされる防火安全性能を有する消防の用に供する設備等に関する基準を適用する場合の建築構造上の要件

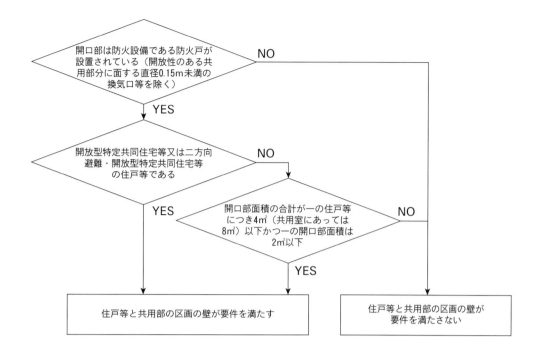

図2．3．12　住戸等と共用部分を区画する壁に面する開口部要件確認フロー

3）配管等の貫通部
　位置・構造告示第3第3号（4）には、住戸等の壁や床を貫通する配管等の種類、径、貫通部の断面積の大きさ、貫通部間の相互距離、貫通部の埋め戻しの処理、配管の表面の措置が定められている。
　なお、当該規定は、「住戸等と共用部分」及び「住戸等と住戸等」を区画する床又は壁についてのものである。
　配管等と貫通部については、位置・構造告示第3第3号（4）ホ（イ）の例示仕様以外に、位置・構造告示第3第3号（4）ホ（ロ）に配管等と貫通部を一体として告示の方法により耐火性能を検証する性能的なルートが明記され、その具体的な性能確認方法は、区画貫通告示に記述されている。

4）配管等の貫通部の措置
　住戸等を区画する壁又は床は耐火構造とするものであるが、日常生活上必要不可欠な配管、電気配線等が貫通する場合は、次によること。
（1）　床又は壁を貫通する配管等及びそれらの貫通部は、次に定めるところによること。
　ア　配管の用途は、給排水管、空調用冷温水管、ガス管、冷媒管、配電管その他これらに類するものであること。
　イ　配管等の呼び径は、200mm以下とし、配管等を貫通させるために設ける開口部は、内部の断面積が直径300mmの円の面積以下であること。
　ウ　配管等を貫通させるために設ける開口部を床又は壁（住戸等と共用部分を区画する床又は壁を除く。）に二以上設ける場合にあっては、配管等を貫通させるために設ける開口部相互間の距離は、当該開口部の最大直径（当該直径が200mm以下の場合にあっては、200mm）以上であること。
（2）　床又は壁を貫通する配管等及びそれらの貫通部は、次のいずれかによること。
　ア　配管は、建基令第129条の2の4第1項第7号イ又はロに適合するものとし、かつ、当該配管と当該配管を貫通させるために設ける開口部とのすき間を不燃材料（建基法第2条第9号に規定する不燃材料をいう。以下同じ。）で埋めること。
　イ　貫通部と壁又は床が一体で耐火性能を有すること。

位置・構造告示第3第3号(4)ホ(ロ)に規定する住戸等の床又は壁を配管、電気配線等が貫通する場合に求められる耐火性能は次のとおりである。

(ア)　求められる耐火性能

特定共同住宅等において「床又は壁並びに配管等及びそれらの貫通部が一体として有すべき耐火性能」とは、床又は壁並びに配管及びそれらの貫通部に、特定共同住宅等において発生が予測される火災による火熱が加えられた場合に、

①　加熱面以外の面に一定以上の火炎を出さないこと。（遮炎性能）
②　加熱面以外の面に一定以上の煙を出さないこと。（遮煙性能）
③　加熱面以外の面の温度が可燃物燃焼温度以上に上昇しないものであること。（遮熱性能）について、区画貫通告示第3に定める耐火性能試験により確認された性能をいう。

(イ)　耐火性能試験の概要

① 試験体について

実際に配管等が貫通する床又は壁の材料、構成と同一のものとし、貫通部の施工方法についても同一の方法であること。

② 試験方法について

図2.3.13に示す加熱曲線により1時間火熱を加えることとする。これは特定共同住宅等の住戸等の壁又は床には1時間の耐火性能が求められるからである。

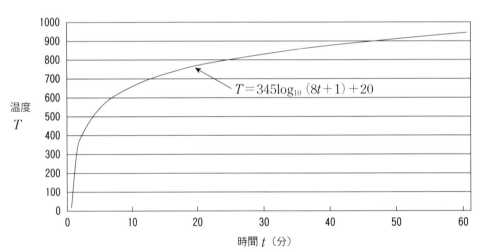

$T = 345\log_{10}(8t+1) + 20$

T は炉内の平均温度（単位　度）
t は経過時間（単位　分）

図2.3.13　耐火性能試験における加熱曲線

(ウ)　合否の判定基準について

次に示すすべての基準を満たしていること。

・　遮炎性能

非加熱側の面に火炎を出す原因となる亀裂等を生じないこと。
非加熱側の面に10秒以上継続して火炎が出ないこと。

・　遮煙性能

非加熱側の面で測定した加熱時間（1時間）における煙発生量（CsV）が3（m³／m）以下であること。特定共同住宅等は、建築物の構造に対する安全だけでなく人に対しても安全を確保するべきもので区画貫通部に「遮煙」という概念を導入するものである。

・　遮熱性能

第3節　特定共同住宅等における必要とされる防火安全性能を有する消防の用に供する設備等に関する基準を適用する場合の建築構造上の要件

非加熱側の面で測定した温度が200℃（473ケルビン）を超えないこと。これは建基令第107条第2号に規定する可燃物燃焼温度を指し、可燃物燃焼温度を定める件（平成12年建設省告示第1432号）に基づくものである。

第2章●特定共同住宅等における必要とされる防火安全性能を有する消防の用に供する設備等に関する基準

第4節
特定光庭の判断基準

○位置・構造告示
第4　特定光庭の基準等
　一　特定光庭は、次の各号に掲げる基準に適合しない光庭をいうものとする。
（1）　光庭に面する一の住戸等で火災が発生した場合において、当該火災が発生した住戸等（以下「火災住戸等」という。）のすべての開口部から噴出する火炎等の輻射熱により、当該火災住戸等以外の住戸等の光庭に面する開口部が受ける熱量が10キロワット毎平方メートル未満であること。
（2）　光庭が避難光庭に該当する場合においては、当該避難光庭は、次に定めるところによるものであること。
　　イ　火災住戸等（避難光庭に面するものに限る。以下同じ。）のすべての開口部から噴出する火炎等の輻射熱により当該避難光庭に面する廊下及び階段室等を経由して避難する者が受ける熱量が3キロワット毎平方メートル未満であること。
　　ロ　避難光庭にあっては次に定めるところによること。
　　（イ）　避難光庭の高さを当該避難光庭の幅で除した値が2.5未満であること。
　　（ロ）　（イ）により求めた値が2.5以上の場合にあっては、火災住戸等のすべての開口部から噴出する煙層の温度が4ケルビン以上上昇しないこと。

【趣旨】
　位置・構造告示第2に示された用語の意義によれば、「光庭」は、主として採光又は通風のために設けられる空間であって、その周囲を特定共同住宅等の壁その他これに類するものによって囲まれ、かつ、その上部が吹抜きとなっているものをいう。
　光庭のうち、火災時に避難経路として使用することができる廊下又は階段室等が当該光庭に面して設けられているものを「避難光庭」としている。
　また、「特定光庭」とは、光庭のうち、位置・構造告示第4第1号に定めるところにより、当該光庭を介して他の住戸等へ延焼する危険性が高いものであることについて確かめられたものをいうとされているが、避難光庭については、光庭に面する避難経路を介して安全に避難することが困難であると確かめられたものも含んでいる。
　光庭及び避難光庭は、住戸等の開口部が光庭及び避難光庭に面して設置されるとともに、外部空間ではあるが周囲を壁に囲まれ上部のみ（下部又は側面部が開放されている場合を含む。）が開放されている構造のため一般の外部空間に比べて外気への開放性が低いことから、光庭及び避難光庭に面する住戸等で火災が起こった場合に、他住戸等への延焼の危険及び熱、煙による避難者への影響が懸念

第4節　特定光庭の判断基準

される。

　そこで、光庭及び避難光庭に面する住戸で火災が起こった場合の光庭及び避難光庭内の延焼安全性及び避難安全性を位置・構造告示第4第1号に基づいて検証し、安全が確認されたものについて、特定光庭に該当しないとしている。

○位置・構造告示第4

二　特定共同住宅等に特定光庭が存する場合にあっては、当該光庭に面する開口部及び当該光庭に面する特定共同住宅等の住戸等に設ける給湯湯沸設備等（対象火気設備等の位置、構造及び管理並びに対象火気器具等の取扱いに関する条例の制定に関する基準を定める省令（平成14年総務省令第24号）第3条第10号に規定する給湯湯沸設備及び同条第2号に規定するふろがまをいう。以下同じ。）は、次に定める基準に適合するものであること。

（1）　廊下又は階段室等が特定光庭に面して設けられている場合において、当該特定光庭に面して設ける開口部は、次に定めるところによること。

　イ　特定光庭に面する一の開口部の面積が2平方メートル以下であり、かつ、一の住戸等の開口部の面積の合計が4平方メートル以下であること。ただし、当該開口部が設けられている住戸等に共同住宅用スプリンクラー設備が設けられている場合にあっては、この限りでない。

　ロ　特定光庭の下端に設けられた開口部が、常時外気に開放され、かつ、当該開口部の有効断面積の合計が、特定光庭の水平投影面積の50分の1以上であること。

（2）　特定光庭（（1）に定めるものを除く。）に面する開口部にあっては、次に定めるところによること。

　イ　開口部には、防火設備であるはめごろし戸が設けられていること。ただし、次に定める特定光庭に面する住戸等の開口部（（ロ）の特定光庭に面するものにあっては、4階以下の階に存するものに限る。）に防火設備である防火戸を設ける場合にあっては、この限りでない。

　（イ）　特定光庭に面して階段（平成14年消防庁告示第7号に適合する屋内避難階段等の部分に限る。）が設けられている当該特定光庭

　（ロ）　その下端に常時外気に開放された開口部（当該開口部の有効断面積が1平方メートル以上のものに限る。）が存する特定光庭

　ロ　異なる住戸等の開口部の相互間の水平距離は、次に定めるところによること。ただし、住戸等の開口部の上端から上方に垂直距離1.5メートル（当該開口部に防火設備であるはめごろし戸が設けられている場合にあっては、0.9メートル）以上の範囲にある他の住戸等の開口部については、この限りでない。

　（イ）　同一の壁面に設けられるもの（当該開口部相互間の壁面に0.5メートル以上突出したひさし等で防火上有効に遮られている場合を除く。）にあっては、0.9メートル以上

　（ロ）　異なる壁面に設けられるものにあっては、2.4メートル（当該開口部に防火設備であるはめごろし戸が設けられている場合にあっては、2メートル）以上

　ハ　異なる住戸等の開口部の相互間の垂直距離は、1.5メートル（当該開口部に防火設備であるはめごろし戸が設けられている場合は、0.9メートル）以上（同一壁面上の当該開口部相互間の壁面に0.5メートル以上突出したひさし等で防火上有効に遮られている場合を除く。）であること。ただし、同一の壁面に設けられる場合にあっては、当該開口部の側端から水平方向に0.9メートル、異なる壁面に設けられる場合にあっては、当該開口部の側端から2.4メートル（当該開口部に防火設備であるはめごろし戸が設けられている場合にあっては、2メートル）以上の範囲にあ

57

第2章●特定共同住宅等における必要とされる防火安全性能を有する消防の用に供する設備等に関する基準

> る他の住戸等の開口部については、この限りでない。
> 　ニ　一の開口部の面積が１平方メートル以下であり、かつ、一の住戸等の一の階の開口部の面積の
> 　　　合計が２平方メートル以下であること。
> （３）　特定光庭に面して給湯湯沸設備等を設ける場合は、次に定めるところによること。
> 　イ　平成14年消防庁告示第７号に適合する屋内避難階段等の部分が存する特定光庭に限り設置する
> 　　　ことができること。
> 　ロ　防火上有効な措置が講じられたものであること。

【趣旨】

　位置・構造告示第４第１号に基づく検証により延焼及び避難に関して安全が確認されなかったもの
は特定光庭とし、特定共同住宅等に特定光庭が存在する場合には、当該光庭に面する開口部及び給湯
湯沸設備等に第４第２号に示された防火措置を付加し、延焼及び避難に関する安全性の確保を図って
いる。

　位置・構造告示第２号（１）は、廊下又は階段室等の避難経路が特定光庭に面して設けられている
場合で、開口部の面積を制限し、併せて特定光庭の下端に給気口を設けることで、光庭への煙の侵入
を少なくするとともに侵入した煙の外部への排出促進を図ったものである。

　位置・構造告示第２号（２）は、（１）に定めるものを除く特定光庭に関して、開口部の防火措置
を定め、併せて開口部相互間の水平と垂直の距離、開口部の面積を制限することによって、開口部間
の延焼防止を図ったものである。

　なお、詳しい解説は省略するが、開口部相互間の水平と垂直の距離の計測方法については188号通
知　第２の９、10に、給湯器設備等の防火上有効な措置については同通知　第２の12に記載されてい
る。

【趣旨】

（1）検討のフロー

以下のフローに沿って、光庭及び避難光庭が特定光庭に該当するか否かの検討を行う。

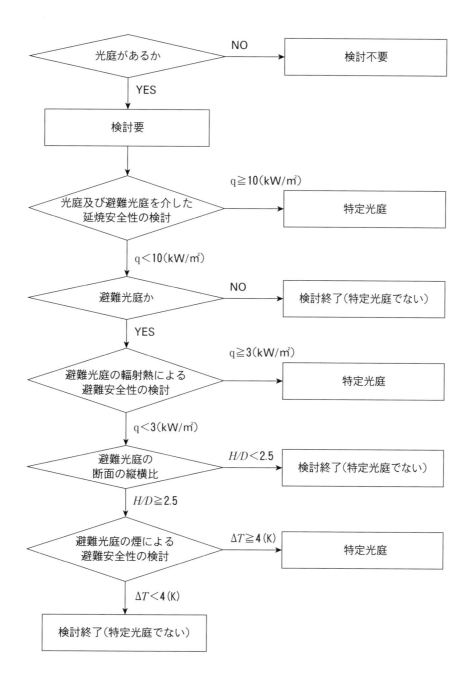

図2.4.1　特定光庭の判断の検討フロー

光庭、避難光庭とも住戸間の延焼安全性の検討を行い、さらに光庭に面して避難経路が設けられている避難光庭については引き続き避難安全性の検討を行う。避難安全性については噴出火炎輻射熱（熱からの安全）と煙層温度（煙からの安全）の両面から検討を行う、避難光庭の垂直断面の縦横比が2.5未満（$H/D<2.5$）のものは、最下層の火災住戸等開口部から噴出する高温熱気流（煙）が対向壁面にぶつからずに上昇し避難光庭の空間内に滞留せず外部に排出されると想定されることから、煙温度による避難安全性の検討を行わなくてもよいこととした。

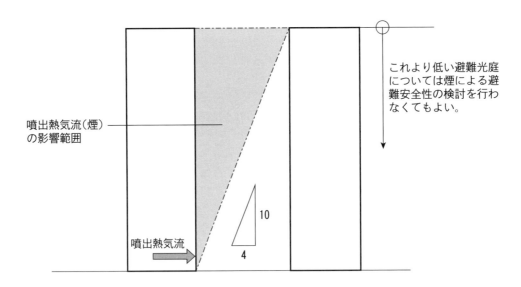

図2.4.2　避難光庭の空間における避難安全上の煙の影響範囲（垂直断面図）

（2）評価基準

延焼及び避難に関する安全の評価基準は位置・構造告示第4第1号（2）イ、ロに示されている。

① 延焼安全性の評価基準　　$q<10$（kW/㎡）

　他住戸の開口部が受ける輻射受熱量を、木材が着火しない程度の輻射受熱量である10kW/㎡未満とした。

② 避難安全性の評価基準（熱からの安全）　　$q<3$（kW/㎡）

　避難者の受ける輻射受熱量を、人が短時間耐えられる程度の輻射受熱量である3kW/㎡未満とした。

③ 避難安全性の評価基準（煙からの安全）　　$\Delta T<4$（K）

　避難者の晒される煙層の温度上昇を、人が晒されても十分に安全であると考えられる程度の4K（ケルビン）未満とした。この煙濃度は、火災住戸から噴出する煙の温度上昇を800K程度とすると、そのおおむね1/200程度となる。

（3）客観的検証のフロー

延焼及び避難の安全性を検証する具体的な方法は、188号通知 第2の5～8に示されている。検証のフローを以下に示す。

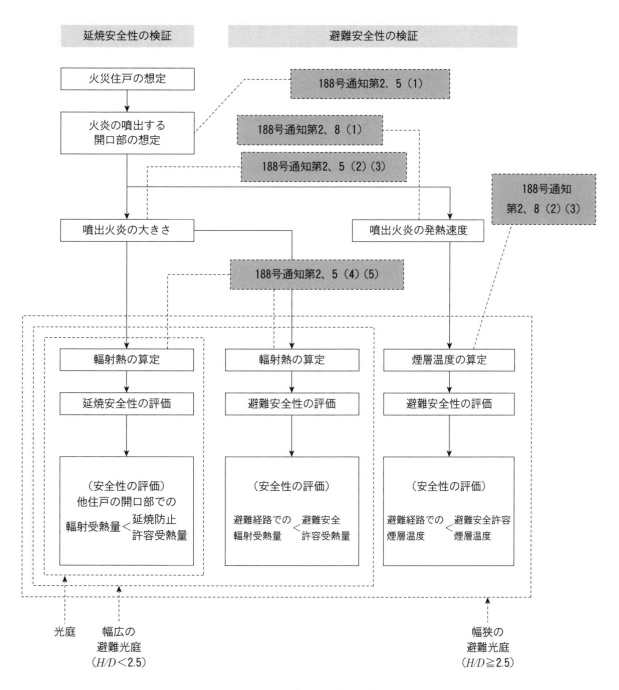

図2.4.3　延焼及び避難の安全性検証のフロー

（4）客観的検証法の概要
① 火災住戸等の想定

光庭及び避難光庭に面する一の住戸等を火災住戸等と想定して検証を実施する。光庭の空間形状、住戸開口部と避難経路の位置関係等から検証上最も不利になる住戸等が明らかな場合はその住戸を火災住戸等と想定して検証を実施するが、検証上最も不利になる住戸等が明らかでない場合はすべての住戸等に対してその各々を火災住戸等と想定した検証を実施し、その安全を確認するものとする。

② 火炎の噴出する開口部の想定

○188号通知 第2、5 特定光庭の基準等について
（1）火災住戸等の光庭に面するすべての開口部（換気口その他これらに類するものを除く。）を合成して一の開口部とみなし、当該合成した開口部を「等価開口部」というものであること。この場合において、「等価開口部の高さ」は一の住戸等の光庭に面するすべての開口部のうち最大の高さ、「等価開口部の面積」は一の住戸等の光庭に面するすべての開口部の合計面積、「等価開口部の幅」は「等価開口部の面積」を「等価開口部の高さ」で除した値をいうものであること。ただし、火災住戸等の光庭に面する開口部が複数の面に設けられている場合は、同一面に設けられる開口部ごとに等価開口部を設定し、（2）から（5）までの手順により受熱量を求め合計すること。適用例を図2に示す。

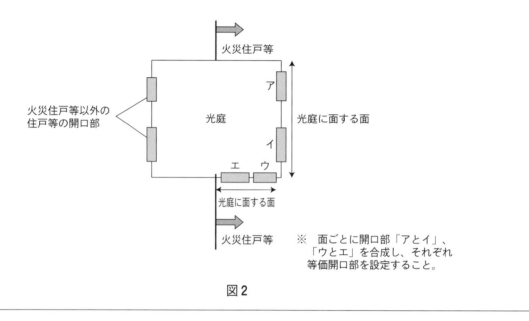

図2

　火災住戸の光庭及び避難光庭に面するすべての開口部から火炎が噴出する状況を想定する。位置・構造告示第3第3号（3）に示された建築構造上の要件により共用部分に面する開口部には防火設備である防火戸が設けられるが、ここでは、玄関扉が開放されている、居室窓の防火設備が機能せずガラスが破壊されているなど、出火住戸、評価対象住戸とも光庭及び避難光庭に面するすべての開口部がその防火的性能によらず全面開放状態になっている状況を想定する。

　開口部が複数ある場合は、開口部ごとに輻射熱の計算を行ってそれを合計してもよいが、ここでは計算を簡便にするために、壁の面ごとに複数の開口部を1つの等価開口部に合成して輻射熱の計算を行うものとしている。等価開口部の合成方法は以下のとおりである。

1）　すべての開口部のうちの最大の高さを等価開口部の高さとする。
2）　すべての開口部の面積の合計を等価開口部の面積とする。
3）　等価開口部の幅を、（等価開口部の面積）／（等価開口部の高さ）とする。
4）　等価開口部の中心位置は、すべての開口部の面積重心の位置とする。または、各開口部のうち輻射計算上最も不利となる開口部の中心位置としてもよい。

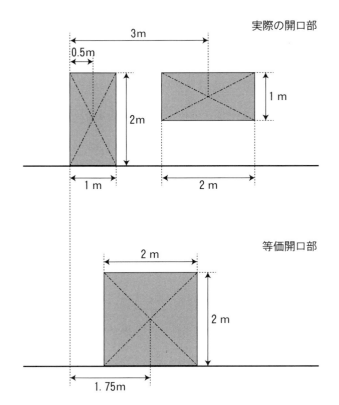

図2.4.4　等価開口部の求め方

③　開口部からの噴出火炎の大きさ

○188号通知　第2、5

（2）　等価開口部から噴出する熱気流（火炎を含む。以下同じ。）の高さを次式により求めること。

$L = 1.52 H_x$ ・・・・・式（8）

L は、等価開口部から噴出する熱気流の高さ（単位　メートル。以下5において同じ。）

H_x は、等価開口部の高さ（単位　メートル）

（3）　等価開口部から噴出する熱気流の面積を次式により求めること。

$S = LW$ ・・・・・式（9）

S は、等価開口部から噴出する熱気流の面積（単位　平方メートル。以下同じ。）

W は、等価開口部の幅（単位　メートル）

噴出火炎の高さの式は、以下のように求められる。

火源条件を壁際・線火源とすると、

$L = 3.0 * Q_l^{*2/3} * B$

　　L：火炎高さ（m）

　　Q_l^*：無次元発熱速度

　　B：火源の幅（m）

ここで、

$$Q_l^* = Q_l \big/ P_\infty C_p T_0 g^{1/2} B^{3/2}$$

- Q_l：単位幅当たりの発熱速度（kW／sec）
- P_∞：空気の密度
- C_p：空気の低圧比熱
- T_0：空気の温度
- g：重力加速度

　　　1気圧の標準大気では、$P_\infty C_p T_0 g^{1/2} = 1116$

Q_l^*を上の式に代入すると、

$$L = 0.028 * Q_l^{2/3}$$

これに、

$$Q = 400 A \sqrt{H} = 400 H B \sqrt{H}$$
$$Q_l = Q \big/ B = 400 H^{3/2}$$

を代入すると、

$$L = 1.52 * H$$

噴出火炎の面積は、

$$S = L * W$$

- S：噴出火炎の面積（m²）
- L：噴出火炎の高さ（m）
- W：火炎が噴出する開口部の幅（m）
- H：火炎が噴出する開口部の高さ（m）

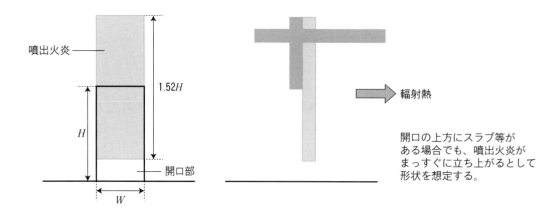

図2.4.5　火災住戸の開口部からの噴出火炎

④ 形態係数の算定

○第188号通知 第2、5

(4) 受熱面に対する等価開口部から噴出する熱気流の面の形態係数を次式により求めること。(図3参照)

$$F = \frac{\cos\beta_1 \cos\beta_2}{\pi d^2} S \quad \cdots\cdots 式(10)$$

Fは、受熱面に対する等価開口部から噴出する熱気流の面の形態係数。(Fが1を超える場合にあっては$F=1$とする。以下同じ。)

β_1及びβ_2は、受熱面及び等価開口部から噴出する熱気流の面から垂直に延びる線と受熱面の中心点と等価開口部から噴出する熱気流の面の中心点を結んだ線のなす角度(単位 ラジアン)

πは、円周率

dは、受熱面と等価開口部から噴出する熱気流の面の最短距離(単位 メートル)その適用例を図4及び図5に示す。

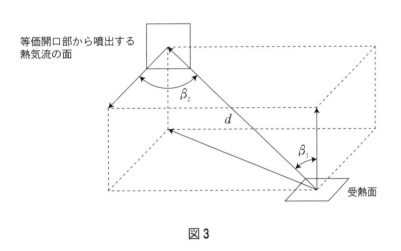

図3

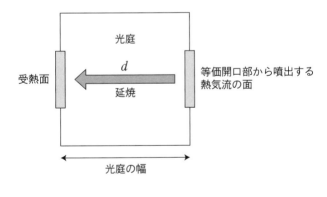

図4

光庭を挟んで「等価開口部から噴出する熱気流の面」と「受熱面」が正対する場合、β_1及びβ_2は0ラジアンとなり、$F = S/\pi d^2$(ただし、$F \leqq 1$)となる。・・・・・式(11)

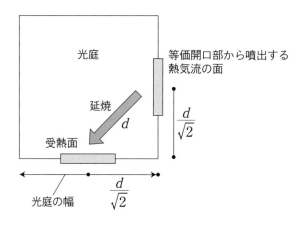

図5

「等価開口部から噴出する熱気流の面」と「受熱面」が光庭において直交し、二面が交わった地点から「等価開口部から噴出する熱気流の面」及び「受熱面」が等距離にある場合 β_1 及び β_2 は $\frac{\pi}{4}$ ラジアンとなり、$F = S/2\pi d^2$ （ただし、$F \leqq 1$）となる。・・・・・式（12）

※ $1°=\frac{\pi}{180}$ ラジアン

受熱面の輻射受熱量を算定する前段階として、受熱面から噴出火炎面を見込む形態係数の簡易算定式を示している。F は形態係数であるから、$F \leqq 1$ とする。

$$F = \frac{\cos\beta_1 \cos\beta_2}{\pi d^2} S \quad \text{ただし } F \leqq 1.0$$

F：受熱面から噴出火炎面を見込む形態係数
d：受熱面と噴出火炎面の距離（m）
S：噴出火炎面の面積（㎡）
β_1、β_2：受熱面と噴出火炎面の角度（図参照）

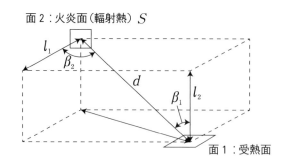

図2.4.6　輻射面と受熱面の関係図

β_1、β_2は、それぞれ、受熱面、噴出火炎面の法線と面同士を結ぶ直線との角度であるが、実際には、l_1、l_2、dなどの距離がわかるので、直接角度を求めなくても、

$$\cos\beta_1 = \frac{l_2}{d}$$

$$\cos\beta_2 = \frac{l_1}{d}$$

により$\cos\beta_1$、$\cos\beta_2$を求めることができる。

評価対象住戸等の開口部の受熱面は開口部の面そのものとする。
避難光庭を避難する者の受熱面は避難方向と平行な面とする。

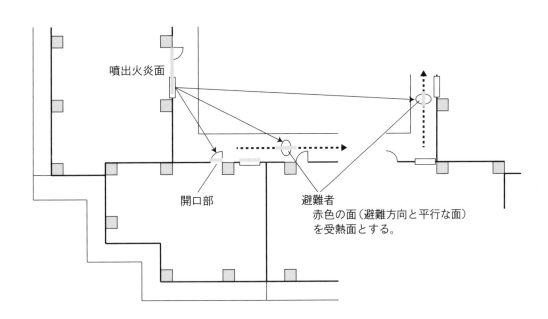

図2.4.7 評価対象住戸等の開口部とボイド空間に面した廊下を避難する者の受熱面

⑤ 輻射熱の算定

○188号通知 第2、5
(5) 等価開口部から噴出する熱気流の輻射熱により評価対象住戸等の開口部又は避難光庭に面する廊下及び階段室等を経由して避難する者が受ける受熱量を次式により求めること。
$q = 100F$ ・・・・・式(13)
qは、等価開口部から噴出する熱気流の輻射熱により評価対象住戸等の開口部又は避難光庭に面する廊下及び階段室等を経由して避難する者が受ける受熱量(単位 キロワット毎平方メートル)

噴出火炎の輻射熱により評価対象住戸等の開口部又は避難光庭を避難する者が受ける輻射受熱量を算定するものである。

噴出火炎の輻射熱を100kW/㎡として、これに形態係数を乗じることにより評価対象面の輻射受熱量を求めている。

避難者は火災住戸等に面した部分以外の経路で避難するものとし、その避難経路上での避難者の

第2章●特定共同住宅等における必要とされる防火安全性能を有する消防の用に供する設備等に関する基準

受ける輻射受熱量を算定する。なお、図2.4.8に示すような火災住戸と同一面にある他住戸の開口部及び火災住戸前の直線状の避難経路については輻射熱を受けないと判断されるため、輻射の評価を要しない。（$\beta_1 = \pi/2$、$\beta_2 = \pi/2$となることから、$\cos\beta_1 = 0$、$\cos\beta_2 = 0$となり$F = 0$、$q = 0$となる。）

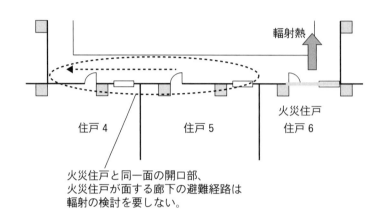

図2.4.8　火災住戸と同一面にある開口部と火災住戸が面する避難経路の扱い

⑥　避難光庭の高さ

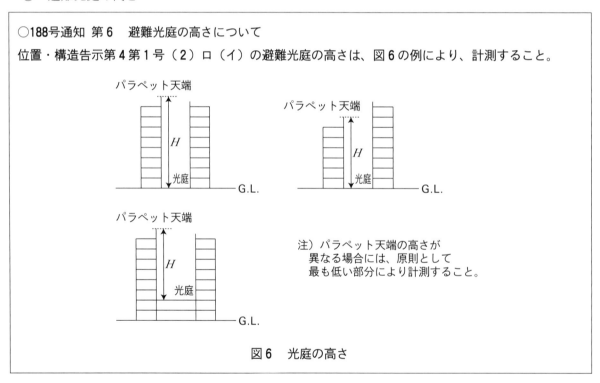

○188号通知 第6　避難光庭の高さについて
位置・構造告示第4第1号（2）ロ（イ）の避難光庭の高さは、図6の例により、計測すること。

注）パラペット天端の高さが異なる場合には、原則として最も低い部分により計測すること。

図6　光庭の高さ

避難光庭の高さの計測方法を例示したものである。

⑦　避難光庭の幅

○188号通知 第7　避難光庭の幅について
位置・構造告示第4第1号（2）ロ（イ）の「避難光庭の幅」は、図7の例により、計測すること。なお、避難光庭の高さを当該避難光庭の幅で除した値が2.5未満であれば、火災住戸等の開口部から噴出する高温の熱気流が対向壁面にぶつからずに上昇し、避難光庭に滞留せずに外部に排出されるため、同

号（２）ロ（ロ）に規定する煙に対する安全性の検証を要しないとしたものである。したがって、**避難光庭の幅は、火災住戸等の開口部の面に対して垂直方向（対向壁面の方向）で計測する必要があること。**

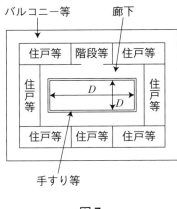

図7

避難光庭の幅の計測方法を例示したものである。

⑧　開口からの噴出火炎の発熱速度

○188号通知　第8　避難光庭における煙層の上昇温度について
位置・構造告示第4第1号（2）ロ（ロ）の「火災住戸等のすべての開口部から噴出する煙層の温度」については、次の（1）から（3）までの手順により求めること。
（1）　等価開口部から噴出する熱気流の発熱速度を次式により求めること。

$Q_X = 400 A_X \sqrt{H_X}$　・・・・・式（14）

Q_Xは、等価開口部から噴出する熱気流の発熱速度（単位　キロワット。以下同じ。）
A_Xは、等価開口部の面積（単位　平方メートル）

火災住戸の開口部から噴出する熱気流の発熱速度を求める方法を示している。

$$Q_X = 400 A_X \sqrt{H_X}$$

　　　Q_X：等価開口部から噴出する熱気流の発熱速度（kW）
　　　A_X：等価開口部の面積（m²）
　　　H_X：等価開口部の高さ（m）
　（注）H_Xは、光庭の高さHではなく、等価開口部の高さである。

発熱速度の算定では、以下のような条件を想定している。
・　火災住戸等が換気支配型の盛期火災になっている状況を想定
・　開口部ごとに空気流入速度と熱気流流出速度が平均化するものと想定
・　火災室の温度は800℃、外気温度は20℃と想定
・　外気風の影響はないと想定
・　火源から発生する熱分解ガス速度は、流入空気速度、熱気流流出速度に比べて無視できるものと想定

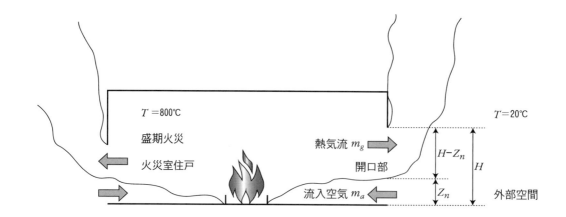

図2.4.9　開口からの噴出火炎

空気流入速度は、

$$m_a = 2/3 \alpha B (2g p_a \Delta p)^{1/2} Z_n^{3/2}$$

熱気流流出速度は、

$$m_g = 2/3 \alpha B (2g p_g \Delta p)^{1/2} (H-Z_n)^{3/2}$$

ここで、火源から発生する熱分解ガス速度が流入空気速度、熱気流流出速度に比べて無視できるとすると、$m_a = m_g$ となり、

$$\frac{Z_n}{H} = \frac{1}{1+(p_a/p_g)^{1/3}} = \frac{1}{1+(T_a/T_g)^{1/3}}$$

これを、上の式に代入すれば、

$$m_a = 2/3 \alpha B H^{3/2} (2g)^{1/2} p_a \left[\frac{1 - p_g/p_a}{\{1+(p_a/p_g)^{1/3}\}^3} \right]^{1/2}$$

$$m_a = 2/3 \alpha B H^{3/2} (2g)^{1/2} p_a \left[\frac{1 - T_a/T_g}{\{1+(T_g/T_a)^{1/3}\}^3} \right]^{1/2}$$

ここで、$T_g = 800℃$、$T_a = 20℃$、$\alpha = 0.7$とすれば、

$$m_a = 0.52 A \sqrt{H}$$

空気流入速度と熱気流流出速度は平均化するので、

$$m_g = m_a$$

開口部から噴出する熱量は、

$$\begin{aligned} Q &= C_p m_g (T_g - T_a) \\ &= 0.52 A \sqrt{H} (1073 - 293) \\ &= 400 A \sqrt{H} \end{aligned}$$

となる。

⑨　煙層温度の算定

○188号通知　第8　避難光庭における煙層の上昇温度について

（2）　避難光庭の底部に設けられる常時開放された開口部の給気開口率（避難光庭の底部の開口部と頂部の開口部の比をいう。以下同じ。）を次式により求めること。

$$r = 100\frac{S_a}{S_f} \quad \cdots\cdots 式（15）$$

rは、避難光庭の底部に設けられる常時開放された開口部の給気開口率（単位　パーセント）

S_aは、避難光庭の底部に設けられる常時開放された開口部の面積（単位　平方メートル）

S_fは、避難光庭の頂部に設けられる常時開放された開口部の面積（単位　平方メートル）

（3）　避難光庭における火災住戸等のすべての開口部から噴出する煙層の上昇温度を次式により求めること。

$$\Delta T = 2.06\alpha\frac{Q_X^{\frac{2}{3}}}{D^{\frac{5}{3}}} \quad \cdots\cdots 式（16）$$

ΔTは、避難光庭における火災住戸等のすべての開口部から噴出する煙層の上昇温度（単位　ケルビン）

αは、次の式により求められる値

$$\alpha = 1.2 + \frac{1.32}{r + 0.66} \quad \cdots\cdots 式（17）$$

Dは、避難光庭の幅（単位　メートル）

　火災住戸の熱気流噴出位置から2.5Dの高さ（避難光庭に噴出した熱気流が避難光庭の対面の壁に衝突すると想定される高さ）における煙層の温度上昇を求める方法を示している。

　避難光庭に蓄積される煙層の温度上昇についてはおおむね以下の式が成り立つことが知られている。

$$\frac{\Delta T}{T_\infty} = \alpha\, Q_D^{*\frac{2}{3}}\left(\frac{z}{D}\right)^{-\frac{1}{3}}$$

$$\alpha = 1.2 + \frac{1.32}{r + 0.66}$$

$$r = \frac{S_a}{S_t} * 100$$

$$Q_D^* = 0.9 * 10^{-3} * \frac{Q}{D^{\frac{5}{2}}}$$

　　　　　ΔT：煙層の温度上昇（K）

　　　　　T_∞：外気温度（＝300K）

　　　　　z：避難光庭の煙層温度算定高さ（＝2.5Dm）

　　　　　D：避難光庭の住戸外壁間の距離（m）

　　　　　r：給気開口率

　　　　　S_a：避難光庭底部の給気口面積（㎡）

　　　　　S_t：避難光庭頂部の開口面積（㎡）

　　　　　Q_D^*：無次元発熱速度

　　　　　Q：噴出火炎の発熱速度（kW）

ここで、zに2.5Dを代入して上記の式を整理すると通知に示される以下の式が導かれる。

$$\Delta T = 2.06 \alpha \frac{Q^{\frac{2}{3}}}{D^{\frac{5}{3}}}$$

⑩ 異なる住戸等間の水平距離

○188号通知 第2、9 異なる住戸等間の水平距離について
位置・構造告示第4第2号（2）ロの「異なる住戸等の開口部の相互間の水平距離」は、図8の例により、計測すること。

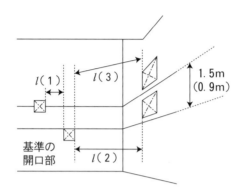

図8

特定光庭に面する異なる住戸等の開口部間の水平距離に関する規定における距離の計測方法を示したものである。l（1）は0.9m以上、l（2）は2.4m以上（はめごろしの防火設備が設けられている開口部相互間は2m以上）と規定されている。

⑪ 異なる住戸等間の垂直距離

○188号通知 第2、10 異なる住戸等間の垂直距離について
位置・構造告示第4第2号（2）ハの「異なる住戸等の開口部の相互間の垂直距離」は、図9及び図10の例により、計測すること。

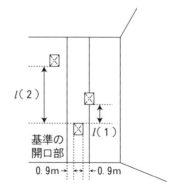

図9

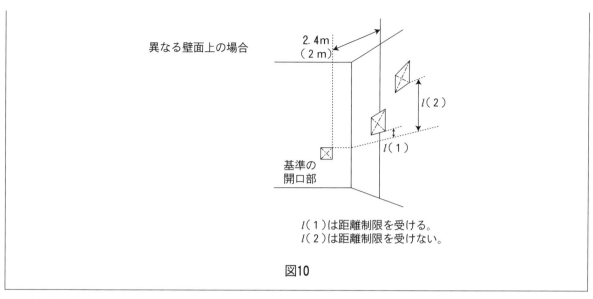

図10

特定光庭に面する異なる住戸等の開口部間の垂直距離に関する規定における距離の計測方法を示したものである。$l(1)$ は1.5m以上（はめごろしの防火設備が設けられている開口部相互間は0.9m以上）と規定されている。

⑫ 特定光庭に該当しない光庭

○第188号通知 第2、11 特定光庭に該当しない光庭について
図11及び図12に示す開放性を有する廊下又は階段室等に面する吹抜きにあっては、特定光庭には該当しないものであること。この場合において、開放性を有する廊下の手すり等の上端から小梁、たれ壁等の下端までの高さは1メートル以上必要であること。

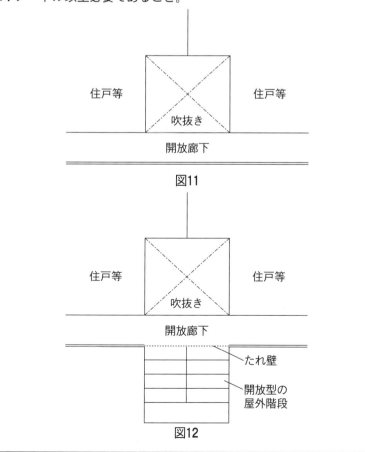

第2章●特定共同住宅等における必要とされる防火安全性能を有する消防の用に供する設備等に関する基準

　開放型の廊下に面する吹抜けの部分、開放型の屋外階段に面する吹抜けの部分については、吹抜けの開放性が高いと判断されることから特定光庭に該当しないこととしている。

⑬　特定光庭に面して給湯湯沸設備等を設ける場合の措置

○188号通知 第2、12　特定光庭に面して給湯湯沸設備等を設ける場合の措置について
位置・構造告示第4第2号（3）ロの「防火上有効な措置」とは、次の（1）及び（2）の措置をいうものであること。
（1）　給湯湯沸設備等は、次に定める基準に適合していること。
　①　ガスの消費量が、70キロワット以下であること。
　②　一の住戸の用に供するものであること。
　③　密閉式（直接屋外から空気を取り入れ、かつ、廃ガスその他の生成物を直接屋外に排出する燃焼方式及びその他室内の空気を汚染するおそれがない燃焼方式をいう。）で、バーナーが隠ぺいされていること。
　④　圧力調節器により、バーナーのガス圧が一定であること。
　⑤　過度に温度が上昇した場合において、自動的に燃焼を停止できる装置及び炎が立消えした場合等において安全を確保できる装置が設けられていること。
（2）　給湯湯沸設備等は、次に定める方法により設置すること。
　①　特定光庭から住戸等又は共用部分へ貫通する給湯湯沸設備等の配管は、当該配管と当該配管を貫通させるために設ける開口部とのすき間を不燃材料（建築基準法第2条第9号に規定する不燃材料をいう。）で埋めること。
　②　①の配管は、金属又はこれと同等以上の強度、耐食性及び耐熱性を有するものであること。

　特定光庭に面して設置される給湯器設備等に関する具体的な防火上の措置を規定している。

＜参考：特定光庭の基準等についての計算プログラム等＞
　消防庁のホームページには、188号通知 第2、5に示す位置、構造告示第4第1号（1）に規定する「火災住戸等以外の住戸等の光庭に面する開口部が受ける熱量」及び同号（2）イに規定する「避難光庭に面する廊下及び階段室等を経由して避難する者が受ける熱量」を確認する計算プログラムが、解説図と共に掲載されている。

第5節　開放型の廊下及び階段室等の判断基準

第5節
開放型の廊下及び階段室等の判断基準

　本節では、開放型特定共同住宅等に該当するかどうかを判断するための廊下及び階段室等の開放性の判断基準について解説する。

1　開放型特定共同住宅等とは

○共住省令

（用語の意義）

第2条　この省令において、次の各号に掲げる用語の意義は、当該各号に定めるところによる。

一～五　（略）

六　開放型廊下　直接外気に開放され、かつ、特定共同住宅等における火災時に生ずる煙を有効に排出することができる廊下をいう。

七　開放型階段　直接外気に開放され、かつ、特定共同住宅等における火災時に生ずる煙を有効に排出することができる階段をいう。

八　（略）

九　開放型特定共同住宅等　すべての住戸、共用室及び管理人室について、その主たる出入口が開放型廊下又は開放型階段に面していることにより、特定共同住宅等における火災時に生ずる煙を有効に排出することができる特定共同住宅等として消防庁長官が定める構造を有するものをいう。

十　二方向避難・開放型特定共同住宅等　特定共同住宅等における火災時に、すべての住戸、共用室及び管理人室から、少なくとも一以上の避難経路を利用して安全に避難できるようにするため、避難階又は地上に通ずる二以上の異なった避難経路を確保し、かつ、その主たる出入口が開放型廊下又は開放型階段に面していることにより、特定共同住宅等における火災時に生ずる煙を有効に排出することができる特定共同住宅等として消防庁長官が定める構造を有するものをいう。

十一～十八　（略）

【趣旨】

　開放型特定共同住宅等は、共住省令において、「すべての住戸、共用室及び管理人室について、その主たる出入口が開放型廊下又は開放型階段に面していることにより、特定共同住宅等における火災時に生ずる煙を有効に排出することができる特定共同住宅等として消防庁長官が定める構造を有するもの」と定義されており、その構造は、構造類型告示に明示されている。

　ここで、開放型廊下とは、「直接外気に開放され、かつ、特定共同住宅等における火災時に生ずる煙を有効に排出することができる廊下」をいい、開放型階段とは、「直接外気に開放され、かつ、特定共同住宅等における火災時に生ずる煙を有効に排出することができる階段」をいう。

75

第2章●特定共同住宅等における必要とされる防火安全性能を有する消防の用に供する設備等に関する基準

　構造類型告示に示された開放型特定共同住宅等の判断基準は、220号通知別紙7「二方向避難、開放型の廊下及び階段室等並びに特定光庭の判断基準」のうちの開放型の廊下及び階段室等の判断基準を基本的に踏襲している。ただし、全般的に判断基準の見直しを行ったうえで、廊下、階段室等の開放性の判断基準を一部性能規定化し、火災によって生じる熱気流を排出する能力があるかどうかを検証する方法を新たに追加した。

　構造類型告示の判断基準の考え方や開放性の具体的な検証方法は、188号通知の第3第2号に示されている。

【解説】

　開放型特定共同住宅等とは、対象とする特定共同住宅等のいずれかの住戸等（住戸、共用室及び管理人室に限る。以下、第5節及び第6節において同じ。）で火災が発生した場合、出火階及び他階の廊下、階段室等において、出火住戸等の開口部から噴出した熱気流により避難行動や消防活動に支障を生じないように、熱気流を排出するための開放性を十分に有していると判断される特定共同住宅等を指す。

　開放型の廊下及び階段室等に必要とされる機能要件を整理すると、以下のようになる。

①　対象防火対象物の当該階の住戸等内で出火した場合に、当該階の廊下及び階段室等で、避難や消防活動に支障が生じないこと。

②　対象防火対象物の当該階の住戸内で出火した場合に、当該階より上の階の廊下、階段室等で、避難や消防活動に支障が生じないこと。

　上記の要件は、対象とする防火対象物のすべての住戸、共用室及び管理人室での出火を対象としており、特定の階や部分のみが開放型廊下、開放型階段室の条件を満足していても、開放型特定共同住宅等とは認められない。

　廊下や階段室等の開放性を判断するに当たっては、防火対象物の空間形状や、開口条件等の幾何学的な条件に基づき判断することを前提としており、排煙設備や消防用設備等が作動した場合の効果は考慮していない。このため、周囲の4面が直接外気に開放されていない廊下又は階段室等は、開放性を有しないことが明らかであるので、住戸等の主たる出入口が面する廊下又は階段室等で、周囲の4面を壁等により囲まれている部分が存する共同住宅等は、開放型の共同住宅等には該当しないものと判断する（188号通知　第3、2（2））。

○188号通知　第3、2（2）

（2）　直接外気に開放されていない廊下又は階段室等の取扱いについて

①　廊下型特定共同住宅等

　　住戸又は共用室の主たる出入口が面する廊下の一部又は全部に周囲の4面が壁等により囲まれている部分が存する特定共同住宅等は、開放型特定共同住宅等には該当しないものであること。適用例を図19に示す。

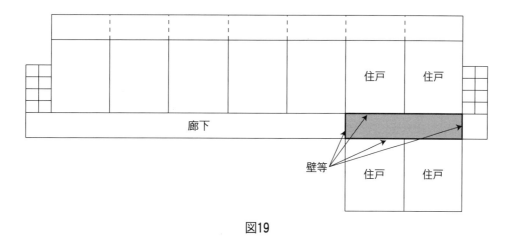

図19

② 階段室型特定共同住宅等

住戸又は共用室の主たる出入口が面する階段室の一部又は全部に周囲の4面が壁等により囲まれている部分が存する特定共同住宅等は、開放型特定共同住宅等には該当しないものであること。適用例を図20に示す。

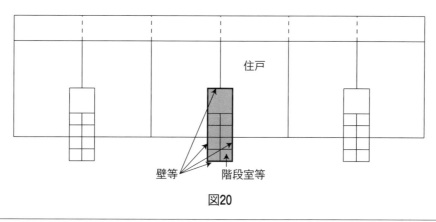

図20

2 開放型の廊下及び階段室等の判断基準の考え方

○構造類型告示
第4 開放型特定共同住宅等
一 省令第2条第9号に規定する開放型特定共同住宅等は、特定共同住宅等の住戸等において火災が発生した場合に、当該住戸等が存する階及びその上階の廊下及び階段室等（階段室型特定共同住宅等における階段室等に限る。以下第4において同じ。）における消火、避難その他の消防の活動に支障を生じないものとして、次号に定めるところにより、廊下及び階段室等が開放性を有すると認められるものとする。
二 開放型特定共同住宅等は、次に定めるところによるものであること。
 （1） すべての階の廊下及び階段室等が隣地境界線又は他の建築物等の外壁との中心線から1メートル以上離れていること。
 （2） すべての階の廊下及び階段室等が特定光庭に面していないこと。
 （3） 直接外気に開放されていないエントランスホール等（以下単に「エントランスホール等」という。）が避難階に存する場合にあっては、当該エントランスホール等が次に定める基準に適合すること。
  イ 避難階以外の階及びエントランスホール等に面する住戸等から当該エントランスホール等を経由しないで避難することができる経路があること。

第2章●特定共同住宅等における必要とされる防火安全性能を有する消防の用に供する設備等に関する基準

　　　ロ　エントランスホール等は、避難階以外の階にわたらないものとすること。ただし、当該エ
　　　　ントランスホール等が耐火構造の床又は壁で当該避難階以外の階と区画されている場合（当
　　　　該エントランスホール等と特定共同住宅等の部分を区画する床又は壁に開口部を設ける場合
　　　　にあっては、防火設備であるはめごろし戸が設けられているものに限る。）にあっては、こ
　　　　の限りでない。
　（4）　廊下は、次に定めるところによるものであること。
　　　イ　すべての階の廊下は、次の（イ）又は（ロ）に定めるところによること。
　　　（イ）　すべての階の廊下は、次のaからdまでに定めるところによること。
　　　　　　a　各階の外気に面する部分の面積（廊下の端部に接する垂直面の面積を除く。）は、
　　　　　　　当該階の見付面積の3分の1を超えていること。
　　　　　　b　外気に面する部分の上部に垂れ壁等を設ける場合は、当該垂れ壁等の下端から天井
　　　　　　　までの高さは、30センチメートル以下であること。
　　　　　　c　手すり等の上端から垂れ壁等の下端までの高さは、1メートル以上であること。
　　　　　　d　外気に面する部分に風雨等を遮るために壁等を設ける場合にあっては、当該壁等の
　　　　　　　幅を2メートル以下とし、かつ、当該壁等相互間の距離を1メートル以上とするこ
　　　　　　　と。
　　　（ロ）　特定共同住宅等の住戸等で火災が発生した場合に、当該住戸等の開口部から噴出する
　　　　　　煙により、すべての階の廊下において、消火、避難その他の消防の活動に支障になる高
　　　　　　さ（床面からの高さ1.8メートルをいう。）まで煙が降下しないこと。
　　　ロ　外気に面しない部分が存する場合にあっては、当該外気に面しない部分の長さは、6メー
　　　　トル以下であり、かつ、当該外気に面しない部分の幅員の4倍以下であること。
　（5）　階段室等は、次のイ又はロに定めるところによるものであること。
　　　イ　平成14年消防庁告示第7号に適合する開口部を有すること。
　　　ロ　特定共同住宅等の住戸等で火災が発生した場合に、当該住戸等の開口部から噴出する煙に
　　　　より、階段室等において、消火、避難その他の消防の活動に支障になる高さ（床面からの高
　　　　さ1.8メートルをいう。）まで煙が降下しないこと。

第5　二方向避難・開放型特定共同住宅等
　　省令第2条第10号に規定する二方向避難・開放型特定共同住宅等は、特定共同住宅等における火災
　時に、すべての住戸、共用室及び管理人室から、少なくとも一以上の避難経路を利用して安全に避難
　できるようにするため、避難階又は地上に通ずる二以上の異なった避難経路を確保し、かつ、その主
　たる出入口が開放型廊下又は開放型階段に面していることにより、特定共同住宅等における火災時に
　生ずる煙を有効に排出することができる特定共同住宅等であって、第3及び第4に掲げる要件を満た
　すものとする。

【趣旨】
　構造類型告示第4、第5は、開放型特定共同住宅等、及び二方向避難・開放型特定共同住宅等の要
件を示している。廊下及び階段室等の開放性の判断基準は、上記第4と第5で共通しており、第4に
要件が定められている。
　開放型の廊下及び階段室等の判断基準として、次の5つの条件が挙げられている。
・隣接建物等に対する廊下、階段室等の開放性（第1項）
・光庭に対する廊下、階段室等の開放性（第2項）

第 5 節　開放型の廊下及び階段室等の判断基準

・避難階のエントランスホール等の開放性（第 3 項）
・廊下の開放性（第 4 項）
・階段室等の開放性（第 5 項）

廊下及び階段室等の開放性の検証フローを図 2.5.1 に示す。

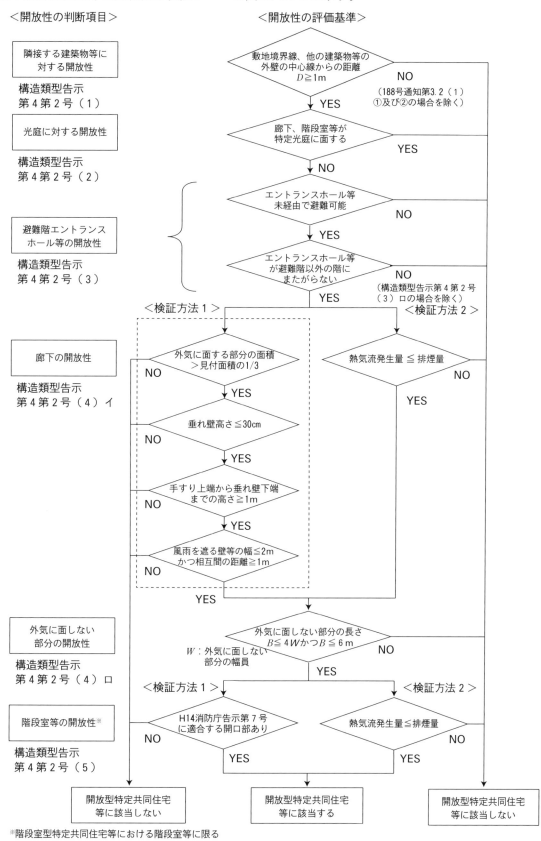

図 2.5.1　開放型特定共同住宅等の検証フロー

第2章●特定共同住宅等における必要とされる防火安全性能を有する消防の用に供する設備等に関する基準

　構造類型告示第4第2号（1）（2）は、従来の220号通知別紙7の判断基準を踏襲したもので、内容に変更はない。同（3）は、以前に145号通知に規定されていた内容であるが、判断基準を更に具体化している。

　構造類型告示第4第2号（4）イ（イ）、（5）イは、基本的には220号通知の判断基準を踏襲した仕様基準である。（4）イ（ロ）、（5）ロは、220号通知別紙7の判断基準の基本的な考え方に基づき、（4）イ（イ）、（5）イの判断基準を客観的な検証法に変更したもので、火災住戸等から発生する熱気流量と、廊下、階段室等の排煙量を各々算出して比較することで、開放性の有無を判断する。なお、開放性の客観的検証法についての具体的な内容は、188号通知に示されている。仕様基準と客観的検証法による判断基準は、設計者がいずれかを自由に選択できるようになっている。

　（4）ロは、220号通知別紙7の判断基準において、「片廊下で廊下の一部に階段室、エレベーター等外気に面しない部分が設けられているもの」として規定されていたが、「外気に面しない部分」と定義を変更し、対象範囲の見直しを行った。

　出火を想定する部分は、構造類型告示第4に示すように、特定共同住宅等の住戸等に限定しており、共用の廊下や階段室等での出火は想定していない。これは、共用の廊下や階段室等での出火は、過去の火災事例から判断して、火災の規模が拡大する危険性は低いと考えられるからである。

　また、廊下・階段室等の開放性の検証は、主に建物の空間形状、開口条件等の幾何学的な条件に基づき判断するものとし、スプリンクラー設備や排煙設備等の消防用設備等の効果は前提としない。

　開放型の特定共同住宅等とするためには、対象とする防火対象物のすべての部分について、構造類型告示第4の判断基準をクリアする必要がある。このため、防火対象物の一部において、いずれかの判断基準を満たさない場合は、開放型の特定共同住宅等とはみなされないことに注意が必要である。

【解説】

　以下に、各号の判断基準の考え方を解説する。

1）隣接建物等に対する廊下、階段室等の開放性の判断基準（構造類型告示第4第2号（1））

○188号通知 第3、2

（1） 他の建築物等の外壁等について

　構造類型告示第4第2号（1）の規定により、すべての廊下及び階段室等は「他の建築物等の外壁」との中心線から1メートル以上離れていることが必要とされているが、同一の特定共同住宅等であっても、廊下及び階段室等に面して当該特定共同住宅等の外壁、駐車場の外壁、擁壁等がある場合は、「他の建築物等の外壁」に準じて取り扱うものであること。適用例を図17に示す。

　なお、特定共同住宅等の同一の階に存する廊下又は階段室等のうちの一部が、隣地境界線又は他の建築物等の外壁との中心線から1メートル未満であるときの取扱いは次のとおりとすること。適用例を図18に示す。

① 隣地境界線又は他の建築物等の外壁との中心線から1メートル未満である部分が廊下端部を含む場合で、当該部分を構造類型告示第4第2号（4）ロの「外気に面しない部分」とみなしたとき、当該規定を満たせば当該部分は隣地境界線又は他の建築物等の外壁との中心線から1メートル未満の位置にないものとして取り扱って差し支えないものであること。

② 隣地境界線又は他の建築物等の外壁との中心線から1メートル未満である部分が廊下端部を含ま

ない場合で当該部分を構造類型告示第4第2号（4）イ（イ）dの「風雨等を遮るために設ける壁等」とみなすか、（5）に定める手順によって、非開放部分を含む廊下全体を同号（4）イ（ロ）の「消火、避難その他の消防の活動に支障になる高さ（床面からの高さ1.8メートルをいう。）まで煙が降下しないこと」を確認した場合は、当該部分は隣地境界線又は他の建築物等の外壁の中心線から1メートル未満の位置にないものとして取り扱って差し支えないものであること。

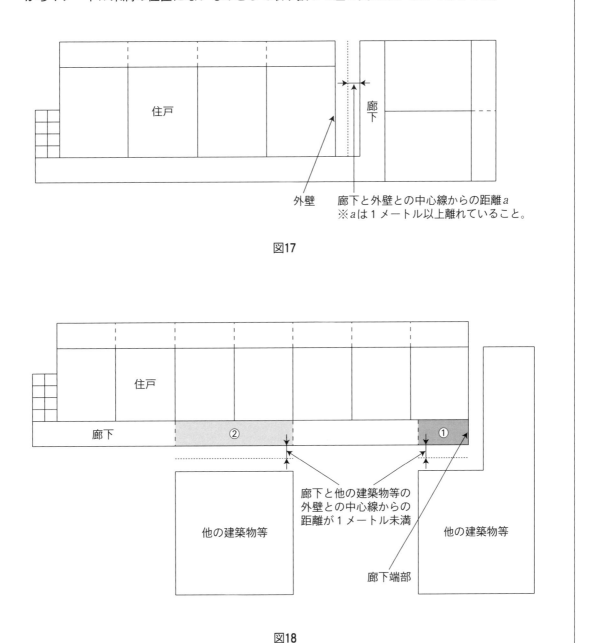

図17

図18

　構造類型告示第4第2号（1）は、「すべての階の廊下及び階段室等が隣地境界線又は他の建築物等の外壁との中心線から1メートル以上離れていること」を条件としている。これは、火災の発生した階よりも上の階において避難行動や消防活動に支障を生じないためで、従来の220号通知の基準を踏襲している。

　図2.5.2に示すように、廊下や階段室等に面して、隣接建物等のように、出火階から上層階へ熱気流が上昇する際の障害物となるものがある場合は、障害物がない場合と比べて、検証対象建物と隣接建物の間の空間内で、熱気流が一部滞留することが考えられる。

第2章●特定共同住宅等における必要とされる防火安全性能を有する消防の用に供する設備等に関する基準

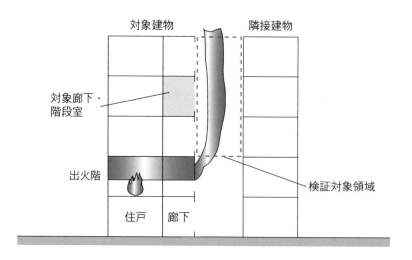

図2.5.2　非火災階廊下・階段室の開放性の検討対象範囲（隣接建物等がある場合）

　こうした条件下での隣接建物との空間内の熱気流性状を、既往の知見のみに基づき予測することは困難であることから、220号特例における判断基準（すなわち、隣地境界線若しくは他の建築物等の外壁との中心線から1メートル未満の距離にある場合は開放性なし）を用いて仕様的に開放性を判断することとしている。

　構造類型告示第4第2号（1）において、「他の建築物等の外壁」とは、他の建築物の外壁、当該共同住宅等の外壁、駐車場の外壁、擁壁等を指している。同一の特定共同住宅等で、廊下及び階段室等に面して当該特定共同住宅等の外壁、駐車場の外壁、擁壁等がある場合は、「他の建築物等の外壁」に準じて扱うものとし、その適用例が、188号通知図17に例示されている。

　共同住宅等の同一の階に存する廊下又は階段室等のうちの一部が隣地境界線又は他の建築物等の外壁の中心線から1メートル未満であるときは、その部分が廊下の端部を含むかどうかによって場合分けし、以下の条件を満たす場合は、当該部分は隣地境界線又は他の建築物等の外壁の中心線から1メートル未満の位置にないものとして取り扱う。（188号通知　第3、2（1））。

① 隣地境界線又は他の建築物等の外壁との中心線から1メートル未満である部分が廊下端部を含む場合（188号通知　第3、2（1）図18の①）
　　当該部分を「外気に面しない部分」とみなして、構造類型告示第4第2号（4）ロを適用し当該基準に適合すること。

② 隣地境界線又は他の建築物等の外壁との中心線から1メートル未満である部分が廊下端部を含まない場合（188号通知　第3、2（1）図18の②）
　　以下の（a）または（b）のいずれかの条件を満足すること。

（a）　当該部分を構造類型告示第4第2号（4）イ（イ）dの「風雨等を遮るために設ける壁等」とみなして、当該基準に適合すること。

（b）　廊下、階段室等の開放性の検証法により、非開放部分を含む廊下全体を同号（4）イ（ロ）の「消火、避難その他の消防の活動に支障になる高さ（床面からの高さ1.8メートルをいう。）まで煙が降下しないこと」を確認すること。

2）光庭に対する廊下、階段室等の開放性の判断基準（構造類型告示第4第2号（2））

　構造類型告示第4第2号（2）は、光庭に対する廊下、階段室等の開放性の判断基準を示したもので、「すべての階の廊下及び階段室等が特定光庭に面していないこと」を条件としている。廊下や階段室等が光庭に面する場合、光庭に流出した熱気流が避難行動に影響を与えるかどうかは、「特定光庭の判断基準」（位置・構造告示第4、第2章第4節参照）に基づき、当該光庭が特定光庭に該当す

るかどうかが判断基準となる。したがって、検証対象となる廊下や階段室等が特定光庭に面する場合は、従来の220号通知の判断基準と同様、当該廊下、階段室等は開放性がないと判断する。

3）避難階のエントランスホール等の開放性の判断基準（構造類型告示第4第2号（3））

　構造類型告示第4第2号（3）は、避難階に設けられた周囲の四面が直接外気に開放されていないエントランスホールその他これらに類する部分（以下「エントランスホール等」という。）を対象としている。従来の規定では145号通知において、エントランスホール等の開放性の判断基準が以下のように明記されていた。

・1階における避難に支障がないこと。
・上階への煙の流入のおそれのないこと。

　構造類型告示第4第2号（3）は、145号通知の判断基準を具体化させたものである。「1階における避難に支障がないこと」の代替として、構造類型告示第4第2号（3）イが定められており、図2.5.3に示すように、避難階以外の階とエントランスホール等に面する住戸等から、当該エントランスホールを経由せずに避難できる経路が確保されていることを求めている。

　この場合の避難経路には、廊下及び階段室等に限らず、避難上有効なバルコニーを用いる場合も含まれる。

　一方、「上階への煙の流入のおそれのないこと」の代替として、構造類型告示第4第2号（3）ロが定められており、エントランスホール等が避難階以外の階にわたらないことを求めている。ただし、エントランスホール等が避難階以外の階にわたる場合であっても、当該エントランスホール等が耐火構造の床又は壁で当該避難階以外の部分と区画されている場合（当該エントランスホール等と特定共同住宅等の部分を区画する床又は壁に開口部を設ける場合にあっては、防火設備であるはめごろし戸が設けられているものに限る。）は、避難階で発生した火災が他の階へ影響を及ぼす危険性はきわめて低いと考えられるため、例外として認めている。

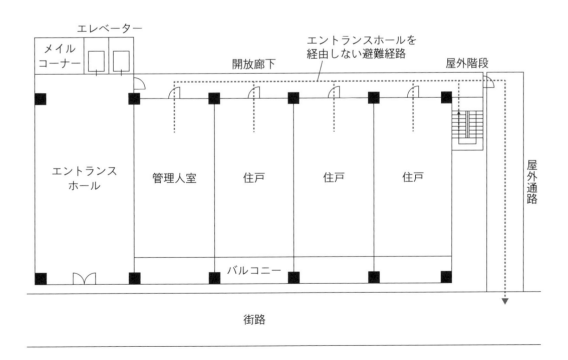

図2.5.3　避難階における四面を囲われたエントランスホールにおける開放性
（エントランスホールを経由しない避難経路の確保）

4）空間形状からみた廊下の開放性の判断基準＜廊下の開放性の検証方法１＞

(構造類型告示第４第２号（４）イ（イ））

○188号通知 第３、２
（３）　開放型廊下の判断基準について
　　構造類型告示第４第２号（４）イ（イ）の開放型廊下の判断基準の適用については、図21の例によること。
　　なお、同号（４）イ（イ）aの「廊下の端部に接する垂直面の面積」とは、廊下の両端部の外気に面する部分の面積をいうものであること。また、同号（４）イ（イ）cの「手すり等」には、さく、金網等の開放性のあるものは含まないものであること。

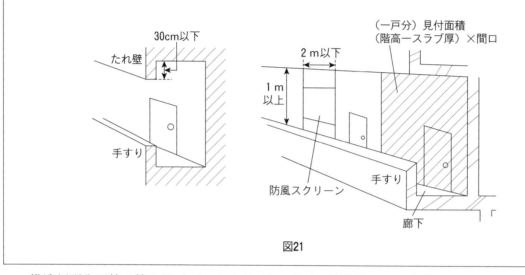

図21

　構造類型告示第４第２号（４）イ（イ）は、廊下の開放性の判断基準の一つで、220号通知の廊下の開放性の判断基準を踏襲している。主に廊下廻りの空間形状に基づき開放性の有無を判断するもので、すべての階の廊下は、以下に示す４つの基準すべてを満足する必要がある。

　a　外気に面する部分の面積（廊下の端部に接する垂直面の面積を除く。）＞当該階の見付面積の１／３
　b　外気に面する部分の上部に設ける垂れ壁等の下端から天井までの高さ≦30cm
　c　手すり等の上端から垂れ壁等の下端までの高さ≧１m
　d　風雨等を遮るために設ける壁等の幅≦２m　かつ　当該壁等相互間の距離≧１m

　aにおいて、「廊下の端部に接する垂直面の面積」とは、廊下の両端部の外気に面する部分の面積を指す。また、「当該階の見付面積」とは、188号通知 第３、２（３）の図21に示すように、以下の式で算出される面積を指す。

　　当該階の見付面積＝（階高－スラブ厚）×間口

　cにおいて、「手すり等」には、さくや金網等の開放性のあるものは含まれない。

5）煙又はガスに対する廊下の開放性の判断基準＜廊下の開放性の検証方法２＞

(構造類型告示第４第２号（４）イ（ロ））

　構造類型告示第４第２号（４）イ（ロ）は、火災により発生する煙又はガスに対する廊下の開放性の判断基準であり、「特定共同住宅等の住戸等で火災が発生した場合に、当該住戸等の開口部から噴出する煙により、すべての階の廊下において、消火、避難その他の消防の活動に支障になる高さ（床面からの高さ1.8メートルをいう。）まで煙が降下しないこと」としている。同告示は、廊下の開放性を確保するための要件を明示しており、188号通知 第３、２（５）に、具体的な性能の検証方法が示

されている。

　この基準は、構造類型告示第4第2号（4）イ（イ）の廊下の形状に基づく開放性の判断基準を性能的に表現したもので、イ（イ）又はイ（ロ）のいずれの判断基準を用いるかは、設計者が自由に選択することができる。

　出火階における廊下の開放性検証方法の概念図を図2.5.4に示す。

　出火住戸等の開口部から噴出し、廊下に形成される熱気流生成量（V）と、廊下の外気に面する開口部から排出される排煙量（E：熱気流層の高さが1.8mの場合）を各々算出し、排煙量が熱気流生成量以上であれば、熱気流により廊下に形成される高温層の高さが1.8m以下とならないため、開放性ありと判断する。

廊下の開放性の検証に当たっての前提条件は、以下のとおりである。
・対象とする防火対象物の住戸等で出火し、盛期火災となった場合を想定する。廊下、階段室等の共用部分、及び隣接棟での出火は考慮しない。
・出火後の時間経過の影響は考慮せず、準定常状態を対象とする。

　廊下の開放性の具体的な検証方法は、次節「3　廊下、階段室等の開放性の検証法」で解説する。

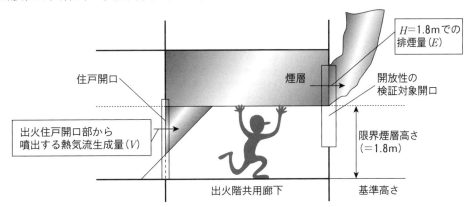

図2.5.4　火災階廊下の開放性検証の概念図

6）外気に面しない部分の開放性の判断基準（構造類型告示第4第2号（4）ロ）

○188号通知　第3、2
（4）　開放型特定共同住宅等の廊下における外気に面しない部分について
　　構造類型告示第4第2号（4）ロの「外気に面しない部分」とは、特定共同住宅等の同一の階に存する廊下又は階段室等の一部が、隣地境界線又は他の建築物等の外壁との中心線から1メートル以下の位置にあるもののほか、図22及び図23によること。

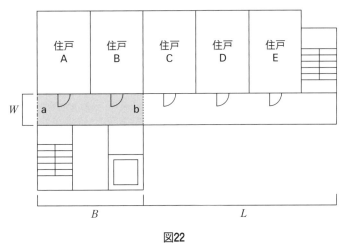

図22

aが閉鎖されている場合は網掛けの部分が外気に面しない部分に該当する。

ここで、

Wは、外気に面しない部分の幅員（図23において同じ。）

Bは、外気に面しない部分の長さ（図23において同じ。）

また、aに存する開口部が次の①から③に定める基準のいずれかに適合するときは、aが閉鎖されているものとする。

① aに存する開口部の幅$<W$
② aに存する開口部の上端の高さ$<L$に存する有効開口部の上端の高さ
③ aに存する開口部の下端の高さ$>L$に存する有効開口部の下端の高さ

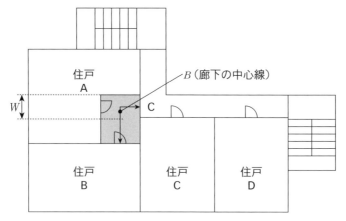

※網掛けの部分が外気に面しない部分に該当する。

図23

構造類型告示第4第2号（4）ロは、廊下の一部に外気に面しない部分が存する場合、これらの部分に面する住戸等から出火しても隣接する他の住戸等へ避難上影響を与えないための十分な開放性を有していることを確認するための判断基準であり、「外気に面しない部分が存する場合にあっては、当該外気に面しない部分の長さは、6メートル以下であり、かつ、当該外気に面しない部分の幅員の4倍以下であること」としている。

構造類型告示第4第2号（4）ロは、廊下の一部に階段室やエレベーター等の外気に面しない部分が設けられている場合を対象としている。ここで、外気に面しない部分とは、「周囲の三面が直接外気に開放されていない部分」を指す。外気に面しない部には、階段室、エレベーター、階段前室、倉庫のほか、壁、防風スクリーンも含むものとする。

基本的には220号通知の考えを踏襲したものであり、同通知別紙7の判断基準では、「片廊下で廊下の一部に階段室、エレベーター等外気に面しない部分が設けられているもの」として規定されていた。しかし、188号通知 第3、2（4）図23に示すように、住戸の開口部等が廊下から奥まった位置に配置される事例が増加する傾向にあるため、ここでは、外気に面しない部分を「周囲の三面が直接外気に開放されていない部分」と定義を変更し、対象範囲の見直しを行うとともに、構造類型告示第4第2号（1）で示したとおり、特定共同住宅等の同一の階に存する廊下又は階段室等のうちの一部が、隣地境界線又は他の建築物等の外壁の中心線から1メートル以下の位置にあるものも含むものとした。

従来の220号通知では、廊下端部の開放条件により、以下の基準が設けられていた。

・廊下端部が閉鎖されている場合： $B \leqq 4W$ かつ $B \leqq 6$（m）

第5節　開放型の廊下及び階段室等の判断基準

・廊下端部が開放されている場合：　　$B \leqq 8W$　かつ　$B \leqq 12$（m）

ここで、Bは外気に面しない部分の長さ、Wは外気に面しない部分の幅員を示す。外気に面しない部分の長さBは、廊下の中心線上の長さに基づき設定する（188号通知 第3、2（4）図23参照）。

構造類型告示では、廊下端部が閉鎖されている場合のみを外気に面しない部分として、同第4第2号（4）ロの基準に基づき当該部分単独で検証を行うこととし、廊下端部が開放されている場合は、同第4第2号（4）イの基準に基づき、廊下全体で開放性の検証を行うこととした。

220号通知では、廊下端部が開放されているかどうかの条件が具体的に示されていなかったことから、188号通知 第3、2（4）において、外気に面しない部分の端部が閉鎖されているかどうかの判断基準を具体化に示している。廊下端部の開口部が、以下の①～③のいずれかの基準を満たす場合、端部が閉鎖されていると判断する。

①　　aに存する開口部の幅＜W

②　　aに存する開口部の上端の高さ＜Lに存する有効開口部の上端の高さ

③　　aに存する開口部の下端の高さ＞Lに存する有効開口部の下端の高さ

ここで、Lは外気に面する部分の長さ、 aは外気に面しない部分の端部を示す。

7）空間形状からみた階段室等の開放性の判断基準＜階段室等の開放性の検証方法１＞

（構造類型告示第4第2号（5）イ）

○消防法施行規則第4条の2の3並びに第26条第2項、第5項第3号ハ及び第6項第3号の屋内避難階段等の部分を定める件（平成14年消防庁告示第7号）

　消防法施行規則第4条の2の3並びに第26条第2項、第5項第3号ハ及び第7項第3号の屋内避難階段等の部分は、階段の各階又は各階の中間の部分ごとに設ける直接外気に開放された排煙上有効な開口部で、次の一及び二に該当するものとする。

一　開口部の開口面積は、2平方メートル以上であること。

二　開口部の上端は、当該階段の部分の天井の高さの位置にあること。ただし、階段の部分の最上部における当該階段の天井の高さの位置に500平方センチメートル以上の外気に開放された排煙上有効な換気口がある場合は、この限りでない。

構造類型告示第4第2号（5）イは、階段室等の開放性の判断基準の一つで、220号通知の階段室等の開放性の判断基準を踏襲している。主に階段室廻りの空間形状に基づき開放性の有無を判断するもので、「平成14年消防庁告示第7号に適合する開口部を有すること」としている。

平成14年消防庁告示第7号に適合する開口部とは、以下の条件を備えたものをいう（図2.5.5参照）。

「階段の各階又は各階の中間の部分ごとに設ける直接外気に開放された排煙上有効な開口部で、次の一及び二に該当するものとする。

一　開口部の開口面積は、2平方メートル以上であること。

二　開口部の上端は、当該階段の部分の天井の高さの位置にあること。ただし、階段の部分の最上部における当該階段の天井の高さの位置に500平方センチメートル以上の外気に開放された排煙上有効な換気口がある場合は、この限りでない。」

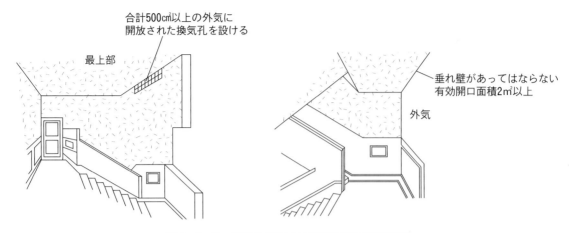

図2.5.5　開放性を有する階段室等の判断基準

8) 煙又はガスに対する階段室等の開放性の判断基準＜階段室等の開放性の検証方法2＞
（構造類型告示第四第2号（5）ロ）

　構造類型告示第4第2号（5）ロは、火災により発生する煙又はガスに対する階段室等の開放性の判断基準であり、「特定共同住宅等の住戸等で火災が発生した場合に、当該住戸等の開口部から噴出する煙により、階段室等において、消火、避難その他の消防の活動に支障になる高さ（床面からの高さ1.8メートルをいう。）まで煙が降下しないこと」としている。同告示は、階段室等の開放性を確保するための要件を明示しており、188号通知 第3、2（5）に、具体的な性能の検証方法が示されている。

　この基準は、構造類型告示第4第2号（5）イの階段室等の形状に基づく開放性の判断基準を性能的に表現したもので、（5）イ又は（5）ロのいずれの判断基準を用いるかは、設計者が自由に選択することができる。

　階段室等の開放性検証方法の概念図を図2.5.6に示す。

　階段室等の開放性の検証方法は、5）の廊下の開放性の検証と同じ考え方による。ただし、出火階から直上階の踊り場までを一空間としてモデル化したうえで、検証を行う。

　出火住戸等の開口部から噴出し、階段室等に形成される熱気流生成量（V）と、階段室等の外気に面する開口部から排出される排煙量（E：熱気流層の高さが1.8mの場合）を各々算出し、排煙量が熱気流生成量以上であれば、熱気流により廊下、階段室等に形成される高温層の高さが1.8m以下とならないため、開放性ありと判断する。

　階段室等の開放性の具体的な検証方法は、次節「3　廊下、階段室等の開放性の検証法」で解説する。

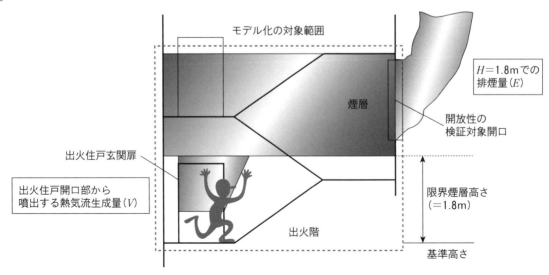

図2.5.6　階段室等の開放性検証の概念図

3 廊下、階段室等の開放性の検証法
1）開放性の検証法の概要

構造類型告示第4第2号（4）イ（ロ）、同（5）ロでは、具体的な判断基準が明記されていないが、これについては、188号通知に詳細が示されている。

廊下、階段室等の煙又はガスに対する開放性の検証フローを以下に示す。

検証は、基本的に階単位で実施し、すべての階について検証を行うことを原則とする。

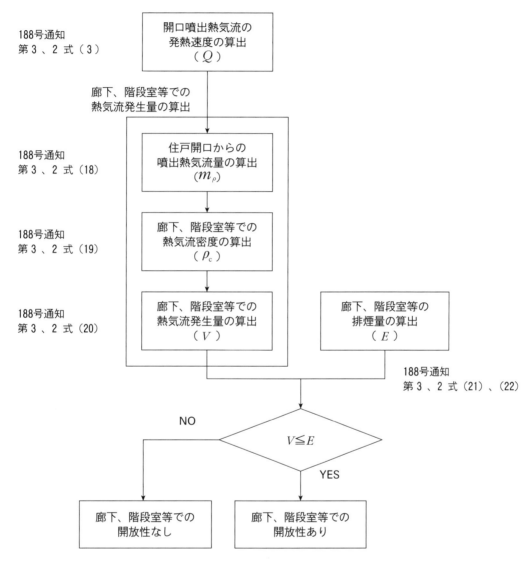

図2.5.7　出火階廊下、階段室の開放性の検証フロー

第2章●特定共同住宅等における必要とされる防火安全性能を有する消防の用に供する設備等に関する基準

出火階廊下・階段室等の開放性の検証方法を整理した結果を表2.5.1に示す。

表2.5.1　出火階廊下・階段室等の開放性の検証方法

評価項目		算定式
熱気流発生量の算定	住戸等の開口部からの発熱速度	$Q = 400A\sqrt{H}$ ここで、 　Q：住戸等の開口部からの発熱速度（kW） 　A：住戸の開口面積（㎡） 　H：廊下・階段室に面する住戸の開口高さ（m）
	開口からの噴出熱気流量	$m_p = 0.52A\sqrt{H}$ ここで、 　m_p：開口からの噴出熱気流量（kg/s）
	廊下・階段室等の熱気流密度	$p_c = \dfrac{353}{\left(293 + \dfrac{Q}{m_p + 0.01A_c}\right)}$ ここで、 　P_c：廊下・階段室における熱気流の気体密度（kg/㎥） 　Q：住戸等の開口部からの発熱速度（kW） 　A_c：評価対象範囲内の廊下・階段室の床面積（㎡）
	廊下・階段室等の熱気流発生量	$V = 31.2A\sqrt{H}/p_c$ ここで、 　V：廊下・階段室における熱気流発生量（㎥/min）
排煙量の算定		①廊下の場合 $E = \max\left(19L(H_U - 1.8)^{3/2},\ \dfrac{53.7L(H_U - 1.8)^{3/2}}{\sqrt{1 + (H_U - 1.8)^2/(1.8 - H_L)^2}}\right)$ ②階段室等の場合 $E = \max\left(19L(H_U - H_L)^{3/2},\ 38L(H_U - H_L)\sqrt{H_U + H_L - 3.6}\right)$ ここで、 　E：廊下・階段室における排煙量（㎥/min） 　H_U：廊下・階段室の有効開口部の上端の床面からの高さ（m） 　H_L：廊下・階段室の有効開口部の下端の床面からの高さ（m） 　L：廊下・階段室の有効開口部の長さ（m）（ただし、$L \leqq 30$m）
評価基準		$V \leqq E$

90

２）熱気流発生量の算定方法

○188号通知　第３、２（５）

（５）　煙の降下状況を確認する方法について

　　構造類型告示第４第２号（４）イ（ロ）及び同号（５）ロの煙が床面からの高さ1.8メートルまで降下しないことを確認する方法は、次の①から⑥までの手順によること。（図24参照）

①　廊下又は階段室等に面する住戸等の開口部のうち発熱速度が最も大きくなる開口部の発熱速度を第２、３（２）③の式により求めること。

$$Q = 400A\sqrt{H} \quad \cdots\cdots 式（３）$$

②　廊下又は階段室等に面する住戸等の開口部のうち発熱速度が最も大きくなる開口部から噴出する熱気流量を次式により求めること。

$$m_p = 0.52A\sqrt{H} \quad \cdots\cdots 式（18）$$

　　m_pは、廊下又は階段室等に面する住戸等の開口部のうち発熱速度が最も大きくなる開口部から噴出する熱気流量（単位　キログラム毎秒。以下同じ。）

③　廊下又は階段室等に面する住戸等の開口部のうち発熱速度が最も大きくなる開口部から廊下又は階段室等に噴出した熱気流の気体密度を次式により求めること。

$$p_c = \frac{353}{\left(293 + \dfrac{Q}{m_p + 0.01A_c}\right)} \quad \cdots\cdots 式（19）$$

　　p_cは、廊下又は階段室等に面する住戸等の開口部のうち発熱速度が最も大きくなる開口部から廊下又は階段室等に噴出した熱気流の気体密度（単位　キログラム毎立方メートル。以下同じ。）

　　A_cは、構造類型告示第４第２号（４）イ（ロ）又は同号（５）ロの規定により、消火、避難その他の消防活動に支障になる高さまで煙が降下しないことを確認する範囲内にある廊下又は階段室等の水平投影面積（単位　平方メートル）

④　廊下又は階段室等における熱気流の発生量を次式により求めること。

$$V = \frac{31.2A\sqrt{H}}{p_c} \quad \cdots\cdots 式（20）$$

　　Vは、廊下又は階段室等における熱気流の発生量（単位　立方メートル毎分）

①　出火住戸等の想定

　　評価の対象とする廊下及び階段室等に面するすべての住戸等を火災住戸等と想定して検証を実施することを原則とするが、廊下及び階段室等の開口条件、住戸等開口部の開口条件、外気に面しない部分の位置などから、ある住戸等での火災が検証上最も不利になることが明らかな場合は、その住戸等を火災住戸と想定して検証を行い、その他の住戸等を火災住戸等とした検証を省略することができる。

②　熱気流の噴出する開口部の想定

　　想定した火災住戸等において、廊下及び階段室等に直接面する開口部のうち、以下の式により、

発熱速度が最も大きくなる開口部1か所を熱気流の噴出する開口部と想定する。開口部の想定に当たっては、開口部に設置された扉や窓の防火的性能（例えば、防火戸や網入りガラス等）の違いに依らず、すべての開口部を対象とすることとし、開口部全面が開放されている状態を想定する。

$$Q = 400A\sqrt{H}$$

Q：出火住戸等の廊下及び階段室等に直接面する開口部から噴出する熱気流の発熱速度（単位　キロワット）

A：出火住戸等の廊下及び階段室等に直接面する開口部の面積（単位　平方メートル）

H：出火住戸等の廊下及び階段室等に直接面する開口部の高さ（単位　メートル）

③　開口部からの噴出熱気流量の算定

②で設定した発熱速度が最大となる開口部における噴出熱気流量は、以下の式により算出する。

$$m_p = 0.52A\sqrt{H}$$

m_p：共用廊下又は階段室等に面する住戸等の開口部のうち、発熱速度が最も大きくなる開口部から噴出する熱気流量（単位　キログラム毎秒）

熱気流発生量は、火災住戸等が換気支配型の盛期火災となっている状況を想定したものである。式の算出根拠は、「特定光庭の判断基準」の解説文「（4）⑦開口からの噴出火炎の発熱速度」に示されているので、参照願いたい。

出火階における廊下、階段室に形成される熱気流の発生量は、一般的には出火した住戸等から噴出する熱気流が開口噴流プルームとして廊下、階段室内で周辺空気を巻き込み膨張する効果を考慮する必要がある。しかし、一般的に共同住宅等の住戸等開口部は、上端高さが1.8m前後あり、開放性の評価基準である熱気流による高温層の高さの限界値1.8mとほぼ同じであるため、廊下、階段室内での空気の巻き込みによる膨張効果はあまり大きくないと考えられる。したがって、ここでは出火住戸等の開口部から噴出する熱気流量m_pを、廊下、階段室等に形成される熱気流発生量とする。

④　廊下・階段室等の熱気流密度の算定

③で算出したm_pは質量流量（単位　キログラム毎秒）のため、排煙量との数値の比較を行えるようにするため、体積流量（単位　立方メートル毎分）に換算する。出火を想定する住戸等の開口部によって、廊下、及び階段室等に形成される熱気流の気体密度p_c、平均温度T_cは、以下の式により算出される。

$$p_c = 353/T_c$$

$$T_c = T_0 + \frac{Q}{c_p m_p + h_c A_w}$$

ただし、p_c：熱気流の気体密度（kg/m³）

　　　　T_c：熱気流平均温度（K）

　　　　Q：火源の発熱速度（kW）（$= 400A\sqrt{H}$）

　　　　c_p：気体の定圧比熱（kJ/kgK）

　　　　h_c：総合熱伝達率（$= 0.01$kW/m²K）

　　　　A_w：廊下・階段室内で熱気流の接する天井面・壁面の面積（m²）

ここで、A_wは、廊下・階段室内で熱気流の接する天井面と壁面の面積の合計を示すが、A_wを小さく見積もるほどp_cの値は小さくなり、それに伴い、熱気流の体積流量の値は大きくなり危険側の計算結果となる。このため、ここでは計算の簡略化のため、A_wを天井面積A_cで代替する。従って、p_cは下式で表現される

$$p_c = \frac{353}{\left(293 + \dfrac{Q}{1 \times m_p + 0.01 A_c}\right)}$$

なお、廊下、階段室等の水平投影面積A_cは、値を小さく見積もるほどp_cの値は小さくなり危険側の計算結果となることから、下記3）排煙量の算定方法で示す有効開口部の範囲の廊下部分を対象として面積を算出する。

⑤　廊下・階段室等の熱気流発生量
　　③④の算出結果より、廊下及び階段室の熱気流発生量（体積流量）Vは、下式で算出される。

$$V = 60 \times m_p / p_c = 60 \times 0.52 A \sqrt{H} / p_c$$
$$= 31.2 \times A \sqrt{H} / p_c$$

3）排煙量の算定方法

○188号通知 第3、2（5）
　⑤　廊下又は階段室等における排煙量を次式により求めること。
　　（ア）　廊下の場合

$$E = \max\left(19L(H_U - 1.8)^{\frac{3}{2}}, \; \frac{53.7L \times (H_U - 1.8)^{\frac{3}{2}}}{\sqrt{1 + \left(\dfrac{H_U - 1.8}{1.8 - H_L}\right)^2}}\right) \quad \cdots\cdots 式（21）$$

　　（イ）　階段室等の場合

$$E = \max\left(19L(H_U - H_L)^{\frac{3}{2}}, \; 38L(H_c - H_L)\sqrt{H_U + H_L - 3.6}\right) \quad \cdots 式（22）$$

E は、廊下又は階段室等における排煙量（単位　立方メートル毎分）

L は、廊下又は階段室等の有効開口部の長さ（単位　メートル。ただし、$L \leqq 30$。（6）参照。）

H_Uは、床面からの廊下又は階段室等の有効開口部の上端の高さ（単位　メートル）

H_Lは、床面からの廊下又は階段室等の有効開口部の下端（床面から1.8メートル未満の高さにあるものに限る。）の高さ（単位　メートル）

　⑥　④で求めた廊下又は階段室等における熱気流の発生量が⑤で求めた廊下又は階段室等における排煙量以下であることを確かめること。

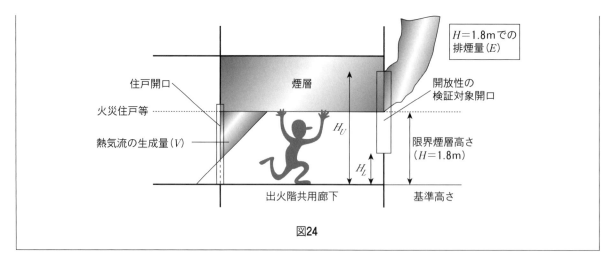

図24

　廊下、階段室等の開口から排出される排煙量は、給気口が設置された場合の自然排煙による排煙量として設定した。排煙量設定に当たっての基本的な考え方を以下に示す。

- 熱気流による高温層の高さが1.8mとなった場合における自然排煙時の排煙量を算定する。
- 排煙口の有効開口部は、外気に直接面する廊下、階段室の開口のうち、高さ1.8m以上の部分を有効とし、給気口は、高さ1.8m以下の部分を有効とする。
- 廊下における排煙口の有効開口部の長さ（L）は、壁体への熱損失による高温層高さの降下の影響を考慮して、開口部中心線から片側15m（両側30m）を上限とする。

① 廊下における排煙量の算定

　排煙に有効な開口を、廊下、階段室が直接外気に面する開口のうち、限界高さ1.8m以上の部分、給気口を同じく1.8m以下の部分とすると、廊下の排煙量は、以下のように簡略化できる（排煙量算定式の根拠は、「参考：排煙量算定式の技術的根拠」を参照のこと）。

$$E = \max\left(19 A_s \sqrt{h_s},\ \frac{76 A_s \sqrt{H_c - 1.8}}{\sqrt{1 + \left(\sum A_s / \sum A_a\right)^2}}\right)$$

$$= \max\left(19 L(H_U - 1.8)\sqrt{H_U - 1.8},\ \frac{76 L(H_U - 1.8)\sqrt{\left(\frac{H_U - 1.8}{2} + 1.8\right) - 1.8}}{\sqrt{1 + \left(\frac{L(H_U - 1.8)}{L(1.8 - H_L)}\right)^2}}\right)$$

$$= \max\left(19 L(H_U - 1.8)^{3/2},\ \frac{53.7 \times L(H_U - 1.8)^{3/2}}{\sqrt{1 + (H_U - 1.8)^2 / (1.8 - H_L)^2}}\right)$$

ただし、L：有効開口幅（m）

　　　　H_U：有効開口部の上端の床面からの高さ（m）

　　　　H_L：有効開口部の下端の床面からの高さ（m）

高温の熱気流が廊下を水平に伝播すると、熱気流が接する天井面、壁面での熱損失により、高温層先端部が降下し、高温層の高さが一定に保たれなくなる危険性がある。火災室から熱気流が一方向、又は二方向に流出する場合、火災室周辺の熱気流層厚さに対して、その厚さの増加量が20％以内となる廊下開口長さの上限値として、安全側の条件して、開口部中心線から片側15m（両側30m）とした。

　なお、非開放部分の廊下端部にその他の廊下部分と同様の開口部がある場合は、廊下が非開放であることによって、住戸開口からの噴出火炎が他の住戸に与える影響は小さいと考えられるため、非開放部分単独での開放性能検証は行わず、非開放部分を含めた廊下全体で開放性の検証を行うこととする。

　同様に、廊下の一部にエレベーターシャフトや階段室等の外気に面しない部分で、周囲の二面が直接外気に開放されていない部分がある場合は、当該部分単独で開放性の検証は行わないこととし、これらの部分を含む廊下全体を対象として、開放性の検証を行う。検証方法は、廊下の開放性の検証方法に準ずる。

② 廊下における有効開口長さの設定方法

○188号通知 第3、2（6）
（6）廊下又は階段室等の有効開口部の長さについて
　（5）⑤中「廊下又は階段室等の有効開口部の長さ」とは、火源開口部（廊下又は階段室等に面する住戸等の開口部のうち発熱速度が最も大きくなる開口部。以下同じ。）が面する廊下又は階段室等の直接外気に開放された開口部であって、当該火源開口部の両側に最大で30メートル以内の部分のことをいい、図25、図26及び図27の例によること。

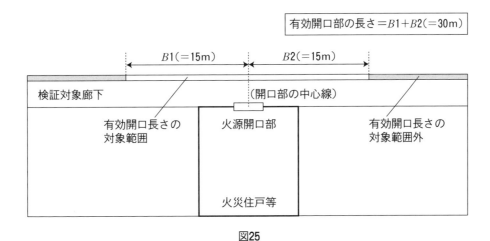

図25

第2章 ●特定共同住宅等における必要とされる防火安全性能を有する消防の用に供する設備等に関する基準

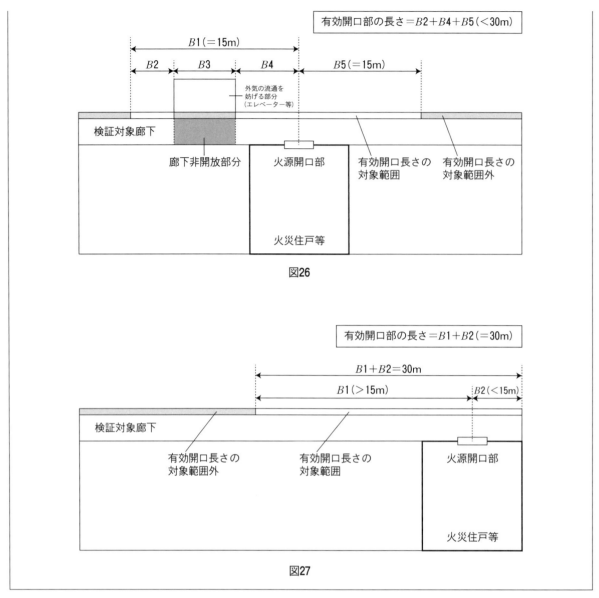

図26

図27

排煙量の算定における廊下開口部の有効開口長さ（L）の考え方を以下に示す。

・出火想定住戸等で火源として想定する開口部（すなわち、当該住戸で最も発熱速度が大きい開口部）の中心線を起点として、両側に最大で15m以内の部分に存在する開口長さの合計値を基準とする。ただし、住戸等が廊下の端部近傍に位置し、開口部の中心線からの長さの一方が15m以内となる場合は、廊下端部からの長さが30m以内の部分を対象とする。

・エレベーターシャフトや防風スクリーン等の外気に面しない部分は、有効開口長さの対象範囲外とし、開口長さの合計値から除外する。有効開口長さの上限値は、外気に面しない部分を含めた長さが30m以下となるようにする。

③　階段室等における排煙量の算定

　階段室等では、一般的に各階の階段室等に面して住戸等の開口部があり、1階から最上階まで連続している。階段室の排煙量の算出に当たっては、出火を想定する住戸等の床面高さを基準高さとし、基準高さから、1フロア上階の踊り場上端までを検証の対象範囲として抽出したうえで、排煙量を算出する。

　図に示すように、基準高さを起点として、限界高さ1.8m以上の部分にある上部踊り場の開口部を排煙口と想定し、基準高さの下部踊り場にある開口部を給気口とする。なお、算定式の簡略化の

ため、給気口と排気口の面積は同一と仮定した。

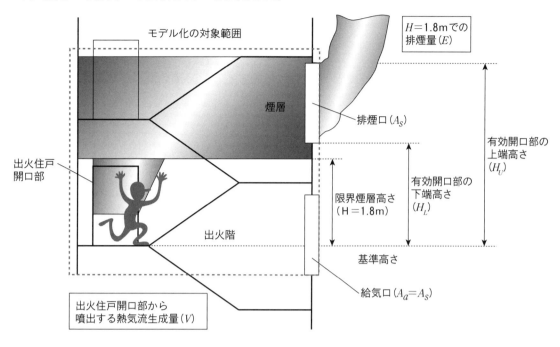

図2.5.8 階段室の排煙量算定の概念図

以上の設定条件に基づき、階段室等における排煙量は、以下のように簡略化できる（排煙量算定式の根拠は、＜参考：排煙量算定式の技術的根拠＞を参照のこと）。

$$E = \max\left(19 A_s \sqrt{h_s},\ \frac{76 A_s \sqrt{H_c - 1.8}}{\sqrt{1 + \left(\sum A_s / \sum A_a\right)^2}}\right)$$

$$= \max\left(19 L (H_U - H_L) \sqrt{H_U + H_L},\ \frac{76 L (H_U - H_L) \sqrt{\left(\frac{H_U - H_L}{2} + H_L\right) - 1.8}}{\sqrt{1 + \left(\frac{L(H_U - H_L)}{L(H_U - H_L)}\right)^2}}\right)$$

$$= \max\left(19 L (H_U - H_L)^{3/2},\ 38 \times L (H_U - H_L) \sqrt{H_U + H_L - 3.6}\right)$$

ただし、L：有効開口幅（m）

　　　　H_U：有効開口部の上端の床面からの高さ（m）

　　　　H_L：有効開口部の下端の床面からの高さ（m）

第２章●特定共同住宅等における必要とされる防火安全性能を有する消防の用に供する設備等に関する基準

＜参考：排煙量算定式の技術的根拠＞

排煙量算定式の根拠を以下に示す。

給気口が設置された場合の自然排煙による排煙量は、建基令第129条の２第３項第１号、第２号、第４号及び第５号の規定に基づく階避難安全検証法に関する算出方法を定めた平成12年度建設省告示第1441号に、算出方法が以下のとおり定められている。

$$V_e = 0.4 \left(\frac{\overline{H_{st}} - 1.8}{H_{top} - 1.8} \right) E$$

$$E = \max \left(19 A_s \sqrt{h_s} , \frac{76 A_s \sqrt{H_c - 1.8}}{\sqrt{1 + \left(\sum A_s / \sum A_a \right)^2}} \right)$$

ただし、 V_e ：有効排煙量（㎥／min）

H_{st} ：有効開口部の上端の基準点からの平均高さ（m）

H_{top} ：基準点からの天井高さのうち最大のもの（m）

E ：排煙量（㎥／min）

A_s ：有効開口部の開口面積（㎡）

A_a ：給気口面積（㎡）

H_c ：有効開口部の中心の基準点からの平均高さ（m）

h_s ：有効開口部の上下端の垂直距離（m）

ここでは、上記告示に定められた自然排煙時の排煙量の算出方法を基準として用いた（これらの式の算出方法の根拠は、文献※参照のこと。）。

E は熱気流による高温層の高さが限界高さ（1.8m）に達した時点での排煙量を示しており、有効排煙量 V_e の係数である0.4 $（H_{st}-1.8）（H_{top}-1.8）$ は、高温層の高さが限界高さに達するまでの時間区間における有効排煙係数を示している。出火階の廊下、階段室等の開放性の検証においては、出火後の時間経過の影響は考慮せず、出火住戸等が盛期火災となった場合の準定常状態を仮定しているため、有効排煙係数部分は用いず、熱気流による高温層の高さが限界高さ（1.8m）に達した時点での排煙量 E を廊下、階段室の排煙量として用いている。

＜参考：開放性検証の計算プログラム＞

消防庁のホームページには、188号通知 第３、２（５）に示す、構造類型告示第４第２号（４）イ（ロ）及び同号（５）ロの煙が床面からの高さ1.8mまで降下しないことを確認する計算プログラムが掲載されている。

プログラムは、廊下の開放性及び階段室の開放性それぞれが示されており、入力項目を入力すると、自動的に開放性の有無の判定が表示される仕組みとなっている。

※国土交通省住宅局建築指導課、国土交通省建築研究所、日本建築主事会議、財団法人日本建築センター編集：2001年版避難安全検証法の解説及び計算例とその解説、井上書院、pp.284―288、2001年３月

同一評価対象廊下内に異なる有効開口高さがある場合は、プログラム中「1．開口部の発熱速度の算出」及び「2．熱気流発生量の算定」をそれぞれ同一値を入力し、「3．排煙量の算定」については、それぞれ異なる値を入力した結果、それぞれの「4．開放性有無の判定」中、廊下の排煙量（E）を合算した値が廊下の熱気流発生量（V）以上となれば、開放性は認められることとなる。

第2章●特定共同住宅等における必要とされる防火安全性能を有する消防の用に供する設備等に関する基準

第6節
二方向避難の判断基準

1　二以上の避難経路を有する共同住宅等

○構造類型告示

第3　二方向避難型特定共同住宅等

一　省令第2条第8号に規定する二方向避難型特定共同住宅等は、特定共同住宅等の住戸等（住戸、共用室及び管理人室に限る。以下第3及び第4において同じ。）において火災が発生した場合に、当該住戸等が存する階の住戸等に存する者が、当該階の住戸等から、少なくとも一以上の避難経路を利用して階段室等（当該住戸等が避難階に存する場合にあっては地上。以下第3において同じ。）まで安全に避難できるようにするため、次号に定めるところにより、二以上の異なった避難経路（避難上有効なバルコニーを含む。以下同じ。）を確保していると認められるものとする。

二　二方向避難型特定共同住宅等は、次に定めるところによるものであること。

（1）　廊下型特定共同住宅等の階段室等は、廊下の端部又は廊下の端部に接する住戸等の主たる出入口に面していること。

（2）　住戸等の外気に面する部分に、バルコニーその他これに類するもの（以下「バルコニー等」という。）が、避難上有効に設けられていること。

（3）　バルコニー等に面する住戸等の外壁に、消防法施行規則（昭和36年自治省令第6号）第4条の2の2に規定する避難上有効な開口部が設けられていること。

（4）　隣接するバルコニー等が隔板等によって隔てられている場合にあっては、当該隔板等が容易に開放し、除去し、又は破壊することができ、かつ、当該隔板等に次に掲げる事項が表示されていること。

　　イ　当該バルコニー等が避難経路として使用される旨

　　ロ　当該隔板等を開放し、除去し、又は破壊する方法

　　ハ　当該隔板等の近傍に避難上支障となる物品を置くことを禁ずる旨

（5）　住戸等において火災が発生した場合に、当該住戸等が存する階の住戸等に存する者が、当該階の住戸等から、少なくとも一以上の避難経路を利用して階段室等まで安全に避難することができること。ただし、バルコニー等に設けられた避難器具（避難器具用ハッチに格納された金属製避難はしご、救助袋等の避難器具に限る。）により当該階の住戸等から避難階まで避難することができる場合は、この限りでない。

【趣旨】

　特定共同住宅の住戸等において火災が発生した場合に、その階の住戸等の在館者の避難安全確保を目的とするものである。火災が発生した住戸等の階のすべての在館者がその住戸等から一つ以上の避

難経路を利用して階段室等（避難階においては地上）まで安全に避難できることを確認するための技術的基準を定めるものである。上記の条件を満たすために、各住戸等から階段室等までの避難経路を二つ以上確保する。これにより、どちらか一方の経路が使用できなくなった場合でも、避難経路を一つ以上確保することが可能になる。

　二方向避難の判断基準では、平面図をもとにした室の平面的つながりから各階ごとに判断を行う。具体的には、火災時に避難に利用できないと定められた部分を通過せずに、すべての住戸等から階段室等まで到達する一つ以上の避難経路が確保できることを確認する。これをすべての階について確認するものである。

　従来の220号通知における二方向避難の判断基準は、「共同住宅等に係る消防用設備等の技術上の基準の特例について」別紙7「二方向避難、開放型の廊下及び階段室等並びに特定光庭の判断基準」によって、例示的に示されていたが、本告示は、この基準を踏襲し、要求する性能を整理したうえで性能規定化したものである。

【解説】

（1）二方向避難検討のフロー

　以下のフローに従って、二方向避難が確保できているかどうかの検討を行う（図2.6.1）。検討する条件は次のとおりである。

　廊下型特定共同住宅の場合、避難に利用する階段等は廊下の端部又は廊下の端部にある住宅等の主たる出入口に面していること、住宅等の外気に面する部分に避難上有効なバルコニーその他これに類するもの（以下「バルコニー等」という。）が設けられていること、避難上有効なバルコニー等に面する住宅等の外壁に避難上有効な開口部が設けられていること、避難経路が避難上支障がないこと、すべての住戸等から避難に利用できない部分を通らずに一つ以上の避難経路により避難階又は地上に通じる階段室等までの避難が行えることを確認する。

　避難に利用できない部分は、火災室からの熱及び煙の影響によって人が通行できないことを考慮し、火災室に隣接する廊下、バルコニー等及び階段室等の一部分として定められている（詳細は後述、図示する。）。

第2章●特定共同住宅等における必要とされる防火安全性能を有する消防の用に供する設備等に関する基準

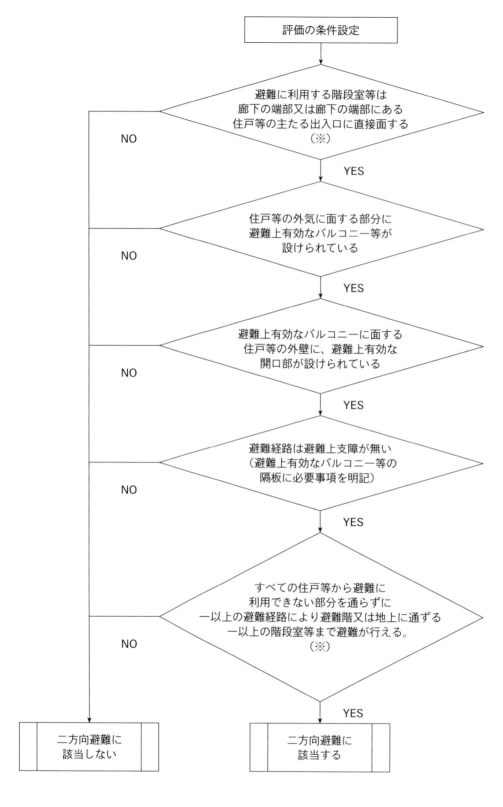

※ただし、バルコニー等に設けられた避難器具（避難器具用ハッチに格納された金属製避難はしご、救助袋等の避難器具に限る。）により当該階の住戸等から避難階まで避難することができる場合は、この限りでない。

図2.6.1　二方向避難判断基準のフロー

第6節　二方向避難の判断基準

（2）二方向避難の判断基準における用語の詳細

1）避難経路とは

「避難経路」とは、廊下、階段、避難上有効なバルコニーその他これに類するものをいう。

2）避難上有効なバルコニー等について

「避難上有効なバルコニー等」とは、以下の要件をすべて満たしているものをいう。

①　直接外気に開放されていること。

②　避難上支障のない幅員及び転落防止上有効な高さの手すり等を有し、60センチメートル以上の幅員を有していること。

なお、車いす利用者等の避難を考慮した場合に、80センチメートルから90センチメートル程度の幅員を有していることが望ましいものであること。

③　他の住戸等の避難上有効なバルコニー等又は階段室等に接続していること。

避難上支障のない幅員については、健常者等の身体寸法を考慮するとともに車いす利用等も考慮し、通行に支障のない最低限の寸法を定めているため、これ以上の幅員とすることが望ましい。

3）避難経路が避難上支障がないことについて

「避難経路が避難上支障がない」とは、避難上有効なバルコニーその他これに類するものが隣接するバルコニー等と隔板等によって隔てられている場合に、当該隔板等が容易に開放し、除去し、又は破壊することができ、かつ、当該隔板等に次に掲げる事項が表示されていること。

イ　当該バルコニー等が避難経路として使用される旨

ロ　当該隔板等を開放し、除去し、又は破壊する方法

ハ　当該隔板等の近傍に避難上支障となる物品を置くことを禁ずる旨

避難経路であることを利用者に周知するとともに、避難経路上に障害物を置かないことなどの管理を求めている。

4）廊下型特定共同住宅等の階段室等の位置について

廊下型特定共同住宅等の階段室等の位置については、以下のように定められている。

「階段室等は廊下の端部又は廊下の端部に接する住戸等の主たる出入口に面している」とは、階段室等が廊下の端部に面して設けられていることをいうほか、図2.6.2の例に示すように、階段室等が廊下の端部に接する住戸等（ここでは住戸Aを指す。）の主たる出入口に面していることを指すものであること。これは、廊下の端部に接する住戸等に隣接する住戸等（ここでは住戸Bを指す。）が火災になっても、住戸Aの居住者が階段Aを使って避難できるようにするため、Wは廊下の端部に接する住戸等（ここでは住戸Aを指す。）の幅以下とするものであること。

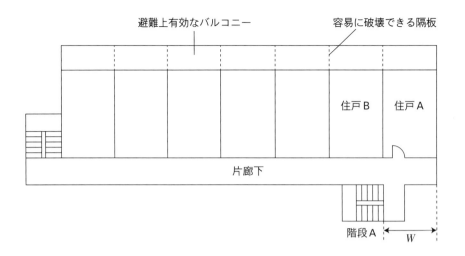

図2.6.2

5) 避難経路のうち火災時に利用できない部分について

「避難に利用できない部分」とは、次に定める部分をいう。

なお、実際の適用例については、図2.6.3から図2.6.6までの例によること（次の番号は図中の番号と対応している。）。

① 火災住戸等
② 開放型の廊下の判断基準に適合する廊下にあっては、火災住戸等の主たる出入口が面する火災住戸等の幅員に相当する部分
③ 開放型の廊下の判断基準に適合しない廊下にあっては、階段室等の出入口から一の住戸等の幅員に相当する部分以外の部分
④ 階段室型の特定共同住宅等に存する火災住戸等の主たる出入口が面する階段室等
⑤ 火災住戸等のバルコニー

図2.6.3に示すように、片廊下型の共同住宅では、廊下のうち、②火災住戸の主たる出入口が面する一住戸幅の部分は、煙、熱の影響により避難に利用できない。また、⑤火災住戸のバルコニーも避難に利用できない。隣接する住戸からは、廊下又は連続するバルコニーを経由して、階段から避難することが可能であるため、二方向避難と認められる。

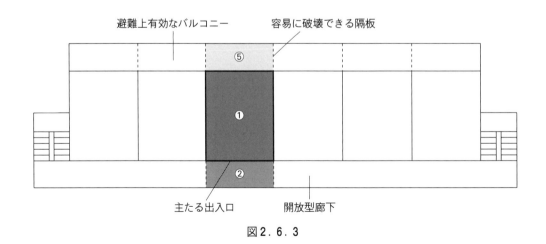

図2.6.3

※ 網掛けの部分は「避難経路として利用できない部分」をいう（図2.6.3から図2.6.6において同じ。）。

図2.6.4に示すように、中廊下型の共同住宅等では、中廊下は、煙の拡散により③両端1住戸分をのぞいた部分が避難に利用できない。また、⑤火災住戸のバルコニーも避難に利用できない。隣接する住戸からは、連続するバルコニーを経由して、階段から避難することが可能であるため二方向避難と認められる。

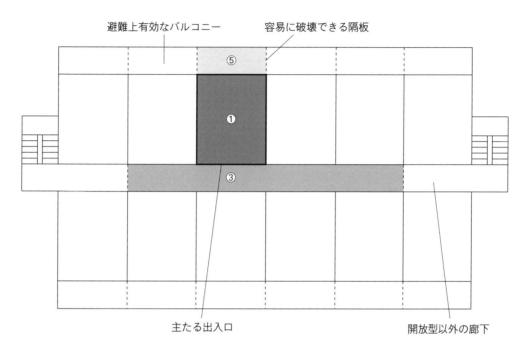

図2.6.4

図2.6.5に示すように、階段室等を共用する隣戸で火災が発生した場合、④火災住戸等の主たる出入口が面する階段室が利用できないが、連続するバルコニーを経由して、他の階段から避難することが可能である。ただし、端部から2つ目の住戸で火災が発生した場合、端部の住戸等は、主たる出入口が面する階段室を利用して避難ができず、バルコニーも経由できないことから、二方向避難とならない。ただし、連続するバルコニーの両端部に下階への避難器具を設置することで、二方向避難が確保できる。

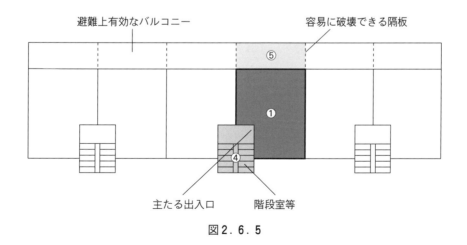

図2.6.5

図2.6.6に示すように、階段室を共用する隣戸とのみバルコニーを共有している場合、④火災住戸等の主たる出入口が面する階段室が利用できず、また、バルコニー経由でも他住戸等に避難する経路を確保できないことから、二方向避難として認められない。

105

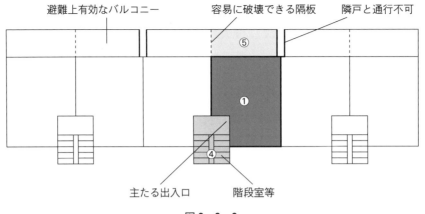

図2.6.6

6）図示の例外について

　図示の各例は、原則として二の階段を有する共同住宅等であるが、一の階段及び避難器具等を有する共同住宅等についても、二方向避難を確保できる場合があるので、図例に準じて判定すること。

　図2.6.2から図2.6.5のように廊下、避難上有効なバルコニー等の避難経路を経由して、階段室等に至る経路を確保することが望ましい。ただし、バルコニー等に設けられた避難器具（避難器具用ハッチ格納された金属製避難はしご、救助袋等の避難器具に限る。）により当該階の住戸等から避難階まで避難することができる場合は、この限りでない。

（3）避難に利用できない部分の設定に関する前提条件

　廊下、バルコニー等が火災の影響によって避難に利用できなくなる条件は以下のとおりである。

　1．火災による煙によって人の通行が阻害される。
　2．火災による熱によって人の通行が阻害される。

「1．煙によって避難に利用できない部分」について

　廊下の開放性の検証法により、開放性のある廊下については1住戸等幅、開放性のない廊下については廊下の両端にある避難施設から1住戸等幅を除いたすべての部分について通行が阻害され避難に使用できないとする。

　片廊下式の共同住宅等で外部に開放性のある廊下については、火災室から発生した煙が軒下を通って外部に排出されるため、その部分の一住戸等幅が避難に利用できないものとする。また、中廊下式の共同住宅等の外部に開放性のない廊下については、中廊下に煙が充満し、避難に利用できないことを想定する。ただし、廊下の両端にある避難施設付近では、煙が排出されると考えられる。そこで、廊下の両端にある避難施設から一住戸等幅を除いたすべての部分について、通行が阻害され、避難に利用できないこととする。ただし、部分的に開放性がないなど、避難に利用できない廊下が生じる場合については、当該住戸等のバルコニー等に避難階まで連続する避難器具を設置することで、二方向避難とみなすことができるものとする。

第6節　二方向避難の判断基準

「2．熱によって避難に利用できない部分」について

　　主たる出入口である玄関からの噴出火炎が人体に影響を与えない離隔距離の評価（後述：開口からの噴出火炎に対する避難安全性の検討）より、3.1mの離隔距離が必要とされる。一般的な廊下幅、階段幅にかんがみ、出火住戸等前面では、当該1住戸等幅の廊下、階段、バルコニー等が使用できないものとする。

（参考）開口からの噴出火炎に対する避難安全性の検討

- 出火住戸等の開口部から噴出する火炎に対して，共用廊下における避難安全性をケーススタディにより検討する。
- ケーススタディの条件
  - 出火住戸等の開口条件：玄関扉（W0.8m×H_{door}1.9m）開放
  - 噴出火炎温度：800℃
  - 外気温度：20℃
  - 共用廊下：幅1.2m、天井高さ2.2m
- 安全性の評価基準
  - 評価指標：共用廊下において、噴出火炎から避難者が受ける放射受熱強度
  - 評価基準：人の身長（H=1.8m）における放射受熱強度　3.0kW/㎡
- 計算結果
  - 火炎の放射強度q（kW/㎡）

$$q＝\varepsilon\,\sigma\,T_f^4 \tag{1}$$
$$＝0.9×5.67×10^{-11}×1073^4＝67.6（kW/㎡）$$

ε：火炎放射率（＝0.9）

σ：ステファンボルツマン係数（＝5.67×10^{-11}kW/㎡K^4）

T_f：火炎温度（K）（＝1073K）

  - 玄関扉中性帯高さZ_n（m）

$$Z_n＝H_{door}/(1＋(T_f/T_o)^{1/3}) \tag{2}$$
$$＝1.9/(1＋(1073/293)^{1/3})＝0.748（m）$$

H_{door}：玄関扉高さ（m）

T_o：外気温度（＝293K）

  - 火炎高さH_f（m）（図2.6.7参照）

$$H_f＝H－Z_n \tag{3}$$
$$＝1.9－0.748＝1.152（m）$$

107

・避難者の放射受熱強度 $q_L = 3.0 \text{kW}/\text{m}^2$ となる形態係数 F

$$F = \frac{q_L}{q} \tag{4}$$
$$= 3.0/67.6 = 0.044$$

F：離隔距離 L における噴出火炎の形態係数

・火炎からの必要水平離隔距離 L（m）

$$\sum F = \frac{1}{2\pi}\left(\frac{X}{\sqrt{1+X^2}}\tan^{-1}\frac{Y}{\sqrt{1+X^2}} + \frac{Y}{\sqrt{1+Y^2}}\tan^{-1}\frac{X}{\sqrt{1+Y^2}}\right) \tag{5}$$

$$X = \frac{a}{L},\quad Y = \frac{b}{L} \tag{6}$$

a：計算対象とする火炎の幅（m）
b：計算対象とする火炎の高さ（m）
L：火炎からの離隔距離（m）

式（5）、（6）より、$\underline{L \geqq 3.1 \text{ (m)}}$

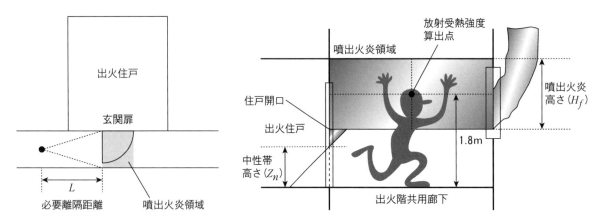

図 2.6.7　噴出火炎からの放射受熱強度

第7節
共同住宅用スプリンクラー設備に関する基準

　共同住宅用スプリンクラー設備とは、特定共同住宅等における火災時に火災の拡大を初期に抑制するための設備であって、スプリンクラーヘッド（小区画ヘッド感度種別1種）、制御弁、自動警報装置、加圧送水装置、送水口等で構成され、かつ、住戸、共用室又は管理人室ごとに自動警報装置の発信部が設けられているものである。

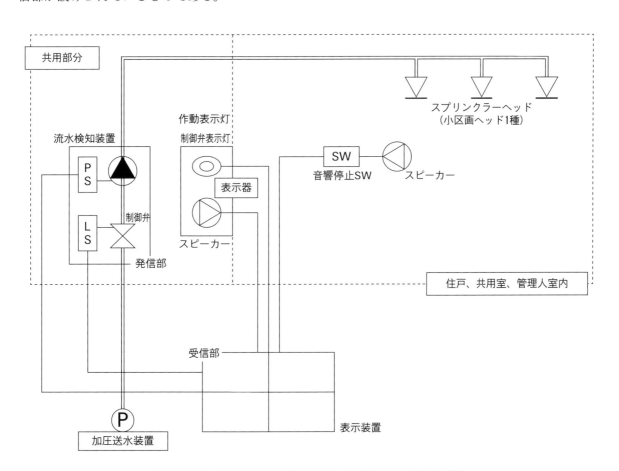

図2.7.1　共同住宅用スプリンクラー設備構成例（単独設置）

第2章●特定共同住宅等における必要とされる防火安全性能を有する消防の用に供する設備等に関する基準

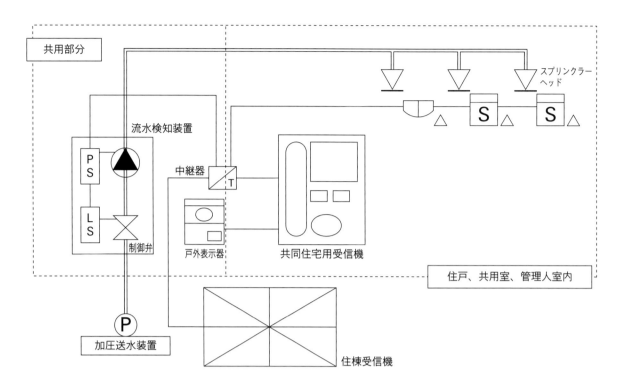

図2.7.2　共同住宅用スプリンクラー設備構成例（共同住宅用自動火災報知設備併設設置）

第7節　共同住宅用スプリンクラー設備に関する基準

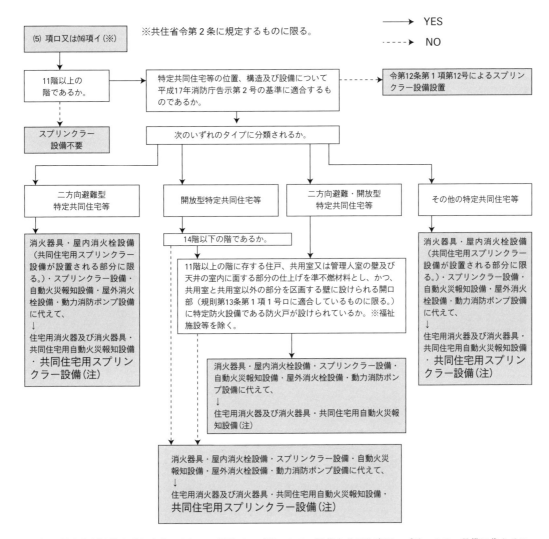

注：初期拡大抑制性能を満たすものとして、単独でスプリンクラー設備を共同住宅用スプリンクラー設備に代えることはできず、当該性能を有する設備等をセットで代えることができるものである。
　また、上記フローにかかわらず、特定共同住宅等の10階以下の階に特定福祉施設等が存する場合には当該部分に共同住宅用スプリンクラー設備が必要となる。ただし、当該部分の基準面積が1,000㎡未満の場合は、当該部分に特定施設水道連結型スプリンクラー設備を設置することができる。

（参考）特定共同住宅等における共同住宅用スプリンクラー設備について（特定共同住宅等における必要とされる防火安全性能を有する消防の用に供する設備等に関する省令関係）【平成28年4月1日施行】

(1)　特定共同住宅等の用語の意義として、福祉施設等のうち次に掲げる部分を特定福祉施設等と定義したこと。
　ア　令別表第1（6）項ロ(1)に掲げる防火対象物の用途に供される部分
　イ　令別表第1（6）項ロ(5)に掲げる防火対象物の用途に供される部分（規則第12条の3に規定する者を主として入所させるもの以外のものにあっては、床面積が275㎡以上のものに限る。）
(2)　地階を除く階数が10以下の特定共同住宅等の必要とされる初期拡大抑制性能を主として有する消防の用に供する設備等に共同住宅用スプリンクラー設備を追加するとともに、共同住宅用スプリンクラー設備の設置を要する部分に10階以下の階に存する特定福祉施設等を追加したこと。
　また、10階以下の階に存する特定福祉施設等のうち、基準面積1,000㎡未満のものにあっては、特定施設水道連結型スプリンクラー設備を設置した場合、共同住宅用スプリンクラー設備を設置しないことができるとしたこと。

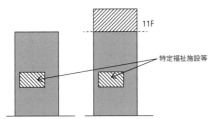

図2.7.3　共同住宅用スプリンクラー設備判定フロー図

第2章●特定共同住宅等における必要とされる防火安全性能を有する消防の用に供する設備等に関する基準

1 スプリンクラーヘッド

（1） スプリンクラーヘッドの設置基準

　　スプリンクラーヘッドは、小区画ヘッドのうち、感度種別が１種のものを、各住戸、共用室及び管理人室の居室及び面積が４㎡以上の収納室の天井の室内に面する部分に設けることとしている。

　　小区画ヘッドとは、加圧された水を床面及び一定の壁面にも到達できる散水分布を有し（有効散水半径が2.6m）、かつ、少水量（50リットル毎分）として規格されたもので、閉鎖型スプリンクラーヘッド（標準型ヘッドで感度種別が２種のもの）に比べて、感知速度が速く、一定の水損の防止が図られている。

　　共同住宅用スプリンクラー設備では、４個のスプリンクラーヘッドが同時に使用した場合に、それぞれの先端において、放水圧力が0.1MPa以上で、かつ、放水量が50リットル毎分以上で放水することができる性能を有するものとされている。水源の水量は４㎡以上とされており、放水時間は20分以上となる。

　　また、その他の設置基準として以下のとおり定められている。

- スプリンクラーヘッドの取付け面から0.4m以上突き出したはり等によって区画された部分ごとに設けること。
- スプリンクラーヘッドは、天井の各部分から一のスプリンクラーヘッドまでの水平距離が2.6m以下で、かつ、一のスプリンクラーヘッドにより防護される部分の面積が13㎡以下となるように設けること。
- 給排気用ダクト、棚等（以下「ダクト等」という。）でその幅又は奥行が1.2mを超えるものがある場合には、当該ダクト等の下面にもスプリンクラーヘッドを設けること。
- スプリンクラーヘッドのデフレクターと当該ヘッドの取付け面との距離は、0.3m以内であること。
- スプリンクラーヘッドは、当該ヘッドの軸心が当該ヘッドの取付け面に対して直角になるように設けること。
- 開口部に設けるスプリンクラーヘッドは、当該開口部の上枠より0.15m以内の高さの壁面に設けること。
- スプリンクラーヘッドを取り付ける場所の正常時における最高周囲温度に応じて次の表で定める表示温度を有するものを設けること。

表 2 . 7 . 1

取り付ける場所の最高周囲温度	表示温度
39℃未満	79℃未満
39℃以上64℃未満	79℃以上121℃未満
64℃以上106℃未満	121℃以上162℃未満
106℃以上	162℃以上

（2） ２以上のスプリンクラーヘッドを設置する場合等の留意事項

　　小区画型ヘッドは、１のヘッドによる散水面積が約21㎡であり、防護することができる範囲は８畳間（約13㎡）に相当するが、居住者が持ち込む家財等により、十分な散水ができなくなる部分が発生することが予想できるが、当該部分を避け、かつ、ヘッドの作動遅れ、誤作動の

要因となる空調吹出口、熱源等の影響を受けない位置（湯沸かしの上部で湯気の立ち上がる位置等）を避けて設置することが必要である。

　このようなことから、6畳間以上の居室では、2以上の小区画型ヘッドを設置し、十分な散水ができなくなる部分をなくすよう配置することが望ましいものであるが、この場合、ヘッド相互の設置距離が、3m以下とならないようにすることが必要である。これは、小区画型ヘッドの散水パターンがデフレクターから水平方向に広がるようになっており、設置間隔が狭くなると隣接するヘッドを濡らしてしまい、当該隣接するヘッドが火災を感知しないおそれがあることから、有効散水半円内で3m以上の距離をとることを必要とされたものである。しかしながら、3m以上離隔できない場合は、ヘッドに被水防止板を設けるなど、隣接ヘッドを濡らさないようにすることが必要である。

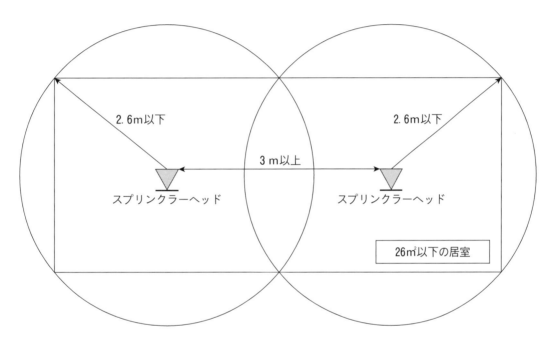

図2.7.4　スプリンクラーヘッドの設置例

　次に、放水した水が居室の壁面を天井面下0.5mまでの範囲を有効に濡らすことが必要であることから、スプリンクラーヘッドのデフレクターから下方0.45m以内で、かつ、水平方向の壁面までの範囲には、著しく散水を妨げるものが設けられ、又は置かれていないこととされている。これは、小区画型ヘッドの特性として壁面を濡らすことが必要であり、壁面まで確実に散水されるように措置するためのものである。なお、天井に設けるものとして生活上やむを得ない照明器具等は著しく散水を妨げるものに該当しない。

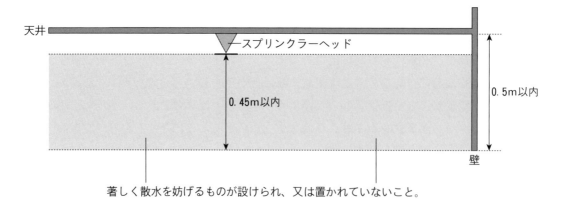

図2.7.5 スプリンクラーヘッドの設置断面図

（3） その他の留意事項

ア 共同住宅用スプリンクラー設備は、ヘッドが開放すると、所定の放水がなされ、自動警報装置から火災警報を発するものである。もちろん火災時にはこのような動きで十分であるが、共同住宅等では天井が低い部分もあり、誤ってヘッドに物をぶつけてしまうことなど誤作動を起こす可能性もある。これらのことから、ヘッドに外部から衝撃が加わらないための保護措置をすることが望ましく、ヘッドを天井埋込み式のものとすることや、ヘッド保護用のプロテクター等を設置することが考えられる。

イ 寒冷地では、一般には凍結防止のため乾式又は予作動方式のものが使用される可能性があるが、共同住宅用スプリンクラー設備のように小区画型ヘッドを用いる場合には、流水検知装置（「流水検知装置の技術上の規格を定める省令」（昭和58年自治省令第2号）第7条第1号の検知流量定数50のものに限る。）は、湿式のものとすることとされており、当該流水検知装置の二次側の配管を乾式とすることはできない。これは、小区画型ヘッドが火災の早期感知、少水量消火・抑制を特徴としており、火災の早期消火・抑制のためには、配管に水を充水しておき、ヘッドの開放から放水までの遅れがないようにする必要があるためである。

従来、予作動方式とは流水検知装置の二次側の配管内を圧縮空気で充填しておく方式、いわゆる乾式を示していたが、最近では、予作動方式の中にも二次側の配管を充水（湿式）しておき、小区画型ヘッドの特性に対応しつつ、水損防止に対応したものが現れてきている。これは、火災時には、通常の作動形態をなすが、仮にヘッドの誤作動を起こした場合には、最低限の水量（流水検知装置の二次側配管内の水量）で放水を抑えることができるものである。

2 制御弁

（1） 制御弁の設置場所

閉鎖型スプリンクラーヘッドを用いるスプリンクラー設備の制御弁は、規則第14条第1項第3号の規定により、各階ごとに床面からの高さが0.8m以上1.5m以下の箇所に設け、みだりに閉止できない措置が講じられるとともに、その直近の見やすい箇所にスプリンクラー設備の制御弁である旨を表示した標識を設けることとされている。

共同住宅用スプリンクラー設備の制御弁は、各住戸、共用室又は管理人室単位での放水を想定していることから、その制御弁は当該住戸、共用室又は管理人室ごとに床面からの高さ0.8m以上1.5m以下の箇所に設け、パイプシャフト等外部から操作でき、かつ、みだりに閉止しないよう措置が講じられるとともに、いずれの住戸、共用室又管理人室のものか容易に判断で

きるような標識を設けることとされている。

（２） 制御弁が閉止された場合

後述の表示器の中でも詳しく述べるが、制御弁が閉止された場合には、火災時に放水ができなくなることから、その旨を住民や管理人等に知らせるために、当該表示器に制御弁が閉止された旨の表示を点滅により示さなければならない。

3 自動警報装置

自動警報装置は、スプリンクラーヘッドの開放により音声警報を発するものであり、住民等にスプリンクラーヘッドの開放を知らせるとともに、火災の発生を知らせる役割を担っている。また、発信部、受信部及び音声警報装置から構成されており、発信部は流水検知装置又は圧力検知装置とし、住戸、共用室又は管理人室ごとに設けることとされており、受信部は表示装置とすることとされている。なお、共同住宅用自動火災報知設備により、音声警報が発せられる場合には、音声警報装置は共同住宅用自動火災報知設備によることができるものとされている。

（１） 表示装置

受信部である表示装置は、スプリンクラーヘッドが開放した階又は放水区域（面積を1,500㎡以下とし、その一辺を100m以下とした区域）を、即時に対応できる管理人等に有効に知らせるものであることから、設置場所は規則第12条第1項第8号に規定する常時人がいる防災センター等（当該防災センター等がない場合は、管理人室。管理人室に常時人がいない場合は、当該スプリンクラーヘッドが開放した旨を容易に確認できる場所）に設けることとされている。また、表示装置は、共同住宅用自動火災報知設備の住棟受信機と兼用することができるとされており、二以上の表示装置を有する場合には、相互に連携がとれるよう、同時通話できる設備を設けることとされている。

（２） 音声警報装置

音声警報装置とは、一般的にスピーカーのことをいい、共同住宅用自動火災報知設備の共同住宅用受信機による音声警報装置も含まれる。当該音声警報装置は、住戸、共用室又は管理人室とその他の部分とで分けて、一定の音圧を必要としており、設置についても住戸、共用室又は管理人室とその他の部分とで分けて、非常警報設備（放送設備）のスピーカーの設置に準じて定めている（表2.7.2参照）。

表2.7.2 特定共同住宅等の場所ごとに設置する音声警報装置の基準

場　　所	音　　圧	設置場所等
住戸、共用室又は管理人室	70dB以上	1個以上（※1）
住戸、共用室、管理人室、階段及び傾斜路、直接外気に開放された共用部分以外で、音声警報区域（※2）が100㎡を超える場所	92dB以上 （L級）	音声警報区域ごとにその各部分から水平距離10m以下ごとに1個以上ただし、次の音声警報区域で隣接する他の音声警報区域の音声警報装置までの水平距離が8m以下であれば設置不要 ①居室及び居室から地上に通じる主たる廊下その他の通路で6㎡以下の部分 ②その他の部分で30㎡以下の部分
住戸、共用室、管理人室、階段及び傾斜路、直接外気に開放された共用部分以外で、音声警報区域が50㎡を超え100㎡以下の場所	87dB以上 （M級）	
住戸、共用室、管理人室、階段及び傾斜路、直接外気に開放された共用部分以外で、音声警報区域が50㎡以下の場所	84dB以上 （S級）	

第2章●特定共同住宅等における必要とされる防火安全性能を有する消防の用に供する設備等に関する基準

階段又は傾斜路（直接外気に開放された部分を除く。）	92dB以上 （L級）	垂直距離15mにつき1個以上
直接外気に開放された共用部分	不要	

※1　メゾネット住宅や、床面積が150㎡を超える住戸、共用室又は管理人室等有効に音声警報が伝わらないおそれがある部分には、有効に音声警報が伝わるよう補助音響装置を追加して設けること。

※2　音声警報区域とは、特定共同住宅等の2以上の階にわたらず、かつ、床、壁又は戸（障子、ふすま等遮音性能の著しく低いものを除く。）で区画された部分をいう。

　音声警報音は、シグナル及びメッセージとし、次の例を一単位として10分間以上連続して繰り返すこととしている。また、各住戸、共用室又は管理人室内で、当該住戸、共用室又は管理人室の音声警報を停止することができる機能を設けることとされている。

　第一シグナル、「火事です。火事です。○○で火災が発生しました。安全を確認のうえ避難してください。」、一秒間の無音状態、第一シグナル、「火事です。火事です。○○で火災が発生しました。安全を確認のうえ避難してください。」、一秒間の無音状態、第二シグナル

　（○○の部分には、住戸番号、共用室名等を挿入する。なお、共同住宅の形態から出火室が容易に特定できる場合には、「この近所」とすることができる。）

　音声警報を発する区域については、共同住宅のように住民等がそれぞれ独自の空間を有している性格からも、全館鳴動方式ではなく、区分鳴動方式を採用している。詳細にあっては次の表を参考にされたい。

表2.7.3　音声警報を発する区域一覧表

階段室型特定共同住宅等	廊下型特定共同住宅等
①　スプリンクラーヘッドが開放した住戸、共用室又は管理人室 ②　スプリンクラーヘッドが開放した住戸、共用室又は管理人室の主たる出入口が面する階段室等（開放階段を除く。）のうち、6以上の階にわたらない部分を一の区域として当該区域及びその直上の区域 ③　②の区域に主たる出入口が面する住戸、共用室、管理人室 ④　エレベーターの昇降路	①　スプリンクラーヘッドが開放した住戸、共用室又は管理人室 ②　スプリンクラーヘッドが開放した住戸、共用室又は管理人室が次の階に存する場合に次に掲げる階の住戸、共用室、管理人室及び共用部分 　2階以上：出火階及び直上階 　1階：出火階、直上階及び地階 　地階：出火階、直上階その他の地階

4　試験弁

　流水検知装置又は圧力検知装置の二次側の配管には、規則第14条第1項第5号の2に定める末端試験弁に準じて、当該流水検知装置又は圧力検知装置の作動状況の試験や点検をするための試験弁を設けることとされている。流水検知装置又は圧力検知装置は、住戸、共用室又は管理人室ごとに設けることとされていることから、必然的に試験弁も住戸、共用室又は管理人室ごとに設けられることとなる。また、当該試験の際には、住人等への配慮を考慮し、住戸、共用室又は管理人室の音声警報を発しないよう措置することができることとしている。もちろん住民等の承諾が得られる場合には、当該住戸、共用室又は管理人室の音声警報を発して試験をすることは差し支えないものである。

5　非常電源

　非常電源は、規則第14条第1項第6号の2の規定の例により設けることとされており、規則第12条

116

第7節　共同住宅用スプリンクラー設備に関する基準

第1項第4号の屋内消火栓設備の非常電源設備の規定を準用している。また、その容量については、規則第12条第1項第4号ロ（イ）の規定の例により、共同住宅用スプリンクラー設備を有効に30分間以上作動させるものであることとされており、これはスプリンクラーヘッドが4個作動した場合に規定量以上放水するよう、加圧送水装置が30分間以上作動することを表している。共同住宅用スプリンクラー設備では、その他に住戸、共用室又は管理人室の音声警報装置及び表示器に設けられた作動表示灯（感知器が作動した旨を表示する表示灯）、制御弁表示灯（制御弁を閉止した旨を表示する表示灯）を作動させるため、それぞれについて5住戸分10分間以上作動させる容量とすることとしている。ただし、共同住宅用スプリンクラーを設置する住戸が5未満の場合でも、5住戸分の容量の非常電源で足りるものとしている。

6　表示器

表示器は、住戸、共用室又は管理人室ごとに設けられ、スプリンクラーヘッドが開放した場合に共用部分等の住戸、共用室又は管理人室の外部にその旨を知らせるものであり、共同住宅用自動火災報知設備の戸外表示器の規定の例によることとされている。構成としては、作動表示灯、制御弁表示灯、音声警報装置により構成され、機能としては、スプリンクラーヘッドが開放した住戸、共用室又は管理人室の作動表示灯が点滅すること、制御弁を閉止した場合に当該制御弁に係る住戸、共用室又は管理人室の制御弁表示灯が点滅することとされており、それぞれの表示灯は兼用できることとしている。また、これらの機能を有している場合には、共同住宅用自動火災報知設備の戸外表示器によることができるとされている。これは両方の機能を満たしている場合に共同住宅用自動火災報知設備の戸外表示器と共同住宅用スプリンクラー設備の表示器を重複して設置することを避けるためのものである。なお、戸外表示器の規定等については、後述の「共同住宅用自動火災報知設備に関する基準」の中で述べることとする。

7　その他

上記以外の共同住宅用スプリンクラー設備の基準については、次に示すように基本的にスプリンクラー設備の基準をそのまま準用しているものである。

（1）　呼水装置

規則第14条第1項第5号の規定の例によることとしている。

（2）　送水口

送水口は、規則第14条第1項第6号の規定の例によることとされているが、共同住宅用スプリンクラー設備の性能上、配管等が細いものが使用されるので、双口形によるほか単口形によることも可能としている。

（3）　起動装置

規則第14条第1項第8号イ（ロ）の自動式の起動装置の規定の例によることとしている。

（4）　配線

発信部（流水検知装置又は圧力検知装置）から受信部（表示装置）まで、発信部（流水検知装置又は圧力検知装置）から表示器、音声警報装置、補助音響警報装置までの配線は、規則第14条第1項第9号の規定の例により耐熱配線とすることとしている。

（5）　配管

配管は、規則第14条第1項第10号の規定により鋼管等を使用することとされている。

共用部分の配管は、立管を共用部分のパイプスペースに設けるもの、各住戸メーターボックスに設けるもの等が想定されるが、一時的に温度が氷点下に下がる可能性がある箇所には配管に断

熱材を施す等の凍結防止のための措置が必要である。なお、消防庁長官が定める基準に適合する合成樹脂管の配管にすることも可能である。

（6）　加圧送水装置

加圧送水装置は、規則第14条第1項第11号（ハ（イ）を除く。）の規定の例により設けることとされている。また、ポンプを用いる加圧送水装置のポンプの吐出量は、240リットル毎分（4個×60リットル毎分）とされており、小区画型ヘッドを用いる場合のスプリンクラー設備のポンプ吐出量との整合を図っている。

（7）　総合操作盤

規則第14条第1項第12号の規定は、共同住宅用スプリンクラー設備にも準用され、総合操作盤は、共同住宅用スプリンクラー設備を設ける一定の規模以上の特定共同住宅等では必要とされている。ただし、特定共同住宅等のうち、監視・制御する設備が「特定共同住宅等における必要とされる防火安全性能を有する消防の用に供する設備等」のみで、住棟受信機等に表示を並列するだけで監視・制御が行える場合は、令第32条を適用し総合操作盤を設置しないことができる。

（8）　耐震措置

貯水槽、加圧送水装置、非常電源、配管等には規則第14条第1項第13号に規定する耐震措置を講ずることとされており、配管にフレキシブル配管を用いる等が考えられる。

（9）　補助散水栓

屋内消火栓設備を設置しなければならない特定共同住宅等であって、11階以上の階に共同住宅用スプリンクラー設備を設置し、10階以下の階を補助散水栓により包含した場合は、屋内消火栓設備を設置しないことができるとしている。ただし、この場合、表示装置又は住棟受信機に加圧送水装置の始動表示及び使用部分の表示が必要としている。

また、この場合の水源水量は4㎥以上とし、加圧送水装置のポンプの吐出量は240ℓ/分以上としてよいとしている。

第8節
共同住宅用自動火災報知設備の設置基準

1　概要

　共同住宅用自動火災報知設備は、一の住戸、共用室及び管理人室ごとに完結するＰ型３級受信機又はＧＰ型３級受信機の共同住宅用受信機と一般的にＰ型１級受信機、ＧＰ型１級受信機等の住棟受信機で構成される。住戸、共用室及び管理人室の火災により生ずる熱又は煙を感知器により感知し、火災信号を共同住宅用受信機に発信し、当該受信機の音声警報及び必要に応じて補助音響装置により、火災である旨を当該住戸、共用室及び管理人室等内の全域に有効に報知するとともに、戸外表示器の火災表示灯及び音声警報装置により当該住戸等の外部に報知する。さらに、当該受信機から直接又は中継器を介して火災信号を住棟受信機に送信し、火災表示するとともに当該階や直上階又は火災住戸等が存するブロック、その直上ブロックなど他の住戸等に警報を発するものである。基本的な共同住宅用自動火災報知設備の構成は図２．８．１のとおりである。

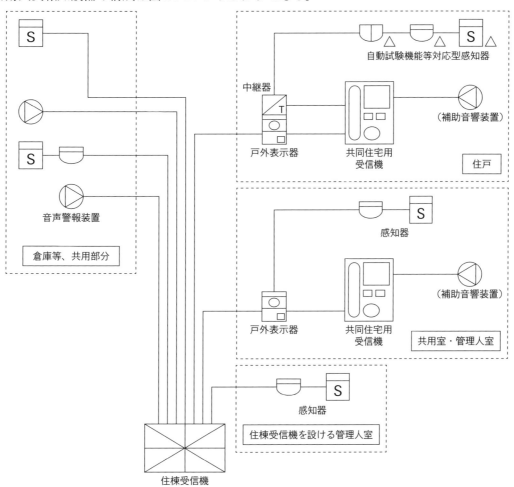

図２．８．１　共同住宅用自動火災報知設備の構成

第2章●特定共同住宅等における必要とされる防火安全性能を有する消防の用に供する設備等に関する基準

　感知器が設置される場所は大別すると、①住戸、共用室及び管理人室内の厨房、居室、収納室（納戸等で4㎡以上のものをいう。）及び階段、②倉庫（4㎡以上のものをいう。）、電気室、機械室その他これらに類する室、③直接外気に開放されていない共用部分になる。①の住戸等内の感知器は、自動試験機能等対応型感知器（「火災報知設備の感知器及び発信機に係る技術上の規格を定める省令」（昭和56年自治省令第17号）第2条第19号の3に規定する感知器をいう。以下同じ。）とし、それぞれの場所に設置される共同住宅用自動火災報知設備の構成機器は表2.8.1のとおりである。

表2.8.1　共同住宅用自動火災報知設備の構成機器

	住棟受信機	共同住宅用受信機	感知器	戸外表示器	音声警報装置 （共同住宅用受信機の音声警報装置を含む。）	補助音響装置
① 住戸、共用室及び管理人室	原則として管理人室に必要	必要	必要	必要	必要	必要に応じ設置
② 倉　庫　等	不要	不要	必要	不要	必要	必要に応じ設置
③ 直接外気に開放されていない共用部分	不要	不要	必要	不要	必要	必要に応じ設置

2　警戒区域

（1）　警戒区域の設定

　　　一の警戒区域（火災が発生した区域を他の区域と区別して識別することができる最小単位の区域をいう。）の面積は、1,500㎡以下とし、その一辺の長さは、50m以下とすること。ただし、住戸、共用室及び管理人室の主たる出入口が廊下等の通路に面する特定共同住宅等に共同住宅用自動火災報知設備を設置する場合には、一辺の長さを100メートル以下とすることができる。

　　　また、原則として警戒区域は防火対象物の二以上の階にわたらないものとする必要があるが、次に適合する場合は二以上の階にわたることができる。

　　　ア　一の警戒区域の面積が住戸、共用室及び管理人室にあっては150㎡以下、共用部分にあっては500㎡以下であり、かつ、二の階にわたる場合であること。

　　　イ　階段、傾斜路で煙感知器を設ける場合。

　　　ウ　エレベーターの昇降路、リネンシュート、パイプダクト等で煙感知器を設ける場合。

　　　アの住戸にはメゾネット型の住戸などが考えられる。イ、ウについては、対象部分が竪穴の形態であるので、二以上の階にわたることを前提としているものである。

（2）　階段室型特定共同住宅等の階段室等

　　　（1）の規定にかかわらず、階段室型特定共同住宅等にあっては、一の階段室等のうち5階層以下の部分を単位として、一の警戒区域とするものであること。

3　感知器

　住戸等内の感知器は居室、収納室（納戸、トランクルーム等で4㎡以上のもの）にそれぞれ設置することを原則としている。例えば3LDKの場合（4㎡以上の収納室、梁がない場合。）には、厨房※＋3居室＋リビングダイニングルームに感知器を設置することになり、通常合計5個の感知器が必要となる。

　感知器は感知区域ごとに設けるのが原則とされているが、住戸等のうち、小区画の玄関、廊下、便所、浴室、階段等については居室に設けられた感知器により比較的火災初期の段階で感知可能であること、出火する確率が低いこと等の理由によりこれらの部分には感知器の設置を要しないこととされている。

第8節　共同住宅用自動火災報知設備の設置基準

　また、メーターボックス、パイプシャフト等の部分には感知器の設置を省略することができるとされている。

※他の居室と連続している場合は、当該居室と同一感知区域とすることができるが、単独の厨房には感知器が必要。

（1）　住戸内に設置する感知器の種別

　　感知器は、次に示す種別のもので、かつ、個人の住戸に立ち入ることなく点検が可能な自動試験機能等対応型のものを設置することとされた。

　　　差動式及び補償式スポット型感知器のうち一種若しくは二種、定温式スポット型感知器のうち特種（公称作動温度60度又は65度のものに限る。）又は煙感知器のうち一種、二種若しくは三種の感知器

（2）　共用室及び管理人室

　　差動式及び補償式スポット型感知器のうち一種若しくは二種、定温式スポット型感知器のうち特種（公称作動温度60度又は65度のものに限る。）又は煙感知器

（3）　直接外気に開放されていない共用部分（直接外気に面する部分から5メートル以上離れた共用部分）

　　差動式及び補償式スポット型感知器のうち一種若しくは二種、定温式スポット型感知器のうち特種（公称作動温度60度又は65度のものに限る。）、煙感知器

（4）　規則第23条第7項に定める表の下欄に掲げる種別の感知器にあっては、それぞれ同表の中欄に掲げる設定表示温度等の範囲の区分に応じ、同表の上覧に掲げる種別のアナログ式感知器によることができる。

（5）　感知器の設置基準

　　規則第23条第4項の規定に準じて設置することになるが、設置に当たっては次の点に留意すること。

　　ア　感知器の取り付け位置は、冷暖房機器等の空気吹き出し口から、1,500mm以上離すこと。

　　イ　壁際の天井面は火災感知の有効性と移動式の暖房機器の熱気流による非火災報の発生等を考慮して、壁から600mm以上離れた位置に設けることが望ましいこと。

4　配線

　住棟受信機から共同住宅用受信機、共同住宅受信機から戸外表示器及び音声警報装置（補助音響装置を含む。）までの配線は、規則第12条第1項第5号（耐熱保護）の規定により設けることとされている。ただし、共同住宅用受信機に監視状態を60分間継続した後、共同住宅用自動火災報知設備を10分間以上作動することができる容量の予備電源を有する場合は、共同住宅用受信機から電源までの配線を一般配線とすることができる。

　また、非常電源を外部から供給する方式の共同住宅用受信機に係る配線は、規則第12条第1項第4号ホ（耐火保護）の規定に準じて設けることとしているが、火災により直接影響を受けるおそれのない部分（準不燃材料の床、壁又は天井により隠蔽された部分又はメーターボックス、パイプシャフト等の部分）の配線にあっては耐熱保護でよいこととしている。

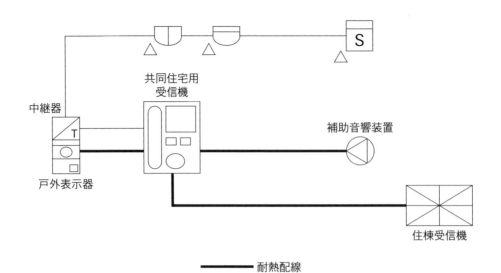

図2.8.2　配線例

5　共同住宅用受信機

共同住宅用受信機は、住戸、共用室及び管理人室に設置し、感知器から発せられた火災信号を住棟受信機及び戸外表示器に移報する機能を持つＰ型３級受信機又はＧＰ型３級受信機である。ただし、住棟受信機を設ける管理人室等については、共同住宅用受信機を介さずに感知器から直接住棟受信機に接続することができる。また、火災警報機能、ガス漏れ警報機能のほかに風呂の水量、温度警報、防犯警報等のホームセキュリティ機能にインターホン機能を加えた住宅情報盤としての機能を併せ持つものとすることができる。

（１）　設置場所

住戸に設置する場合、住宅情報盤の目的と使い勝手から厨房の付近に設置される場合が多いと考えられるが、厨房内の水蒸気、油の蒸気、煙などの滞留や厨房で発生する熱にさらされるおそれがあることから、それらの影響を受けない場所を選定し、設置すること。

（２）　蓄積機能

蓄積機能を有する感知器、中継器、受信機を用いる場合は、規則第24条第７号の規定により感知器の公称作動時間並びに中継器及び受信機に設定された蓄積時間の最大時間の合計60秒（煙感知器以外の感知器を設けた場合にあっては20秒）を超えないようにする必要がある。

その他、共同住宅用受信機は規則第24条第２号イ、ロ及び第６号並びに第24条の２第１号イ、ロ、ハ、ニの規定により設けることとし、原則として一の共同住宅用受信機で警戒する床面積は150㎡以下とすること。

6　住棟受信機

住棟受信機は、倉庫等及び共用部分に設置されている感知器からの火災信号を受信するとともに、各住戸、共用室及び管理人室に設置されている共同住宅用受信機から火災信号を受信した場合においても、当該共同住宅用受信機が設置されている警戒区域（住戸、共用室及び管理人室）に係る火災表示を行えることが必要である。一般的にはＰ型１級などの受信機が用いられる。

（１）　設置場所

住棟受信機は、規則第24条第２号（ハ及びリを除く。）の規定の例によることとされ、原則として防災センター等に設置する。防災センター等がない場合は常時人がいる管理人室に設置するものであるが、管理形態上、管理人などが24時間常駐していない場合は、エントランス

ホールなど火災表示を容易に行うことができる場所に設ける等、所要の措置を講ずれば、これによらないことができる。

　　同一敷地内に複数の特定共同住宅等がある場合でも、原則として棟ごとに設置すること。ただし、防災センター等において同一敷地内に存する複数の特定共同住宅等を一括で監視している場合など、火災発生時に円滑な対応ができる場合は集中監視とすることができる。

（２）　蓄積機能

　　蓄積機能を有する感知器、中継器、受信機を用いる場合は、規則第24条第７号の規定により感知器の公称作動時間並びに中継器及び受信機に設定された蓄積時間の最大時間の合計60秒（煙感知器以外の感知器を設けた場合にあっては20秒）を超えないようにする必要がある。

7　電源

　共同住宅用受信機の電源は、各住戸、共用室及び管理人室ごとに交流低圧屋内幹線から他の配線を分岐させないよう電流制限器と引込口装置の間に専用の分岐開閉器を介してとるなど、交流低圧屋内幹線の開閉器が遮断された場合においても感知器、戸外表示器の機能に支障を生じない措置を講じること。

　これは、他の配線が火災その他の事故によって、断線、短絡等により停電した場合、未入居、長期間の不在時など一般電源の開閉器が遮断された場合にあっても、共同住宅用自動火災報知設備の機能に支障を及ぼさないことを目的とするものである。

　なお、共同住宅用受信機にＧＰ３級受信機を用いて、ガス漏れ検知器からの信号を受信できるものにあっては、当該ガス漏れ検知器の電源はＧＰ型３級受信機の電源と同じ幹線からとることとして差し支えないものであること。

　その他、電源については規則第24条第３号の規定によること。

8　非常電源

　非常電源は、非常電源専用受電設備又は蓄電池設備によること。容量の算定にあっては、監視状態を60分間継続することができる容量に、次のア及びイの容量を合算し、系統数（30台以下の共同住宅用受信機を一の系統とし、最大５とする。）を乗じた容量とすること。

ア　一の住戸、共用室又は管理人室に設置されている音声警報装置（共同住宅用受信機及び補助音響装置の音声警報装置を含む。）が10分間以上連続して鳴動することができる容量

イ　戸外表示器に設けられた一の作動表示灯が10分間以上連続して点滅することができる容量

　また、共同住宅用受信機については、電源が停止しても他の電源により電源を確保することができる場合など、当該共同住宅用受信機が設置された住戸、共用室及び管理人室の感知器、音声警報装置、戸外表示器の機能に支障を生じないように措置されている場合は非常電源を設けないことができる。

9　警報範囲

（１）　感知器作動警報

　　感知器が作動した旨の警報のメッセージ内容は、住戸、共用室又は管理人室にあっては「感知器が作動した旨の情報」、「火災の発生を確認する必要がある旨の情報」又はこれに関する内容とし、倉庫等及び共用部分にあっては、「感知器が作動した場所の情報」、「火災の発生を確認する必要がある旨の情報」又はこれに関する内容とすること。

　　警報区域は、住戸内の全域及び当該住戸の面する共用部分である。住戸内については、共同住宅用受信機の音声警報装置及び必要に応じて補助音響装置を設け、すべての居室で警報が聴

第 2 章●特定共同住宅等における必要とされる防火安全性能を有する消防の用に供する設備等に関する基準

取できるように措置すること。感知器が作動した住戸に面する共用部分については、戸外表示器により警報を発すること。共用室、管理人室の感知器が作動した場合でも同様である。

なお、感知器作動段階における戸外表示器による警報は省略することができる。

（2）　火災警報

火災が発生した旨の警報のメッセージ内容は、「火災が発生した旨」、「火災が発生した場所」、「避難誘導の情報」又はこれに関する内容とすること。このうち火災が発生した場所については、住戸番号や共用室名などをメッセージに挿入すること。ただし、廊下型又は階段室型特定共同住宅等で、出火室が容易に特定できるものは、「この近所」として差し支えないものであること。

特定共同住宅等のタイプにより、出火箇所（①住戸、共用室又は管理人室、②倉庫等又は共用部分、③階段室、④ＥＶ昇降路）に応じて警報区域を示したものは表2．8．2のとおりである。

表2．8．2　タイプ別の警報区域

	階段室型特定共同住宅等	廊下型特定共同住宅等
①住戸、共用室又は管理人室の火災	①当該住戸、共用室又は管理人室 ②当該住戸、共用室又は管理人室の主たる出入口が面する階段室等（開放階段を除く。）のうち、6以上の階にわたらない部分を一の警報区域として当該住戸、共用室又は管理人室が存する警報区域及びその直上の警報区域 ③②の警報区域に面する住戸等 ④エレベーターの昇降路	①当該住戸、共用室又は管理人室 ②当該住戸、共用室又は管理人室が次の階に存する場合に次に掲げる住戸等及び共用部分 2階以上：出火階及び直上階 1階：出火階、直上階及び地階 地階：出火階、直上階その他の地階
②倉庫等又は共用部分（階段室及びエレベーターの昇降路を除く。）の火災	①当該倉庫等又は共用部分（階段室及びエレベーターの昇降路を除く。） ②当該倉庫等又は共用部分（階段室及びエレベーターの昇降路を除く。）の主たる出入口が面する階段室等（開放階段を除く。）のうち、6以上の階にわたらない部分を一の警報区域として当該倉庫等又は共用部分が存する警報区域及びその直上の警報区域 ③②の警報区域に面する住戸等 ④エレベーターの昇降路	①当該倉庫等又は共用部分（階段室等及びエレベーターの昇降路を除く。） ②当該倉庫等又は共用部分が次の階に存する場合に次に掲げる住戸等及び共用部分 2階以上：出火階及び直上階 1階：出火階、直上階及び地階 地階：出火階、直上階その他の地階
③階段室の火災	①当該階段室等 ②当該階段室等に主たる出入口が面している住戸等 ③共用部分（エレベーターの昇降路を除く。）	①当該階段室等 ②共用部分（エレベーターの昇降路を除く。）
④エレベーターの昇降路の火災	当該エレベーターが停止する最上階の警報区域 警報区域：一の階段室等に主たる出入口が面している住戸等、共用部分、当該階段室等（開放型階段を除く。）のうち、6以上の階にわたらない区域	①当該エレベーターが停止する最上階の住戸等 ②当該エレベーターが停止する最上階の共用部分

10　戸外表示器

戸外表示器は、住戸、共用室及び管理人室の火災発生時に当該住戸、共用室及び管理人室の外部において火災表示灯の点灯及び音声警報装置の鳴動により、火災が発生していることを外部に知らせるために設けるもので、「戸外表示器の基準」（平成18年5月30日付消防庁告示第20号）により基準が定

められている。

（1）　音声警報装置

　　戸外表示器の音声警報装置の音圧は、その中心から１ｍ離れた位置で70dB以上とされているが、ドアホーンに組み込まれた音声警報装置でも70dB以上の音圧が確保されていれば設置することができる。

（2）　設置場所

　　戸外表示器の設置場所は、住戸、共用室及び管理人室の主たる出入り口の外部のうち雨水のかかるおそれの少ない場所で、火災表示灯の点滅が当該住戸、共用室及び管理人室の面する共用部分から容易に識別でき、かつ点検に便利な場所とすること。住戸に設置する場合は、一般的にインターホンに組み込まれたものが多く設置されることから、玄関付近に設置されるものが多い。

　　インターホンを更新する場合、戸外表示器の基準に適合したものを設置しなければならないことに留意する必要がある。

（3）　作動表示灯

　　作動表示灯は、赤色のもので感知器が作動した場合には点滅するものであること。また、周囲の明るさが300ルクスの状態において、３ｍ離れた位置から点滅が明確に識別できるものであること。

（4）　通電表示灯

　　共同住宅用受信機が通電状態にあることを確認できる通電表示灯を設けること。

（5）　表示

　　戸外表示器の見やすい箇所に型式番号、製造年月、製造社名又は商標を表示すること。

11　点検対策

　共同住宅用自動火災報知設備は、各住戸内に立ち入ることなく定期点検を含む維持管理が適正に行われるよう措置されていることを要件としており、自動試験機能等対応型感知器、自動試験機能又は遠隔試験機能付の受信機を設置することとしている。

　共同住宅用自動火災報知設備の感知器の機能の異常、感知器又は音声警報装置の信号回路の配線の導通状況、共同住宅用受信機及び戸外表示器の機能を住戸の外部から容易に確認することができる措置を講ずることとし、具体的には電源表示灯及び導通試験装置を戸外表示器に組み込む方法などが考えられる。

　点検時に外部試験器を中継器に接続する方式をとる場合にあっては、ＰＳ等のうち容易に点検できる箇所や戸外表示器に組み込むなど、住戸の外部で容易に接続できる位置に設け、かつ、防火上有効な位置に設けること。この場合、中継器を点検に便利な位置に設け、かつ、不燃材で覆うなどの措置を講じたものは「防火上有効な位置」とみなして差し支えないものであること。

　共同住宅等は、定期点検のために各住戸内に立ち入ることが困難であることが多く、点検を実施できないことも多くあった。共同住宅用自動火災報知設備は、住戸内の立ち入ることなく点検を実施することができる機能を有しているものである。

　しかしながら、点検時には次の事項に留意することが重要である。

（1）　定期点検を実施する際には、あらかじめ各住戸にその旨を連絡しておくこと。

（2）　共同住宅用自動火災報知設備の機能を、各住戸の入居者、管理人などに対し、周知しておくとともに、日常時及び火災時の使用方法、対応方法などについて、十分周知しておくこと。

（3）　点検時は、住戸内に警報が発せられない措置を講ずること。

第2章●特定共同住宅等における必要とされる防火安全性能を有する消防の用に供する設備等に関する基準

第9節
住戸用自動火災報知設備の設置基準

1 概要

住戸用自動火災報知設備とは、一の住戸等ごとに完結する自動火災報知設備であり、感知器から発せられた火災信号を住戸用受信機に送信し、音声警報装置又は音響装置、必要に応じて補助音響装置により、火災である旨を当該住戸等の全域又は共用部分の警戒区域全域に有効に報知するとともに、戸外表示器の火災表示灯及び音響装置により、火災である旨を当該住戸の外部に報知するものである。

設置される場所を大別すると、①住戸、共用室及び管理人室、②倉庫等、③直接外気に面しない共用部分になる。それぞれの場所に設置される住戸用自動火災報知設備の構成機器は、表2.9.1のとおりである。

表2.9.1　住戸用自動火災報知設備の構成機器

		感知器	住戸用受信機	戸外表示器	警報範囲	補助音響装置
①	住戸、共用室及び管理人室	必要	必要	必要	住戸、共用室及び管理人室内全域、主たる出入口が面する共用部分	必要に応じて設置
②	倉庫等	必要	必要	必要	倉庫等全域及び主たる出入口が面する共用部分	必要に応じて設置
③	直接外気に面しない共用部分	必要	必要	不要	警戒区域全域	必要に応じて設置

第9節　住戸用自動火災報知設備の設置基準

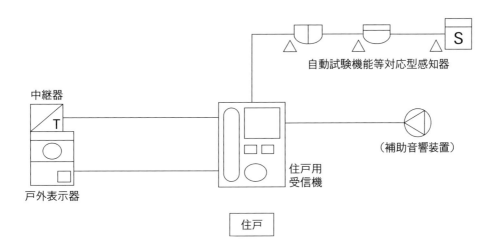

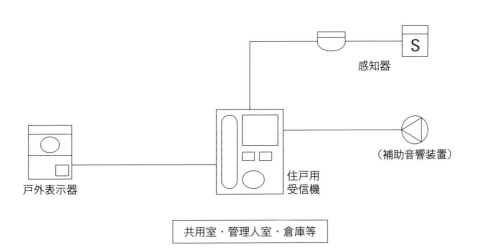

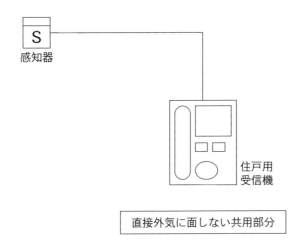

図2.9.1　住戸用自動火災報知設備の構成例

2　感知器

感知器は前節、共同住宅用自動火災報知設備3、感知器の例によること。

倉庫等及び共用部分に設ける感知器にあっては、住戸用自動火災報知設備に代えて当該部分に規則第23条及び24条の規定により自動火災報知設備を設置し、防災センター等又は管理人室（火災表示を容易に確認できる共用部分を含む。）に当該自動火災報知設備の受信機を設ける場合に限り、当該受信機に直接接続することができる。

3　配線

電源から住戸用受信機、住戸用受信機から戸外表示器及び音声警報装置（補助音響装置を含む。）までの配線は、規則第12条第1項第5号（耐熱保護）の規定により設けることとされている。ただし、住戸用受信機に監視状態を60分間継続した後、住戸用自動火災報知設備を10分間以上作動することができる容量の予備電源を有する場合は、住戸用受信機から電源までの配線を一般配線とすることができる。

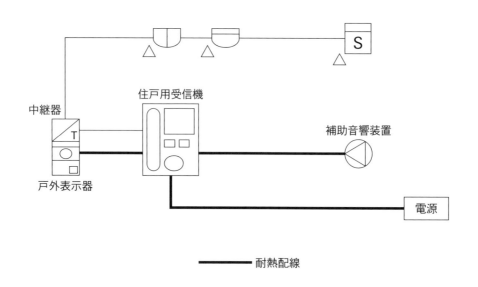

図2.9.2　配線例

4　住戸用受信機

住戸用自動火災報知設備に用いることができる住戸用受信機は、感知器から発せられた火災信号を戸外表示器に移報する機能を持つP型3級受信機又はGP型3級受信機とするものであるが、火災警報機能、ガス漏れ警報機能のほかに風呂の水量、温度警報、防犯警報等のホームセキュリティ機能にインターホン機能を加えた住宅情報盤としての機能を併せ持つものとすることができる。

（1）　設置場所

　　　住戸に設置する場合、住宅情報盤の目的と使い勝手から厨房の付近に設置される場合が多いと考えられるが、厨房内の水蒸気、油の蒸気、煙などの滞留や厨房で発生する熱にさらされるおそれがあることから、それらの影響を受けない場所を選定し、設置すること。

（2）　蓄積機能

　　　蓄積機能を有する感知器、中継器、受信機を用いる場合は、規則第24条第7号の規定により感知器の公称作動時間並びに中継器及び受信機に設定された蓄積時間の最大時間の合計60秒（煙感知器以外の感知器を設けた場合にあっては20秒）を超えないようにする必要がある。

その他、住戸用受信機は規則第24条第2号イ、ロ及び第6号並びに第24条の2第1号イ、ロ、ハ、

第9節　住戸用自動火災報知設備の設置基準

ニの規定により設けることとし、原則として一の住戸用受信機で警戒する床面積は150㎡以下とすること。

5　電源

　電源は、各住戸の交流低圧屋内幹線から専用の分岐開閉器を介してとることとされている。専用の分岐開閉器からとることによって、他の配線が火災その他の事故によって断線、短絡等により停電した場合でも、住戸用自動火災報知設備の機能に支障を及ぼさないようにしている。

　なお、ＧＰ３級受信機を設け、ガス漏れ検知器からの信号を受信できるものにあっては、当該ガス漏れ検知器の電源はＧＰ型３級受信機の電源と同じ幹線からとることとして差し支えないものであること。

6　警報範囲

　火災が発生した旨を警報する範囲は、住戸等で火災が発生した場合は、当該住戸等内の全域及び当該住戸等に面する共用部分、共用部分で火災が発生した場合は当該共用部分の警戒区域内である。住戸等内については、住戸用受信機及び必要に応じて補助音響装置を設け、すべての居室で警報が聴取できるように措置すること。また住戸等に面する共用部分については、戸外表示器により警報するものであること。なお、警報は音響によるものではなく共同住宅用自動火災報知設備の「火災が発生した旨の警報」に準じた音声による警報とすることが望ましい。

7　戸外表示器

　戸外表示器は、住戸等の火災発生時に住戸等の外部において火災表示灯の点灯及び音声警報装置の鳴動により、当該住戸で火災が発生していることを外部に知らせるために設けるもので、「戸外表示器の基準」（平成18年５月30日付消防庁告示第20号）により基準が定められている。

（１）　音声警報装置

　　　戸外表示器の音声警報装置の音圧は、その中心から１ｍ離れた位置で70dB以上とされているが、インターホンに組み込まれた音声警報装置でも70dB以上の音圧が確保されていれば設置することができる。

（２）　設置場所

　　　戸外表示器の設置場所は、住戸等の主たる出入口の外部のうち雨水のかかるおそれの少ない場所で、火災表示灯の点滅が当該住戸が面する共用部分から容易に識別でき、かつ点検に便利な場所とすること。住戸に設置する場合は、一般的にインターホンに組み込まれたものが多く設置されることから、玄関付近に設置されるものが多い。

　　　インターホンを更新する場合、戸外表示器の基準に適合したものを設置しなければならないことに留意する必要がある。

（３）　作動表示灯

　　　作動表示灯は、赤色のもので感知器が作動した場合には点滅するものであること。また、周囲の明るさが300ルクスの状態において、３ｍ離れた位置から点滅が明確に識別できるものであること。

（４）　通電表示灯

　　　住戸用受信機が通電状態にあることを確認できる通電表示灯を設けること。

（５）　表示

　　　戸外表示器の見やすい箇所に型式番号、製造年月、製造社名又は商標を表示すること。

129

第 2 章 ●特定共同住宅等における必要とされる防火安全性能を有する消防の用に供する設備等に関する基準

8 点検対策

　住戸用自動火災報知設備は、各住戸内に立ち入ることなく定期点検を含む維持管理が適正に行われるよう措置されていることを要件としており、感知器は遠隔試験機能付のものとされている。

　住戸用自動火災報知設備の受信機への電源の供給の状況及び感知器の信号回線の配線の導通状況を住戸の外部から容易に確認することができる措置を講ずることとされており、具体的には電源表示灯及び導通試験装置を戸外表示器に組み込む方法等がとられると考えられる。点検時に外部試験機を中継器に接続し点検する方式をとる場合にあっては、中継器を住戸の外部のうち点検が容易に行える箇所に設置すること。

　また、点検時において、当該住戸内の住戸用受信機、補助音響装置の警報は鳴動しない措置が講じられていること。

130

第10節
共同住宅用非常警報設備の設置基準

1　概要

共同住宅用非常警報設備は、特定共同住宅等の共用部分の一部又は全部に設置するもので、起動装置を操作することによりすべての非常ベル又は自動式サイレンを鳴動させ、特定共同住宅等の全域に火災等災害の発生を知らせるものである。図2.10.1にその構成例を示す。

なお、特定共同住宅等の住戸、共用室及び管理人室に住戸用自動火災報知設備を設置するとともに、共用部分に令第21条に規定する自動火災報知設備を設置し、発信機、地区音響装置、表示灯を設けた場合は、共同住宅用非常警報設備の設置を要さないとされている。

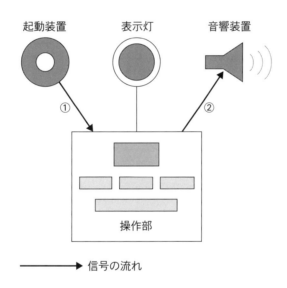

図2.10.1　共同住宅用非常警報設備の構成例

2　音響装置

（1）　音圧

取り付けられた音響装置の中心から1m離れた位置で90dB以上であること。

（2）　鳴動方式

一の起動装置を操作することにより、当該共同住宅等に設けられた音響装置を一斉鳴動するように設けること。

（3）　設置場所

ア　廊下型特定共同住宅等　　廊下の各部分から一の音響装置までの水平距離が25m以下となるところに設けること。

イ　階段室型特定共同住宅等　　1階の階段室等の階段付近及び1階階段室等から上方に数えて

第2章●特定共同住宅等における必要とされる防火安全性能を有する消防の用に供する設備等に関する基準

三以内の階ごとに設けること。具体的には地上10階建ての階段室型特定共同住宅等の場合、1階、4階、7階、10階の階段室等に設けること。

3　起動装置

（1）　設置場所

　起動装置は多数の者の目に触れやすく、火災に際して速やかに操作できる箇所に設けられる必要があり、以下のように2タイプに分けることができる。

ア　廊下型特定共同住宅等　　各階の階段付近に設けること。

イ　階段室型特定共同住宅等　　1階の階段室の階段付近及び当該階段室から上方に数えて三以内の階ごとに設けること。具体的には地上10階建ての階段室型特定共同住宅の場合、1階、4階、7階、10階の階段室に設けること。1階が避難階でない場合はこれに準じて設置すること。

（2）　取り付け高さ

　床面からの高さが0.8m以上1.5m以下の箇所に設けること。

（3）　取り付け方法

　表示灯は赤色の灯火とし、起動装置の上方に設けるとともに、取り付け面から15度以上の角度となる方向に沿って10m離れた位置から、点灯していることが容易に確認できるものであること。

4　操作部

　操作部は、起動装置から火災である旨の信号を受信し、火災である旨の警報を自動的又は手動操作により報知する装置で外部に接続された表示灯及び音響装置に電力を供給するものである。

（1）　設置場所

　操作部は、管理人室などの点検に便利で、かつ、雨水のかかるおそれの少ない位置に設けること。

（2）　表示装置

ア　主回路の主電源を監視できる電圧計

イ　火災灯

ウ　非常電源として蓄電池を用いるものは、非常電源の良否が確認できる装置

　ただし、1回線用の操作部は音響装置を内蔵するか、直近に設けた場合は火災灯を省略することができる。

（3）　音響装置及び表示灯の接続個数の制限

　1回線に接続できる音響装置及び表示灯の個数は、それぞれ15以下とすること。

5　非常電源

　非常電源は非常電源専用受電設備又は蓄電池設備とすること。蓄電池設備とする場合には、その容量は共同住宅用非常警報設備を10分間以上作動することができる容量以上とすること。

第11節
共住省令の運用

1　旧特例基準を適用した既存の共同住宅等の扱いについて

　共住省令及び関係する告示は、特定共同住宅等の新築工事に着手する日が施行日である平成19年 4 月 1 日以降の場合に適用されるものである。施行日をもって、旧特例基準及び関係する通知、関係する通知の一部は適用できないものとなるが、旧特例基準を適用している既存の共同住宅等で当該基準に適合しているもので、防火上大きな支障が生じていないことや関係者の経済的負担にかんがみ施行日以降でも従前の例によることとして差し支えないものである。

2　留意事項について

（1）　令第13条の規定

　　令第13条に規定する水噴霧消火設備等は「通常用いられる消防用設備等」であるが、これに代えて「特定共同住宅等における必要とされる防火安全性能を有する消防の用に供する設備等」を用いることができる対象となっていないため、屋内消火栓設備やスプリンクラー設備では有効な消火が期待できない特殊な部分及び感電、爆発等の二次災害のおそれのある部分に対する消火設備については、同条の規定により水噴霧消火設備等を設置しなければならないこととなる。つまり、駐車場や電気室等で一定の面積以上になった場合には同条第 1 項に掲げる表により、それぞれの部分に適応する消火設備を設置する必要がある。

（2）　避難器具

　　二方向避難を確保するための避難器具は、消防法令に基づき収容人員に応じて設置が義務付けられるものではないが、火災時に使用する設備であることを踏まえ、法令による義務設置の消防用設備等に準じて取り扱うことが望ましい。

3　旧特例基準に係る通知の扱いについて

　省令及び関係する告示の施行に伴い、特例通知並びに次に掲げる通知及び通知の部分、これらに関する質疑応答に係る運用を施行日以降は適用しないものとされた。

（1）　「令 8 区画及び共住区画の構造並びに当該区画を貫通する配管等の取扱いについて」（平成 7 年 3 月31日付け消防予第53号）中、 2 　共住区画について

（2）　「共同住宅等に係る消防用設備等の技術上の基準の特例の細目について」（平成 8 年 7 月17 日付け消防予第145号）

第 3 章

特定共同住宅等の
タイプ別の設計例

第3章●特定共同住宅等のタイプ別の設計例

第1節
片廊下型共同住宅

T字型の片廊下を有する高層の共同住宅について省令の適用の可否及び適用に当たっての形態区分を検証する。

1　計画の概要

（1）計画の特徴

　本計画は、図3.1.1に示すように、11戸の住戸が片廊下によりT字型に配置されている12階建の共同住宅である。片廊下には、外部に開放された屋外避難階段が2箇所設置されており、T字型の中央部分に4.2m×1.8mの小規模な吹抜けが設置されている。外部バルコニーは、すべての住戸が連続しておらず、T字型プランの各々の住戸をつなぐように配置されている。

（2）建築物の概要

- ・用途：共同住宅
- ・建築面積：1,068㎡
- ・基準階面積：1,068㎡
- ・基準階階高：3.0m
- ・階数：8階
- ・高さ：27.0m
- ・構造：RC構造
- ・住戸数：85戸（各階11戸）

（3）検証に関連する計画条件

① 各住戸の片廊下に面する開口部

　玄関開口部：幅0.9m×高さ2.1m

　居室開口部：幅2.0m×高さ1.0m

　吹き抜けに面する居室開口部：幅1.8m×高さ1.0m

② 住戸端側開口部

　幅1.2m×高さ1.0m（開口下端の床面からの高さ1.0m）

③ 廊下

　廊下の幅：1.8m

　廊下の床面積：95㎡

　有効開口部の上端の高さ：2.3m

　有効開口部の下端の高さ：1.2m

　有効開口部の長さ：（全体で）31.0m

　共用部分の壁及び天井の室内に面する部分の仕上げ：不燃材料

136

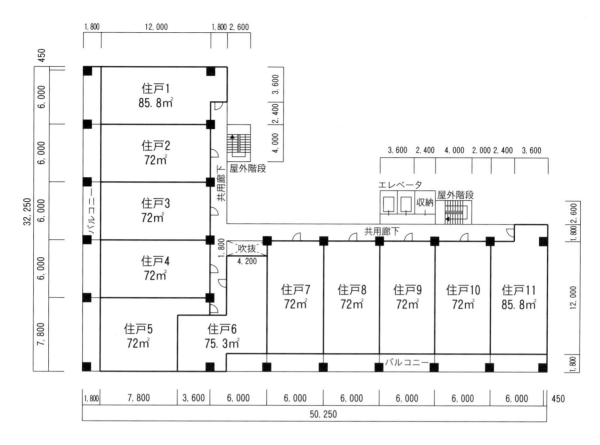

図3.1.1　片廊下型共同住宅平面図（基準階）

2　判断基準による検証

（1）特定共同住宅等の位置、構造及び設備（外壁に面する開口部の検証）

本事例の住戸1・6・11は、外壁面に0.5m以上突き出した耐火構造のひさしがない開口部を有している。これらの開口部の仕様を位置・構造告示第3第3号（2）ロの客観的検証法により検討する。なお、ここで計算で用いる数値は小数点第3位の値を四捨五入したものとする。以降の検証も同様である。

1）住戸1・11

① 検証対象開口部

住戸1・11の開口部の条件は同じであるため、住戸1を対象に計算を行う。ここでは、1階の住戸1を火災住戸とする。火災住戸開口部両端より15度の角度で上方に伸ばした線の内側、かつ火災住戸開口部上端高さからの離隔距離が0.9m以上3.6m未満が検証範囲（図3.1.2の網掛け部分）となるため、開口部1-1aの検証対象開口部は上階の開口部2-1aとなる。

火災住戸開口部：幅（B_{op}）1.2m×高さ（H）1.0m

火災住戸開口部面積（A）：1.2㎡

開口部間の距離（Z）：2.0m

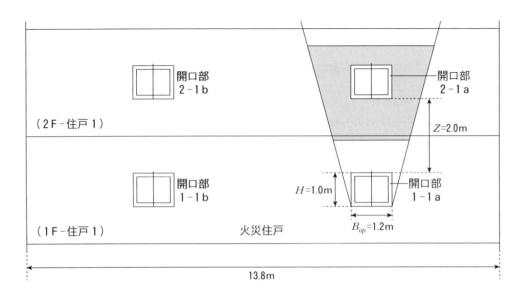

図3.1.2 検証対象開口部

② 開口部上端からの火炎の高さ

開口部1-1aから火炎が噴出する状況を想定し、開口部上端からの火炎の高さを算出する。

$Z_{Lm} = 2.39H = 2.39 \times 1.0 = 2.39 \ [\text{m}]$

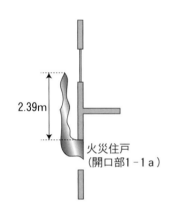

項目	数値	単位	備考
H	1.0	m	火災住戸開口部高さ

③ 検証対象開口部の材料の許容温度となる噴出気流の垂直距離 Z_t (m)

(ア) 検証対象開口部の材料の許容温度

フロートガラスが使用可能かどうかを検証する。188号通知 第2、3(2)の表(本編ではp50の表2.3.1)より、フロートガラスのT_{lim}は373Kである。

$T_{lim} = 373$

(イ) 噴出気流等価半径 r_0

開口部1-1aより噴出する火炎の面積を等価面積の円に置き換える。

$r_0 = \sqrt{B_{op}H/2\pi} = \sqrt{1.2 \times 1.0/2\pi} = 0.44 \ [\text{m}]$

項目	数値	単位	備考
B_{op}	1.2	m	火災住戸開口部幅
H	1.0	m	火災住戸開口部高さ

(ウ) 噴出火炎の発熱速度

開口部1-1aより噴出する火炎の発熱速度を算出する。

$$Q = 400A\sqrt{H} = 400 \times 1.2 \times \sqrt{1.0} = 480 \text{(kW)}$$

項目	数値	単位	備考
A	1.2	m²	火災住戸開口部面積。$B_{op} \times H$
H	1.0	m	火災住戸開口部高さ

(エ) 開口部許容温度の無次元温度（Θ）

$$\Theta = 16.09 \Delta T r_0^{5/3} / (QT_{\lim})^{2/3} = 16.09 \times 80 \times 0.44^{5/3} / (480 \times 373)^{2/3} = 0.10$$

なお、ΔTは検証対象開口部許容温度（$T_{\lim}$）と周辺温度との差である。

$$\Delta T = T_{\lim} - 293 = 373 - 293 = 80$$

項目	数値	単位	備考
ΔT	80	K	検証対象開口部許容温度と周辺温度との差
r_0	0.44	m	噴出気流等価半径
Q	480	kW	火災住戸開口部からの噴出火炎の発熱速度
$T_{\lim}$	373	K	検証対象開口部許容温度

(オ) 検証対象開口部の材料の許容温度となる噴出気流の垂直距離（Z_t）

$\Theta \leq 0.35$より、

$$Z_t = 1.05 r_0 / \Theta = 1.05 \times 0.44 / 0.10 = 4.62 \text{ [m]}$$

項目	数値	単位	備考
r_0	0.44	m	噴出気流等価半径
Θ	0.10	-	開口部許容温度の無次元温度

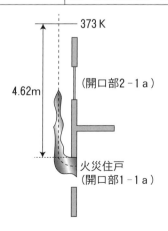

（カ）検証結果

限界垂直距離が開口部間の距離を超えていないことを確認する。

$Z_{\lim} = \max(Z_{Lm}, Z_t) = \max(2.39, 4.62) = 4.62 > 2.0 \,[\text{m}]$

$Z_{\lim} > Z$ となり、開口部2-1aにフロートガラスを使用できない。同様に、フロートガラス（飛散防止フィルム貼り）、線入りガラスも $Z_{\lim} > Z$ となり使用できない。開口部2-1aは防火設備を設置する。

2）住戸6

① 検討対象開口部

図3.1.3に示す開口部1-6aの両端より15度の角度で上方に伸ばした線の内側、かつ開口部1-6a上端高さからの離隔距離が0.9m以上3.6m未満が検証範囲となるため、開口部2-6aは開口部1-6aの検証対象開口部である。

火災住戸開口部：幅（B）1.8m×高さ（H）1.0m

火災住戸開口部面積（A）：1.8㎡

開口部間の距離（Z）：2.0m

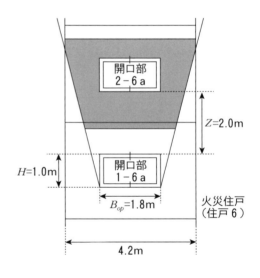

図3.1.3　検証対象開口部

② 開口部上端からの火炎の高さ

開口部1-6aから火炎が噴出する状況を想定し、開口部上端からの火炎の高さを算出する。

$Z_{Lm} = 2.39H = 2.39 \times 1.0 = 2.39 \,[\text{m}]$

項目	数値	単位	備考
H	1.0	m	火災住戸開口部高さ

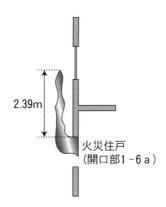

火災住戸
（開口部1-6a）

③ 検証対象開口部の材料の許容温度となる噴出気流の垂直距離 Z_t（m）

（ア）検証対象開口部の材料の許容温度

フロートガラスが使用可能かどうかを検証する。188号通知 第2、3（2）の表（本編ではp50の表2.3.1）より、フロートガラスのT_{lim}は373Kである。

$T_{lim} = 373$

（イ）噴出気流等価半径 r_0

開口部1-6aより噴出する火炎の面積を等価面積の円に置き換える。

$r_0 = \sqrt{B_{op}H/2\pi} = \sqrt{1.8 \times 1.0/2\pi} = 0.54$ [m]

項目	数値	単位	備考
B_{op}	1.8	m	火災住戸開口部幅
H	1.0	m	火災住戸開口部高さ

（ウ）噴出火炎の発熱速度

開口部1-6aより噴出する火炎の発熱速度を算出する。

$Q = 400A\sqrt{H} = 400 \times 1.8 \times \sqrt{1.0} = 720$ （kW）

項目	数値	単位	備考
A	1.8	m²	火災住戸開口部面積。$B_{op} \times H$
H	1.0	m	火災住戸開口部高さ

（エ）開口部許容温度の無次元温度（Θ）

$\Theta = 16.09 \Delta T r_0^{5/3}/(QT_{lim})^{2/3} = 16.09 \times 80 \times 0.54^{5/3}/(720 \times 373)^{2/3} = 0.11$

なお、ΔTは検証対象開口部許容温度（T_{lim}）と周辺温度との差である。

$\Delta T = T_{lim} - 293 = 373 - 293 = 80$

項目	数値	単位	備考
ΔT	80	K	検証対象開口部許容温度と周辺温度との差
r_0	0.54	m	噴出気流等価半径
Q	720	kW	火災住戸開口部からの噴出火炎の発熱速度
$T_{\lim}$	373	K	検証対象開口部許容温度

(オ) 検証対象開口部の材料の許容温度となる噴出気流の垂直距離（Z_t）

$\Theta \leqq 0.35$ より、

$$Z_t = 1.05 r_0 / \Theta = 1.05 \times 0.54 / 0.11 = 5.16\,[\text{m}]$$

項目	数値	単位	備考
r_0	0.54	m	噴出気流等価半径
Θ	0.11	－	開口部許容温度の無次元温度

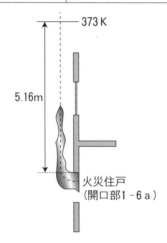

(カ) 検証結果

限界垂直距離が開口部間の距離を超えていないことを確認する。

$$Z_{\lim} = \max(Z_{Lm}, Z_t) = \max(2.39, 5.16) = 5.16 > 2.0\,[\text{m}]$$

$Z_{\lim} > Z$ となり、開口部2-6aにフロートガラスを使用できない。同様に、フロートガラス（飛散防止フィルム貼り）、線入りガラスについても$Z_{\lim} > Z$となり使用できない。よって、検証対象開口部は防火設備を設置する。

3）まとめ

本事例は、特定共同住宅等の位置、構造及び設備について消防庁長官が定める基準に適合する。
・特定主要構造部は耐火構造である。
・共用部分の壁・天井の仕上げは準不燃材料である。
・住戸等は開口部のない耐火構造の床・壁で防火区画されている。
・住戸等の床又は壁並びに当該床又は壁を貫通する配管等及びそれらの貫通部が基準に適合する。

（2）特定光庭の判断基準

共用廊下に面する吹抜は、開放性を有する廊下に面し、手すりの上端（有効開口部の下端）から垂れ壁の下端（有効開口部の上端）までの高さが1.1mであり、特定光庭の判断基準である開口高

さ1mを確保していることから、特定光庭に該当しない。

(3) 開放型廊下の判断基準

　当該プランは、T字型の片廊下が外気に直接面する計画となっている。T字型の中央部分に4.2m×1.8mの小規模な吹抜が設置されているが、「2 (2) 特定光庭の判断基準」から、この吹抜は特定光庭に該当しないことが確認されている。

　以下に、外気に面する廊下が開放性を有するかどうかを、煙又はガスに対する開放性の検証法（構造類型告示第4第2号(4)イ(ロ)）を用いて検討する。

① 出火住戸・廊下の評価対象範囲の想定

　当該プランでは、廊下開口部の有効幅が30m以上あり、かつ廊下に面して外気の流通を妨げる部分が存在することから、出火住戸の位置により、開放性の評価の対象となる有効開口幅は変動する。このため、有効開口幅の設定上、条件が厳しいと考えられる複数の住戸（住戸1、住戸5、住戸7、住戸11）から出火した場合を想定し、開放性の評価の対象となる住戸を決定する。

　各々の住戸から出火した場合、出火住戸の開口部から30m以内となる廊下の評価対象範囲は、図3.1.4〜図3.1.7で示される。

　本プランでは、廊下がT字型となっており、住戸1、住戸5、住戸7で出火した場合は、出火住戸の開口中心線から両側15mの範囲にある廊下は、T字で2つに分岐される。このように廊下がT字で分岐される場合は、有効開口幅の算出範囲は分岐される廊下のうちいずれか一方とし、有効開口幅の大きい部分を選択する。

　以上の考えに基づき、廊下の有効開口幅を算出すると、各々の住戸で出火した場合片廊下の有効開口幅が最も小さくなるのは、住戸5で出火した場合（ケース2）であり、この際の有効開口幅は18.0mとなる。

　以上の検討結果から、評価の対象とする出火住戸は住戸5とし、廊下の評価対象範囲は、図3.1.5に示した部分とする。

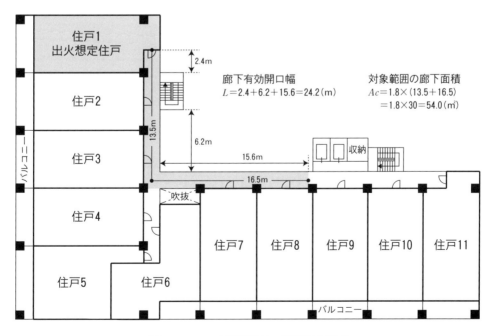

図3.1.4　廊下開放性の評価対象範囲
（ケース1：住戸1で出火した場合）

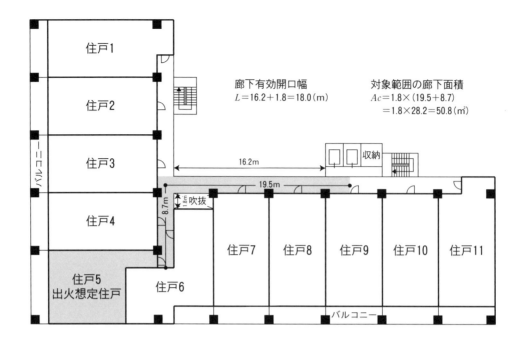

図3.1.5　廊下開放性の評価対象範囲
（ケース2：住戸5で出火した場合）

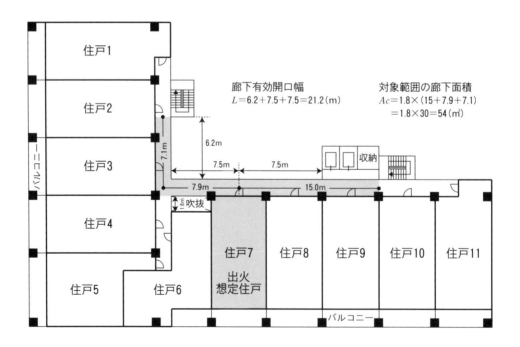

図3.1.6　廊下開放性の評価対象範囲
（ケース3：住戸7で出火した場合）

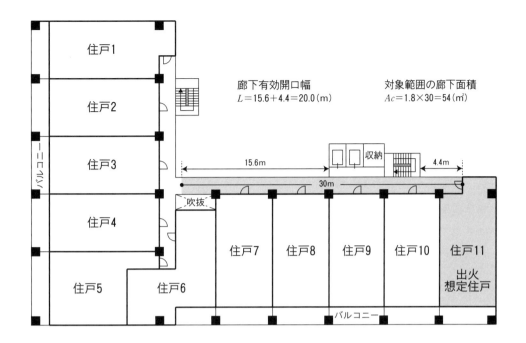

図3.1.7　廊下開放性の評価対象範囲
（ケース4：住戸11で出火した場合）

② 火災の噴出する開口部の想定、発熱速度の設定

火災住戸は廊下に面して1箇所の開口部がある。

なお、火災住戸に廊下に面する開口部が複数ある場合の評価の対象とする開口部の設定に当たっては、火源の想定発熱速度が最も大きくなる開口部1箇所を対象とする。

開口部：玄関開口部（幅0.9m×高さ2.1m）

$$\begin{aligned} Q_1 &= 400A\sqrt{H} \\ &= 400 \times 0.9 \times 2.1 \times \sqrt{2.1} \\ &= 1096\,[\mathrm{kW}] \end{aligned}$$

③ 廊下の熱気流発生量の算定

開口からの噴出熱気流量m_pは、以下のように算出される。

$$\begin{aligned} m_p &= 0.52A\sqrt{H} \\ &= 0.52 \times 0.9 \times 2.1 \times \sqrt{2.1} \\ &= 1.424\,[\mathrm{kg/s}] \end{aligned}$$

廊下の評価対象面積A_cは、50.8m²であるから、廊下の熱気流密度P_cは、以下のように算出される。

第3章●特定共同住宅等のタイプ別の設計例

$$P_c = \cfrac{353}{293 + \cfrac{Q_1}{m_p + 0.01A_c}}$$

$$= \cfrac{353}{293 + \cfrac{1096}{1.424 + 0.01 \times 50.8}}$$

$$= 0.41 \ [\mathrm{kg/m^3}]$$

したがって、廊下の熱気流発生量 V は、以下のように算出される。

$$V = 31.2A\sqrt{H}/P_c$$
$$= 31.2 \times 0.9 \times 2.1 \times \sqrt{2.1}/0.41$$
$$= 208.21 \ [\mathrm{m^3/min}]$$

④ 廊下排煙量の算定

廊下の有効開口幅は18.0mであり、廊下の排煙量 E は、以下のように算出される。

$$E = \max\left\{19L(H_U - 1.8)^{3/2}, \ \frac{53.7L(H_U - 1.8)^{3/2}}{\sqrt{1 + (H_U - 1.8)^2/(1.8 - H_L)^2}}\right\}$$

$$= \max\left\{19 \times 18.0 \times (2.3 - 1.8)^{3/2}, \ \frac{53.7 \times 18.0 \times (2.3 - 1.8)^{3/2}}{\sqrt{1 + (2.3 - 1.8)^2/(1.8 - 1.2)^2}}\right\}$$

$$= \max(120.92, 262.54)$$

$$= 262.54 \ [\mathrm{m^3/min}]$$

⑤ 廊下の排煙効果に対する開放性の有無の判断

③④より、廊下の排煙量 E と廊下の熱気流発生量 V を比較すると、

$$E\ (=262.54\ [\mathrm{m^3/min}]) > V\ (=208.21\ [\mathrm{m^3/min}])$$

となるため、廊下は開放性が確保されていると判断される。

⑥ 外気に面しない部分の開放性の有無

廊下の各部分のうち、周囲の三面が直接外気に開放されておらず、外気に面しない部分として、図3.1.8に示す範囲が該当する。

該当範囲について、開放性の有無を評価する。

（a）廊下部分（幅 $W = 1.8$ m、奥行 $L = 5.9$ m）

　　　・$L \leqq 4W$　→ $L = 5.9$ m $< 4 \times 1.8$ m $= 7.2$ m　→O.K.

　　　・$L \leqq 6$ m　→ $L = 5.9$ m < 6 m　　　　　　　→O.K.

以上から、外気に面しない部分は開放性が確保されていると判断される。

⑦ まとめ

以上の検討結果から、当該廊下は、廊下全体としての開放性は確保されており、開放型特定共同住宅等に該当する。

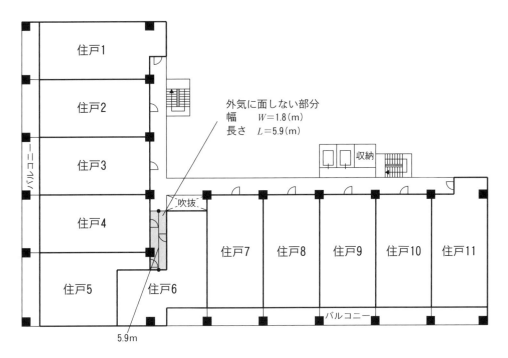

図3.1.8　外気に面しない部分の対象範囲

　参考として、空間形状からみた廊下の開放性の判断基準（構造類型告示第4第2号（4）イ（イ））に従って当該廊下の開放性を検証した場合は、以下のようになる（廊下の天井高さは、2.5mとする。）。

（a）外気に面する部分の面積＞当該階の見付面積の1/3

　　外気に面する部分の開口部の面積の合計A_{open}は、

　　　　$A_{open} = (16.2+4.4+6.2+2.4+1.8) \times (2.3-1.2) = 34.1 \, [\text{m}^2]$

　　当該階の見付面積の合計A_{total}は、

　　　　$A_{total} = (32.4+22.2) \times 2.5 = 136.5 \, [\text{m}^2]$

　　したがって、$A_{open} \div A_{total} \fallingdotseq 0.25 < 1/3$で、開放性の判断基準を満足しない。

（b）外気に面する部分の上部に設ける垂れ壁等の下端から天井までの高さ≦30cm

　　廊下の天井高さは2.5m、外気に面する廊下の開口部の上端高さは2.3mであり、垂れ壁の下端高さから天井までの高さは20cm（≦30cm）で、開放性の判断基準を満足する。

（c）手すり等の上端から垂れ壁等の下端までの高さ≧1m

　　手すり等の上端から垂れ壁等の下端までの高さは、2.3－1.2＝1.1m（≧1m）で、開放性の判断基準を満足する。

（d）風雨等を遮るために設ける壁等の幅≦2m　かつ　当該壁等相互間の距離≧1m

　　風雨等を遮るために設ける壁は特に設けないため、開放性の判断基準を満足する。

　上記（a）～（d）のうち、開放性の判断基準（a）を満足しないため、当該廊下は、開放型特定共同住宅等に該当しない。

　以上のように空間形状による検証では当該廊下は非開放となるが、構造類型告示第4第2号（4）において、廊下の開放性の判断にあたっては、仕様基準と客観的検証法による判断基準のいずれかを満たせばよく、前述の客観的検証法により開放性を有していることが認められているので、本事例は開放型特定共同住宅に該当する。

（4）二方向避難の判断基準

　ここで設定されている片廊下型の共同住宅においては、共用廊下及びバルコニーともに開放性が

確認されている。

　そして、この平面構成においては、「住戸2」が火災住戸となった場合は、住戸2が面する部分及び住戸2のバルコニーが、また、「住戸10」が火災住戸となった場合は、住戸10が面する部分及び住戸10のバルコニーが避難経路として使用できないため、住戸1及び住戸11に避難器具を設置した場合に限り、2方向避難に該当することとなる。

　なお、「住戸3」が火災住戸になった場合には「住戸4・5」から屋外階段に到達する避難経路としては「住戸6」を経由し、バルコニーを利用する経路が確保されており（図3.1.9参照）、また、「住戸4」が火災住戸となった場合には「住戸5」からは同様に「住戸6」とバルコニーを経由した経路が確保されている。

注）住戸4及び住戸5から住戸6を経由して避難する場合、廊下に面した主たる出入口から住戸6に入ることとなるが、入居者等の事情により施錠がなされ、当該出入口から進入できない場合が想定されるため、住戸5のバルコニーには避難器具を設置すること。

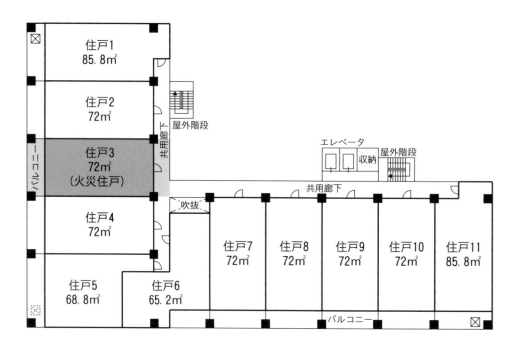

図3.1.9　避難経路として利用できない部分（図中の濃いグレーと薄いグレー部分）の例示

3　まとめ

以上より、本事例は二方向避難・開放型共同住宅等として共住省令の適用が可能である。

第2節
階段室型特定共同住宅等

2戸の住戸の間に一つの階段室を有する共同住宅について、共住省令の適用の可否及び適用にあたっての形態区分を検証する。

1　計画の概要

（1）計画の特徴

　　本計画は、図3．2．1に示すように6戸の住戸のうち、隣接する2戸が一つの階段を共有するように配置されている。各住戸は階段室に面して玄関扉を有している。住戸から連続した外部バルコニー及び他の住戸を経由し、避難階段に至る経路が確保されている。

（2）建築物の概要

- ・用途：共同住宅
- ・建築面積：503㎡
- ・基準階面積：426㎡
- ・基準階階高：3.0m
- ・階数：5階
- ・高さ：18.0m
- ・構造：RC構造
- ・住戸数：30戸（各階6戸）

（3）検証に関連する計画条件

　①　各住戸の階段に面する開口部

　　　玄関開口部：幅0.8m×高さ1.9m

　②　階段室

　　　階段室幅：2.0m

　　　階段室奥行：4.0m

　　　共用部分の壁及び天井の室内に面する部分の仕上げ：不燃材料

第3章●特定共同住宅等のタイプ別の設計例

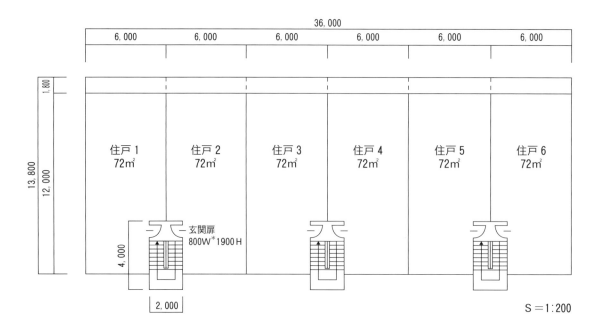

図3.2.1 階段室型特定共同住宅等平面図

2 判断基準による検証
（1）特定共同住宅等の位置、構造及び設備（外壁に面する開口部の検証）

図3.2.1の各住戸は、外壁面に0.5m以上突き出した耐火構造のひさしがない開口部を有している。これらの開口部の仕様を位置・構造告示第3第3号（2）ロの客観的検証法により検討する。

1）住戸1～6（階段室側の開口部）
① 検証対象開口部

各住戸の開口部の条件は同じであるため、住戸1を対象に計算を行う。図3.2.2に示す開口部1-1aの両端より15度の角度で上方に伸ばした線の内側、かつ開口部1-1a上端高さからの離隔距離が0.9m以上3.6m未満が検証範囲となるため、開口部2-1aは開口部1-1aの検証対象開口部である。

火災住戸開口部：幅（B_{op}）0.4m×高さ（H）0.5m

火災住戸開口部面積（A）：0.2㎡

開口部間の距離（Z）：2.5m

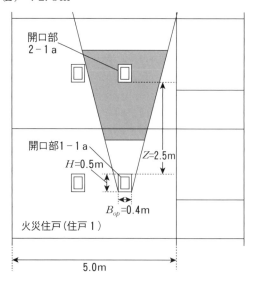

図3.2.2 検証対象開口部

② 開口部上端からの火炎高さ

開口部1-1aから火炎が噴出する状況を想定し、開口部上端からの火炎高さを算出する。

$Z_{Lm} = 2.39H = 2.39 \times 0.5 = 1.20 \, [\text{m}]$

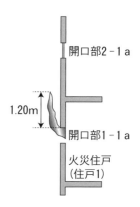

項目	数値	単位	備考
H	0.5	m	火災住戸開口部高さ

③ 検証対象開口部の材料の許容温度となる噴出気流の垂直距離 Z_t（m）

（ア）検証対象開口部の材料の許容温度

フロートガラスが使用可能かどうかを検証する。第188号通知 第2、3（2）の表（本編ではp50の表2.3.1）より、フロートガラスの$T_{\lim}$は373Kである。

$T_{\lim} = 373$

（イ）噴出気流等価半径 r_0

開口部1-1aより噴出する火炎の面積を等価面積の円に置き換える。

$r_0 = \sqrt{B_{op}H/2\pi} = \sqrt{0.4 \times 0.5/2\pi} = 0.18 \, [\text{m}]$

項目	数値	単位	備考
B_{op}	0.4	m	火災住戸開口部幅
H	0.5	m	火災住戸開口部高さ

（ウ）噴出火炎の発熱速度

開口部1-1aより噴出する火炎の発熱速度を算出する。

$Q = 400A\sqrt{H} = 400 \times 0.2 \times \sqrt{0.5} = 56.57 \, (\text{kW})$

項目	数値	単位	備考
A_{op}	0.2	㎡	火災住戸開口部面積。$B_{op} \times H$
H	0.5	m	火災住戸開口部高さ

（エ）開口部許容温度の無次元温度（Θ）

$\Theta = 16.09 \Delta T r_0^{5/3}/(QT_{\lim})^{2/3} = 16.09 \times 80 \times 0.18^{5/3}/(56.57 \times 373)^{2/3} = 0.10$

なお、ΔTは検証対象開口部許容温度（$T_{\lim}$）と周辺温度との差である。

$\Delta T = T_{\lim} - 293 = 373 - 293 = 80$

項目	数値	単位	備考
ΔT	80	K	検証対象開口部許容温度と周辺温度との差
r_0	0.18	m	噴出気流等価半径
Q	56.57	kW	火災住戸開口部からの噴出火炎の発熱速度
$T_{\lim}$	373	K	検証対象開口部許容温度

（オ）検証対象開口部の材料の許容温度となる噴出気流の垂直距離（Z_t）
$\Theta \leqq 0.35$より、

$$Z_t = 1.05 r_0 / \Theta = 1.05 \times 0.18 / 0.10 = 1.89 \, [\text{m}]$$

項目	数値	単位	備考
r_0	0.18	m	噴出気流等価半径
Θ	0.10	-	開口部許容温度の無次元温度

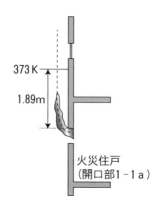

（カ）検証結果
　　　限界垂直距離が開口部間の距離を超えていないことを確認する。

$$Z_{\lim} = \max(Z_{Lm}, Z_t) = \max(1.20, 1.89) = 1.89 < 2.5 \, [\text{m}]$$

$Z_{\lim} < Z$ となり、開口部2-1aはフロートガラスを設置可能である。

2）住戸1・6（妻側）
　①　検討対象開口部
　　　図3.2.3に示す開口部1-1cの両端より15度の角度で上方に伸ばした線の内側、かつ開口部1-1c上端高さからの離隔距離が0.9m以上3.6m未満が検証範囲となるため、開口部2-1cは開口部1-1cの検証対象開口部である。
　　　火災住戸開口部：幅（B）1.4m×高さ（H）1.0m
　　　火災住戸開口部面積（A）：1.4㎡
　　　開口部間の距離（Z）：2.0m

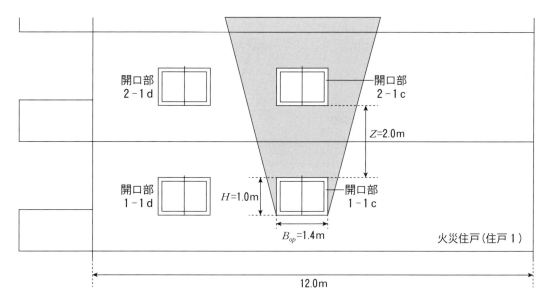

図3.2.3 検証対象開口部

② 開口部上端からの火炎高さ

開口部1-1cから火炎が噴出する状況を想定し、開口部上端からの火炎高さを算出する。

$Z_{Lm} = 2.39H = 2.39 \times 1.0 = 2.39$ [m]

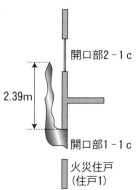

項目	数値	単位	備考
H	1.0	m	火災住戸開口部高さ

③ 検証対象開口部の材料の許容温度となる噴出気流の垂直距離 Z_t (m)

(ア) 検証対象開口部の材料の許容温度

フロートガラスが使用可能かどうかを検証する。第188号通知 第2、3(2)の表(本編ではp50の表2.3.1)より、フロートガラスのT_{lim}は373Kである。

$T_{lim} = 373$

(イ) 噴出気流等価半径 r_0

開口部1-1cより噴出する火炎の面積を等価面積の円に置き換える。

$r_0 = \sqrt{B_{op}H/2\pi} = \sqrt{1.4 \times 1.0/2\pi} = 0.47$ [m]

項目	数値	単位	備考
B_{op}	1.4	m	火災住戸開口部幅
H	1.0	m	火災住戸開口部高さ

（ウ）噴出火炎の発熱速度

開口部1-1cより噴出する火炎の発熱速度を算出する。

$$Q = 400A\sqrt{H} = 400 \times 1.4 \times \sqrt{1.0} = 560 \text{（kW）}$$

項目	数値	単位	備考
A_{op}	1.4	m²	火災住戸開口部面積。$\beta_{op} \times H$
H	1.0	m	火災住戸開口部高さ

（エ）開口部許容温度の無次元温度（Θ）

$$\Theta = 16.09 \Delta T r_0^{5/3} / (Q T_{\lim})^{2/3} = 16.09 \times 80 \times 0.47^{5/3} / (560 \times 373)^{2/3} = 0.10$$

なお、ΔTは検証対象開口部許容温度（$T_{\lim}$）と周辺温度との差である。

$$\Delta T = T_{\lim} - 293 = 373 - 293 = 80$$

項目	数値	単位	備考
ΔT	80	K	検証対象開口部許容温度と周辺温度との差
r_0	0.47	m	噴出気流等価半径
Q	560	kW	火災住戸開口部からの噴出火炎の発熱速度
$T_{\lim}$	373	K	検証対象開口部許容温度

（オ）検証対象開口部の材料の許容温度となる噴出気流の垂直距離（Z_t）

$\Theta \leq 0.35$より、

$$Z_t = 1.05 r_0 / \Theta = 1.05 \times 0.47 / 0.1 = 4.94 \text{［m］}$$

項目	数値	単位	備考
r_0	0.47	m	噴出気流等価半径
Θ	0.10	−	開口部許容温度の無次元温度

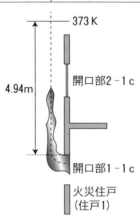

（カ）検証結果

限界垂直距離が開口部間の距離を超えていないことを確認する。

$$Z_{\lim} = \max(Z_{Lm}, Z_t) = \max(2.39, 4.94) = 4.94 > 2.0 \text{［m］}$$

$Z_{\lim} > Z$となり、開口部2-1cにはフロートガラスを使用できない。同様に、フロート

ガラス（飛散防止フィルム貼り）、線入りガラスも$Z_{lim}>Z$となり使用できない。よって、開口部2-1cには防火設備を設置する。

3）まとめ

本事例は、特定共同住宅等の位置、構造及び設備について消防庁長官が定める基準に適合する。
- 特定主要構造部は耐火構造である。
- 共用部分の壁・天井の仕上げは準不燃材料である。
- 住戸等は開口部のない耐火構造の床・壁で防火区画されている。
- 住戸等の床又は壁並びに当該床又は壁を貫通する配管等及びそれらの貫通部が基準に適合する。

（2）開放型階段の判断基準

当該プランは、各住戸が階段室に直接面する計画となっている。

以下に、住戸に面する階段室が開放性を有するかどうかを、煙又はガスに対する開放性の検証法（構造類型告示第4第2号（5）ロ）を用いて検討する。

① 出火住戸・階段の評価対象範囲の想定

当該プランでは、同一形状の階段室が3箇所設置されていることから、ここでは、住戸3で出火した場合を想定して、中央の階段室を対象として開放性の検証を行う。

階段の開放性の評価対象範囲は、図に示した範囲とする。

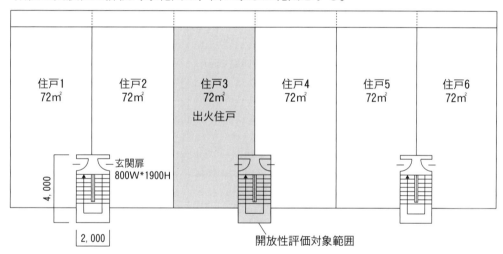

図3.2.4 階段開放性の評価対象範囲

② 火災の噴出する開口部の想定、発熱速度の設定

評価の対象とする開口部の設定に当たっては、階段室に直接面する住戸の開口は玄関開口部に限られることから、ここでは玄関開口部を評価の対象とする。

開口部：玄関開口部（幅0.8m×高さ1.9m）

$$\begin{aligned}Q_1 &= 400A\sqrt{H} \\ &= 400 \times 0.8 \times 1.9 \times \sqrt{1.9} \\ &= 838\,[\text{kW}]\end{aligned}$$

③ 階段室の熱気流発生量の算定

開口からの噴出熱気流量m_pは、以下のように算出される。

$$m_p = 0.52 A\sqrt{H}$$
$$= 0.52 \times 0.8 \times 1.9 \times \sqrt{1.9}$$
$$= 1.089 \ [\text{kg/s}]$$

階段室の熱気流密度P_cは、以下のように算出される。

$$P_c = \frac{353}{293 + \dfrac{Q_1}{m_p + 0.01 A_c}}$$

$$= \frac{353}{293 + \dfrac{838}{1.089 + 0.01 \times 2 \times 4}}$$

$$= 0.350 \ [\text{kg/m}^3]$$

従って、階段室の熱気流発生量Vは、以下のように算出される。

$$V = 31.2 A\sqrt{H}/P_c$$
$$= 31.2 \times 0.8 \times 1.9 \times \sqrt{1.9}/0.350$$
$$= 187.0 \ [\text{m}^3/\text{min}]$$

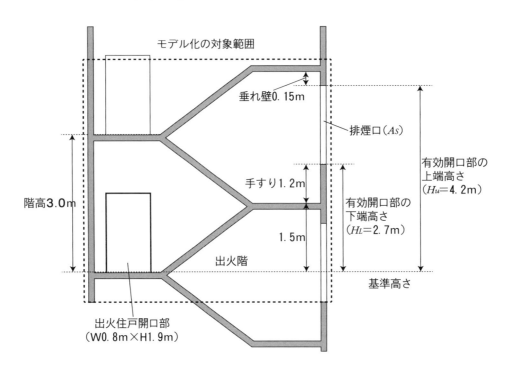

図3.2.5 階段室の排煙に有効な開口の高さ

④ 階段室排煙量の算定

階段室の排煙量Eは、以下のように算出される。

$$E = \max\left\{19L(H_U - H_L)^{3/2},\ 38L(H_U - H_L)\sqrt{H_U + H_L - 3.6}\right\}$$
$$= \max\left\{19 \times 2 \times (4.2 - 2.7)^{3/2},\ 38 \times 2 \times (4.2 - 2.7)\sqrt{4.2 + 2.7 - 3.6}\right\}$$

$$= \max(69.8,\ 207.1)$$
$$= 207.1\ [\text{m}^3/\text{min}]$$

⑤ 階段室の排煙効果に対する開放性の有無の判断

③④より、階段室の排煙量Eと廊下の熱気流発生量Vを比較すると、

$$E\ (=207.1\ [\text{m}^3/\text{min}]) > V\ (=187.0\ [\text{m}^3/\text{min}])$$

となるため、階段室は開放性が確保されていると判断される。

⑥ まとめ

以上の検討結果から、当該階段室は、階段室の排煙効果に対する開放性は確保されており、開放型階段と判断できるため、開放型特定共同住宅等に該当する。

参考として、空間形状からみた階段室等の開放性の判断基準（構造類型告示第4第2号（5）イ）に従って当該階段室の開放性を検証した場合は、開口部の上端に垂れ壁（$H=0.15$ m）があり、開口上端高さが天井高さの位置にないことから、開放型階段と判断されず、開放型特定共同住宅等に該当しない。

以上のように空間形状による検証では当該階段室は非開放となるが、構造類型告示第4第2号（5）において、階段室等の開放性の判断にあたっては、仕様基準と客観的検証法による判断基準のいずれかを満たせばよく、前述の客観的検証法により開放性を有していることが認められているので、本事例は開放性特定共同住宅に該当する。

（3）二方向避難の判定

ここで設定されている階段室型の共同住宅においては、階段室等及びバルコニーの開放性は確認されている。

ただし、この平面構成において、「住戸3・4」が出火住戸になった場合には、どの住戸からも両端の2つある階段室のどちらかへの避難経路が確保されているが、「住戸2」及び「住戸5」が出火住戸になった場合には、それぞれ「住戸1」と「住戸6」からの避難経路が存在しない（図3.2.6参照）。

以上から、ここで設定された平面構成においては、二方向避難が確保されていないことになる。そこで、二方向避難を確保するためには両端の住戸のバルコニーに避難ハッチ等を設置し、避難階まで避難できることが必要となる。

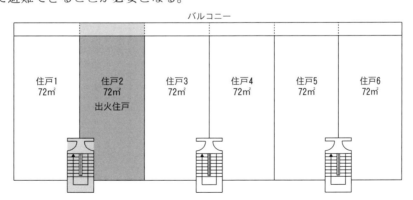

図3.2.6　避難経路として利用できない部分（図中の濃いグレーと薄いグレー部分）の例示

3　まとめ

以上より、本事例は開放型特定共同住宅等として適用が可能である。ただし、両端の住戸等のバルコニーに避難ハッチを設けた場合は二方向避難・開放型特定共同住宅等として共住省令の適用が可能となる。

第3節
中廊下型共同住宅等

1　計画の概要
（1）計画の特徴

　本計画は、図3.3.1に示すように、11戸の住戸が中廊下により対面して配置されている5階建の共同住宅である。中廊下の端部には、外気に開放された屋外階段が2か所設置されている。外部バルコニーは、住戸1～5、住戸6～11が連続している。

（2）建築物の概要
- 用途：共同住宅
- 建築面積：1,090㎡
- 基準階面積：935㎡
- 基準階階高：3.0m
- 階数：5階
- 高さ：15m
- 構造：RC構造
- 住戸数：55戸（各階11戸）

（3）検証に関連する計画条件

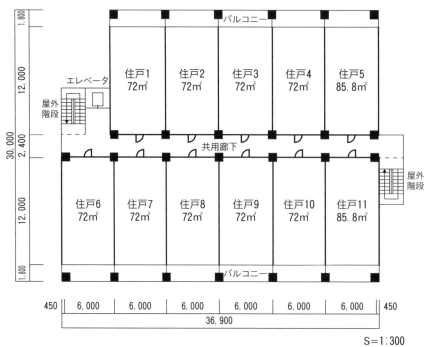

図3.3.1　中廊下型特定共同住宅等平面図

2 判断基準による検証

(1) 特定共同住宅等の位置、構造及び設備（外壁に面する開口部の検証）

図3.3.1の住戸1・5・6・11は、外壁面に0.5m以上突き出した耐火構造のひさしがない開口部を有している。これらの開口部の仕様を位置・構造告示第3第3号（2）ロの客観的検証法により検討する。

1) 住戸5・6

① 検証対象開口部

住戸5・6の開口部の条件は同じであるため、住戸6を対象に計算を行う。開口部は3つあり、開口部1-6b、1-6cは階段室型共同住宅の条件と同じであるので計算は省略する。ここでは、開口部1-6aについて検討を行う。開口部両端より15度の角度で上方に伸ばした線の内側で開口部1-6aの上端から3.6m未満が検証の必要な範囲となるため、開口部1-6aの検証対象開口部は上階の開口部2-6aとなる。

火災住戸開口部：幅（B_{op}）0.7m×高さ（H）1.0m

火災住戸開口部面積（A）：0.7㎡

開口部間の距離（Z）：2.0m

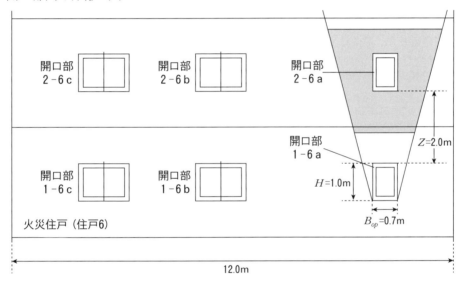

図3.3.2 検証対象開口部

② 開口部上端からの火炎高さ

開口部1-6aから火炎が噴出する状況を想定し、開口部上端からの火炎高さを算出する。

$Z_{Lm} = 2.39H = 2.39 \times 1.0 = 2.39$ [m]

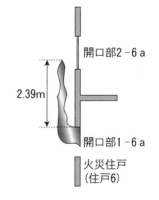

項目	数値	単位	備考
H	1.0	m	火災住戸開口部高さ

第３章●特定共同住宅等のタイプ別の設計例

③　検証対象開口部の材料の許容温度となる噴出気流の垂直距離　Z_t（m）

（ア）検証対象開口部の材料の許容温度

フロートガラスが使用可能かどうかを検証する。第188号通知 第２、３（２）の表（本編ではp50の表２．３．１）より、フロートガラスのT_{lim}は373Kである。

$T_{lim}=373$

（イ）噴出気流等価半径　r_0

開口部１‐６ａより噴出する火炎の面積を等価面積の円に置き換える。

$r_0=\sqrt{B_{op}H/2\pi}=\sqrt{0.7\times1/2\pi}=0.33$［m］

項目	数値	単位	備考
B_{op}	0.7	m	火災住戸開口部幅
H	1.0	m	火災住戸開口部高さ

（ウ）噴出火炎の発熱速度

開口部１‐６ａより噴出する火炎の発熱速度を算出する。

$Q=400A\sqrt{H}=400\times0.7\times\sqrt{1.0}=280$（kW）

項目	数値	単位	備考
A_{op}	0.7	m²	火災住戸開口部面積。$B_{op}\times H$
H	1.0	m	火災住戸開口部高さ

（エ）開口部許容温度の無次元温度（Θ）

$\Theta=16.09\Delta Tr_0^{5/3}/(QT_{lim})^{2/3}=16.09\times80\times0.33^{5/3}/(280\times373)^{2/3}=0.09$

なお、ΔTは検証対象開口部許容温度（T_{lim}）と周辺温度との差である。

$\Delta T=T_{lim}-293=373-293=80$

項目	数値	単位	備考
ΔT	80	K	検証対象開口部許容温度と周辺温度との差
r_0	0.33	m	噴出気流等価半径
Q	280	kW	火災住戸開口部からの噴出火炎の発熱速度
T_{lim}	373	K	検証対象開口部許容温度

（オ）検証対象開口部の材料の許容温度となる噴出気流の垂直距離（Z_t）

$\Theta\leqq0.35$より、

$Z_t=1.05r_0/\Theta=1.05\times0.33/0.09=3.85$［m］

項目	数値	単位	備考
r_0	0.33	m	噴出気流等価半径
Θ	0.09	―	開口部許容温度の無次元温度

160

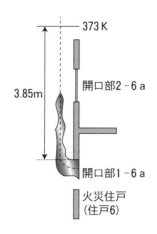

(カ) 検証結果

　　限界垂直距離が開口部間の距離を超えていないことを確認する。

$Z_{\lim}=\max(Z_{Lm}, Z_t)=\max(2.39, 3.85)=3.85>2.0\,[\mathrm{m}]$

$Z_{\lim}>Z$ となるため、開口部2-6aにはフロートガラスを使用できない。

同様な手順でフロートガラス（飛散防止フィルム貼り）、線入りガラスについて評価を行うと、

フロートガラス（飛散防止フィルム貼り）：

$Z_{\lim}=\max(Z_{Lm}, Z_t)=\max(2.39, 2.48)=2.48>2.0\,[\mathrm{m}]$

線入りガラス：

$Z_{\lim}=\max(Z_{Lm}, Z_t)=\max(2.39, 1.19)=2.39>2.0\,[\mathrm{m}]$

となり、フロートガラス（飛散防止フィルム貼り）、線入りガラスも使用できない。

よって、検証対象開口部には防火設備を設置する。

2）住戸1・11

① 検証対象開口部

　住戸1・11の開口部条件は同じであるため、住戸11の開口部1-11aを例に検証を行う。図3.3.3に示す開口部1-11a両端より15度の角度で上方に伸ばした線の内側、かつ火災住戸開口部上端高さからの離隔距離が0.9m以上3.6m未満が検証範囲となるため、開口部1-11aの検証対象開口部は上階の開口部2-11aとなる。

　　火災住戸開口部：幅（B）1.0m×高さ（H）0.5m
　　火災住戸開口部面積（A）：0.5m²
　　開口部間の距離（Z）：2.5m

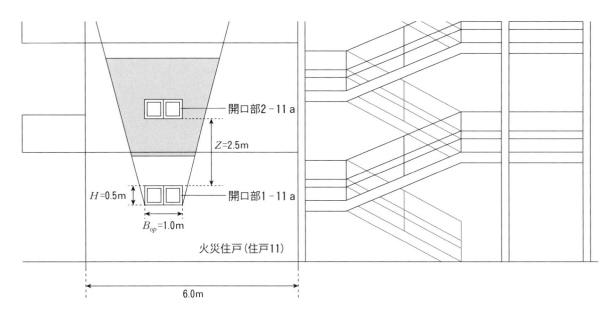

図3.3.3　検証対象開口部

② 開口部上端からの火炎高さ

開口部1-11aから火炎が噴出する状況を想定し、開口部上端からの火炎高さを算出する。

$Z_{Lm}=2.39H=2.39\times 0.5=1.20$ [m]

項目	数値	単位	備考
H	0.5	m	火災住戸開口部高さ

（ア）検証対象開口部の材料の許容温度

フロートガラス（飛散防止フィルム貼り）が使用可能かどうかを検証する。第188号通知 第2、3（2）の表（本編ではp50の表2.3.1）より、フロートガラス（飛散防止フィルム貼り）のT_{lim}は423Kである。

$T_{lim}=423$

（イ）噴出気流等価半径　r_0

開口部1-11aより噴出する火炎の面積を等価面積の円に置き換える。

$r_0=\sqrt{B_{op}H/2\pi}=\sqrt{1.0\times 0.5/2\pi}=0.28$ [m]

項目	数値	単位	備考
B_{op}	1.0	m	火災住戸開口部幅
H	0.5	m	火災住戸開口部高さ

（ウ）噴出火炎の発熱速度

開口部1-11aより噴出する火炎の発熱速度を算出する。

$$Q = 400A\sqrt{H} = 400 \times 0.5 \times \sqrt{0.5} = 141.42 \text{ (kW)}$$

項目	数値	単位	備考
A	0.5	m²	火災住戸開口部面積。$B_{op} \times H$
H	0.5	m	火災住戸開口部高さ

（エ）開口部許容温度の無次元温度（Θ）

$$\Theta = 16.09 \Delta T r_0^{5/3}/(QT_{\lim})^{2/3} = 16.09 \times 130 \times 0.28^{5/3}/(141.42 \times 423)^{2/3} = 0.16$$

なお、ΔTは検証対象開口部許容温度（$T_{\lim}$）と周辺温度との差である。

$$\Delta T = T_{\lim} - 293 = 423 - 293 = 130$$

項目	数値	単位	備考
ΔT	130	K	検証対象開口部許容温度と周辺温度との差
r_0	0.28	m	噴出気流等価半径
Q	141.42	kW	火災住戸開口部からの噴出火炎の発熱速度
$T_{\lim}$	423	K	検証対象開口部許容温度

（オ）検証対象開口部の材料の許容温度となる噴出気流の垂直距離（Z_t）

$\Theta \leqq 0.35$より、

$$Z_t = 1.05 r_0/\Theta = 1.05 \times 0.28/0.16 = 1.84 \text{ [m]}$$

項目	数値	単位	備考
r_0	0.28	m	噴出気流等価半径
Θ	0.16	－	開口部許容温度の無次元温度

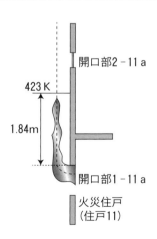

（カ）検証結果

限界垂直距離が開口部間の距離を超えていないことを確認する。

$$Z_{\lim} = \max(Z_{Lm}, Z_t) = \max(1.20, 1.84) = 1.84 < 2.5 \text{ [m]}$$

第3章●特定共同住宅等のタイプ別の設計例

$Z_{\lim}>Z$となり、開口部2-11aにはフロートガラス（飛散防止フィルム貼り）を使用可能である。

同様な手順でフロートガラス、線入りガラスについて評価を行うと、

フロートガラス：

$$Z_{\lim}=\max(Z_{Lm}, Z_t)=\max(1.20, 2.69)=2.69>2.5\ [\text{m}]$$

線入りガラス：

$$Z_{\lim}=\max(Z_{Lm}, Z_t)=\max(1.20, 0.69)=1.2<2.5\ [\text{m}]$$

となり、開口部2-11aにはフロートガラスは使用不可、線入りガラスは使用可能である。

3）まとめ

本事例は、以下に示すように特定共同住宅等の位置、構造及び設備について消防庁長官が定める基準に適合する。

・特定主要構造部は耐火構造である。
・共用部分の壁・天井の仕上げは準不燃材料である。
・住戸等は開口部のない耐火構造の床・壁で防火区画されている。
・住戸等の床又は壁並びに当該床又は壁を貫通する配管等及びそれらの貫通部が基準に適合する。

（2）開放型廊下の判断基準

本プランの廊下は、大部分が外気に直接面しない中廊下形式となっているため、開放型廊下には当たらない。したがって、開放型特定共同住宅等には該当しない。

（3）二方向避難の判定

ここで設定されている中廊下型の共同住宅においては、共用廊下部分は非開放性となる。

そして、この平面構成において、共用廊下の両端にある「住戸5・6・11」が出火住戸になった場合には、バルコニーを経由し、どちらか一方の屋外階段を利用する避難経路が確保されていることになる（屋外階段前の1住戸幅分は避難経路として利用可能となるため）。また、共用廊下の中央部分（例えば「住戸3」）が出火住戸になった場合には、共用廊下両端の1住戸幅分は避難経路として利用可能となる。

以上から、ここで設定された平面構成においては、二方向避難が確保されていると判定される。

164

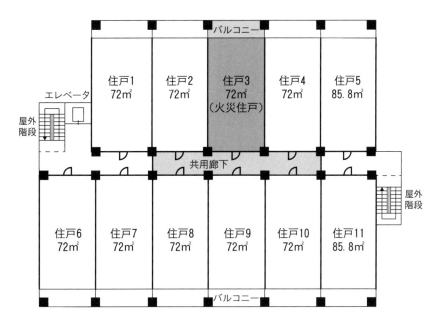

図3.3.4　避難経路として利用できない部分（図中の濃いグレーと薄いグレー部分）の例示

3　まとめ

以上より、本事例は二方向避難型の特定共同住宅等として共住省令の適用が可能である。

第3章●特定共同住宅等のタイプ別の設計例

第4節
コア型共同住宅

　平面の中央部に避難階段が配置されたコア型の共同住宅について、省令の適用の可否及び適用に当たっての形態区分を検証する。

1　計画の概要
（1）計画の特徴

　　本計画は、図3.4.1に示すように中央部にコアを有し、12戸の住戸がロの字型に配置されている。各住戸は中廊下に面して玄関扉を有している。住戸から2箇所の避難階段に至る主たる避難経路は外気に開放されていない廊下であり、また外部バルコニーには避難ハッチが設置されている。

（2）建築物の概要
- 用途：共同住宅（14-25階）、事務所（1-13階）
- 建築面積：2,260㎡
- 基準階面積：1,401㎡
- 基準階階高：3.0m
- 階数：25階
- 高さ：102m
- 構造：S造（一部SRC造及びRC造）
- 住戸数：130戸（各階12戸）

（3）検証に関連する計画条件
　　①　各住戸の廊下に面する開口部
　　　玄関開口部：幅0.9m×高さ2.1m
　　　居室開口部：幅1.2m×高さ0.9m
　　②　廊下
　　　廊下の幅：2.5m
　　　共用部分の壁及び天井の室内に面する部分の仕上げ：不燃材料

166

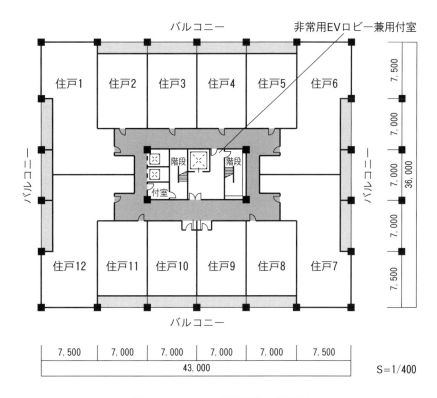

図3.4.1　コア型共同住宅平面図

2　判断基準による検証

（1）特定共同住宅等の位置、構造及び設備（外壁に面する開口部の検証）

　　図3.4.1に示す住戸1・6・7・12は、外壁面に0.5m以上突き出した耐火構造のひさしがない開口部を有している。これらの開口部の仕様を位置・構造告示第3第3号（2）ロの客観的検証法により検討する。開口部は4住戸とも同じ条件であるため、住戸1の開口部を対象に計算を実施する。

① 検証対象開口部

　　図3.4.2に示す開口部22-1a両端より15度の角度で上方に伸ばした線の内側、かつ開口部22-1a上端高さからの離隔距離が0.9m以上3.6m未満が検証範囲となるため、開口部22-1aの検証対象開口部は上階の開口部23-1aとなる。

　　火災住戸開口部：幅（B_{op}）6.6m×高さ（H）1.5m
　　火災住戸開口部面積（A）：9.9㎡
　　開口部間の距離（Z）：1.5m

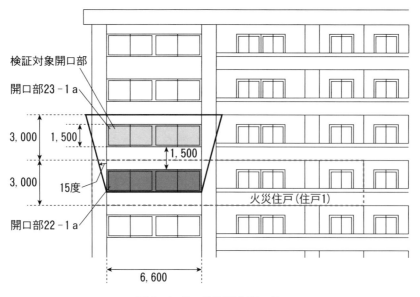

図3.4.2　検証対象開口部

② 開口部上端からの火炎高さ

開口部22-1aから火炎が噴出する状況を想定し、開口部上端からの火炎高さを算出する。

$Z_{Lm} = 2.39H = 2.39 \times 1.5 = 3.59$ [m]

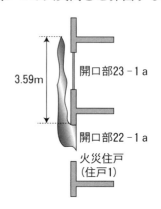

項目	数値	単位	備考
H	1.5	m	火災住戸開口部高さ

③ 検証対象開口部の材料の許容温度となる噴出気流の垂直距離 Z_t (m)

（ア）検証対象開口部の材料の許容温度

フロートガラスが使用可能かどうかを検証する。第188号通知 第2、3（2）の表（本編ではp50の表2.3.1）より、フロートガラスのT_{lim}は373Kである。

$T_{lim} = 373$

（イ）噴出気流等価半径 r_0

開口部22-1aより噴出する火炎の面積を等価面積の円に置き換える。

$r_0 \sqrt{B_{op}H/2\pi} = \sqrt{6.6 \times 1.5/2\pi} = 1.26$ [m]

項目	数値	単位	備考
B_{op}	6.6	m	火災住戸開口部幅
H	1.5	m	火災住戸開口部高さ

(ウ) 噴出火炎の発熱速度

開口部22-1 aより噴出する火炎の発熱速度を算出する。

$$Q = 400A\sqrt{H} = 400 \times 9.9 \times \sqrt{1.5} = 4849.99 \text{ (kW)}$$

項目	数値	単位	備考
A	9.9	m²	火災住戸開口部面積。$B_{op} \times H$
H	1.5	m	火災住戸開口部高さ

(エ) 開口部許容温度の無次元温度 (Θ)

$$\Theta = 16.09 \Delta T r_0^{5/3} / (Q T_{\lim})^{2/3} = 16.09 \times 80 \times 1.26^{5/3} / (4849.99 \times 373)^{2/3} = 0.13$$

なお、ΔTは検証対象開口部許容温度 ($T_{\lim}$) と周辺温度との差である。

$$\Delta T = T_{\lim} - 293 = 373 - 293 = 80$$

項目	数値	単位	備考
ΔT	80	K	検証対象開口部許容温度と周辺温度との差
r_0	1.26	m	噴出気流等価半径
Q	4849.99	kW	火災住戸開口部からの噴出火炎の発熱速度
$T_{\lim}$	373	K	検証対象開口部許容温度

(オ) 検証対象開口部の材料の許容温度となる噴出気流の垂直距離 (Z_t)

$\Theta \leq 0.35$ より、

$$Z_t = 1.05 r_0 / \Theta = 1.05 \times 1.26 / 0.13 = 10.18 \text{ [m]}$$

項目	数値	単位	備考
r_0	1.26	m	噴出気流等価半径
Θ	0.13	—	開口部許容温度の無次元温度

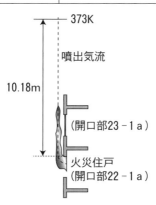

(カ) 検証結果

限界垂直距離が開口部間の距離を超えていないことを確認する。

$$Z_{\lim} = \max(Z_{Lm}, Z_t) = \max(3.59, 10.18) = 10.18 > 1.5 \text{ [m]}$$

$Z_{\lim} < Z$ となり、開口部23-1 aにはフロートガラスを使用できない。

同様な手順でフロートガラス（飛散防止フィルム貼り）、線入りガラスについて評価を

第 3 章 ● 特定共同住宅等のタイプ別の設計例

行うと、フロートガラス（飛散防止フィルム貼り）：

$$Z_{lim} = \max(Z_{Lm}, Z_t) = \max(3.59, 6.97) = 6.97 > 1.5 \ [\text{m}]$$

線入りガラス：

$$Z_{lim} = \max(Z_{Lm}, Z_t) = \max(3.59, 3.59) = 3.59 > 1.5 \ [\text{m}]$$

となり、開口部23-1 a にはフロートガラス（飛散防止フィルム貼り）、線入りガラスも使用できない。よって、検証対象開口部には防火設備を設置する。

④ まとめ

本事例は、特定共同住宅等の位置、構造及び設備について消防庁長官が定める基準に適合する。

- 特定主要構造部は耐火構造である。
- 共用部分の壁・天井の仕上げは準不燃材料である。
- 住戸等は開口部のない耐火構造の床・壁で防火区画されている。
- 住戸等の床又は壁並びに当該床又は壁を貫通する配管等及びそれらの貫通部が基準に適合する。

（2）特定光庭の判断

本プランは光庭、ボイド空間が存在しないため特定光庭の検証は実施しない。

（3）開放型の廊下の判断基準

本計画は、廊下は外気と接しない中廊下となっているので、非開放型廊下である。

（4）二方向避難の判断基準

ここで設定されているコア型の共同住宅等において、共用廊下部分は非開放性廊下となる。

そして、どの住戸から出火したとしても共用廊下は避難上で利用できなくなることを想定するため（図3.4.3参照）、コア部分に設置された階段室は避難上で利用できなくなる。つまり、ここで設定された平面構成においては、二方向避難が確保されていないことになる。そこで、二方向避難を確保するうえでは、ここで設定されている各バルコニーの両端に避難用ハッチ等の避難施設の設置が要求される。

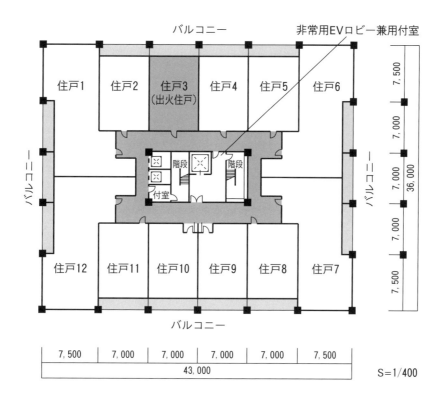

図3.4.3　避難経路として利用できない部分（図中の濃いグレーと薄いグレー部分）の例示

3　まとめ

以上より、本事例はその他の特定共同住宅等として共住省令の適用が可能である。

第3章●特定共同住宅等のタイプ別の設計例

第5節
ボイド型共同住宅

中央部にボイド型の吹抜け空間を有する高層の共同住宅について、特定共同住宅等への該当の可否及びその形態区分を検証する。

1　計画の概要

（1）計画の特徴

　　本計画は、図3.5.1に示すように、住戸、エレベータホール等が吹抜けボイド空間を囲むようにロの字型に配置される平面計画となっている。各住戸はボイド空間に面して玄関扉及び居室窓を有している。各住戸からの主たる避難経路は、ボイド空間に面した廊下を経由して2箇所の特別避難階段に至る経路であり、また連続した外部バルコニーを経由して特別避難階段に至る経路が確保されている。

（2）建築物の概要

- 用途：共同住宅
- 建築面積：2,000㎡
- 基準階面積：1,200㎡
- 基準階階高：3.0m
- 階数：40階
- 高さ：125.0m
- 構造：RC構造
- 住戸数：342戸（各階9戸）

（3）検証に関連する計画条件

①　各住戸のボイド空間に面する開口部

　　玄関扉：幅1.0m×高さ2.0m

　　居室窓：幅2.0m×高さ1.0m

②　ボイド空間

　　廊下を含む平面寸法：24.0m×24.0m

　　吹抜け部の平面寸法：20.0m×20.0m

　　吹抜け部の高さ：114.0m

　　下部に設けられた給気口の面積：100.0㎡

③　廊下

　　廊下の幅：1.8m

　　廊下の床面積：216㎡

　　共用部分の壁及び天井の室内に面する部分の仕上げ：不燃材料

172

有効開口部の上端の高さ：2.4m
有効開口部の下端の高さ：1.2m
有効開口部の長さ：（全体で）80m

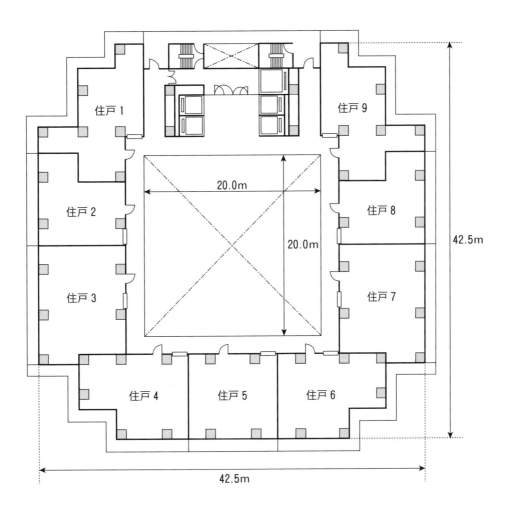

図3.5.1　ボイド型共同住宅平面図

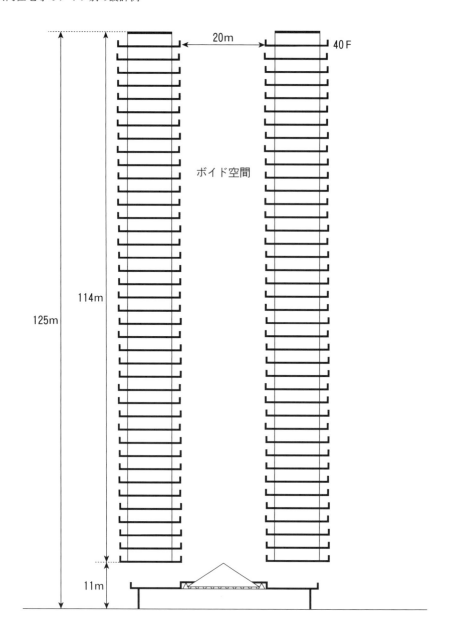

図3.5.2 ボイド型共同住宅断面図

2 各判断基準による検証

(1) 特定共同住宅等の位置、構造及び設備（外壁に面する開口部の検証）

本事例は、検証が必要な外壁に面する開口部は存在しない。特定共同住宅等の位置、構造及び設備について消防庁長官が定める基準に適合する。
- 主要構造部は耐火構造である。
- 共用部分の壁・天井の仕上げは準不燃材料である。
- 住戸等は開口部のない耐火構造の床・壁で防火区画されている。
- 住戸等の床又は壁並びに当該床又は壁を貫通する配管等及びそれらの貫通部が基準に適合する。

(2) 特定光庭の判断基準

① 火災住戸の想定

火災住戸の開口噴出火炎による他住戸への延焼及び廊下の避難安全に対して最も不利になる住戸を選定して火災住戸と設定する。ここでは、図3.5.1に示す住戸3を火災住戸と設定す

る。
② 火炎の噴出する開口部の想定

火災住戸のボイド空間に面する開口部2箇所（玄関扉と居室窓）から火炎が噴出する状況を想定する。

開口部1：玄関扉（幅1.0m×高さ2.0m）
$A = 2.0 m^2$
$H = 2.0 m$

開口部2：居室窓（幅2.0m×高さ1.0m）
$A = 2.0 m^2$
$H = 1.0 m$

③ 噴出火炎の大きさ

2箇所の開口部を等価開口部に置き換えると、

開口部面積：$2.0 + 2.0 = 4.0 m^2$
開口部の大きさ：幅2.0m×高さ2.0m
位置：

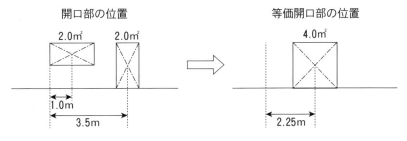

図3.5.3　等価開口部の合成

等価開口部の中心位置＝4.0／（2.0×1.0＋2.0×3.5）＝2.25

> ポイント：等価開口部は、各開口部の最大の高さを高さとし、面積が等しくなるように設定する。等価開口部の中心位置は開口部の面積重心の位置が一致するように設定する。（参考：第2章第4節）

噴出火炎の高さは、
$L = 1.52 * H$
　　$= 1.52 \times 2.0$
　　$= 3.04 (m)$

噴出火炎の面積は、
$S = L * W$
　　$= 3.04 \times 2.0$
　　$= 6.08 (m^2)$

④ 延焼安全性の検討

図3.5.4に示すように、延焼上最も不利になると想定される隣接住戸の玄関開口部への延焼を検討する。開口部間の距離は図3.5.4に示すとおりである。

受熱面（隣接住戸の玄関開口部）から噴出火炎面を見込む形態係数は、

$F = \dfrac{\cos\beta_1 \cos\beta_2}{\pi d^2} S$

$\cos\beta_1 = 7.25/8.05 = 0.901$、$\cos\beta_2 = 3.5/8.05 = 0.435$、$d = 8.05$、$S = 6.08$より、

$F = 0.0117$

となる。

　　受熱面（玄関開口部）の受ける輻射受熱量は、
　$S=100\times0.0117$
　　$=1.17<10.0\,(\mathrm{kW/m^2})$

となり、延焼の危険はないと評価できる。

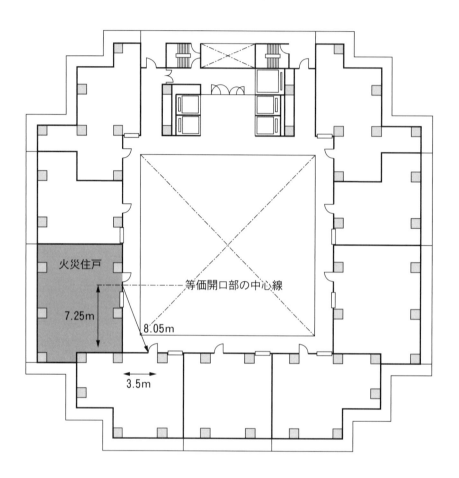

図3.5.4　延焼安全性の検討

⑤ 避難安全性の検討（熱からの安全）

　火災住戸以外の各住戸からの避難経路を図3.5.5のように設定し、それぞれの避難経路の区分ごとに避難者の受ける輻射受熱量を算定する。

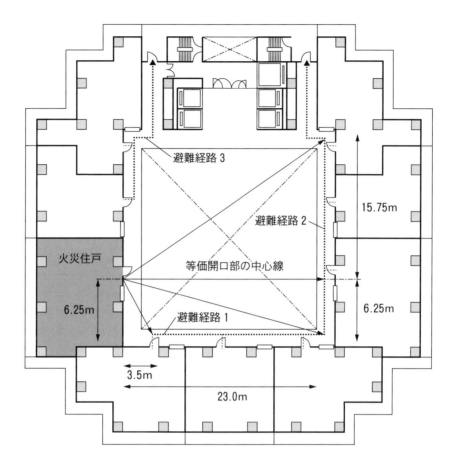

図3.5.5　避難安全性の検討

経路全体に対して④と同様の計算を行って、避難経路ごとに結果を整理する。

1）避難経路1

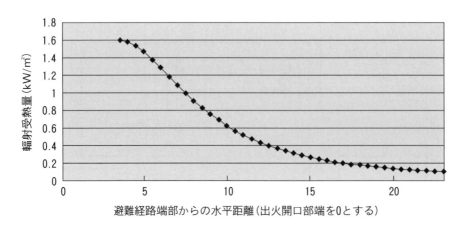

図3.5.6　避難経路1の避難者の受ける輻射受熱量

2）避難経路2

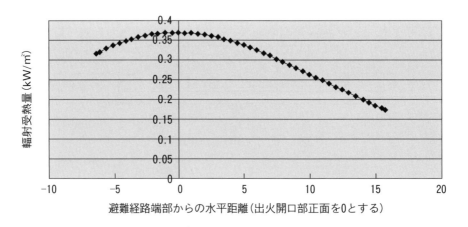

図3.5.7　避難経路2の避難者の受ける輻射受熱量

3）避難経路3

避難経路1、2に比較して輻射受熱量が小さいことが明らかなため、計算を省略する。

避難経路のどの部分においても避難者の受ける輻射受熱量が3.0kW/㎡未満であるため、輻射熱に対して避難上安全であると評価できる。

ポイント：ここでは避難経路1、2とも経路全体について輻射受熱量の計算を行っているが、最も不利な位置が明らかに想定される場合（例えば避難経路2では出火開口部の正面が最も輻射受熱量が大きくなることが明らか）は、その地点についてのみ計算を行えばよい。

⑥　噴出火炎の発熱速度

$$Q = \sum 400A\sqrt{H}$$
$$= 400 \times 2.0 \times \sqrt{2.0} + 400 \times 2.0 \times \sqrt{1.0}$$
$$= 1931 (\text{kW})$$

⑦　避難安全性の検討（煙からの安全）

ボイド空間の高さと幅の商は、

$$114.0 / 20.0 = 5.7$$

となり、2.5以上となるため、ボイド内の煙の温度上昇を検討する。

給気口率 r は、

$$r = \frac{S_a}{S_t} * 100 = \frac{100.0}{400.0} * 100 = 25$$

したがって、

$$a = 1.2 + \frac{1.32}{r + 0.66} = 1.2 + \frac{1.32}{25 + 0.66} = 1.25$$

$$\Delta T = 2.06a + \frac{Q^{2/3}}{D^{5/3}} = 2.06 * 1.25 * \frac{1931^{2/3}}{20.0^{5/3}} = 2.71 < 4.0$$

となり、煙の温度上昇が4K未満となるため、煙に対して避難上安全であると評価できる。

⑧　まとめ

以上の検討より当該ボイド空間は特定光庭には該当しない。

（3）開放型廊下の判断基準

当該プランは、廊下がボイドに直接面する計画となっている。「（2）特定光庭の判断基準」から、ボイド空間は特定光庭に該当しないことが確認されていることから、廊下が面するボイド空間は外気同等と判断して良い。

以下に、ボイド空間に面する廊下が開放性を有するかどうかを、煙又はガスに対する開放性の検証法（構造類型告示第4第2号（4）イ（ロ））を用いて検討する。

①　出火住戸・廊下の評価対象範囲の想定

ここでは特定光庭の判断基準と同様、住戸3を火災住戸と想定する。

廊下の評価対象範囲は、図に示した範囲とする。

第3章●特定共同住宅等のタイプ別の設計例

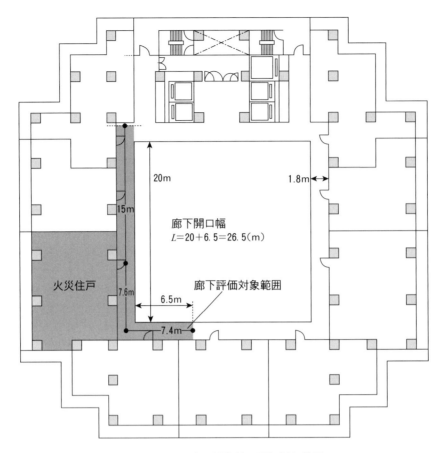

図3.5.8　廊下開放性の評価対象範囲

② 火災の噴出する開口部の想定、発熱速度の設定

火災住戸は廊下に面して2箇所の開口部がある。

評価の対象とする開口部の設定に当たっては、火源の想定発熱速度が最も大きくなる開口部1箇所を対象とすることから、ここでは玄関開口部を評価の対象とする。

開口部1：玄関開口部（幅1.0m×高さ2.0m）

$$Q_1 = 400A\sqrt{H} \\ = 400 \times 1.0 \times 2.0 \times \sqrt{2.0} \\ = 1131 \text{[kW]}$$

開口部2：居室開口部（幅2.0m×高さ1.0m）

$$Q_2 = 400A\sqrt{H} \\ = 400 \times 2.0 \times 1.0 \times \sqrt{1.0} \\ = 800 \text{[kW]}$$

③ 廊下の熱気流発生量の算定

開口からの噴出熱気流量m_pは、以下のように算出される。

$$m_p = 0.52A\sqrt{H} \\ = 0.52 \times 2.0 \times \sqrt{2.0} \\ = 1.471 \text{[kg/s]}$$

廊下の熱気流密度P_cは、以下のように算出される。

$$P_c = \cfrac{353}{293 + \cfrac{Q_1}{m_p + 0.01 A_c}}$$

$$= \cfrac{353}{293 + \cfrac{1131}{1.471 + 0.01 \times 1.8 \times (21.9 + 8.1)}}$$

$$= 0.413 \ [\mathrm{kg/m^3}]$$

したがって、廊下の熱気流発生量Vは、以下のように算出される。

$$V = 31.2 A \sqrt{H}/P_c$$
$$= 31.2 \times 2.0 \times \sqrt{2.0}/0.413$$
$$= 213.9 \ [\mathrm{m^3/min}]$$

④　廊下排煙量の算定

廊下の開口幅は26.5mであり、廊下の排煙量Eは、以下のように算出される。

$$E = \max \left\{ 19L (H_U - 1.8)^{3/2}, \ \frac{53.7L (H_U - 1.8)^{3/2}}{\sqrt{1 + (H_U - 1.8)^2/(1.8 - H_L)^2}} \right\}$$

$$= \max \left\{ 19 \times 26.5 \times (2.4 - 1.8)^{3/2}, \ \frac{53.7 \times 26.5 \times (2.4 - 1.8)^{3/2}}{\sqrt{1 + (2.4 - 1.8)^2/(1.8 - 1.2)^2}} \right\}$$

$$= \max (234.0, 467.7)$$

$$= 467.7 \ [\mathrm{m^3/min}]$$

⑤　廊下の排煙効果に対する開放性の有無の判断

③④より、廊下の排煙量Eと廊下の熱気流発生量Vを比較すると、

$$E \ (= 467.7 \ [\mathrm{m^3/min}]) \geqq V \ (= 213.9 \ [\mathrm{m^3/min}])$$

となるため、廊下は開放性が確保されていると判断される。

⑥　外気に面しない部分の開放性の有無

廊下の各部分のうち、周囲の三面が直接外気に開放されておらず、外気に面しない部分として、図に示す範囲が該当する。

各々の部分について、開放性の有無を評価する。

廊下部分（幅W＝2.0m、奥行L＝6 m）

・$L \leqq 4 W$　　→L＝6 m $\leqq$ 4 ×2.0m＝8.0m　　　→O.K.

・$L \leqq 6$ m　　→L＝6 m $\leqq$ 6 m　　　　　　　　→O.K.

以上から、外気に面しない廊下部分は開放性が確保されていると判断される。

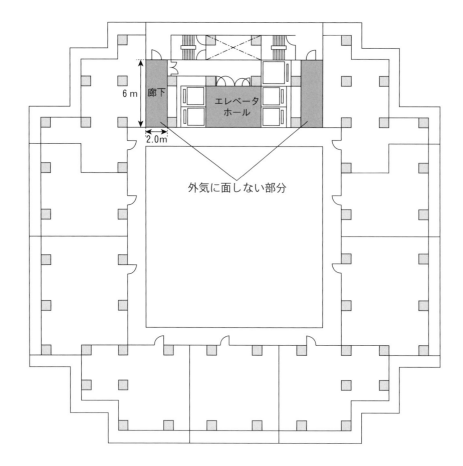

図3.5.9 外気に面しない部分の対象範囲

⑦ まとめ

以上の検討結果から、当該廊下は、廊下全体としての開放性は確保されており、開放型特定共同住宅等に該当する。

(4) 二方向避難の判定

ここで設定されているボイド型の共同住宅において、共用廊下及びバルコニーの開放性は確認されている。

そして、避難上で最も支障がありそうな出火住戸は、階段室に近い「住戸1・9」である。ただし、「住戸1」あるいは「住戸9」が出火住戸になったとしても、各住戸から共用廊下及びバルコニーを経由して階段室に至る経路が確保されることから（図3.5.10参照）、ここで設定されている平面形態では、二方向避難が確保されているといえる。

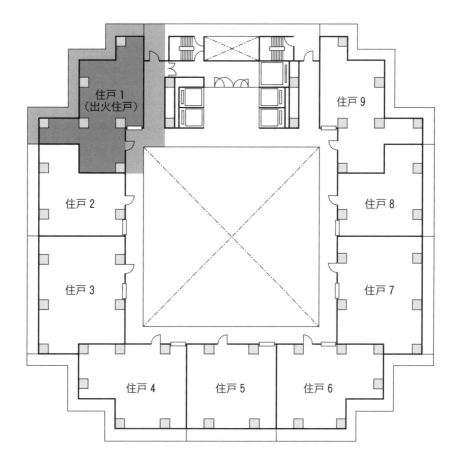

図3.5.10 避難経路として利用できない部分（図中の濃いグレーと薄いグレー部分）の例示

3 まとめ

以上より、本計画は二方向避難開放型特定住宅等として共住省令の適用が可能である。

第４章

共同住宅等の防火管理

第4章●共同住宅等の防火管理

第1節
防火管理制度の概要

　防火対象物の防火安全性能は、消防用設備等を設置しただけで確保できるものではない。

　これらの設備の維持管理はもちろん、火災が発生した場合の初期対応としての消火、通報連絡、避難誘導の対応方法等についてあらかじめ準備する等のいわゆるソフト面も、防火安全を確保するための重要な要素である。

　このため、消防法では、第8条において、一定以上の収容人員を有する一定の用途の防火対象物については、法に基づいて防火管理を行わなければならないこととしている。

　その内容は、「当該防火対象物の管理について権原を有する者が有資格者の中から防火管理者を選び、その防火管理者に、消防計画の作成、当該消防計画に基づく消火、通報、避難訓練の実施、消防用設備等の点検及び整備、火気の使用や取扱いの監督、避難又は防火上必要な構造及び設備の維持管理等の防火管理上必要な業務を行わせなければならない」というものである。

　共同住宅等については、収容人員（居住者の数）が50人以上の場合に、消防法上の防火管理者の選任義務があることとされている。

1　管理について権原を有する者

　法第8条の「管理について権原を有する者」（通常「管理権原者」という。）は、一般的なビルの場合は、そのビルのオーナー（所有者）ということになるが、共同住宅等の場合は単純にそうではない。

　まず、分譲住宅の場合は、一般に個々の住宅の世帯主が、それぞれの住戸部分の管理権原者であると解され、共用部分等については、各管理権原者が共同で権原を有するものと解される。

　賃貸住宅の場合は、防火に関する管理について、実質上誰が権原を有しているかによって様々なケースがあり得る。公営住宅やＵＲ賃貸住宅の場合は、市や都市再生機構が管理権原者であることが多いが、民間の賃貸住宅の場合には、所有者（又は所有会社の社長）の場合や、所有者から委託を受けた管理会社の場合もあり、極端な場合には、管理権原者に相当する者が特定不能の場合もある。また、規約、契約等で責任関係が明確にできるのであれば、居住者のつくる管理組合等が管理権原者となることもあり得る。

　管理権原者について、その考え方の整理が「防火対象物等の「管理について権原を有する者」について」平成24年2月14日付け消防予第52号）において、次のとおり示されていることから、参考とされたい。

（防火対象物等の「管理について権原を有する者」について）
（1）「管理」及び「権原」
　　　「管理について権原を有する者」（以下「管理権原者」という。）のうち、「管理」とは、防火対象物又はその部分における火気の使用又は取扱いその他法令に定める防火についての管理を

いい、「権原」とは、ある法律行為又は事実行為を正当ならしめる法律上の原因をいう。

（２）「管理について権原を有する者」

（１）を踏まえると、管理権原者とは、「防火対象物又はその部分における火気の使用又は取扱いその他法令に定める防火の管理に関する事項について、法律、契約又は慣習上当然行うべき者」をいう。代表的な例としては、防火対象物の所有者、占有者等が想定される。

ただし、この判断に当たっては、防火対象物又はその部分の所有形態、管理形態、運営形態、契約形態のほか、「管理権原者の代表的な例」（表参照）を踏まえて総合的に判断する必要がある。また、「その他法令」とは、法第８条や消防法施行令（昭和36年政令第37号。以下「令」という。）第４条（現在の「３条の２」以下同じ。）等の防火管理上必要な業務（防火管理に係る消防計画の作成、当該計画に基づく消火、通報及び避難の訓練の実施等）に係るものを指す。

なお、法第17条第１項等に規定する消防用設備等を適切に設置及び維持管理すべき「防火対象物の関係者」は、管理権原者とは別の概念であり、必ずしも同一人が該当するとは限らないことに留意する必要がある。

（３）複合用途防火対象物における管理権原者

管理権原者の判断が困難である事例が多く見られる複合用途防火対象物については、上記の整理により、その管理権原は複数が基本であり、単一となるのは、次のいずれかの場合と考えられる。

ア　防火対象物全体としては複合用途防火対象物であるが、当該防火対象物を１人の管理権原者が使用していると認められる場合

イ　管理権原者と各賃借人との間で、以下のように防火管理の責務を遂行するために必要な権限がすべて付与される取り決めが確認でき、統一的な防火管理を行うことができる場合

（ア）管理権原者が、各賃貸部分を含め防火対象物全体の防火に関する権限を有していること。

（イ）管理権原者又は管理権原者が選任した防火管理者が、防火管理上、必要な時に防火対象物の部分に立ち入ることができること。

（ウ）管理権原者又は管理権原者が選任した防火管理者が、各賃借人に対する防火に係る指示権限を有していること。

（４）複合用途防火対象物以外の防火対象物における管理権原者

複合用途防火対象物以外の防火対象物についても、管理権原者の判断に当たっては、上記のように防火対象物又はその部分の所有形態、管理形態、運営形態、契約形態などを踏まえて総合的に判断する必要がある。

（５）建築物その他の工作物における管理権原者

法第36条に基づき防災管理者の選任を行うこと等が義務付けられている建築物その他の工作物における管理権原者についても、防火対象物における管理権原者の整理に準じるものとする。

表４.１.１　管理権原者の代表的な例

形　態	管理権原者	
	共　有　部　分	専　有　部　分
○所有者自身が管理する場合（防火及び防災業務の一部を委託する場合、総合ビル管理会社に管理全般を委託する場合を含む。） ○親会社所有の防火対象物等を子会社に管理委託する場合	・防火対象物等の所有者	・防火対象物等の所有者 ・所有者との賃貸借契約により入居している事業主

第4章●共同住宅等の防火管理

○所有者からビルを一括して不動産会社等が長期間借り上げて（マスターリース）、管理・運営を行うとともに、借り上げた不動産会社等が第三者に賃貸契約を結び転貸（サブリース）する場合	・防火対象物等の所有者 ・ビルを一括して借りる事業主	・防火対象物等の所有者 ・ビルを一括して借りる事業主との賃貸借契約により入居している事業主
○区分所有や共有の場合	・防火対象物等の所有者 ・管理組合 　※　契約において区分所有者が組合等を設置し、その代表者にビル管理・運営に関する権限を与えている場合	・防火対象物等の所有者 ・所有者等との賃貸借契約により入居している事業主
○信託する場合（所有権が所有者から信託会社に移転の場合）	・信託会社	・信託会社との賃貸借契約により入居している事業主
○不動産証券化の場合	・信託銀行 ・特定目的会社（投資法人） ・アセットマネージャー（不動産経営）等 　※　管理・運営状況等で判断	・信託銀行等との賃貸借契約により入居している事業主
○指定管理者制度の場合	・地方公共団体 ・指定管理者 　※　条例において管理・業務の範囲が指定されることから、その業務内容から判断	・地方公共団体 ・指定管理者 　※　条例において管理・業務の範囲が指定されることから、その業務内容から判断
○PFI事業の場合	・地方公共団体 ・特定目的会社　等 　※　事案ごとに、PFI事業契約等の内容から判断	・地方公共団体 ・特定目的会社　等 　※　事案ごとに、PFI事業契約等の内容から判断

　なお、同一敷地内に複数棟の共同住宅等があり、その管理権原者が同一である場合には、当該同一敷地内にある共同住宅等を一の防火対象物ととらえて法第8条を適用することとされている（令第2条）。

2　防火管理者の資格

　防火管理者は、防火管理上必要な業務を適切に遂行することができる管理的又は監督的な地位にある者が前提とされており、防火管理者には、甲種防火管理者と乙種防火管理者の2種類がある（令第3条）。

　共同住宅等の場合、原則として延べ面積500㎡以上のものには甲種防火管理者が必要とされており、それ未満のものには乙種防火管理者でもよいこととされている。

　一般に、甲種防火管理者は消防機関の実施する2日間の講習を受けることによってその資格を有する者とされ、乙種防火管理者の場合にはこれが1日となっている。

3　防火管理者の選任

　管理権原者は、当該防火対象物に係る防火管理者の資格を有する者で、防火管理上必要な業務を適切に遂行することができる管理的又は監督的な地位にある者の中から、当該防火対象物の防火管理者を選任し、その旨を消防機関に届出なければならないこととされている。

　共同住宅等の場合、管理権原者の態様が様々であるので、それに伴って防火管理者の選任形態も

様々である。

分譲住宅の場合には、住戸ごとに管理権原者がいることになるので、法律上は住戸ごとに防火管理者（乙種）が必要となるわけであるが、実際には居住者によってつくられる管理組合に防火管理上の権原を委譲する形をとっており、管理組合の理事が防火管理者に選任されることが多い。

賃貸住宅の場合には、所有者である市又は不動産会社等が適当な防火管理者を選任する場合が多いので、管理権原者が明確である場合には分譲住宅の場合よりも簡素ではあるが、管理権原者を特定しづらいような場合には、防火管理者の選任には極めて困難なものとなる場合がある。

なお、「消防法の一部改正に伴う共同住宅等の取扱いについて」（昭和36年8月1日付け自消乙予発第118号消防庁予防課長通知）により、「公営住宅にあつては公営住宅監理員の、日本住宅公団の管理する共同住宅等にあつては団地管理班の、各種住宅協会及び住宅公社の管理する共同住宅等にあつては管理事務所等の管轄区域ごとに、当該区域内にある2以上の共同住宅等について同一人を防火管理者に選任しても差し支えない。ただし、令第4条の趣旨に反するものであつてはならないものとする。」とされており、当時の耐火構造共同住宅等の多くを占めていた公営住宅や公団住宅の建設主体と連携をとって、この種の賃貸住宅の管理の実態に即した措置が講じられている。

4　防火管理者の責務と権原

消防法上、防火管理に関する基本的な責任は、管理権原者であることは明確であるが、防火管理者は必要に応じて管理権原者の指示を受けながら消防用設備等の維持管理等に責任を持ち、また、自らが作成した消防計画に基づいて、消火、通報、避難訓練等を定期的に実施する等の責務を有する（令第3条の2）。

また、防火管理者は、このような責務を適切に遂行し得る地位の者でなければならないこととされている（令第3条）。

共同住宅等の場合は、物理的、社会的、心理的に極めて独立性の高い「住戸」の集合体であるので、このような責務を完全に遂行することができる地位にある者を選任することは、分譲住宅の場合も賃貸住宅の場合も、極めて困難であるものと考えられるが、防火管理については、一つの運命共同体として、上記のような防火管理者の責務をすべて行うことが必要である。しかしながら、構造上延焼危険が少なく、火災になったときの避難経路が確保されている等の共同住宅等の場合には、防火管理者の責務も一定の範囲に限定できるものと考えられることから、消防庁では、一般的な共同住宅等については、「共同住宅における防火管理に関する運用について」（平成4年9月11日付け消防予第187号。以下「187号通知」という。）により、特殊な形態（シルバーマンション、ウィークリーマンション、リゾートマンション）の共同住宅については、「共同住宅における防火管理に関する運用について」（平成6年10月19日付け消防予第271号。以下「271号通知」という。）により、その取扱いについて明確にしている。その内容については、次節「共同住宅等の防火管理」でまとめて説明することとする。

5　消防計画

消防計画は、それぞれの防火対象物において、防火安全を確保するための方法論を具体化したものであり、各防火対象物の防火安全の原典として位置付けられるものである。

防火管理者は、規則第3条第1項各号に列記されている事項を基本として消防計画を作成し、その旨を消防機関に届け出なければならないこととされている。

共同住宅等の場合は、4で述べたように、場合によっては必要とされる防火管理の内容の簡略化されることがあり得る。これも次節「共同住宅の防火管理」でまとめて説明することとする。

第4章●共同住宅等の防火管理

6 統括防火管理

　高層建築物、地下街、複合用途防火対象物等で、その管理について権原が分かれているものの管理権原者は、有資格者のうちからこれらの防火対象物の全体について防火管理上必要な業務を統括する防火管理者（以下「統括防火管理者」という。）を協議して定め、当該防火対象物の全体についての防火管理上必要な業務を行わせなければならないこととされている。

　いわゆる「げたばき住宅」（例えば1階がコンビニエンスストアや喫茶店等になっており、その上が共同住宅等であるもの）等で、地階を除く階数が3以上かつ収容人員が30人以上の複合用途特定防火対象物に該当する場合、地階を除く階数が5以上でかつ収容人員が50人以上の複合用途非特定防火対象物に該当する場合、また高さが31mを超える共同住宅等で、管理について権原が分かれているものには統括防火管理の対象となる。

第2節　共同住宅の防火管理

第2節
共同住宅の防火管理

　収容人員が50人以上となる共同住宅等は、消防法上の防火管理制度の対象となるわけであるが、共同住宅等が個々の住宅の集合体であるという性格を有するため、防火安全上の配慮をしつつ、弾力的な運用が行われている。

　共同住宅等の防火管理については、昭和61年12月の政令改正を契機に、「共同住宅等に係る消防用設備等の技術上の基準の特例について」（昭和50年5月1日付け消防予第49号及び昭和61年12月5日付け消防予第170号。以下「特例共同住宅」という。）の考え方や経緯を勘案しつつ出された「防火管理に関する消防法令の運用について」（昭和62年1月24日付け消防予第13号）第4により、特例共同住宅に対して、その運用が行われていたところである。

　しかしながら、日常の共用部分の管理全般について管理会社に委託する場合が一般化する等、防火管理者の選任を含めた防火管理体制について従来と異なる形態のものが出現してきていることから、共同住宅等の実情に応じた防火管理を行うために、一般的な共同住宅等については、187号通知により、特殊な形態（シルバーマンション、ウィークリーマンション、リゾートマンション）の共同住宅等については、271号通知により、それぞれ運用が行われることとなった。

　また、平成16年2月の政令改正では、現状の共同住宅等の特性を勘案し、住人が日中仕事をしており、なかなか当該共同住宅等の防火管理業務を遂行できない状況があることから、管理的又は監督的な地位にある者のいずれもが防火管理上必要な業務を適切に遂行することができないと消防長又は消防署長が認める場合には、当該管理的又は監督的な地位になくとも、防火管理上必要な業務を適切に遂行するために必要な権限が付与されている者等であれば、防火管理者として定めることができることとし、外部委託による管理会社などの防火管理について法的に位置付けられた（令第3条第2項）。それに伴い「新築の工事中の建築物等に係る防火管理及び防火管理者の業務の外部委託等に係る運用について」（平成16年3月26日付け消防安第43号。以下「43号通知」という。）第2により、その運用が示されている。

1　一般的な共同住宅における防火管理

　187号通知は、日常の共用部分の管理全般について、管理会社に委託する場合が一般化する等、防火管理者の選任を含めた防火管理体制について従来と異なる形態のものが出現してきていることから、平成3年度に「共同住宅等防火安全対策検討会」が設置され、共同住宅における防火管理のあり方について実態調査を含め検討を行った結果を踏まえ、一般的な共同住宅における防火管理体制の指導指針として示されたものであり、その内容は次のとおりである。

① ここでは、令別表第1（5）項ロの共同住宅（寄宿舎及び下宿は含まれない。）のうち、高齢者が主に入居する施設（いわゆるシルバーマンション）、住戸を週単位等極めて短期間の賃貸に供する施設（いわゆるウィークリーマンション）、観光地等に存し、住戸の多くが通年居住されず多数

191

第4章●共同住宅等の防火管理

の者の宿泊に供される施設（いわゆるリゾートマンション）等の特殊な形態の共同住宅以外のもの
で、かつ、消防法第8条の2に規定する共同防火管理（現在の「統括防火管理」以下同じ。）の対
象とならないものの指導指針を別添のとおり示したものであることから、適用範囲については十分
留意すること。
②　指導指針においては、防火管理者の選任を行う場合の取扱いについて示すとともに、共同住宅の
特性を踏まえ、防火管理者を管理会社の従業員の中から選任することについて一定の要件のもとに
認めることとし、また、防火管理者が実施する防火管理業務について、廊下、階段等の共用部分に
関する事項を主に一定の内容によるものとしたものであること。
③　当通知の適用対象については、「消防法の一部改正に伴う共同住宅の取扱いについて」（昭和36年
8月1日付け自消乙予発118号）及び「防火管理に関する消防法令の運用について」（昭和62年1月
24日付け消防予第13号）中第4にかかわらず本通知を適用するものであること。
④　延焼のおそれの極めて少ない形態の共同住宅、共同防火管理の対象となる共同住宅及びシルバー
マンション等の特殊な形態の共同住宅における防火管理のあり方については検討中であり、この結
果を踏まえて取扱いの指針について通知する予定であること。

【別添】
一般的な共同住宅における防火管理体制の指導指針
1　本指針の適用範囲
　（1）　本指針における共同住宅とは、主要構造部が耐火構造であり、かつ、消防法施行令別表第1
　　（5）項ロの共同住宅（寄宿舎及び下宿は含まれない。）のうち、高齢者が主に入居する施設（いわゆ
　　るシルバーマンション）、住戸を週単位等極めて短期間の賃貸に供する施設（いわゆるウィークリーマ
　　ンション）、観光地等に存し、住戸の多くが通年居住されず多数の者の宿泊に供される施設（いわゆる
　　リゾートマンション）等の特殊な形態の共同住宅以外の共同住宅をいい、消防法第8条の2に規定す
　　る共同防火管理の対象とならないものであること。
　（2）　耐火構造以外の構造のものについては、他の住戸への延焼危険及び階数、規模等を勘案して適用
　　することが可能な場合に限り、本指針に基づく指導を行うこと。
2　防火管理者の選任について
　　共同住宅の管理権原者は、所有者（区分所有された共同住宅の区分所有者、賃貸用の共同住宅の所有
　者）、占有者、管理組合等の多岐にわたるところであるが、防火管理者の選任については次のとおり取り扱
　うものとすること。
　（1）　区分所有された共同住宅の場合
　　　区分所有者の総意に基づき防火管理者を選任すること。管理組合の存するものは、管理組合におい
　　て選任することとなる。届け出はその代表者1名で足りるものとし、全員の連名による届け出は必要
　　ないものとする。
　（2）　賃貸用の共同住宅の場合
　　　所有者が防火管理者を選任し、届け出るものとすること。公的な賃貸住宅についても同様とする。
3　防火管理者を管理会社の従業員の中から選任することについて
　（1）　防火管理者の選任が認められる管理会社の要件について
　　　共同住宅の管理形態に応じた防火管理者の選任を行う必要があることに鑑み、以下に掲げるすべての
　　要件を満たす場合は、共同住宅の管理業務全般について受託している管理会社の従業員の中から、適切
　　に防火管理業務を行うことのできる地位にある従業員で、消防法施行令第3条第1項第1号イからニま
　　でに掲げる者を防火管理者として選任することとしても差し支えないものであること。
　　　①　管理業務の委託契約等において実質的な防火管理業全般についての権限が明確に規定されてい
　　　ること。
　　　②　防火管理業務の実務を担当する者等に対して、防火、防災に関する知識、技能の向上を図るた
　　　め、市町村の消防機関等が行う「防火管理者の受託を業とする法人等の教育担当者のための講習
　　　会（昭和59年3月6日消防予第40号消防庁予防救急課長通知）」を受講した教育の担当者による教
　　　育を定期的に行うことのできる体制が確立されていること。

192

③　防火管理者として選任される従業員の勤務する管理会社の事務所の所在地について、防火管理
　　　者としての責務を果たすことが可能であると消防長（消防本部を置かない市町村にあっては、市
　　　町村長）又は消防署長が認めるものであること。
（2）　複数の共同住宅について同一者を防火管理者として選任（重複選任）することについて
　　　管理会社が複数の共同住宅の管理業務全般について受託している場合、防火管理者としての職務を
　　遂行しうる範囲において、同一人を重複して防火管理者として選任することとしても差し支えないも
　　のであること。
　　　なお、複数の賃貸住宅を所有する者が、自らを防火管理者として選任する場合にも同様であるこ
　　と。
（3）　その他
　　①　受託した管理会社の従業員の責任について
　　　防火管理者として選任された管理会社の従業員は、自らの権限に基づき可能な限りの措置を講
　　　じるとともに、管理権原者に対して必要な要請等を行い、確実に防火管理業務を行う責任を有す
　　　るものであること。
　　②　受託した管理会社の責任について
　　　管理会社は、民事上の受託契約に基づき委託を受けた防火管理に関する業務を遂行する責任を
　　　負うほか、防火管理者として選任され従業員が的確に防火管理業務を遂行するよう指示を与える
　　　とともに、防火管理者として選任された従業員が防火管理業務を十分に行うことができる支援体
　　　制を確立しておく必要があること。
　　③　管理権原者の責任について
　　　管理権原者は、管理会社の従業員を防火管理者として選任した場合においても、当然ながら、
　　　最終的な防火管理責任を免れないものであること。このため、防火管理者の要請等に対して的確
　　　に対処する必要があること。
4　共同住宅において防火管理者が実施する防火管理業務について
　　共同住宅は個人住宅等の集合体であること、その構造によっては火災の延焼危険が著しく少ないこ
　と、日常の共用部分の管理全般について、居住者が実施せず、管理会社に委託する場合が一般化してい
　ること等から、防火管理者が実施する防火管理業務は以下によるものとして差し支えないものであるこ
　と。
（1）　消防計画の作成
　　　共同住宅等の全体にわたる消防用設備等の点検及び整備、避難施設等の維持管理、消防機関との連
　　絡等を中心に当該共同住宅において特に必要と認められる事項を定めることで足りるものとし、その
　　内容について各居住者に周知徹底すること。
　　　なお、自衛消防の組織に関する事項については、自衛消防の組織を実効性のあるものとするため、
　　当該共同住宅の実態に応じて、常駐している管理人等、火災時に確実な対応を期待できる者について
　　その行動を規定すること。その他の居住者については、必ずしも自衛消防の組織に位置づける必要は
　　ないが、防火上必要な教育に関する事項において、当該共同住宅に設置されている消防用設備等の設
　　置場所及び使用方法、避難経路等の周知を行い防火意識の高揚を図ることを明示すること。
（2）　消火、通報及び避難の訓練
　　　消防計画に定められた自衛消防組織の訓練を実施すること。自衛消防の組織に位置づけられていない
　　居住者に対しては、当該共同住宅に設置されている消防用設備等の設置場所及び使用方法、避難経路等
　　の周知を行い、防火意識の高揚を図ること。また、実状に応じ、町内会、自治会等が実施する訓練に参
　　加を呼びかけること。
（3）　火気の使用又は取扱いに関する監督
　　　防火管理者は、共用室・共用部分について火気の使用又は取扱いに関する監督を行うこと。各住戸内
　　の火気の使用又は取扱いについては、それぞれの居住者の責任において実施するものとし、防火管理者
　　は居住者に対してそれぞれ住戸内の火気管理の責任者であることを認識させ出火防止対策等の教育や防
　　火意識の高揚等を図ること。

2　特殊な形態の共同住宅における防火管理

　271号通知は、共同住宅のうち、シルバーマンション、ウィークリーマンション、リゾートマンシ
ョン等の特殊な形態の共同住宅が多数出現するなどその多様化が進展しており、日常の共用部分の

第4章●共同住宅等の防火管理

管理全般において管理会社に委託する場合が一般化する等、防火管理者の選任を含めた防火管理体制
について従来と異なる形態のものが出現してきていることから、平成4年度及び平成5年度に「共同
住宅等防火安全対策検討会」が設置され、共同住宅における防火管理のあり方について実態調査を含
め検討を行った結果を踏まえ、特殊な形態の共同住宅における防火管理体制の指導指針として示され
たものであり、その内容は次のとおりである。

① 本通知においては、防火対象物の実態から、令別表第1（5）項ロの共同住宅（寄宿舎及び下宿
は含まれない。）と認められるもののうち、高齢者が主に入居する施設（いわゆるシルバーマン
ション）、住戸を短期間の賃貸に供する施設（いわゆるウィークリーマンション）、観光地等に存
し、住戸の多くが通年居住されず多数の者の宿泊に供される施設（いわゆるリゾートマンション）
等の特殊な形態の共同住宅で、かつ、法第8条の2に規定する共同防火管理の対象とならないもの
の指導指針を別添のとおり示したものであり、当然のことながら、類似の施設であっても同別表第
1（5）項イ、（6）項等に該当するものについては対象としていないので、適用範囲については
十分留意すること。
② 指導指針においては、防火管理者の選任を行う管理権原者の取扱いについて示すとともに、共同
住宅の特性を踏まえ、防火管理者を管理会社の従業員の中から選任することについて一定の要件の
もとに認めることとし、また防火管理者が実施する防火管理業務について、廊下、階段等の共用部
分に関する事項を主に一定の内容によるものとしたこと。
③ 本通知の適用対象については、「消防法の一部改正に伴う共同住宅の取扱いについて」（昭和36年
8月1日付け自消乙予発第118号）及び「防火管理に関する消防法令の運用について」（昭和62年1
月24日付け消防予第13号）第4にかかわらず本通知を適用するものであること。

【別添】
特殊な形態の共同住宅における防火管理体制の指導指針
1 本指針の適用対象となる共同住宅の範囲
　　本指針は、消防法施行令（以下「令」という。）別表第1（5）項ロの共同住宅（寄宿舎及び下宿は含ま
れない。）に該当するものについて適用すること。類似施設の用途判定については、「令別表第1に掲げる
防火対象物の取り扱いについて」（昭和50年4月15日付け消防予第41号）によるほか、以下の点について十
分留意すること。
　（1）　高齢者が主に入居する共同住宅（以下「シルバーマンション」という。）
　　　　一般に老人福祉関係の法律の適用を受けず、入居の条件として居住者の全部又は一部について最低
　　　年齢の制限を設ける等、主として、高齢者の入居を目的としたもののうち、入居形態が一般の共同住
　　　宅と変わらないものにあっては令別表第1（5）項ロとして扱われるものであるが、ケア付きで自力
　　　避難困難者等の入居を主としている場合にあっては、サービス提供の形態、居住者の自立の程度等を
　　　総合的に勘案し、（6）項ロとして扱うべき場合もあること。
　（2）　住戸を短期間の賃貸に供する共同住宅（以下「ウィークリーマンション」という。）
　　　　一般に旅館業法の適用を受けず、住戸単位で比較的短期間の契約により賃貸を行うものは、令別表
　　　第1（5）項ロとして扱われるが、リネンの提供等、明らかにホテル等と同等の宿泊形態をとるもの
　　　にあっては、（5）項イとして扱うべき場合もあること。
　（3）　観光地等に存し、住戸の多くが通年居住されず、宿泊の用に供される共同住宅（以下「リゾート
　　　マンション」という。）
　　　　所有者又は占有者の大半が当該防火対象物に居住せず、一の住戸について複数の所有者又は占有者
　　　が存在するもののうち、住戸ごとに限定された者より、比較的短期間の宿泊に利用されるものにあっ
　　　ては、令別表第1（5）項ロとして扱われるが、研修所等として利用されるもの又は他の者が所有す
　　　る住戸に宿泊ができるもの、あるいは自己の所有する住戸を第三者に貸出しするもの等、一の住戸に
　　　不特定の者が宿泊する形態をとるものにあっては（5）項イとして扱うべき場合もあること。

第2節　共同住宅の防火管理

　　上記に留意した用途判定により、令別表第一（5）項ロとして扱ったシルバーマンション、ウィー
　クリーマンション又はリゾートマンションのうち、次の要件のいずれにも該当するものについて本指
　針を適用するものであること。
　　（1）　主要構造部が耐火構造であること。
　　（2）　消防法第8条の2に規定する共同防火管理の対象とならないものであること。
　　（3）　ウィークリーマンションについては、原則として当該防火対象物のうち共同住宅の用に供さ
　　　　れる部分の全部を同一の者が所有するものであること。
2　管理権原者の取扱いについて
　　共同住宅の管理権原者は、所有者（区分所有された共同住宅の区分所有者、賃貸用の共同住宅の所有
　者、当該共同住宅の所有権を有する管理会社等）、占有者、管理組合等多岐にわたるところであるが、ここ
　で取扱う共同住宅については、特に所有形態、管理形態が複雑多岐にわたっているものが多いため、個々
　の共同住宅ごとに当該防火対象物の管理について実質的に権原を有する者を把握して適切な防火管理業務
　が行われるよう指導し、防火管理者の選任を行わせること。
3　防火管理者の選任について
　　前2の「管理権原者の取扱いについて」により、それぞれの共同住宅の管理について権原を有する者が
　防火管理者を選任することとなるが、その選任については次のとおり取り扱うこと。
　（1）　区分所有、共同所有等所有者が複数である共同住宅の場合
　　　所有者の総意に基づく防火管理者を選任すること。管理組合の存するものは、管理組合において選任
　　することとなること。届出はその代表者一名で足りるものとし、全員の連名による届出は必要ないもの
　　とすること。
　（2）　所有者が単独である共同住宅の場合
　　　所有者が防火管理者を選任し、届け出るものとすること。
　（3）　防火管理業務を管理会社が行う場合
　　　「共同住宅における防火管理に関する運用について」（平成4年9月11日付け消防予第187号）別添
　　「一般的な共同住宅における防火管理体制の指導指針」の3（1）及び（3）の例によること。
　　　なお、特殊な形態の共同住宅は、一般の共同住宅に比べ人命危険が高いことに鑑み、選任された防
　　火管理者を常駐させるものとすること。この場合において、当該防火管理者を当該共同住宅に常駐さ
　　せることが困難な場合にあっては、当該防火管理者の職務を代行できる者（令第3条第1項第2号イ
　　又はロに該当する者に限る。）を当該共同住宅に常駐させること。
4　特殊な形態の共同住宅における防火管理業務について
　（1）　防火管理者による防火管理を必要とする部分は、特殊な形態の共同住宅においても、一般的な共
　　　同住宅同様、それぞれの専用部分については、各居住者が管理権原を有するため、建物管理者の権
　　　原が及びにくいというその管理形態の特殊性から、防火管理業務のうち、専用部分である各住戸部
　　　分の火気管理等、各居住者の責任において実施されるべき業務を、防火管理者が直接行う業務から
　　　除くこととし、廊下、階段等の共用部分を主としたものとすることとして差し支えないものである
　　　こと。
　（2）　特殊な形態の共同住宅において、防火管理者が実施する防火管理業務については、以下によるも
　　　のとして差し支えないものであること。
　　ア　消防計画の作成
　　　　共同住宅の全体にわたる消防用設備等の点検及び整備、避難施設等の維持管理、消防機関との
　　　連絡等を中心に当該共同住宅の特徴に応じ、特に必要と認められる事項を定めることとし、その
　　　内容について各居住者に周知徹底すること。
　　　　自衛消防の組織に関する事項については、自衛消防の組織を実効性のあるものとするため、当
　　　該共同住宅の実態に応じて常駐している防火管理者等、火災時に確実な対応を期待できる者につ
　　　いてその行動を規定すること。
　　　　その他の居住者については、防火意識の高揚を図る意味から、当該共同住宅に設置されている
　　　消防用設備等の設置場所及び使用方法、避難経路等の周知徹底を行うこと等を防火上必要な教育
　　　に関する事項において規定すること。
　　　　なお、消防計画には、当該共同住宅に常駐する防火管理者及びその職務を代行する者の氏名を
　　　明記すること。

195

イ　消火、通報及び避難の訓練

消防計画に定められた自衛消防組織の訓練を実施すること。

特殊な形態の共同住宅においては、居住者が高齢者又は建物に不案内であることなどから、防火管理者等共同住宅に常駐している者が火災等災害が発生した場合に居住者に対して情報伝達及び避難誘導が的確に行えるよう、消防計画に基づき日ごろから訓練を実施すること。

各居住者に対しては、避難経路、火災等災害発生時の対応行動等を記載したパンフレットを各室に備え付けたり、避難経路図等を広報板に明示するなどにより周知徹底を図ること。

ウ　火気の使用又は取扱いに関する監督

防火管理者は、共用室・共用部分についての火気の使用又は取扱いに関する監督を行うこと。また、専用部分にあっては、各居住者の責任において実施することとし、防火管理者は、共同住宅の使用実態に応じて、各居住者の火気の管理等防火意識の高揚を図ることに努め、当該共同住宅を使用する際には、防火管理者をはじめとした共同住宅の管理人等が個々の居住者に対して指導の徹底を図ること。

また、リゾートマンションにおいては、各住戸部分の鍵の管理が所有者等により一括してなされている場合も予想されるが、そのような場合においては、当該専用部分についても防火管理の範囲とし、適切な防火管理を行うこと。

3　防火管理業務外部委託等の共同住宅における防火管理

平成16年2月の政令改正により、令第3条第2項では、共同住宅の現状等を勘案し、防火管理業の外部委託等を行っている共同住宅について、「防火管理上必要な業務を適切に遂行するために必要な権限が付与されていることその他総務省令で定める要件を満たすもの」で、消防長又は消防署長が認めたものを、当該共同住宅の管理的又は監督的な地位にある者としてみなすこととしている。

それに伴い、43号通知 第2では、「防火管理者の業務の外部委託等に関する事項」において、その具体的な運用を定めており、187号通知及び271号通知において防火管理者を管理会社の従業員の中から選任すべきことについて示している部分、その他共同選任について示している部分にかかわらず、当該運用によることを指導することとされている。内容については次節のとおりである。

第3節　防火管理者の業務の外部委託等に関する事項

第3節
防火管理者の業務の外部委託等に関する事項

　防火管理者は、防火対象物は自らが守るという防火管理の本旨に基づき、当該防火対象物において防火管理上必要な業務を適切に遂行することができる管理的又は監督的な地位にある者であることが必要である。しかし、共同住宅等管理的又は監督的な地位にあるいずれの者も防火管理上必要な業務を適切に遂行することが困難な防火対象物については、防火管理者の業務の外部委託等をすることができることとした。

1　共同住宅その他総務省令で定める防火対象物について

　共同住宅及び規則第2条の2第1項各号に規定する防火対象物のうち、管理的又は監督的な地位にあるいずれの者も防火管理上必要な業務を適切に遂行することが困難な防火対象物として、消防長（消防本部を置かない市町村においては、市町村長。以下同じ。）又は消防署長が認めたものについて、防火管理者の業務の外部委託等が認められる。

　消防長又は消防署長が認める際には、当該防火対象物の状況（規模、用途、収容人員等）、当該防火対象物の管理の状況（防火管理上必要な業務を遂行するための組織、人員とその勤務状況等）、管理権原者の勤務状況等を確認したうえで判断することとされている。

（1）　共同住宅関係

　「分譲マンションにおける防火管理者の選任について」（昭和45年5月14日付け消防予第96号）において防火管理者の共同選任を行うことが適当とされ、また、187号通知及び271号通知において防火管理者を管理会社の従業員の中から選任すべきことについて示しているが、平成16年6月1日以降は、共同選任等を行っている防火対象物のうち、防火管理上必要な業務が適切に遂行されていない防火対象物については、令第3条第2項の規定を適用するよう指導することとされている（令第3条第2項関係）。

（2）　規則第2条の2第1項第2号関係

　「消防法の一部を改正する法律等の施行について」（昭和36年5月10日付け自消甲予発第28号）において、複合用途防火対象物について、防火管理者の共同選任を行うことについて示しているが、平成16年6月1日以降は、共同選任を行っている防火対象物のうち、特に防火管理上必要な業務を適切に遂行されていない防火対象物については、令第3条第2項の規定を適用するよう指導することとされている（規則第2条の2第1項第2号関係）。

2　防火管理者の業務の外部委託等を行う際の要件について

（1）　防火管理者の責務を遂行するために必要な権限の付与

　「防火管理者の責務を遂行するために必要な権限」とは、次に掲げる権限であること（令第3条第2項関係）。

197

第4章●共同住宅等の防火管理

ア　消防計画の作成、見直し及び変更に関する権限

イ　避難施設等に置かれた物を除去する権限

ウ　消火、通報及び避難訓練の実施に関する権限

エ　消防用設備等又は特殊消防用設備等の点検・整備の実施に関する権限

オ　不適切な工事に対する中断、器具の使用停止、危険物の持ち込みの制限に関する権限

カ　収容人員の適正な管理に関する権限

キ　防火管理業務従事者に対する指示、監督に関する権限

ク　その他、防火管理者の責務を遂行するために必要な権限

（２）　管理権原者からの文書の交付

　管理権原者が交付する文書の「防火管理上必要な業務の内容」は、次に掲げる内容であること（規則第2条の2第2項第1号関係）。

ア　消防計画の作成、見直し及び変更に関すること

イ　避難施設等の管理に関すること

ウ　消火、通報及び避難訓練の実施に関すること

エ　消防用設備等又は特殊消防用設備等の点検・整備の監督に関すること

オ　火気の使用等危険な行為の監督に関すること

カ　収容人員の適正な管理に関すること

キ　防火管理業務従事者に対する指示、監督に関すること

ク　その他、防火管理者として行うべき業務に関すること

（３）　防火対象物の防火管理上必要な事項に関する十分な知識を有していること。

　防火対象物の位置、構造及び設備の状況その他防火管理上必要な事項に関する十分な知識を有するため、防火管理者に選任される者は、当該防火対象物の管理権原者等から説明を受ける必要があること。なお、防火管理上必要な事項は、次に掲げる事項である（規則第2条の2第2項第2号関係）。

ア　防火管理体制及び自衛消防組織の編成等従業者の配置等に関すること

イ　従業員等に対する防火上必要な教育の状況に関すること

ウ　消火、通報及び避難訓練の実施状況に関すること

エ　その他防火管理上必要な事項

3　防火管理業務を委託された防火管理者の選任届出について

　防火管理者の選任の届出については、規則第4条の2により行うこととされているが、委託された防火管理者の選任の届出が提出された際には、特に次の事項に留意することとされている（規則第4条関係）。

（１）　規則別記様式第1号の2の2の「その他必要な事項」の欄に、「管理的又は監督的な地位にある者のいずれもが防火管理上必要な業務を適切に遂行することができない理由」が記載されているかどうかを確認するとともに、当該内容について妥当かどうかを判断すること。なお、管理的又は監督的な地位にある者のいずれもが防火管理上必要な業務を適切に遂行することができないと管轄の消防長又は消防署長が認めたものしか防火管理者の業務の外部委託等は行えないことから、防火管理者の業務の外部委託等を行う者は、防火管理者の選任の届出の前に認められるかどうかを管轄消防本部に確認するよう指導すること。

（２）　規則第2条の2第2項第1号の「防火管理者の責務を遂行するために必要な権限が付与されていること」については、契約等で行われることが想定されるが、防火管理者の選任の届出の

198

際にその写しを添付するよう指導すること。また、契約等は、防火管理者に必要な権限が付与されていることを明確にすることが必要であり、法人間の契約の場合も当該事項を明確にする必要があること。

（3）　規則第2条の2第2項第2号の「防火管理上必要な業務の内容を明らかにした文書」の写しは、規則第4条第2項の防火管理者の資格を証する書面であること。したがって、防火管理者の業務を外部委託等された防火管理者の選任の届出の際に添えなければならない「資格を有する書面」は、「防火管理講習の修了証」及び「防火管理上必要な業務の内容を明らかにした文書」等であること。

（4）　規則第2条の2第2項第3号の要件は、防火管理者の選任の届出の際に口頭で確認することが望ましいこと。

第 5 章

共同住宅等の防炎物品

第 5 章 ● 共同住宅等の防炎物品

　経済の発展とともに、地価の上昇や住民の利便性の追求等が進むにつれ、建物の高層化や規模、地下の高度利用が進み、防火対象物の形態も複雑化してきていることから、いったん火災が発生すると、その被害は予想もつかないほどの大きな被害をもたらすこととなる。

　このような背景から、消防法においては、昭和42年から、火災が発生した場合に、その拡大が早く、また避難や消火活動が困難な建物や建物に不慣れな不特定多数の者が出入りし、また体が不自由で自力避難することが困難な建物などに使用されるカーテンやじゅうたん、工事用シート等について、一定限度の燃えにくさを有するものを使用することとしている。（法第8条の3）

1　防炎とは

　火災を起こさないためには、火災の3要素である火源、酸素及び可燃物のうちどれかの要素をなくすことで解決できる。しかしながら、あらかじめ酸素を取り除いておくことは不可能であり、火源については、世の中の火をなくすことは無理である。しかし、可燃物に一定の燃えにくい性質を与え火災の拡大を抑制することは可能であり、燃えぐさにこのような性質を持たせることは、火災発生初期段階での火災拡大を防止し、避難を容易にし、初期の消火活動を円滑に行うためには非常に有効な手段である。そのようなことから、一定の物品（カーテンやじゅうたん、工事用シート等。以下「防炎対象物品」という。）について、当該燃えにくい性質をもたせることを防炎という。

2　防炎防火対象物とは

　法第8条の3及び令第4条の3では、次のような防火対象物に使用される防炎対象物品に防炎規制をかけており、防炎防火対象物としている。

　a　高層建築物（高さが31mを超えるもの）

　b　地下街

　c　令別表第1（1）項から（4）項、（5）項イ、（6）項、（9）項イ、（12）項ロ、（16の3）項

　d　令別表第1（16）項に掲げる防火対象物で、cのいずれかの用途に供する部分

　e　建築物その他の工作物で工事中のもの（都市計画区域外のもっぱら住居の用に供するもの及びこれに附属するものを除いた建築物並びにプラットホームの上屋、貯蔵槽、化学工業製品製造装置、貯蔵槽及び化学工業製品製造装置に類する工作物に限る。）

3　防炎対象物品とは

　令第4条の3第3項では、次のものを防炎対象物品として指定している。

　a　カーテン

　b　布製のブラインド

　c　暗幕

　d　じゅうたん等

　　・じゅうたん（織りカーペット（だん通を除く。）をいう。）

　　・毛せん（フェルトカーペットをいう。）

　　・タフテッドカーペット、ニッテッドカーペット、フックドラッグ、接着カーペット、ニードルパンチカーペット

　　・ござ

　　・人工芝

　　・合成樹脂製床シート

・上記に掲げるもののほか、床敷物（毛皮製床敷物、毛製だん通及びこれらに類するものを除く。）

　e　展示用の合板

　f　どん帳その他舞台において使用する幕

　g　舞台において使用する大道具用の合板

　h　工事用シート

4　防炎表示とは

　防炎対象物品は、規則別表第1の2の2に定める表示又は工業標準化法、農林物資の規格化及び品質表示の適正化に関する法律、家庭用品品質表示法の規定により付される防炎性能を有する旨の表示（指定表示）が附されたものを使用しなければならない。

　また、防炎対象物品又はその材料の製造業者等も、これらの表示が附されたものでなければ、防炎対象物品としての販売や販売目的の陳列を行ってはならないとされており、この規定は次の二つの目的を達成するために設けられたものである。

　①　消費者が、消防法に規定する防炎性能を有することを確認し、購入する際の目安としてもらうこと。

　②　基準を満たさない製品が安易に市場に出回ることを防止し、防炎対象物品全般にわたる一定の品質を確保すること。

5　共同住宅の防炎規制

　上記1で述べたとおり、防炎規制は主に、火災による避難や消火活動の支障があるもの、建物に不慣れな外部の不特定多数の者が出入りするもの、工事中のものといった3つのものに規制がかけられている。

　共同住宅の防炎規制については、居住する者が限られており、また外部からの出入りもある程度限られており、基本的に防炎防火対象物には該当しないが、高層建築物においては、その規制対象物に当てはまる。

　つまり、高さが31mを超えた共同住宅に限って、住戸内で使用するカーテンやじゅうたん等は防炎のものを使用しなければならない。また、その対象部分は、高層建築物といった全体規制であることから、最下階の住戸等から最上階に至るすべての住戸、共用室及び管理人室等に規制がかかるので注意が必要である。

　また、特定共同住宅等は、「共同住宅等に係る消防用設備等の技術上の基準の特例について」（平成7年10月5日付け消防予第220号）を踏襲していることから、従前の共同住宅の特例（「共同住宅等に係る消防用設備等の技術上の基準の特例について」（昭和50年5月1日付け消防安第49号）及び（昭和61年12月5日付け消防予第170号））により一部除外されていた防災規制は除外されていない。これは、従前の特例基準時に想定された共同住宅よりも複雑かつ、より高層な共同住宅が次々と現れてきたことによるものである。よって、法第8条の3に関しては、特定共同住宅等であるなしにかかわらず防炎規制の対象となる。

第6章

参考資料

第 6 章●参考資料

○特定共同住宅等における必要とされる防火安全性能を有する消防の用に供する設備等に関する省令

> 平成17年3月25日
> 総務省令第40号

最近改正　平成30年6月1日総務省令第34号

（趣旨）

第1条　この省令は、消防法施行令（昭和36年政令第37号。以下「令」という。）第29条の4第1項の規定に基づき、特定共同住宅等における必要とされる防火安全性能を有する消防の用に供する設備等（令第29条の4第1項に規定するものをいう。以下同じ。）に関し必要な事項を定めるものとする。

（用語の意義）

第2条　この省令において、次の各号に掲げる用語の意義は、当該各号に定めるところによる。

一　特定共同住宅等　令別表第1（5）項ロに掲げる防火対象物及び同表（16）項イに掲げる防火対象物（同表（5）項イ及びロ並びに（6）項ロ及びハに掲げる防火対象物（同表（6）項ロ及びハに掲げる防火対象物にあっては、有料老人ホーム、福祉ホーム、老人福祉法（昭和38年法律第133号）第5条の2第6項に規定する認知症対応型老人共同生活援助事業を行う施設又は障害者の日常生活及び社会生活を総合的に支援するための法律（平成17年法律第123号）第5条第17項に規定する共同生活援助を行う施設に限る。以下同じ。）の用途以外の用途に供される部分が存せず、かつ、同表（5）項イ並びに（6）項ロ及びハに掲げる防火対象物の用途に供する各独立部分（構造上区分された数個の部分の各部分で独立して当該用途に供されることができるものをいう。以下同じ。）の床面積がいずれも100平方メートル以下であって、同表（5）項ロに掲げる防火対象物の用途に供される部分の床面積の合計が、当該防火対象物の延べ面積の2分の1以上のものに限る。）であって、火災の発生又は延焼のおそれが少ないものとして、その位置、構造及び設備について消防庁長官が定める基準に適合するものをいう。

一の二　住戸利用施設　特定共同住宅等の部分であって、令別表第1（5）項イ並びに（6）項ロ及びハに掲げる防火対象物の用途に供されるものをいう。

一の三　特定住戸利用施設　住戸利用施設のうち、次に掲げる部分で、消防法施行規則（昭和36年自治省令第6号。以下「規則」という。）第12条の2第1項又は第3項に規定する構造を有するもの以外のものをいう。

イ　令別表第1（6）項ロ（1）に掲げる防火対象物の用途に供される部分

ロ　令別表第1（6）項ロ（5）に掲げる防火対象物の用途に供される部分（規則第12条の3に規定する者を主として入所させるもの以外のものにあっては、床面積が275平方メートル以上のものに限る。）

二　住戸等　特定共同住宅等の住戸（下宿の宿泊室、寄宿舎の寝室及び各独立部分で令別表第1（5）項イ並びに（6）項ロ及びハに掲げる防火対象物の用途に供されるものを含む。以下同じ。）、共用室、管理人室、倉庫、機械室その他これらに類する室をいう。

三　共用室　特定共同住宅等において、居住者が集会、談話等の用に供する室をいう。

四　共用部分　特定共同住宅等の廊下、階段、エレベーターホール、エントランスホール、駐車場その他これらに類する特定共同住宅等の部分であって、住戸等以外の部分をいう。

五　階段室等　避難階又は地上に通ずる直通階段の階段室（当該階段が壁、床又は防火設備（建築基準法（昭和25年法律第201号）第2条第9号の2ロに規定するものをいう。）等で区画されていない場合にあっては当該階段）をいう。

六　開放型廊下　直接外気に開放され、かつ、特定共同住宅等における火災時に生ずる煙を有効に排出することができる廊下をいう。

七　開放型階段　直接外気に開放され、かつ、特定共同住宅等における火災時に生ずる煙を有効に排出することができる階段をいう。

八　二方向避難型特定共同住宅等　特定共同住宅等における火災時に、すべての住戸、共用室及び管理人室から、少なくとも一以上の避難経路を利用して安全に避難できるようにするため、避難階又は地上に通ずる二以上の異なった避難経路を確保している特定共同住宅等として消防庁長官が定める構造を有するものをいう。

九　開放型特定共同住宅等　すべての住戸、共用室及び管理人室について、その主たる出入口が開放型廊下又は開放型階段に面していることにより、特定共同住宅等における火災時に生ずる煙を有効に排出することができる特定共同住宅等として消防庁長官が定める構造を有するものをいう。

十　二方向避難・開放型特定共同住宅等　特定共同住宅等における火災時に、すべての住戸、共用室及び管理人室から、少なくとも一以上の避難経路を利用して安全に避難できるようにするため、避難階又は地上に通ずる二以上の異なった避難経路を確保し、

かつ、その主たる出入口が開放型廊下又は開放型階段に面していることにより、特定共同住宅等における火災時に生ずる煙を有効に排出することができる特定共同住宅等として消防庁長官が定める構造を有するものをいう。

十一　その他の特定共同住宅等　前3号に掲げるもの以外の特定共同住宅等をいう。

十二　住宅用消火器　消火器の技術上の規格を定める省令（昭和39年自治省令第27号）第1条の2第2号に規定するものをいう。

十三　共同住宅用スプリンクラー設備　特定共同住宅等における火災時に火災の拡大を初期に抑制するための設備であって、スプリンクラーヘッド（閉鎖型スプリンクラーヘッドの技術上の規格を定める省令（昭和40年自治省令第2号）第2条第1号の2に規定する小区画型ヘッドをいう。以下同じ。）、制御弁、自動警報装置、加圧送水装置、送水口等で構成され、かつ、住戸、共用室又は管理人室ごとに自動警報装置の発信部が設けられているものをいう。

十四　共同住宅用自動火災報知設備　特定共同住宅等における火災時に火災の拡大を初期に抑制し、かつ、安全に避難することを支援するために、特定共同住宅等における火災の発生を感知し、及び当該特定共同住宅等に火災の発生を報知する設備であって、受信機（受信機に係る技術上の規格を定める省令（昭和56年自治省令第19号）第2条第7号に規定するものをいう。以下同じ。）、感知器（火災報知設備の感知器及び発信機に係る技術上の規格を定める省令（昭和56年自治省令第17号。以下「感知器等規格省令」という。）第2条第1号に規定するものをいう。以下同じ。）、戸外表示器（住戸等の外部において、受信機から火災が発生した旨の信号を受信し、火災の発生を報知するものをいう。以下同じ。）等で構成され、かつ、自動試験機能（中継器に係る技術上の規格を定める省令（昭和56年自治省令第18号。以下「中継器規格省令」という。）第2条第12号に規定するものをいう。）又は遠隔試験機能（中継器規格省令第2条第13号に規定するものを

いう。以下同じ。）を有することにより、住戸の自動試験機能等対応型感知器（感知器等規格省令第2条第19号の3に規定するものをいう。以下同じ。）の機能の異常が当該住戸の外部から容易に確認できるものをいう。

十五　住戸用自動火災報知設備　特定共同住宅等における火災時に火災の拡大を初期に抑制し、かつ、安全に避難することを支援するために、住戸等における火災の発生を感知し、及び当該住戸等に火災の発生を報知する設備であって、受信機、感知器、戸外表示器等で構成され、かつ、遠隔試験機能を有することにより、住戸の自動試験機能等対応型感知器の機能の異常が当該住戸の外部から容易に確認できるものをいう。

十六　共同住宅用非常警報設備　特定共同住宅等における火災時に安全に避難することを支援するための設備であって、起動装置、音響装置、操作部で構成されるものをいう。

十七　共同住宅用連結送水管　特定共同住宅等における消防隊による活動を支援するための設備であって、放水口、配管、送水口等で構成されるものをいう。

十八　共同住宅用非常コンセント設備　特定共同住宅等における消防隊による活動を支援するための設備であって、非常コンセント、配線等で構成されるものをいう。

（必要とされる初期拡大抑制性能を有する消防の用に供する設備等に関する基準）

第3条　特定共同住宅等（住戸利用施設を除く。）において、火災の拡大を初期に抑制する性能（以下「初期拡大抑制性能」という。）を主として有する通常用いられる消防用設備等に代えて用いることができる必要とされる初期拡大抑制性能を主として有する消防の用に供する設備等は、次の表の上欄に掲げる特定共同住宅等の種類及び同表中欄に掲げる通常用いられる消防用設備等の区分に応じ、同表下欄に掲げる必要とされる防火安全性能を有する消防の用に供する設備等とする。

特定共同住宅等の種類		通常用いられる消防用設備等	必要とされる防火安全性能を有する消防の用に供する設備等
構造類型	階数		
	地階を除く階数が5以下のもの	消火器具 屋内消火栓設備（第3項第2号イ（ロ）及び（ハ）に掲げる階及び部分に設置するものに限る。） スプリンクラー設備 自動火災報知設備 屋外消火栓設備 動力消防ポンプ設備	住宅用消火器及び消火器具 共同住宅用スプリンクラー設備 共同住宅用自動火災報知設備又は住戸用自動火災報知設備及び共同住宅用非常警報設備

第 6 章 ●参考資料

二方向避難型 特定共同住宅等	地階を除く階数が 10以下のもの	消火器具 屋内消火栓設備（第 3 項第 2 号イ （ロ）及び（ハ）に掲げる階及び 部分に設置するものに限る。） スプリンクラー設備 自動火災報知設備 屋外消火栓設備 動力消防ポンプ設備	住宅用消火器及び消火器具 共同住宅用スプリンクラー設備 共同住宅用自動火災報知設備
	地階を除く階数が 11以上のもの	消火器具 屋内消火栓設備（第 3 項第 2 号イ に掲げる階及び部分に設置するも のに限る。） スプリンクラー設備 自動火災報知設備 屋外消火栓設備 動力消防ポンプ設備	住宅用消火器及び消火器具 共同住宅用スプリンクラー設備 共同住宅用自動火災報知設備
開放型 特定共同住宅等	地階を除く階数が 5 以下のもの	消火器具 屋内消火栓設備 スプリンクラー設備 自動火災報知設備 屋外消火栓設備 動力消防ポンプ設備	住宅用消火器及び消火器具 共同住宅用スプリンクラー設備 共同住宅用自動火災報知設備又は 住戸用自動火災報知設備及び共同 住宅用非常警報設備
	地階を除く階数が 6 以上のもの	消火器具 屋内消火栓設備 スプリンクラー設備 自動火災報知設備 屋外消火栓設備 動力消防ポンプ設備	住宅用消火器及び消火器具 共同住宅用スプリンクラー設備 共同住宅用自動火災報知設備
二方向避難・ 開放型 特定共同住宅等	地階を除く階数が 10以下のもの	消火器具 屋内消火栓設備 スプリンクラー設備 自動火災報知設備 屋外消火栓設備 動力消防ポンプ設備	住宅用消火器及び消火器具 共同住宅用スプリンクラー設備 共同住宅用自動火災報知設備又は 住戸用自動火災報知設備及び共同 住宅用非常警報設備
	地階を除く階数が 11以上のもの	消火器具 屋内消火栓設備 スプリンクラー設備 自動火災報知設備 屋外消火栓設備 動力消防ポンプ設備	住宅用消火器及び消火器具 共同住宅用スプリンクラー設備 共同住宅用自動火災報知設備
その他の 特定共同住宅等	地階を除く階数が 10以下のもの	消火器具 屋内消火栓設備（第 3 項第 2 号イ （ロ）及び（ハ）に掲げる階及び 部分に設置するものに限る。） スプリンクラー設備 自動火災報知設備 屋外消火栓設備 動力消防ポンプ設備	住宅用消火器及び消火器具 共同住宅用スプリンクラー設備 共同住宅用自動火災報知設備
	地階を除く階数が 11以上のもの	消火器具 屋内消火栓設備（第 3 項第 2 号イ に掲げる階及び部分に設置するも のに限る。） スプリンクラー設備	住宅用消火器及び消火器具 共同住宅用スプリンクラー設備 共同住宅用自動火災報知設備

特定共同住宅等における必要とされる防火安全性能を有する消防の用に供する設備等に関する省令

		自動火災報知設備 屋外消火栓設備 動力消防ポンプ設備	

2 住戸利用施設において、初期拡大抑制性能を主として有する通常用いられる消防用設備等に代えて用いることができる必要とされる初期拡大抑制性能を主として有する消防の用に供する設備等は、次の表の上欄に掲げる特定共同住宅等の種類及び同表中欄に掲げる通常用いられる消防用設備等の区分に応じ、同表下欄に掲げる必要とされる防火安全性能を有する消防の用に供する設備等とする。

特定共同住宅等の種類		通常用いられる消防用設備等	必要とされる防火安全性能を有する消防の用に供する設備等
構造類型	階数		
二方向避難型 特定共同住宅等	地階を除く階数が5以下のもの	屋内消火栓設備（次項第2号イに掲げる階及び部分に設置するものに限る。以下同じ。） スプリンクラー設備 自動火災報知設備 屋外消火栓設備 動力消防ポンプ設備	共同住宅用スプリンクラー設備 共同住宅用自動火災報知設備又は住戸用自動火災報知設備及び共同住宅用非常警報設備
	地階を除く階数が10以下のもの	屋内消火栓設備 スプリンクラー設備 自動火災報知設備 屋外消火栓設備 動力消防ポンプ設備	共同住宅用スプリンクラー設備 共同住宅用自動火災報知設備
	地階を除く階数が11以上のもの	屋内消火栓設備 スプリンクラー設備 自動火災報知設備 屋外消火栓設備 動力消防ポンプ設備	共同住宅用スプリンクラー設備 共同住宅用自動火災報知設備
開放型 特定共同住宅等	地階を除く階数が5以下のもの	屋内消火栓設備 スプリンクラー設備 自動火災報知設備 屋外消火栓設備 動力消防ポンプ設備	共同住宅用スプリンクラー設備 共同住宅用自動火災報知設備又は住戸用自動火災報知設備及び共同住宅用非常警報設備
	地階を除く階数が10以下のもの	屋内消火栓設備 スプリンクラー設備 自動火災報知設備 屋外消火栓設備 動力消防ポンプ設備	共同住宅用スプリンクラー設備 共同住宅用自動火災報知設備
	地階を除く階数が11以上のもの	屋内消火栓設備 スプリンクラー設備 自動火災報知設備 屋外消火栓設備 動力消防ポンプ設備	共同住宅用スプリンクラー設備 共同住宅用自動火災報知設備
二方向避難・開放型 特定共同住宅等	地階を除く階数が10以下のもの	屋内消火栓設備 スプリンクラー設備 自動火災報知設備 屋外消火栓設備 動力消防ポンプ設備	共同住宅用スプリンクラー設備 共同住宅用自動火災報知設備又は住戸用自動火災報知設備及び共同住宅用非常警報設備
	地階を除く階数が11以上のもの	屋内消火栓設備 スプリンクラー設備 自動火災報知設備 屋外消火栓設備 動力消防ポンプ設備	共同住宅用スプリンクラー設備 共同住宅用自動火災報知設備

第6章●参考資料

| その他の
特定共同住宅等 | 地階を除く階数が
10以下のもの | 屋内消火栓設備
スプリンクラー設備
自動火災報知設備
屋外消火栓設備
動力消防ポンプ設備 | 共同住宅用スプリンクラー設備
共同住宅用自動火災報知設備 |
| | 地階を除く階数が
11以上のもの | 屋内消火栓設備
スプリンクラー設備
自動火災報知設備
屋外消火栓設備
動力消防ポンプ設備 | 共同住宅用スプリンクラー設備
共同住宅用自動火災報知設備 |

3　前2項に規定するもののほか、特定共同住宅等における必要とされる初期拡大抑制性能を主として有する消防の用に供する設備等の設置及び維持に関する技術上の基準は、次のとおりとする。

一　住宅用消火器及び消火器具（令第10条第1項に定める消火器具のうち、住宅用消火器を除く。）は、次のイ及びロに定めるところによること。

イ　住宅用消火器は、住戸、共用室又は管理人室ごとに設置すること。

ロ　消火器具は、共用部分及び倉庫、機械室等（以下この号において「共用部分等」という。）に、各階ごとに当該共用部分等の各部分から、それぞれ一の消火器具に至る歩行距離が20メートル以下となるように、令第10条第2項並びに規則第6条から第9条まで（第6条第6項を除く。）及び第11条に定める技術上の基準の例により設置すること。ただし、特定共同住宅等の廊下、階段室等のうち、住宅用消火器が設置された住戸、共用室又は管理人室に面する部分にあっては、消火器具を設置しないことができる。

二　共同住宅用スプリンクラー設備は、次のイからチまでに定めるところによること。

イ　次の（イ）から（ハ）に掲げる階又は部分に設置すること。

（イ）　特定共同住宅等の11階以上の階及び特定住戸利用施設（10階以下の階に存するものに限る。）

（ロ）　特定共同住宅等で、住戸利用施設の床面積の合計が3,000平方メートル以上のものの階のうち、当該部分が存する階（（イ）に掲げる階及び部分を除く。）

（ハ）　特定共同住宅等で、住戸利用施設の床面積の合計が3,000平方メートル未満のものの階のうち、当該部分が存する階で、当該部分の床面積が、地階又は無窓階にあっては1,000平方メートル以上、4階以上10階以下の階にあっては1,500平方メートル以上のもの（（イ）に掲げる階及び部分を除く。）

ロ　スプリンクラーヘッドは、住戸、共用室及び管理人室の居室（建築基準法第2条第4号に規定するものをいう。以下同じ。）及び収納室（室の面積が4平方メートル以上のものをいう。以下同じ。）の天井の室内に面する部分に設けること。

ハ　スプリンクラーヘッドは、規則第13条の2第4項第1号（イただし書、ホ及びトを除く。）及び第14条第1項第7号の規定の例により設けること。

ニ　水源の水量は、4立方メートル以上となるように設けること。

ホ　共同住宅用スプリンクラー設備は、4個のスプリンクラーヘッドを同時に使用した場合に、それぞれの先端において、放水圧力が0.1メガパスカル以上で、かつ、放水量が50リットル毎分以上で放水することができる性能のものとすること。

ヘ　非常電源は、規則第14条第1項第6号の2の規定の例により設けること。

ト　送水口は、規則第14条第1項第6号の規定の例によるほか、消防ポンプ自動車が容易に接近することができる位置に単口形又は双口形の送水口を設けること。

チ　イからトまでに規定するもののほか、共同住宅用スプリンクラー設備は、消防庁長官が定める設置及び維持に関する技術上の基準に適合するものであること。

三　共同住宅用自動火災報知設備は、次のイからトまでに定めるところによること。

イ　共同住宅用自動火災報知設備の警戒区域（火災が発生した区域を他の区域と区別して識別することができる最小単位の区域をいう。以下この号において同じ。）は、防火対象物の2以上の階にわたらないものとすること。ただし、当該警戒区域が2以上の階にわたったとしても防火安全上支障がないものとして消防庁長官が定める設置及び維持に関する技術上の基準に適合する場合は、この限りでない。

ロ　一の警戒区域の面積は、1,500平方メートル以

下とし、その一辺の長さは、50メートル以下とすること。ただし、住戸、共用室及び管理人室について、その主たる出入口が階段室等以外の廊下等の通路に面する特定共同住宅等に共同住宅用自動火災報知設備を設置する場合に限り、一の警戒区域の一辺の長さを100メートル以下とすることができる。

ハ 共同住宅用自動火災報知設備の感知器は、規則第23条第4項各号（第1号ハ、第7号ヘ及び第7号の5を除く。）及び同条第7項並びに第24条の2第2号及び第5号の規定の例により設けること。

ニ 共同住宅用自動火災報知設備の感知器は、次の（イ）から（ハ）までに掲げる部分の天井又は壁（（イ）の部分の壁に限る。）の屋内に面する部分（天井のない場合にあっては、屋根又は壁の屋内に面する部分）に、有効に火災の発生を感知することができるように設けること。

（イ） 住戸、共用室及び管理人室の居室及び収納室

（ロ） 倉庫（室の面積が4平方メートル以上のものをいう。以下同じ。）、機械室その他これらに類する室

（ハ） 直接外気に開放されていない共用部分

ホ 非常電源は、規則第24条第4号の規定の例により設けること。

ヘ 住戸利用施設（令別表第1（6）項ロ及びハに掲げる防火対象物の用途に供される部分に限る。以下この項において同じ。）に設ける共同住宅用自動火災報知設備にあっては、住戸利用施設で発生した火災を、当該住戸利用施設の関係者（所有者又は管理者をいう。）又は当該関係者に雇用されている者（当該住戸利用施設で勤務している者に限る。）（以下「関係者等」という。）に、自動的に、かつ、有効に報知できる装置を設けること。

ト イからヘまでに規定するもののほか、共同住宅用自動火災報知設備は、消防庁長官が定める設置及び維持に関する技術上の基準に適合するものであること。

四 住戸用自動火災報知設備及び共同住宅用非常警報設備は、次のイからヘまでに定めるところによること。

イ 住戸用自動火災報知設備は、住戸等及び共用部分に設置すること。

ロ 住戸用自動火災報知設備の警戒区域は、前号イ及びロの規定の例によること。

ハ 住戸用自動火災報知設備の感知器は、前号ハ及

びニの規定の例によること。

ニ 住戸利用施設に設ける住戸用自動火災報知設備にあっては、住戸利用施設で発生した火災を、当該住戸利用施設の関係者等に、自動的に、かつ、有効に報知できる装置を設けること。

ホ 共同住宅用非常警報設備は、直接外気に開放されていない共用部分以外の共用部分に設置することができること。

ヘ イからホまでに規定するもののほか、住戸用自動火災報知設備及び共同住宅用非常警報設備は、消防庁長官が定める設置及び維持に関する技術上の基準に適合するものであること。

4 次の各号に掲げるときに限り、当該各号に掲げる特定共同住宅等における必要とされる初期拡大抑制性能を主として有する消防の用に供する設備等を設置しないことができる。

一 次のいずれかに該当するとき 共同住宅用スプリンクラー設備

イ 二方向避難・開放型特定共同住宅等（前項第2号イに掲げる部分に限り、特定住戸利用施設を除く。）又は開放型特定共同住宅等（前項第2号イに掲げる部分のうち14階以下のものに限り、特定住戸利用施設を除く。）において、住戸、共用室及び管理人室の壁並びに天井（天井がない場合にあっては、上階の床又は屋根）の室内に面する部分（回り縁、窓台等を除く。）の仕上げを準不燃材料とし、かつ、共用室と共用室以外の特定共同住宅等の部分（開放型廊下又は開放型階段に面する部分を除く。）を区画する壁に設けられる開口部（規則第13条第2項第1号ロの基準に適合するものに限る。）に、特定防火設備である防火戸（規則第13条第2項第1号ハの基準に適合するものに限る。）が設けられているとき。

ロ 10階以下の階に存する特定住戸利用施設を令第12条第1項第1号に掲げる防火対象物とみなして同条第2項第3号の2の規定を適用した場合に設置することができる同号に規定する特定施設水道連結型スプリンクラー設備を当該特定住戸利用施設に同項に定める技術上の基準に従い、又は当該技術上の基準の例により設置したとき（当該特定住戸利用施設に限る。）。

二 住戸、共用室及び管理人室（住戸利用施設にあるものを除く。）に共同住宅用スプリンクラー設備を前項第2号に定める技術上の基準に従い、又は当該技術上の基準の例により設置したとき（当該設備の有効範囲内の部分に限る。） 共同住宅用自動火災報知設備又は住戸用自動火災報知設備

（必要とされる避難安全支援性能を有する消防の用に

第6章●参考資料

供する設備等に関する基準）

第4条 特定共同住宅等（住戸利用施設を除く。）において、火災時に安全に避難することを支援する性能（以下「避難安全支援性能」という。）を主として有する通常用いられる消防用設備等に代えて用いることができる必要とされる避難安全支援性能を主として有する消防の用に供する設備等は、次の表の上欄に掲げる特定共同住宅等の種類及び同表中欄に掲げる通常用いられる消防用設備等の区分に応じ、同表下欄に掲げる必要とされる防火安全性能を有する消防の用に供する設備等とする。

特定共同住宅等の種類		通常用いられる消防用設備等	必要とされる防火安全性能を有する消防の用に供する設備等
構造類型	階数		
二方向避難型 特定共同住宅等	地階を除く階数が5以下のもの	自動火災報知設備 非常警報器具又は非常警報設備 避難器具	共同住宅用自動火災報知設備又は住戸用自動火災報知設備及び共同住宅用非常警報設備
	地階を除く階数が6以上のもの	自動火災報知設備 非常警報器具又は非常警報設備 避難器具	共同住宅用自動火災報知設備
開放型 特定共同住宅等	地階を除く階数が5以下のもの	自動火災報知設備 非常警報器具又は非常警報設備 避難器具 誘導灯及び誘導標識	共同住宅用自動火災報知設備又は住戸用自動火災報知設備及び共同住宅用非常警報設備
	地階を除く階数が6以上のもの	自動火災報知設備 非常警報器具又は非常警報設備 避難器具 誘導灯及び誘導標識	共同住宅用自動火災報知設備
二方向避難・ 開放型 特定共同住宅等	地階を除く階数が10以下のもの	自動火災報知設備 非常警報器具又は非常警報設備 避難器具 誘導灯及び誘導標識	共同住宅用自動火災報知設備又は住戸用自動火災報知設備及び共同住宅用非常警報設備
	地階を除く階数が11以上のもの	自動火災報知設備 非常警報器具又は非常警報設備 避難器具 誘導灯及び誘導標識	共同住宅用自動火災報知設備
その他の 特定共同住宅等	すべてのもの	自動火災報知設備 非常警報器具又は非常警報設備 避難器具	共同住宅用自動火災報知設備

2 住戸利用施設において、避難安全支援性能を主として有する通常用いられる消防用設備等に代えて用いることができる必要とされる避難安全支援性能を主として有する消防の用に供する設備等は、次の表の上欄に掲げる特定共同住宅等の種類及び同表中欄に掲げる通常用いられる消防用設備等の区分に応じ、同表下欄に掲げる必要とされる防火安全性能を有する消防の用に供する設備等とする。

特定共同住宅等の種類		通常用いられる消防用設備等	必要とされる防火安全性能を有する消防の用に供する設備等
構造類型	階数		
二方向避難型 特定共同住宅等 及び開放型 特定共同住宅等	地階を除く階数が5以下のもの	自動火災報知設備 非常警報器具又は非常警報設備	共同住宅用自動火災報知設備又は住戸用自動火災報知設備及び共同住宅用非常警報設備
	地階を除く階数が6以上のもの	自動火災報知設備 非常警報器具又は非常警報設備	共同住宅用自動火災報知設備
二方向避難・ 開放型 特定共同住宅等	地階を除く階数が10以下のもの	自動火災報知設備 非常警報器具又は非常警報設備	共同住宅用自動火災報知設備又は住戸用自動火災報知設備及び共同住宅用非常警報設備
	地階を除く階数が11以上のもの	自動火災報知設備 非常警報器具又は非常警報設備	共同住宅用自動火災報知設備

特定共同住宅等における必要とされる防火安全性能を有する消防の用に供する設備等に関する省令

その他の特定共同住宅等	すべてのもの	自動火災報知設備 非常警報器具又は非常警報設備	共同住宅用自動火災報知設備

3　前2項に規定するもののほか、特定共同住宅等における必要とされる避難安全支援性能を主として有する消防の用に供する設備等の設置及び維持に関する技術上の基準については、前条第3項第3号及び第4号の規定を準用する。

4　前条第3項第3号又は第4号の規定により、通常用いられる消防用設備等に代えて必要とされる初期拡大抑制性能を主として有する消防の用に供する設備等として共同住宅用自動火災報知設備又は住戸用自動火災報知設備及び共同住宅用非常警報設備を設置したときは、第1項及び第2項の規定の適用については共同住宅用自動火災報知設備又は住戸用自動火災報知設備及び共同住宅用非常警報設備を設置したものとみなす。

5　住戸、共用室及び管理人室（住戸利用施設にあるものを除く。）に共同住宅用スプリンクラー設備を前条第3項第2号に定める技術上の基準に従い、又は当該技術上の基準の例により設置したときに限り、当該設備の有効範囲内の部分について、共同住宅用自動火災報知設備又は住戸用自動火災報知設備を設置しないことができる。

（必要とされる消防活動支援性能を有する消防の用に供する設備等に関する基準）

第5条　特定共同住宅等（住戸、共用室及び管理人室について、その主たる出入口が階段室等に面する特定共同住宅等に限る。）において、消防隊による活動を支援する性能（以下「消防活動支援性能」という。）を主として有する通常用いられる消防用設備等（連結送水管及び非常コンセント設備に限る。）に代えて用いることができる必要とされる消防活動支援性能を主として有する消防の用に供する設備等は、共同住宅用連結送水管及び共同住宅用非常コンセント設備とする。

2　前項に規定するもののほか、特定共同住宅等における必要とされる消防活動支援性能を主として有する消防の用に供する設備等の設置及び維持に関する技術上の基準は、次のとおりとする。

一　共同住宅用連結送水管は、次のイからハまでに定めるところによること。

イ　放水口は、階段室等又は非常用エレベーターの乗降ロビーその他これらに類する場所ごとに、消防隊が有効に消火活動を行うことができる位置に設けること。

ロ　放水口は、3階及び当該階から上方に数えた階数3以内ごとに、かつ、特定共同住宅等の各部分から一の放水口に至る歩行距離が50メートル以下となるように、設けること。

ハ　イ及びロに規定するもののほか、共同住宅用連結送水管は、令第29条第2項第2号から第4号まで並びに規則第30条の4及び第31条の規定の例により設置すること。

二　共同住宅用非常コンセント設備は、次のイからハまでに定めるところによること。

イ　非常コンセントは、階段室等又は非常用エレベーターの乗降ロビーその他これらに類する場所ごとに、消防隊が有効に消火活動を行うことができる位置に設けること。

ロ　非常コンセントは、11階及び当該階から上方に数えた階数3以内ごとに、かつ、特定共同住宅等の各部分から一の非常コンセントに至る歩行距離が50メートル以下となるように、設けること。

ハ　イ及びロに規定するもののほか、共同住宅用非常コンセント設備は、令第29条の2第2項第2号及び第3号並びに規則第31条の2の規定の例により設置すること。

　　附　則

この省令は、平成19年4月1日から施行する。

第6章●参考資料

○特定共同住宅等の位置、構造及び設備を定める件

平成17年3月25日
消防庁告示第2号

最近改正　令和6年3月29日消防庁告示第6号

第1　趣旨

　この告示は、特定共同住宅等における必要とされる防火安全性能を有する消防の用に供する設備等に関する省令（平成17年総務省令第40号。以下「省令」という。）第2条第1号に規定する特定共同住宅等の位置、構造及び設備を定めるものとする。

第2　用語の意義

　この告示において、次の各号に掲げる用語の意義は、それぞれ当該各号に定めるところによる。

一　特定共同住宅等　省令第2条第1号に規定する特定共同住宅等をいう。

二　通常用いられる消防用設備等　令第29条の4第1項に規定する通常用いられる消防用設備等をいう。

三　必要とされる防火安全性能を有する消防の用に供する設備等　令第29条の4第1項に規定する必要とされる防火安全性能を有する消防の用に供する設備等をいう。

四　共用部分　省令第2条第4号に規定する共用部分をいう。

五　階段室等　省令第2条第5号に規定する階段室等をいう。

六　光庭　主として採光又は通風のために設けられる空間であって、その周囲を特定共同住宅等の壁その他これに類するものによって囲まれ、かつ、その上部が吹抜きとなっているものをいう。

七　避難光庭　光庭のうち、火災時に避難経路として使用することができる廊下又は階段室等が、当該光庭に面して設けられているものをいう。

八　特定光庭　光庭のうち、第4第1号に定めるところにより、当該光庭を介して他の住戸等へ延焼する危険性が高いものであることについて確かめられたものをいう。

第3　通常用いられる消防用設備等に代えて、必要とされる防火安全性能を有する消防の用に供する設備等を用いることができる特定共同住宅等の位置、構造及び設備

　省令第2条第1号に規定する特定共同住宅等は、その位置、構造及び設備が次の各号に適合するものとする。

一　建築基準法（昭和25年法律第201号）第2条第9号の2イに規定する特定主要構造部が、耐火構造（同条第7号に規定する耐火構造をいう。以下同じ。）であること。

二　共用部分の壁及び天井（天井のない場合にあっては、屋根。以下同じ。）の室内に面する部分（回り縁、窓台その他これらに類する部分を除く。以下同じ。）の仕上げを準不燃材料（建築基準法施行令（昭和25年政令第338号）第1条第5号に規定する準不燃材料をいう。以下同じ。）でしたものであること。

三　特定共同住宅等の住戸等は、開口部のない耐火構造の床又は壁で区画すること。ただし、特定共同住宅等の住戸等の床又は壁（以下単に「床又は壁」という。）並びに当該床又は壁を貫通する配管又は電気配線その他これらに類するもの（以下単に「配管等」という。）及びそれらの貫通部が次に定める基準に適合する場合は、この限りでない。

（1）　床又は壁は、耐火構造であること。

（2）　住戸等の外壁に面する開口部は、当該住戸等に接する他の住戸等の開口部との間に設けられる外壁面から0.5メートル以上突出した耐火構造のひさし、床、そで壁その他これらに類するもの（以下「ひさし等」という。）で防火上有効に遮られていること。ただし、当該住戸等に接する他の住戸等の外壁に面する開口部（直径が0.15メートル以下の換気口等（防火設備が設けられたものに限る。）及び面積が0.01平方メートル以下の換気口等を除く。）相互間の距離が、0.9メートル以上であり、かつ、次に定める基準のいずれかに適合する場合は、この限りでない。

イ　上下に設けられた開口部（直径0.15メートル以下の換気口等及び相互間の距離が3.6メートル以上である開口部を除く。）に防火設備である防火戸が設けられていること。

ロ　住戸等で発生した火災により、当該住戸等から当該住戸等及びそれに接する他の住戸等の外壁に面する開口部を介して他の住戸等へ延焼しないよう措置されたものであること。

（3）　住戸等と共用部分を区画する壁は、次に定めるところによること。

イ　開口部（（イ）から（ハ）までに掲げる換気口等を除く。）には、防火設備（主たる出入口に設けられるものにあっては、随時開くことができる自動閉鎖装置付のものに限る。）である防火戸が設けられていること。

（イ）　直径0.15メートル未満の換気口等（開放性のある共用部分に面するものに限る。）

（ロ）　直径0.15メートル以上の換気口等であって、かつ、防火設備が設けられているもの

（ハ）　（イ）及び（ロ）に掲げるもののほか、
　　　　開放性のある共用部分以外の共用部分に面
　　　　し、かつ、防火設備が設けられている換気口
　　　　等
　　ロ　開放型特定共同住宅等（省令第2条第9号に
　　　規定する開放型特定共同住宅等をいう。）及び
　　　二方向避難・開放型特定共同住宅等（省令第2
　　　条第10号に規定する二方向避難・開放型特定共
　　　同住宅等をいう。）以外の特定共同住宅等の住
　　　戸等（共同住宅用スプリンクラー設備が設置さ
　　　れているものを除く。）にあっては、開口部の
　　　面積の合計が一の住戸等につき4平方メートル
　　　（共用室にあっては、8平方メートル）以下で
　　　あること。
　　ハ　ロの規定による一の開口部の面積は、2平方
　　　メートル以下であること。
　（4）　床又は壁を貫通する配管等及びそれらの貫通
　　　部は、次に定めるところによること。
　　イ　配管の用途は、給排水管、空調用冷温水管、
　　　ガス管、冷媒管、配電管その他これらに類する
　　　ものであること。
　　ロ　配管等の呼び径は、200ミリメートル以下で
　　　あること。
　　ハ　配管等を貫通させるために設ける開口部は、
　　　内部の断面積が直径300ミリメートルの円の面
　　　積以下であること。
　　ニ　配管等を貫通させるために設ける開口部を床
　　　又は壁（住戸等と共用部分を区画する床又は壁
　　　を除く。）に2以上設ける場合にあっては、配
　　　管等を貫通させるために設ける開口部相互間の
　　　距離は、当該開口部の最大直径（当該直径が200
　　　ミリメートル以下の場合にあっては、200ミリ
　　　メートル）以上であること。
　　ホ　床又は壁を貫通する配管等及びそれらの貫通
　　　部は、次の（イ）又は（ロ）に定めるところに
　　　よるものであること。
　　　（イ）　配管は、建築基準法施行令第129条の2
　　　　の4第1項第7号イ又はロに適合するものと
　　　　し、かつ、当該配管と当該配管を貫通させる
　　　　ために設ける開口部とのすき間を不燃材料
　　　　（建築基準法第2条第9号に規定する不燃材
　　　　料をいう。以下同じ。）で埋めること。
　　　（ロ）　別に告示で定めるところにより、床又は
　　　　壁を貫通する配管等及びそれらの貫通部が一
　　　　体として耐火性能を有しているものとして認
　　　　められたものであること。
　　ヘ　配管等には、その表面に可燃物が接触しない
　　　ような措置を講じること。ただし、当該配管等

に可燃物が接触しても発火するおそれがないと
認められる場合は、この限りでない。

第4　特定光庭の基準等
一　特定光庭は、次の各号に掲げる基準に適合しない
　光庭をいうものとする。
　（1）　光庭に面する一の住戸等で火災が発生した場
　　　合において、当該火災が発生した住戸等（以下
　　　「火災住戸等」という。）のすべての開口部から
　　　噴出する火炎等の輻射熱により、当該火災住戸等
　　　以外の住戸等の光庭に面する開口部が受ける熱量
　　　が10キロワット毎平方メートル未満であること。
　（2）　光庭が避難光庭に該当する場合においては、
　　　当該避難光庭は、次に定めるところによるもので
　　　あること。
　　イ　火災住戸等（避難光庭に面するものに限る。
　　　以下同じ。）のすべての開口部から噴出する火
　　　炎等の輻射熱により当該避難光庭に面する廊下
　　　及び階段室等を経由して避難する者が受ける熱
　　　量が3キロワット毎平方メートル未満であるこ
　　　と。
　　ロ　避難光庭にあっては次に定めるところによる
　　　こと。
　　　（イ）　避難光庭の高さを当該避難光庭の幅で除
　　　　した値が2.5未満であること。
　　　（ロ）　（イ）により求めた値が2.5以上の場合
　　　　にあっては、火災住戸等のすべての開口部か
　　　　ら噴出する煙層の温度が4ケルビン以上上昇
　　　　しないこと。
二　特定共同住宅等に特定光庭が存する場合にあって
　は、当該光庭に面する開口部及び当該光庭に面する
　特定共同住宅等の住戸等に設ける給湯湯沸設備等
　（対象火気設備等の位置、構造及び管理並びに対象
　火気器具等の取扱いに関する条例の制定に関する基
　準を定める省令（平成14年総務省令第24号）第3条
　第10号に規定する給湯湯沸設備及び同条第2号に規
　定するふろがまをいう。以下同じ。）は、次に定め
　る基準に適合するものであること。
　（1）　廊下又は階段室等が特定光庭に面して設けら
　　　れている場合において、当該特定光庭に面して設
　　　ける開口部は、次に定めるところによること。
　　イ　特定光庭に面する一の開口部の面積が2平方
　　　メートル以下であり、かつ、一の住戸等の開口
　　　部の面積の合計が4平方メートル以下であるこ
　　　と。ただし、当該開口部が設けられている住戸
　　　等に共同住宅用スプリンクラー設備が設けられ
　　　ている場合にあっては、この限りでない。
　　ロ　特定光庭の下端に設けられた開口部が、常時
　　　外気に開放され、かつ、当該開口部の有効断面

積の合計が、特定光庭の水平投影面積の50分の
1以上であること。
（2）　特定光庭（（1）に定めるものを除く。）に面
する開口部にあっては、次に定めるところによる
こと。
　イ　開口部には、防火設備であるはめごろし戸が
　　設けられていること。ただし、次に定める特定
　　光庭に面する住戸等の開口部（（ロ）の特定光
　　庭に面するものにあっては、4階以下の階に存
　　するものに限る。）に防火設備である防火戸を
　　設ける場合にあっては、この限りでない。
　　（イ）　特定光庭に面して階段（平成14年消防庁
　　　　告示第7号に適合する屋内避難階段等の部分
　　　　に限る。）が設けられている当該特定光庭
　　（ロ）　その下端に常時外気に開放された開口部
　　　　（当該開口部の有効断面積が1平方メートル
　　　　以上のものに限る。）が存する特定光庭
　ロ　異なる住戸等の開口部の相互間の水平距離
　　は、次に定めるところによること。ただし、住
　　戸等の開口部の上端から上方に垂直距離1.5
　　メートル（当該開口部に防火設備であるはめご
　　ろし戸が設けられている場合にあっては、0.9
　　メートル）以上の範囲にある他の住戸等の開口
　　部については、この限りでない。
　　（イ）　同一の壁面に設けられるもの（当該開口
　　　　部相互間の壁面に0.5メートル以上突出した
　　　　ひさし等で防火上有効に遮られている場合を
　　　　除く。）にあっては、0.9メートル以上
　　（ロ）　異なる壁面に設けられるものにあって
　　　　は、2.4メートル（当該開口部に防火設備で
　　　　あるはめごろし戸が設けられている場合に
　　　　あっては、2メートル）以上
　ハ　異なる住戸等の開口部の相互間の垂直距離
　　は、1.5メートル（当該開口部に防火設備であ
　　るはめごろし戸が設けられている場合は、0.9
　　メートル）以上（同一壁面上の当該開口部相互
　　間の壁面に0.5メートル以上突出したひさし等
　　で防火上有効に遮られている場合を除く。）で
　　あること。ただし、同一の壁面に設けられる場
　　合にあっては、当該開口部の側端から水平方向
　　に0.9メートル、異なる壁面に設けられる場合
　　にあっては、当該開口部の側端から2.4メート
　　ル（当該開口部に防火設備であるはめごろし戸
　　が設けられている場合にあっては、2メート
　　ル）以上の範囲にある他の住戸等の開口部につ
　　いては、この限りでない。
　ニ　一の開口部の面積が1平方メートル以下であ
　　り、かつ、一の住戸等の一の階の開口部の面積

の合計が2平方メートル以下であること。
（3）　特定光庭に面して給湯湯沸設備等を設ける場
合は、次に定めるところによること。
　イ　平成14年消防庁告示第7号に適合する屋内避
　　難階段等の部分が存する特定光庭に限り設置す
　　ることができること。
　ロ　防火上有効な措置が講じられたものであるこ
　　と。

　　　附　　則
この告示は、平成19年4月1日から施行する。

○特定共同住宅等の構造類型を定める件

> 平成１７年３月２５日
> 消防庁告示第３号

第1　趣旨

この告示は、特定共同住宅等における必要とされる防火安全性能を有する消防の用に供する設備等に関する省令（平成17年総務省令第40号。以下「省令」という。）第２条第８号から第10号までに規定する特定共同住宅等の構造類型を定めるものとする。

第2　用語の意義

この告示において、次の各号に掲げる用語の意義は、それぞれ当該各号に定めるところによる。

一　特定共同住宅等　省令第２条第１号に規定する特定共同住宅等をいう。

二　共用部分　省令第２条第４号に規定する共用部分をいう。

三　階段室等　省令第２条第５号に規定する階段室等をいう。

四　階段室型特定共同住宅等　すべての住戸、共用室及び管理人室について、その主たる出入口が階段室等に面する特定共同住宅等をいう。

五　廊下型特定共同住宅等　すべての住戸、共用室及び管理人室について、その主たる出入口が階段室等以外の廊下等の通路に面する特定共同住宅等をいう。

六　特定光庭　平成17年消防庁告示第２号第２第８号に規定する特定光庭をいう。

第3　二方向避難型特定共同住宅等

一　省令第２条第８号に規定する二方向避難型特定共同住宅等は、特定共同住宅等の住戸等（住戸、共用室及び管理人室に限る。以下第３及び第４において同じ。）において火災が発生した場合に、当該住戸等が存する階の住戸等に存する者が、当該階の住戸等から、少なくとも１以上の避難経路を利用して階段室等（当該住戸等が避難階に存する場合にあっては地上。以下第３において同じ。）まで安全に避難できるようにするため、次号に定めるところにより、２以上の異なった避難経路（避難上有効なバルコニーを含む。以下同じ。）を確保していると認められるものとする。

二　二方向避難型特定共同住宅等は、次に定めるところによるものであること。

（1）　廊下型特定共同住宅等の階段室等は、廊下の端部又は廊下の端部に接する住戸等の主たる出入口に面していること。

（2）　住戸等の外気に面する部分に、バルコニーその他これに類するもの（以下「バルコニー等」という。）が、避難上有効に設けられていること。

（3）　バルコニー等に面する住戸等の外壁に、消防法施行規則（昭和36年自治省令第６号）第４条の２の２に規定する避難上有効な開口部が設けられていること。

（4）　隣接するバルコニー等が隔板等によって隔てられている場合にあっては、当該隔板等が容易に開放し、除去し、又は破壊することができ、かつ、当該隔板等に次に掲げる事項が表示されていること。

イ　当該バルコニー等が避難経路として使用される旨

ロ　当該隔板等を開放し、除去し、又は破壊する方法

ハ　当該隔板等の近傍に避難上支障となる物品を置くことを禁ずる旨

（5）　住戸等において火災が発生した場合に、当該住戸等が存する階の住戸等に存する者が、当該階の住戸等から、少なくとも１以上の避難経路を利用して階段室等まで安全に避難することができること。ただし、バルコニー等に設けられた避難器具（避難器具用ハッチに格納された金属製避難はしご、救助袋等の避難器具に限る。）により当該階の住戸等から避難階まで避難することができる場合は、この限りでない。

第4　開放型特定共同住宅等

一　省令第２条第９号に規定する開放型特定共同住宅等は、特定共同住宅等の住戸等において火災が発生した場合に、当該住戸等が存する階及びその上階の廊下及び階段室等（階段室型特定共同住宅等における階段室等に限る。以下第４において同じ。）における消火、避難その他の消防の活動に支障を生じないものとして、次号に定めるところにより、廊下及び階段室等が開放性を有すると認められるものとする。

二　開放型特定共同住宅等は、次に定めるところによるものであること。

（1）　すべての階の廊下及び階段室等が隣地境界線又は他の建築物等の外壁との中心線から１メートル以上離れていること。

（2）　すべての階の廊下及び階段室等が特定光庭に面していないこと。

（3）　直接外気に開放されていないエントランスホール等（以下単に「エントランスホール等」という。）が避難階に存する場合にあっては、当該エントランスホール等が次に定める基準に適合す

第6章●参考資料

ること。

イ　避難階以外の階及びエントランスホール等に
面する住戸等から当該エントランスホール等を
経由しないで避難することができる経路があること。

ロ　エントランスホール等は、避難階以外の階に
わたらないものとすること。ただし、当該エン
トランスホール等が耐火構造の床又は壁で当該
避難階以外の階と区画されている場合（当該エ
ントランスホール等と特定共同住宅等の部分を
区画する床又は壁に開口部を設ける場合にあっ
ては、防火設備であるはめごろし戸が設けられ
ているものに限る。）にあっては、この限りで
ない。

（4）　廊下は、次に定めるところによるものである
こと。

イ　すべての階の廊下は、次の（イ）又は（ロ）
に定めるところによること。

（イ）　すべての階の廊下は、次のaからdまで
に定めるところによること。

a　各階の外気に面する部分の面積（廊下の
端部に接する垂直面の面積を除く。）は、
当該階の見付面積の3分の1を超えている
こと。

b　外気に面する部分の上部に垂れ壁等を設
ける場合は、当該垂れ壁等の下端から天井
までの高さは、30センチメートル以下であ
ること。

c　手すり等の上端から垂れ壁等の下端まで
の高さは、1メートル以上であること。

d　外気に面する部分に風雨等を遮るために
壁等を設ける場合にあっては、当該壁等の
幅を2メートル以下とし、かつ、当該壁等
相互間の距離を1メートル以上とするこ
と。

（ロ）　特定共同住宅等の住戸等で火災が発生し
た場合に、当該住戸等の開口部から噴出する
煙により、すべての階の廊下において、消
火、避難その他の消防の活動に支障になる高
さ（床面からの高さ1.8メートルをいう。）ま
で煙が降下しないこと。

ロ　外気に面しない部分が存する場合にあって
は、当該外気に面しない部分の長さは、6メー
トル以下であり、かつ、当該外気に面しない部
分の幅員の4倍以下であること。

（5）　階段室等は、次のイ又はロに定めるところに
よるものであること。

イ　平成14年消防庁告示第7号に適合する開口部

を有すること。

ロ　特定共同住宅等の住戸等で火災が発生した場
合に、当該住戸等の開口部から噴出する煙によ
り、階段室等において、消火、避難その他の消
防の活動に支障になる高さ（床面からの高さ
1.8メートルをいう。）まで煙が降下しないこ
と。

第5　二方向避難・開放型特定共同住宅等

省令第2条第10号に規定する二方向避難・開放型特
定共同住宅等は、特定共同住宅等における火災時に、
すべての住戸、共用室及び管理人室から、少なくとも
1以上の避難経路を利用して安全に避難できるように
するため、避難階又は地上に通ずる2以上の異なった
避難経路を確保し、かつ、その主たる出入口が開放型
廊下又は開放型階段に面していることにより、特定共
同住宅等における火災時に生ずる煙を有効に排出する
ことができる特定共同住宅等であって、第3及び第4
に掲げる要件を満たすものとする。

附　則

この告示は、平成19年4月1日から施行する。

◯特定共同住宅等の住戸等の床又は壁並びに当該住戸等の床又は壁を貫通する配管等及びそれらの貫通部が一体として有すべき耐火性能を定める件

[平成17年3月25日　消防庁告示第4号]

第1　趣旨

この告示は、平成17年消防庁告示第2号第3第3号（4）ホ（ロ）に基づき、特定共同住宅等の住戸等の床又は壁（以下単に「床又は壁」という。）並びに当該床又は壁を貫通する配管、電気配線その他これらに類するもの（以下単に「配管等」という。）及びそれらの貫通部が一体として有すべき耐火性能を定めるものとする。

第2　耐火性能

平成17年消防庁告示第2号第3第3号（4）ホ（ロ）に定める床又は壁並びに配管等及びそれらの貫通部が一体として有すべき耐火性能は、床又は壁並びに配管等及びそれらの貫通部に、特定共同住宅等において発生が予測される火災による火熱が加えられた場合に、加熱面以外の面に一定の火炎及び煙を出すことがなく、かつ、当該加熱面以外の面の温度が可燃物燃焼温度（建築基準法施行令（昭和25年政令第338号）第107条第2号に規定する可燃物燃焼温度をいう。）以上に上昇しないものであることについて、第3に定める耐火性能試験により確認された性能をいう。

第3　耐火性能試験

耐火性能試験は、次の各号に定めるところにより行うこと。

一　試験体は、次に定めるところによること。
（1）　試験体の材料及び構成は実際のものと同一のものとし、その大きさは、長さ2,400ミリメートル、幅1,800ミリメートル以上のものとすること。
（2）　試験体は、床又は壁並びに配管等及びそれらの貫通部の工事の施工方法と同一の方法により作製すること。

二　試験方法は、次によること。
（1）　試験体に対して、別図に示す温度の加熱曲線により1時間火熱を加えること。
（2）　判定基準は、次のイからハまでによること。

イ　遮炎性能
（イ）　加熱面以外の面に火炎を出す原因となるき裂その他の損傷を生じないこと。
（ロ）　加熱面以外の面に10秒間以上継続して火炎が出ないこと。

ロ　遮煙性能
加熱時間における煙発生量を立方メートルで表した数値に減光係数を乗じて得た値が3立方メートル毎メートル以下であること。

ハ　遮熱性能
加熱面以外の面の温度が473ケルビンを超えないものであること。

　　附　則
この告示は、平成19年4月1日から施行する。

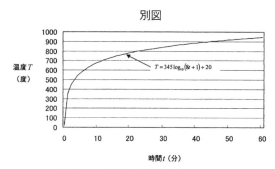

別図

$T = 345\log_{10}(8t+1) + 20$

Tは炉内の平均温度（単位　度）
tは経過時間（単位　分）

第6章●参考資料

○特定共同住宅等における必要とされる防火安全性能を有する消防の用に供する設備等に関する省令等の公布について

```
平成17年3月25日　消防予第66号
各都道府県消防主管部長　東京消防庁・
各指定都市消防長あて　消防庁予防課長通知
```

　「特定共同住宅等における必要とされる防火安全性能を有する消防の用に供する設備等に関する省令」（平成17年総務省令第40号。以下「省令」という。）、「特定共同住宅等の位置、構造及び設備を定める件」（平成17年消防庁告示第2号。以下「位置・構造告示」という。）、「特定共同住宅等の構造類型を定める件」（平成17年消防庁告示第3号。以下「構造類型告示」という。）及び「特定共同住宅等の住戸等の床又は壁並びに当該住戸等の床又は壁を貫通する配管等及びそれらの貫通部が一体として有すべき耐火性能を定める件」（平成17年消防庁告示第4号。以下「区画貫通告示」という。）が平成17年3月25日に公布されました。

　今般の省令及び関係告示は、消防法施行令（昭和36年政令第37号。以下「令」という。）第29条の4第1項の規定に基づき、特定共同住宅等において通常用いられる消防用設備等に代えて用いることができる必要とされる防火安全性能を有する消防の用に供する設備等の基準を定めるとともに、当該基準を適用する特定共同住宅等の位置、構造及び設備並びに構造類型並びに区画貫通部の基準等を定めるものです。

　今後、設備基準の細部を定める告示の制定及び所要の関係告示の整備を行うほか、平成19年4月の施行に向けて関係者への周知等を進めていく予定です。

　貴職におかれましては、下記事項に留意の上、その運用に十分配慮されるとともに、各都道府県消防主管部長におかれましては、貴都道府県内の市町村に対しこの旨周知されるようお願いします。

記

第1　省令及び関係告示の制定の趣旨

　これまで、共同住宅等に設置する消防用設備等については、共同住宅等の位置、構造及び設備によっては火災の発生又は延焼のおそれが少ないと認められるものがあることに鑑み、「共同住宅等に係る消防用設備等の技術上の基準の特例について」（平成7年消防予第220号）別添（以下「特例通知」という。）の要件を満たすものについて令第32条の規定を適用して基準の特例を認めてきたところである。

　必要とされる防火安全性能を有する消防の用に供する設備等に関する技術基準を定める令第29条の4の規定が消防法施行令に追加され、平成16年6月から施行されていることを踏まえ、共同住宅等の構造等に応じて設置すべき消防用設備等の基準について省令及び関係告示に定め、全国的に統一的な運用を図るとともに、検査、点検報告及び消防設備士の工事又は整備等に関する消防法令の関係規定を適用し、より適切な維持管理の確保を図るため、特例通知に定める基準に沿って、今般の省令及び関係告示を制定することとしたものである。

第2　省令の概要

1　用語の意義

　省令及び関係告示において用いる用語の意義を定めたこと。（省令第2条各号関係）

　主なものは次のとおりであること。

（1）　特定共同住宅等

　令別表第1（5）項ロに掲げる防火対象物であって、火災の発生又は延焼のおそれが少ないものとして、その位置、構造及び設備について消防庁長官が定める基準に適合するもの

（2）　特定共同住宅等の類型

　特定共同住宅等の類型について、次のとおり定めたこと。

①　二方向避難型特定共同住宅等

　特定共同住宅等における火災時に、すべての住戸、共用室及び管理人室から、少なくとも一以上の避難経路を利用して安全に避難できるようにするため、避難階又は地上に通ずる二以上の異なった避難経路を確保している特定共同住宅等として消防庁長官が定める構造を有するもの

②　開放型特定共同住宅等

　すべての住戸、共用室及び管理人室について、その主たる出入口が開放型廊下又は開放型階段に面していることにより、特定共同住宅等における火災時に生ずる煙を有効に排出することができる特定共同住宅等として消防庁長官が定める構造を有するもの

③　二方向避難・開放型特定共同住宅等

　特定共同住宅等における火災時に、すべての住戸、共用室及び管理人室から、少なくとも一以上の避難経路を利用して安全に避難できるようにするため、避難階又は地上に通ずる二以上の異なった避難経路を確保し、かつ、その主たる出入口が開放型廊下又は開放型階段に面していることにより、特定共同住宅等における火災時に生ずる煙を有効に排出することができる特定共同住宅等として消防庁長官が定める構造を有するもの

220

特定共同住宅等における必要とされる防火安全性能を有する消防の用に供する設備等に関する省令等の公布について

④　その他の特定共同住宅等

　　①から③に掲げるもの以外の特定共同住宅等

（３）　特定共同住宅等における必要とされる防火安全性能を有する消防の用に供する設備等

　　特定共同住宅等における必要とされる防火安全性能を有する消防の用に供する設備等について、次のとおり定めたこと。

①　住宅用消火器

　　消火器の技術上の規格を定める省令（昭和39年自治省令第27号）第１条の２第２号に規定するもの

②　共同住宅用スプリンクラー設備

　　特定共同住宅等における火災時に火災の拡大を初期に抑制するための設備であって、スプリンクラーヘッド（閉鎖型スプリンクラーヘッドの技術上の規格を定める省令（昭和40年自治省令第２号）第２条第１号の２に規定する小区画型ヘッドをいう。以下同じ。）、制御弁、自動警報装置、加圧送水装置、送水口等で構成され、かつ、住戸、共用室又は管理人室ごとに自動警報装置の発信部が設けられているもの

③　共同住宅用自動火災報知設備

　　特定共同住宅等における火災時に火災の拡大を初期に抑制し、かつ、安全に避難することを支援するために、特定共同住宅等における火災の発生を感知し、及び当該特定共同住宅等に火災の発生を報知する設備であって、受信機、感知器、戸外表示器（住戸等の外部において、受信機から火災が発生した旨の信号を受信し、火災の発生を報知するものをいう。以下同じ。）等で構成され、かつ、自動試験機能又は遠隔試験機能を有することにより、住戸の自動試験機能等対応型感知器の機能の異常が当該住戸の外部から容易に確認できるもの

④　住戸用自動火災報知設備

　　特定共同住宅等における火災時に火災の拡大を初期に抑制し、かつ、安全に避難することを支援するために、住戸等における火災の発生を感知し、及び当該住戸等に火災の発生を報知する設備であって、受信機、感知器、戸外表示器等で構成され、かつ、遠隔試験機能を有することにより、住戸の自動試験機能等対応型感知器の機能の異常が当該住戸の外部から容易に確認できるもの

⑤　共同住宅用非常警報設備

　　特定共同住宅等における火災時に安全に避難することを支援するための設備であって、起動装置、音響装置、操作部等で構成されるもの

⑥　共同住宅用連結送水管

　　特定共同住宅等における消防隊による活動を支援するための設備であって、放水口、配管、送水口等で構成されるもの

⑦　共同住宅用非常コンセント設備

　　特定共同住宅等における消防隊による活動を支援するための設備であって、非常コンセント、配線等で構成されるもの

２　必要とされる初期拡大抑制性能を有する消防の用に供する設備等に関する基準

（１）　特定共同住宅等において、初期拡大抑制性能を主として有する通常用いられる消防用設備等に代えて用いることができる必要とされる初期拡大抑制性能を主として有する消防の用に供する設備等は、省令第３条第１項の表の上欄に掲げる特定共同住宅等の種類及び同表中欄に掲げる通常用いられる消防用設備等の区分に応じ、同表下欄に掲げる必要とされる防火安全性能を有する消防の用に供する設備等としたこと。（省令第３条第１項関係）

（２）　特定共同住宅等における必要とされる初期拡大抑制性能を主として有する消防の用に供する設備等である次に掲げるものの設置及び維持に関する技術上の基準を定めたこと。（省令第３条第２項関係）

　　なお、②から④に掲げる設備等については、同項各号に定めるもののほか、消防庁長官が定める設置及び維持に関する技術上の基準に適合するものであることとしていること。

①　住宅用消火器及び消火器具

②　共同住宅用スプリンクラー設備

③　共同住宅用自動火災報知設備

④　住戸用自動火災報知設備及び共同住宅用非常警報設備

（３）　一定の要件を満たす場合には、共同住宅用スプリンクラー設備及び共同住宅用自動火災報知設備又は住戸用自動火災報知設備を設置しないことができることとしたこと。（省令第３条第３項関係）

３　必要とされる避難安全支援性能を有する消防の用に供する設備等に関する基準

（１）　特定共同住宅等において、避難安全支援性能を主として有する通常用いられる消防用設備等に代えて用いることができる必要とされる避難安全支援性能を主として有する消防の用に供する設備等は、省令第４条第１項の表の上欄に掲げる特定共同住宅等の種類及び同表中欄に掲げる通常用いられる消防用設備等の区分に応じ、同表下欄に掲

第6章●参考資料

げる必要とされる防火安全性能を有する消防の用
に供する設備等としたこと。（省令第4条第1項
関係）
（2）　特定共同住宅等における必要とされる避難安
全支援性能を主として有する消防の用に供する設
備等は、共同住宅用自動火災報知設備又は住戸用
自動火災報知設備及び共同住宅用非常警報設備で
あることから、それらの設置及び維持に関する技
術上の基準については、省令第3条第2項第3号
及び第4号の規定を準用することとしたこと。
（省令第4条第2項関係）
（3）　省令第3条第2項第3号又は第4号の規定に
基づき、必要とされる初期拡大抑制性能を主とし
て有する消防の用に供する設備等として共同住宅
用自動火災報知設備又は住戸用自動火災報知設備
及び共同住宅用非常警報設備を設置したときは、
省令第4条第1項の規定の適用に当たり、これら
を設置したものとみなすための所要の規定を整備
したこと。（省令第4条第3項関係）
（4）　一定の要件を満たす場合には、共同住宅用自
動火災報知設備又は住戸用自動火災報知設備を設
置しないことができることとしたこと。（省令第
4条第4項関係）
4　必要とされる消防活動支援性能を有する消防の用
に供する設備等に関する基準
（1）　特定共同住宅等（住戸、共用室及び管理人室
について、その主たる出入口が階段室等に面する
特定共同住宅等に限る。）において、消防活動支
援性能を主として有する通常用いられる連結送水
管及び非常コンセント設備に代えて用いることが
できる必要とされる消防活動支援性能を主として
有する消防の用に供する設備等は、共同住宅用連
結送水管及び共同住宅用非常コンセント設備とし
たこと。（省令第5条第1項関係）
（2）　共同住宅用連結送水管及び共同住宅用非常コ
ンセント設備の設置及び維持に関する技術上の基
準を定めたこと。（省令第5条第2項関係）

**第3　特定共同住宅等の位置、構造及び設備を定める件
（位置・構造告示）**

1　趣旨
　　位置・構造告示は、省令第2条第1号に規定する
特定共同住宅等の位置、構造及び設備を定めるもの
であること。（位置・構造告示第1関係）
2　特定共同住宅等の位置、構造及び設備
　　通常用いられる消防用設備等に代えて、必要とさ
れる防火安全性能を有する消防の用に供する設備等
を用いることができる特定共同住宅等の位置、構造
及び設備の基準を次の（1）から（3）に掲げると

おり定めたこと。
（1）　主要構造部が、耐火構造であること。（位置
・構造告示第3の1関係）
（2）　共用部分の壁及び天井の室内に面する部分の
仕上げは、準不燃材料であること。（位置・構造
告示第3の2関係）
（3）　特定共同住宅等の住戸等の床又は壁に設ける
開口部並びに当該床又は壁を貫通する配管等及び
それらの貫通部については、一定の要件のもとに
認めることとしたこと。（位置・構造告示第3の
3関係）
3　特定光庭の基準等
（1）　特定光庭の基準を定めたこと。（位置・構造
告示第4の1関係）
（2）　特定共同住宅等に特定光庭が存する場合にお
ける当該特定光庭に面する開口部及び給湯湯沸設
備等に関する基準を定めたこと。（位置・構造告
示第4の2関係）

**第4　特定共同住宅等の構造類型を定める件（構造類型
告示）**

1　趣旨
　　構造類型告示は、省令第2条第8号から第10号ま
でに規定する特定共同住宅等の構造類型（二方向避
難型特定共同住宅等、開放型特定共同住宅等及び二
方向避難・開放型特定共同住宅等）を定めるもので
あること。（構造類型告示第1関係）
2　二方向避難型特定共同住宅等
　　二方向避難型特定共同住宅等について、二以上の
異なった避難経路（避難上有効なバルコニーを含
む。以下同じ。）を確保していると認められるもの
として、その基準を定めたこと。（構造類型告示第
2関係）
3　開放型特定共同住宅等
　　開放型特定共同住宅等について、廊下及び階段室
等が開放性を有すると認められるものとして、その
基準を定めたこと。（構造類型告示第4関係）
4　二方向避難・開放型特定共同住宅等
　　二方向避難・開放型特定共同住宅等は、2の二方
向避難型特定共同住宅の基準及び3の開放型特定共
同住宅等の基準の双方に掲げる要件を満たすものと
したこと。（構造類型告示第5関係）

**第5　特定共同住宅等の住戸等の床又は壁並びに当該住
戸等の床又は壁を貫通する配管等及びそれらの貫通部
が一体として有すべき耐火性能を定める件（区画貫通
告示）**

1　趣旨
　　区画貫通告示は、開口部のない耐火構造の床又は
壁で区画しないことができる場合を定める位置・構

造告示第3第3号（4）ホ（ロ）に基づき、特定共同住宅等の住戸等の床又は壁並びに当該床又は壁を貫通する配管等及びそれらの貫通部が一体として有すべき耐火性能を定めるものであること。（区画貫通告示第1関係）

2　耐火性能

床又は壁並びに配管等及びそれらの貫通部が一体として有すべき耐火性能は、床又は壁並びに配管等及びそれらの貫通部に、特定共同住宅等において発生が予測される火災による火熱が加えられた場合に、加熱面以外の面に一定の火炎及び煙を出すことがなく、かつ、当該加熱面以外の面の温度が可燃物燃焼温度（建築基準法施行令（昭和25年政令第338号）第107条第2号に規定する可燃物燃焼温度をいう。）以上に上昇しないものであることについて、3に定める耐火性能試験により確認された性能をいう。（区画貫通告示第2関係）

3　耐火性能試験

耐火性能試験の試験体及び試験方法について定めたこと。（区画貫通告示第3関係）

第6　その他

1　施行期日

省令及び関係告示については、消防機関及び建築事業者等多くの関係者への周知が不可欠であること、また、共同住宅等の建築に関わるものであること等から、その施行を平成19年4月1日としたこと。

2　住宅用防災機器の設置及び維持に関する条例の制定に関する基準を定める省令の一部改正

本日付消防安第66号防火安全室長通知にあるように、省令の制定に伴い、住宅用防災警報器等を設置しないことができる場合として、共同住宅用スプリンクラー設備、共同住宅用自動火災報知設備又は住戸用自動火災報知設備を設置した場合を追加しているので、留意すること。（住宅用防災機器の設置及び維持に関する条例の制定に関する基準を定める省令第6条第2号）

3　今後の予定

以下の告示等について、早期に公布する予定であること。

（1）省令第3条第2項第2号チ、第3号ヘ及び第4号ホの規定に基づく、共同住宅用スプリンクラー設備、共同住宅用自動火災報知設備並びに住戸用自動火災報知設備及び共同住宅用非常警報設備の設置及び維持に関する技術上の基準を定める告示

（2）点検結果報告書等の様式、消防設備士及び消防設備点検資格者に関する事項等を定める告示（一部改正）

○特定共同住宅等における必要とされる防火安全性能を有する消防の用に供する設備等に関する省令等の運用について

平成17年8月12日　消防予第188号
各都道府県消防防災主管部長・東京消防庁・各指定都市消防長あて　消防庁予防課長通知

特定共同住宅等における必要とされる防火安全性能を有する消防の用に供する設備等に関する省令等の公布については平成17年3月25日付け消防予第66号をもって示したところですが、今般その運用を下記のとおり定めましたので、貴職におかれましては、下記事項に留意の上、その運用に十分配慮されるとともに、各都道府県消防防災主管部長におかれましては、貴都道府県内の市町村に対し、この旨周知されるようお願いします。

記

第1　特定共同住宅等における必要とされる防火安全性能を有する消防の用に供する設備等に関する省令（平成17年総務省令第40号。以下「省令」という。）について

1　特定共同住宅等について

省令第2条第1号の特定共同住宅等は、消防法施行令（昭和36年政令第37号。以下「令」という。）別表第1（16）項に掲げる防火対象物で、令第8条の規定により他の用途に供される部分と区画された令別表第1（5）項ロに掲げる防火対象物も含まれるものであること。

2　メゾネット型の住戸等の取扱いについて

メゾネット型の住戸等（一の住戸等の階数が二以上であるものをいう。）の階の算定にあっては、当該住戸等を一の階と扱うものではなく、建築基準法施行令（昭和25年政令第338号）第2条第1項第8号の規定によるものであること。

3　直接外気に開放されていない共用部分について

省令第3条第2項第3号ニ（ハ）の「直接外気に開放されていない共用部分」とは、常時外気に面する部分から概ね5メートル以上離れた部分を含むものであること。

4　独立した用途に供される部分の取扱いについて

「令別表第1に掲げる防火対象物の取扱いについて」（昭和50年4月15日付け消防予第41号、消防安第41号）記1（2）の「独立した用途に供される部分」に該当する部分については、住戸とみなして省令を適用しても差し支えないものであること。この場合において、当該部分は、床面積150平方メートル以内ごとに防火区画されていること。

223

第6章 参考資料

第2 特定共同住宅等の位置、構造及び設備を定める件（平成17年消防庁告示第2号。以下「位置・構造告示」という。）について

1 光庭について

位置・構造告示第2第6号の光庭は、「その周囲を特定共同住宅等の壁その他これに類するものにより囲まれ」ていることを要件としているが、その周囲の一部分が部分的に開放されていても、同程度の閉鎖性を有すると認められる場合にあっては、光庭として扱うものとすること。

2 特定共同住宅等の住戸等の区画について

位置・構造告示第3第3号の「特定共同住宅等の住戸等は、開口部のない耐火構造の床又は壁で区画すること。」とは、住戸等と住戸等の間を耐火構造の床又は壁により、また住戸等と共用部分の間を耐火構造の床又は壁（位置・構造告示第3第3号（3）の規定に適合する開口部を含む。）により防火区画することをいうものであり、堅牢かつ容易に変更できない構造を有することが必要であること。

3 住戸等への延焼防止措置について

位置・構造告示第3第3号（2）ロの「住戸等で発生した火災により、当該住戸等から当該住戸等及びそれに接する他の住戸等の外壁に面する開口部を介して他の住戸等へ延焼しないよう措置されたものであること。」として、住戸等と区画を介して隣接する他の住戸等の開口部が次に定める基準に適合しているものをいうことができるものであること。

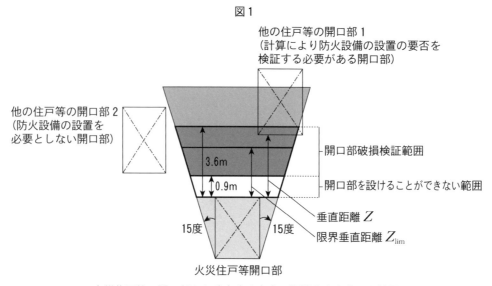

図1　火災住戸等の開口部から噴出する火炎の影響を考慮すべき範囲

（1） 火災住戸等の開口部の最大幅から上方の左右の壁面方向に15度開いた範囲外に存する他の住戸等の開口部には、防火設備を設けないことができること。この場合において、火災住戸等の開口部が、四角形以外の形状（以下「円等」という。）の場合は、当該円等が内接する長方形を当該住戸等の開口部とみなすものであること。

（2） 火災住戸等の開口部の最大幅から上方の左右の壁面方向に15度開いた範囲内に存する他の住戸等の開口部のうち、開口部相互間の垂直距離が3.6メートル以下の範囲（火災住戸等の開口部の上部0.9メートルの範囲を除く。以下「開口部破損検証範囲」という。）については、上下の開口部間の垂直距離Zが、次の①から⑥までの手順により求めた限界垂直距離Z_{lim}より小さい場合に、当該他の住戸等の開口部（図1中の開口部1をいう。）に防火設備を設けること。ただし、当該他の住戸等の開口部が換気口等であり、かつ、防火設備が設けられた直径0.15メートル以下のもの又は開口部の面積が0.01平方メートル以下のものにあっては、この限りでない。

① 開口部破損検証範囲にある他の住戸等の開口部の材料の許容温度と周囲の温度との差を次式により求めること。

$\Delta T = T_{lim} - 239$　・・・・・式（1）

ΔTは、他の住戸等の開口部の材料の許容温度と周囲の温度との差（単位　ケルビン。以下3において同じ。）

T_{lim}は、他の住戸等の開口部の材料に応じて、次の表により求められる許容温度（単位　ケルビン。以下同じ。）

開口部の材料	許容温度
フロートガラス	373ケルビン
フロートガラス（飛散防止フィルム付）	423ケルビン
線入りガラス	673ケルビン

※開口部の材料として上記以外のガラスを用いる場合の

許容温度については、試験データ等により判断すること。

② 火災住戸等の一の開口部から噴出する熱気流の等価半径（当該開口部から噴出する熱気流が影響する一定以上の範囲を円状にみなした場合の半径。以下同じ。）を次式により求めること。

$$r_0 = \sqrt{\frac{A}{2\pi}} \quad \cdots\cdots 式（2）$$

r_0は、火災住戸等の一の開口部から噴出する熱気流の等価半径（単位　メートル。以下同じ。）

Aは、火災住戸等の一の開口部の面積（開口部がサッシ等により連結している場合は、当該開口部を一の開口部として取り扱う。単位　平方メートル。以下同じ。）

πは、円周率

③ 火災住戸等の一の開口部から噴出する熱気流の発熱速度を次式により求めること。

$$Q = 400A\sqrt{H} \quad \cdots\cdots 式（3）$$

Qは、火災住戸等の一の開口部から噴出する熱気流の発熱速度（単位　キロワット。以下同じ。）

Hは、火災住戸等の一の開口部の高さ（火災住戸等の開口部が円等の場合は、当該円等の最高の高さ。単位　メートル。以下同じ。）

④ 火災住戸等の一の開口部から噴出する熱気流軸上における部材許容温度を無次元化した値Θを次式により求めること。

$$\Theta = 16.09\Delta T r_0^{5/3}/(QT_{\lim})^{2/3} \quad \cdots\cdots 式（4）$$

⑤ 開口部の材料の許容温度となる噴出気流の垂直距離Z_tをΘの値に従い、次のア又はイの式により求めること。

ア ④により求められるΘの値が0.35以下の場合

$$Z_t = \frac{1.05 r_0}{\Theta} \quad \cdots\cdots 式（5）$$

Z_tは、開口部の材料の許容温度となる噴出気流の垂直距離（単位　メートル。以下同じ。）

イ ④により求められるΘの値が0.35より大きい場合

$$Z_t = \frac{1.93 \times 10^{-3} r_0}{\Theta^7} \quad \cdots\cdots 式（6）$$

⑥ 限界垂直距離$Z_{\lim}$は、⑤で求めた開口部の材料の許容温度となる噴出気流の垂直距離Z_tと次式で求めた火災住戸等の開口部上端からの火炎高さZ_{Lm}のいずれか大きい方とし、火災住戸等の開口部と他の住戸等の開口部との垂直距離が$Z_{\lim}$より大きい場合、当該他の住戸等の開口部に防火設備を設ける必要はないこと。

$$Z_{Lm} = 2.39H \quad \cdots\cdots 式（7）$$

4 開放性のある共用部分以外の共用部分について

位置・構造告示第3第3号（3）イ（ハ）の「開放性のある共用部分以外の共用部分」とは、換気口等を設ける部分が、直接外気に開放されていない共用部分をいうものであること。

5 特定光庭の基準等について

位置・構造告示第4第1号（1）の「火災住戸等以外の住戸等の光庭に面する開口部が受ける熱量」及び同号（2）イの「避難光庭に面する廊下及び階段室等を経由して避難する者が受ける熱量」は、次の（1）から（5）までの手順により求めること。

（1） 火災住戸等の光庭に面するすべての開口部（換気口その他これらに類するものを除く。）を合成して一の開口部とみなし、当該合成した開口部を「等価開口部」というものであること。この場合において、「等価開口部の高さ」は一の住戸等の光庭に面するすべての開口部のうち最大の高さ、「等価開口部の面積」は一の住戸等の光庭に面するすべての開口部の合計面積、「等価開口部の幅」は「等価開口部の面積」を「等価開口部の高さ」で除した値をいうものであること。ただし、火災住戸等の光庭に面する開口部が複数の面に設けられている場合は、同一面に設けられる開口部ごとに等価開口部を設定し、（2）から（5）までの手順により受熱量を求め合計すること。適用例を図2に示す。

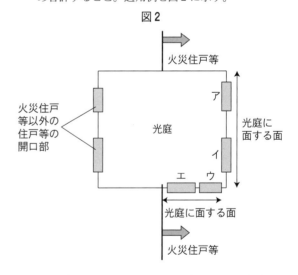

図2

※面ごとに開口部「アとイ」、「ウとエ」を合成し、それぞれ等価開口部を設定すること。

（2） 等価開口部から噴出する熱気流（火炎を含む。以下同じ。）の高さを次式により求めること。

$$L = 1.52 H_x \quad \cdots\cdots 式（8）$$

Lは、等価開口部から噴出する熱気流の高さ（単位　メートル。以下5において同じ。）

H_xは、等価開口部の高さ（単位　メートル）

（3） 等価開口部から噴出する熱気流の面積を次式により求めること。

第6章●参考資料

$S = LW$ ・・・・・式（9）

Sは、等価開口部から噴出する熱気流の面積（単位　平方メートル。以下同じ。）

Wは、等価開口部の幅（単位　メートル）

（4）受熱面に対する等価開口部から噴出する熱気流の面の形態係数を次式により求めること。（図3参照）

$$F = \frac{\cos\beta_1 \cos\beta_2}{\pi d^2} S \quad \cdots\cdots 式（10）$$

Fは、受熱面に対する等価開口部から噴出する熱気流の面の形態係数。

（Fが1を超える場合にあっては$F=1$とする。以下同じ。）

β_1及びβ_2は、受熱面及び等価開口部から噴出する熱気流の面から垂直に延びる線と受熱面の中心点と等価開口部から噴出する熱気流の面の中心点を結んだ線のなす角度（単位　ラジアン）

πは、円周率

dは、受熱面と等価開口部から噴出する熱気流の面の最短距離（単位　メートル）その適用例を図4及び図5に示す。

図3
等価開口部から噴出する熱気流の面

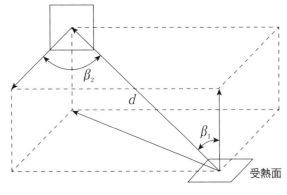

受熱面

図4

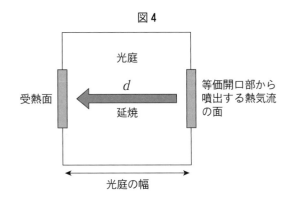

光庭を挟んで「等価開口部から噴出する熱気流の面」と「受熱面」が正対する場合、β_1及びβ_2は0ラジアンとなり、$F = S/\pi d^2$（ただし、$F \leq 1$）となる。・・・・・式（11）

図5

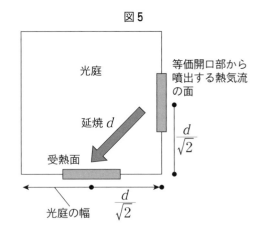

「等価開口部から噴出する熱気流の面」と「受熱面」が光庭において直交し、二面が交わった地点から「等価開口部から噴出する熱気流の面」及び「受熱面」が等距離にある場合β_1及びβ_2は

$\frac{\pi}{4}$ラジアンとなり、

$F = S / 2\pi d^2$（ただし、$F \leq 1$）となる。
　　　　　　　　　　・・・・・式（12）

※ $1° = \frac{\pi}{180}$　ラジアン

（5）等価開口部から噴出する熱気流の輻射熱により評価対象住戸等の開口部又は避難光庭に面する廊下及び階段室等を経由して避難する者が受ける受熱量を次式により求めること。

$q = 100F$ ・・・・・式（13）

qは、等価開口部から噴出する熱気流の輻射熱により評価対象住戸等の開口部又は避難光庭に面する廊下及び階段室等を経由して避難する者が受ける受熱量（単位　キロワット毎平方メートル）

6　避難光庭の高さについて

位置・構造告示第4第1号（2）ロ（イ）の避難光庭の高さは、図6の例により、計測すること。

226

図6

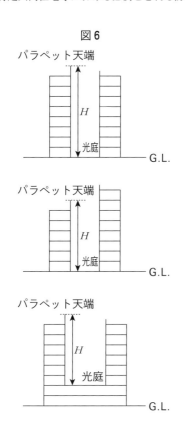

注）パラペットの天端の高さが異なる場合には、原則として最も低い部分により計測すること。

7　避難光庭の幅について

位置・構造告示第4第1号（2）ロ（イ）の「避難光庭の幅」は、図7の例により、計測すること。

なお、避難光庭の高さを当該避難光庭の幅で除した値が2.5未満であれば、火災住戸等の開口部から噴出する高温の熱気流が対向壁面にぶつからずに上昇し、避難光庭に滞留せずに外部に排出されるため、同号（2）ロ（ロ）に規定する煙に対する安全性の検証を要しないとしたものである。したがって、避難光庭の幅は、火災住戸等の開口部の面に対して垂直方向（対向壁面の方向）で計測する必要があること。

図7

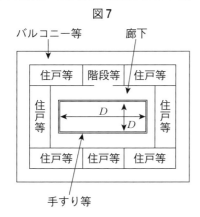

8　避難光庭における煙層の上昇温度について

位置・構造告示第4第1号（2）ロ（ロ）の「火災住戸等のすべての開口部から噴出する煙層の温度」については、次の（1）から（3）までの手順により求めること。

（1）　等価開口部から噴出する熱気流の発熱速度を次式により求めること。

$$Q_X = 400 A_X \sqrt{H_X} \quad \cdots \cdots \text{式（14）}$$

Q_Xは、等価開口部から噴出する熱気流の発熱速度（単位　キロワット。以下同じ。）

A_Xは、等価開口部の面積（単位　平方メートル）

（2）　避難光庭の底部に設けられる常時開放された開口部の給気開口率（避難光庭の底部の開口部と頂部の開口部の比をいう。以下同じ。）を次式により求めること。

$$r = 100 \frac{S_a}{S_t} \quad \cdots \cdots \text{式（15）}$$

rは、避難光庭の底部に設けられる常時開放された開口部の給気開口率（単位　パーセント）

S_aは、避難光庭の底部に設けられる常時開放された開口部の面積（単位　平方メートル）

S_tは、避難光庭の頂部に設けられる常時開放された開口部の面積（単位　平方メートル）

（3）　避難光庭における火災住戸等のすべての開口部から噴出する煙層の上昇温度を次式により求めること。

$$\Delta T = 2.06 a \frac{Q_X^{\frac{2}{3}}}{D^{\frac{5}{3}}} \quad \cdots \cdots \text{式（16）}$$

ΔTは、避難光庭における火災住戸等のすべての開口部から噴出する煙層の上昇温度（単位　ケルビン）

aは、次式により求められる値

$$a = 1.2 + \frac{1.32}{r + 0.66} \quad \cdots \cdots \text{式（17）}$$

Dは、避難光庭の幅（単位　メートル）

9　異なる住戸等間の水平距離について

位置・構造告示第4第2号（2）ロの「異なる住戸等の開口部の相互間の水平距離」は、図8の例により、計測すること。

図8

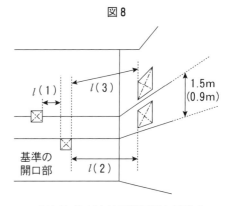

l（1）及びl（2）は距離制限を受ける。
l（3）は距離制限を受けない。

10　異なる住戸等間の垂直距離について

位置・構造告示第4第2号（2）ハの「異なる住戸等の開口部の相互間の垂直距離」は、図9及び図10の例により、計測すること。

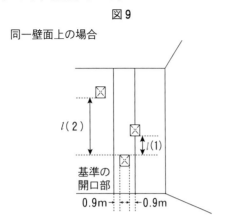

図9
同一壁面上の場合

$l(1)$は距離制限を受ける。
$l(2)$は距離制限を受けない。

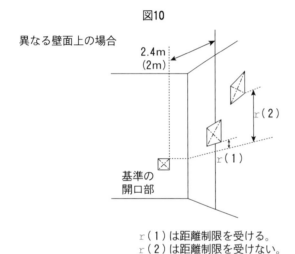

図10
異なる壁面上の場合

$r(1)$は距離制限を受ける。
$r(2)$は距離制限を受けない。

11　特定光庭に該当しない光庭について

　図11及び図12に示す開放性を有する廊下又は階段室等に面する吹抜けにあっては、特定光庭には該当しないものであること。この場合において、開放性を有する廊下の手すり等の上端から小梁、たれ壁等の下端までの高さは1メートル以上必要であること。

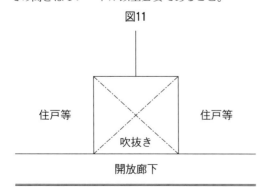

図11

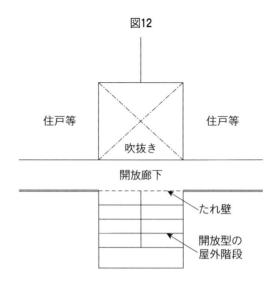

図12

12　特定光庭に面して給湯湯沸設備等を設ける場合の措置について

　位置・構造告示第4第2号（3）ロの「防火上有効な措置」とは、次の（1）及び（2）の措置をいうものであること。

（1）　給湯湯沸設備等は、次に定める基準に適合していること。

①　ガスの消費量が、70キロワット以下であること。

②　一の住戸の用に供するものであること。

③　密閉式（直接屋外から空気を取り入れ、かつ、廃ガスその他の生成物を直接屋外に排出する燃焼方式及びその他室内の空気を汚染するおそれがない燃焼方式をいう。）で、バーナーが隠ぺいされていること。

④　圧力調節器により、バーナーのガス圧が一定であること。

⑤　過度に温度が上昇した場合において、自動的に燃焼を停止できる装置及び炎が立消えした場合等において安全を確保できる装置が設けられていること。

（2）　給湯湯沸設備等は、次に定める方法により設置すること。

①　特定光庭から住戸等又は共用部分へ貫通する給湯湯沸設備等の配管は、当該配管と当該配管を貫通させるために設ける開口部とのすき間を不燃材料（建築基準法第2条第9号に規定する不燃材料をいう。）で埋めること。

②　①の配管は、金属又はこれと同等以上の強度、耐食性及び耐熱性を有するものであること。

第3　特定共同住宅等の構造類型を定める件（平成17年消防庁告示第3号。以下「構造類型告示」という。）について

1　二方向避難型特定共同住宅等について

特定共同住宅等における必要とされる防火安全性能を有する消防の用に供する設備等に関する省令等の運用について

（1） 避難上有効なバルコニーについて
　　構造類型告示第3第1号の「避難上有効なバルコニー」とは、次の①から③に定める基準に適合しているものであること。
① 直接外気に開放されていること。
② 避難上支障のない幅員及び転落防止上有効な高さの手すり等を有していること。
　なお、車いす利用者等の避難を考慮した場合に、80センチメートルから90センチメートル程度の幅員を有していることが望ましいものであること。
③ 他の住戸等の避難上有効なバルコニー又は階段室等に接続していること。

（2） 廊下型特定共同住宅等の階段室等の位置について
　　構造類型告示第3第2号（1）の「階段室等は廊下の端部又は廊下の端部に接する住戸等の主たる出入口に面している」とは、階段室等が廊下の端部に面して設けられていることをいうほか、図13の例に示すように、階段室等が廊下の端部に接する住戸等（ここでは住戸Aを指す。）の主たる出入口に面していることを指すものであること。これは、廊下の端部に接する住戸等に隣接する住戸等（ここでは住戸Bを指す。）が火災になっても、住戸Aの居住者が階段Aを使って避難できるようにするため、Wは廊下の端部に接する住戸等（ここでは住戸Aを指す。）の幅以下とするものであること。

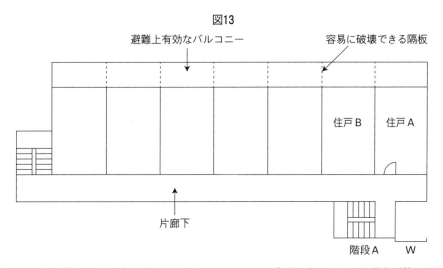

図13

（3） 避難経路のうち住戸等における火災時に利用できない部分について
　　構造類型告示第3第2号（5）の「避難経路」として、次の①から⑤に定める部分は、利用できないものであること。
　　なお、適用例を図14から図16までに示す。
① 火災住戸等
② 構造類型告示第4第2号（1）、（2）及び（4）に示す開放型の廊下の判断基準に適合する廊下にあっては、火災住戸等の主たる出入口が面する火災住戸等の幅員に相当する部分
③ 構造類型告示第4第2号（1）、（2）及び（4）に示す開放型の廊下の判断基準に適合しない廊下にあっては、階段室等の出入口から一の住戸等の幅員に相当する部分以外の部分
④ 階段室型の特定共同住宅等に存する火災住戸等の主たる出入口が面する階段室等
⑤ 火災住戸等のバルコニー

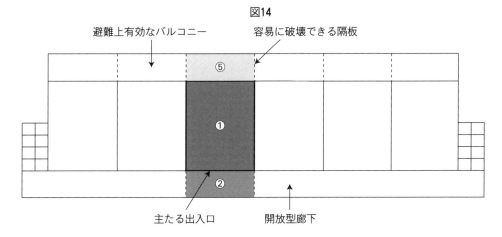

図14

※網掛けの部分は「避難経路として利用できない部分」をいう。（図15及び図16において同じ。）

図15

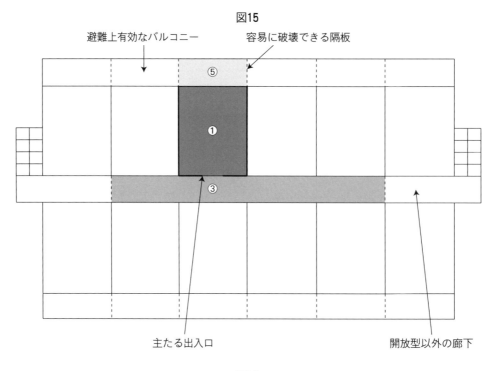

図16

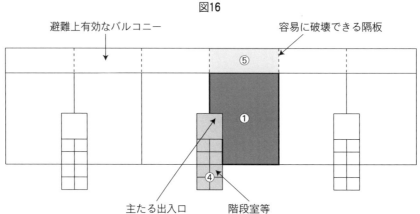

2 開放型特定共同住宅等について
（1） 他の建築物等の外壁等について

　構造類型告示第4第2号（1）の規定により、すべての廊下及び階段室等は「他の建築物等の外壁」との中心線から1メートル以上離れていることが必要とされているが、同一の特定共同住宅等であっても、廊下及び階段室等に面して当該特定共同住宅等の外壁、駐車場の外壁、擁壁等がある場合は、「他の建築物等の外壁」に準じて取り扱うものであること。適用例を図17に示す。

　なお、特定共同住宅等の同一の階に存する廊下又は階段室等のうちの一部が、隣地境界線又は他の建築物等の外壁との中心線から1メートル未満であるときの取扱いは次のとおりとすること。適用例を図18に示す。

① 隣地境界線又は他の建築物等の外壁との中心線から1メートル未満である部分が廊下端部を含む場合で、当該部分を構造類型告示第4第2号（4）ロの「外気に面しない部分」とみなしたとき、当該規定を満たせば当該部分は隣地境界線又は他の建築物等の外壁との中心線から1メートル未満の位置にないものとして取り扱って差し支えないものであること。

② 隣地境界線又は他の建築物等の外壁との中心線から1メートル未満である部分が廊下端部を含まない場合で当該部分を構造類型告示第4第2号（4）イ（イ）dの「風雨等を遮るために設ける壁等」とみなすか、（5）に定める手順によって、非開放部分を含む廊下全体を同号（4）イ（ロ）の「消火、避難その他の消防の活動に支障になる高さ（床面からの高さ1.8メートルをいう。）まで煙が降下しないこと」を確認した場合は、当該部分は隣地境界線又は他の建築物等の外壁の中心線から1メートル未満の位置にないものとして取り扱って差し支えないものであること。

特定共同住宅等における必要とされる防火安全性能を有する消防の用に供する設備等に関する省令等の運用について

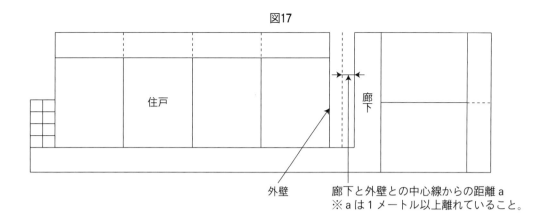

図17

外壁
廊下と外壁との中心線からの距離a
※aは1メートル以上離れていること。

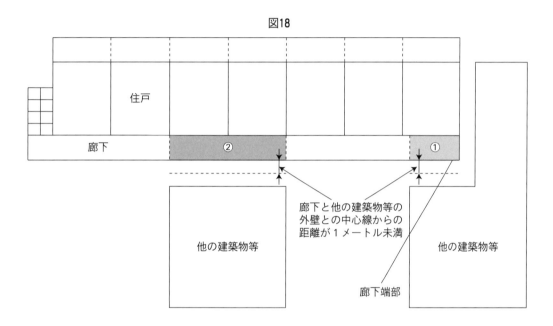

図18

廊下と他の建築物等の外壁との中心線からの距離が1メートル未満
廊下端部

（2） 直接外気に開放されていない廊下又は階段室等の取扱いについて
① 廊下型特定共同住宅等
住戸又は共用室の主たる出入口が面する廊下の一部又は全部に周囲の4面が壁等により囲まれている部分が存する特定共同住宅等は、開放型特定共同住宅等には該当しないものであること。適用例を図19に示す。

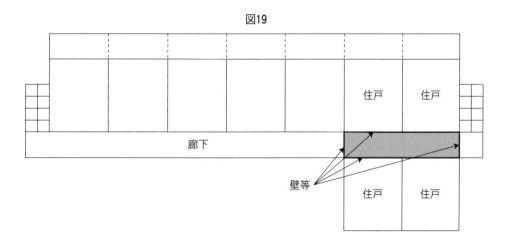

図19

② 階段室型特定共同住宅等
住戸又は共用室の主たる出入口が面する階段室の一部又は全部に周囲の4面が壁等により囲まれている部分が存する特定共同住宅等は、開放型特定共同住宅等には該当しないものであること。適用例を図20に示す。

231

第6章●参考資料

図20

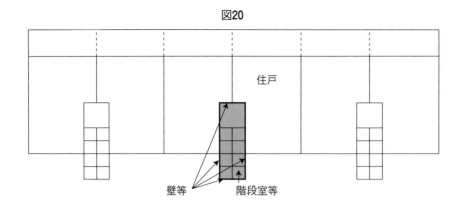

(3) 開放型廊下の判断基準について

構造類型告示第4第2号(4)イ(イ)の開放型廊下の判断基準の適用については、図21の例によること。

なお、同号(4)イ(イ)aの「廊下の端部に接する垂直面の面積」とは、廊下の両端部の外気に面する部分の面積をいうものであること。また、同号(4)イ(イ)cの「手すり等」には、さく、金網等の開放性のあるものは含まないものであること。

図21

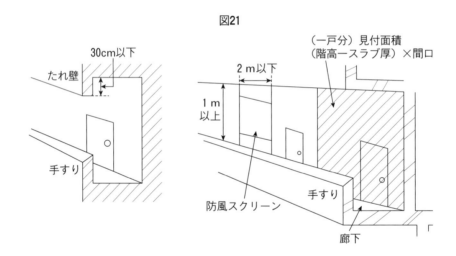

(4) 開放型特定共同住宅等の廊下における外気に面しない部分について

構造類型告示第4第2号(4)ロの「外気に面しない部分」とは、特定共同住宅等の同一の階に存する廊下又は階段室等の一部が、隣地境界線又は他の建築物等の外壁との中心線から1メートル以下の位置にあるもののほか、図22及び図23によること。

図22

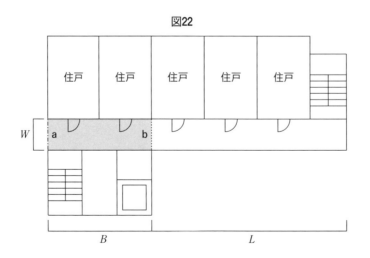

特定共同住宅等における必要とされる防火安全性能を有する消防の用に供する設備等に関する省令等の運用について

aが閉鎖されている場合は網掛けの部分が外気に面しない部分に該当する。

ここで、

Wは、外気に面しない部分の幅員（図23において同じ。）

Bは、外気に面しない部分の長さ（図23において同じ。）

また、aに存する開口部が次の①から③に定める基準のいずれかに適合するときは、aが閉鎖されているものとする。

① aに存する開口部の幅＜W
② aに存する開口部の上端の高さ＜Lに存する有効開口部の上端の高さ
③ aに存する開口部の下端の高さ＞Lに存する有効開口部の下端の高さ

図23

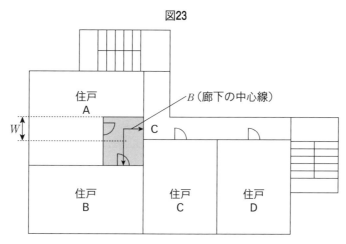

※網掛けの部分が外気に面しない部分に該当する。

（5）煙の降下状況を確認する方法について

構造類型告示第4第2号（4）イ（ロ）及び同号（5）ロの煙が床面からの高さ1.8メートルまで降下しないことを確認する方法は、次の①から⑥までの手順によること。（図24参照）

① 廊下又は階段室等に面する住戸等の開口部のうち発熱速度が最も大きくなる開口部の発熱速度を第2 3（2）③の式により求めること。

$$Q = 400A\sqrt{H} \quad \cdots\cdots 式（3）$$

② 廊下又は階段室等に面する住戸等の開口部のうち発熱速度が最も大きくなる開口部から噴出する熱気流量を次式により求めること。

$$m_p = 0.52A\sqrt{H} \quad \cdots\cdots 式（18）$$

m_pは、廊下又は階段室等に面する住戸等の開口部のうち発熱速度が最も大きくなる開口部から噴出する熱気流量（単位　キログラム毎秒。以下同じ。）

③ 廊下又は階段室等に面する住戸等の開口部のうち発熱速度が最も大きくなる開口部から廊下又は階段室等に噴出した熱気流の気体密度を次式により求めること。

$$P_c = \frac{353}{\left(293 + \dfrac{Q}{m_P + 0.01A_c}\right)} \quad \cdots 式（19）$$

P_cは、廊下又は階段室等に面する住戸等の開口部のうち発熱速度が最も大きくなる開口部から廊下又は階段室等に噴出した熱気流の気体密度（単位　キログラム毎立方メートル。以下同じ。）

A_cは、構造類型告示第4第2号（4）イ（ロ）又は同号（5）ロの規定により、消火、避難その他の消防活動に支障になる高さまで煙が降下しないことを確認する範囲内にある廊下又は階段室等の水平投影面積（単位　平方メートル）

④ 廊下又は階段室等における熱気流の発生量を次式により求めること。

$$V = \frac{31.2A\sqrt{H}}{P_c} \quad \cdots\cdots 式（20）$$

Vは、廊下又は階段室等における熱気流の発生量（単位　立方メートル毎分）

⑤ 廊下又は階段室等における排煙量を次式により求めること。

（ア）廊下の場合

$$E = \max\left(19L(H_U - 1.8)^{\frac{3}{2}}, \frac{53.7L(H_U - 1.8)^{\frac{3}{2}}}{\sqrt{1 + \left(\dfrac{H_U - 1.8}{1.8 - H_L}\right)^2}}\right)$$
$$\cdots\cdots 式（21）$$

（イ）階段室等の場合

$$E = \max\left(19L(H_U - H_L)^{\frac{3}{2}}, \right.$$
$$\left. 38L(H_U - H_L)\sqrt{H_U + H_L - 3.6}\right)$$
$$\cdots\cdots 式（22）$$

Eは、廊下又は階段室等における排煙量（単位　立方メートル毎分）

L は、廊下又は階段室等の有効開口部の長さ（単位　メートル。ただし、$L≦30$。（6）参照。）
H_U は、床面からの廊下又は階段室等の有効開口部の上端の高さ（単位　メートル）
H_L は、床面からの廊下又は階段室等の有効開口部の下端（床面から1.8メートル未満の高さにあるものに限る。）の高さ（単位　メートル）

⑥　④で求めた廊下又は階段室等における熱気流の発生量が⑤で求めた廊下又は階段室等における排煙量以下であることを確かめること。

図24

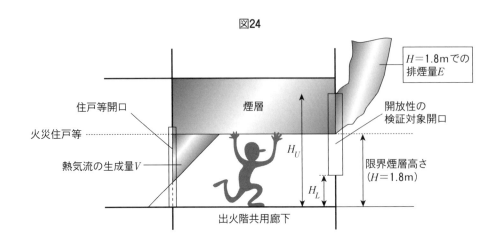

（6）　廊下又は階段室等の有効開口部の長さについて
（5）⑤中「廊下又は階段室等の有効開口部の長さ」とは、火源開口部（廊下又は階段室等に面する住戸等の開口部のうち発熱速度が最も大きくなる開口部。以下同じ。）が面する廊下又は階段室等の直接外気に開放された開口部であって、当該火源開口部の両側に最大で30メートル以内の部分のことをいい、図25、図26及び図27の例によること。

図25

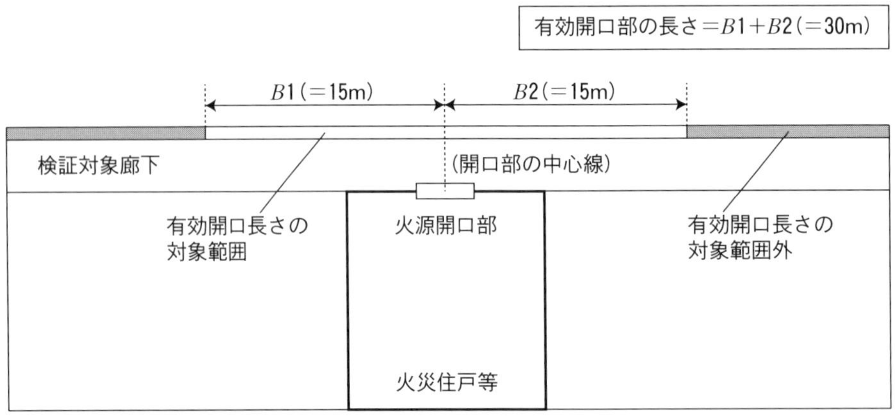

図26

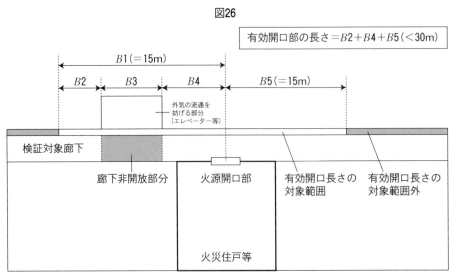

特定共同住宅等における必要とされる防火安全性能を有する消防の用に供する設備等に関する省令等の運用について

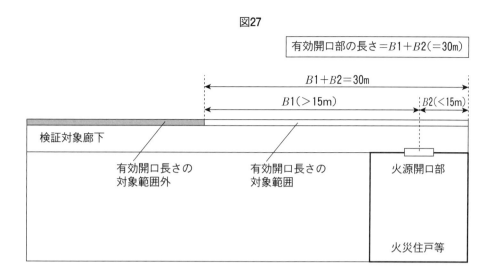

図27

第4 その他
特定共同住宅等のうち令第13条第1項の表の上欄に該当することとなる部分については、同表の下欄に掲げる水噴霧消火設備等のいずれかを設置するものであること。

第5 運用上の留意事項について
共同住宅等の関係者等から事前相談等が消防機関になされた場合には、次の事項に留意し、指導又は運用等を行われたいこと。
1 省令及び関係する告示に係る趣旨、内容等について、十分周知を図られたいこと。
2 二方向避難を確保するための避難器具が消防法令に基づき設置が義務づけられたものには該当しない場合もあるが、この場合、法令による消防用設備等に準じて取り扱われたいこと。

第6 運用期日等について
1 省令及び関係する告示は、平成19年4月1日から施行することとしているが、防火対象物の関係者等との事前協議等により、省令の規定を適用することができると判断された防火対象物については、令第32条の規定を適用し、同日前に運用することとしても差し支えないものであること。
　また、消防法及び石油コンビナート等災害防止法の一部を改正する法律（平成16年法律第65号）の一部が平成18年6月1日に施行され、同日より住宅への住宅用防災機器の設置が義務付けられることから、「共同住宅等に係る消防用設備等の技術上の基準の特例について」（平成7年10月5日付け消防予第220号。以下「特例通知」という。）による特例を認める場合であっても、省令第3条及び省令第4条に規定する共同住宅用自動火災報知設備又は住戸用自動火災報知設備の設置を指導することが望ましい。
2 省令及び関係する告示の施行に伴い、特例通知並びに次に掲げる通知及び通知の部分を廃止し、これらに関する質疑応答に係る運用を行わないこととすること。ただし、特例通知並びに次に掲げる通知及び通知の部分を廃止した時において、特例通知が適用されている既存の共同住宅等であって、当該、特例通知並びに次に掲げる通知及び通知の部分による基準に適合しているものにあっては、なお従前の例によることを妨げないものであること。
(1)「令8区画及び共住区画の構造並びに当該区画を貫通する配管等の取扱いについて」（平成7年3月31日付け消防予第53号）中、2　共住区画について
(2)「共同住宅等に係る消防用設備等の技術上の基準の特例の細目について」（平成8年7月17日付け消防予第145号）

第6章●参考資料

○共同住宅用スプリンクラー設備の設置及び維持に関する技術上の基準

```
┌平成18年5月30日┐
└消防庁告示第17号┘
```

最近改正 平成22年2月5日消防庁告示第2号

　特定共同住宅等における必要とされる防火安全性能を有する消防の用に供する設備等に関する省令（平成17年総務省令第40号）第3条第2項第2号チの規定に基づき、共同住宅用スプリンクラー設備の設置及び維持に関する技術上の基準を次のとおり定める。

　共同住宅用スプリンクラー設備の設置及び維持に関する技術上の基準

第1　趣旨

　この告示は、特定共同住宅等における必要とされる防火安全性能を有する消防の用に供する設備等に関する省令（平成17年総務省令第40号。以下「省令」という。）第3条第3項第2号チに規定する共同住宅用スプリンクラー設備の設置及び維持に関する技術上の基準を定めるものとする。

第2　設置及び維持に関する技術上の基準

　共同住宅用スプリンクラー設備は、次の各号に定めるところにより設置し、及び維持するものとする。

一　スプリンクラーヘッドは、次に定めるところによること。

（1）　スプリンクラーヘッドは、閉鎖型スプリンクラーヘッドの技術上の規格を定める省令（昭和40年自治省令第2号）第2条第1号の2に規定する小区画型ヘッドのうち、感度種別が1種であるものに限ること。

（2）　スプリンクラーヘッドのデフレクターから下方0.45メートル以内で、かつ、水平方向の壁面までの範囲には、著しく散水を妨げるものが設けられ、又は置かれていないこと。

（3）　スプリンクラーヘッドは、天井の各部分から一のスプリンクラーヘッドまでの水平距離が2.6メートル以下で、かつ、一のスプリンクラーヘッドにより防護される部分の面積が13平方メートル以下となるように設けること。

二　制御弁は、次に定めるところによること。

（1）　制御弁は、住戸、共用室（省令第2条第3号に規定する共用室をいう。以下同じ。）又は管理人室ごとに、床面からの高さが0.8メートル以上1.5メートル以下の箇所に設けること。

（2）　制御弁は、パイプシャフト、パイプダクトその他これらに類するものの中に設けるとともに、その外部から容易に操作でき、かつ、みだりに閉止できない措置が講じられていること。

（3）　制御弁には、その直近の見やすい箇所に共同住宅用スプリンクラー設備の制御弁である旨を表示し、及びいずれの住戸、共用室又は管理人室のものであるかを識別できる標識を設けること。

三　自動警報装置は、次に定めるところによること。ただし、省令第2条第14号に規定する共同住宅用自動火災報知設備により音声警報が発せられる場合は、（6）に規定する音声警報装置（流水検知装置又は圧力検知装置から発せられたスプリンクラーヘッドが開放した旨の信号を受信し、音声により火災の発生を報知するものをいう。以下同じ。）を設けないことができる。

（1）　スプリンクラーヘッドの開放により音声警報を発するものとすること。

（2）　発信部は、住戸、共用室又は管理人室ごとに設けるものとし、当該発信部には、流水検知装置又は圧力検知装置を用いること。

（3）　（2）の流水検知装置又は圧力検知装置にかかる圧力は、当該流水検知装置又は圧力検知装置の最高使用圧力以下とすること。

（4）　受信部には、次に定めるところにより、表示装置を設けること。ただし、第14号において準用する消防法施行規則（昭和36年自治省令第6号。以下「規則」という。）第14条第1項第12号において準用することとされる規則第12条第1項第8号に規定する総合操作盤が設けられている場合又は共同住宅用自動火災報知設備の設置及び維持に関する技術上の基準（平成18年消防庁告示第18号。第13号において単に「告示」という。）第2第2号に規定する住棟受信機（スプリンクラーヘッドが開放した旨を火災が発生した旨と区別して表示することができる措置が講じられているものに限る。）が設けられている場合にあっては、この限りでない。

イ　表示装置は、スプリンクラーヘッドが開放した階又は放水区域を覚知できるものであること。

ロ　表示装置の設置場所は、次に定めるところによること。

（イ）　規則第12条第1項第8号に規定する防災センター等を有する場合は、当該防災センター等に設けること。

（ロ）　（イ）以外の場合は、管理人室に設けること。ただし、当該管理人室に常時人がいない場合は、スプリンクラーヘッドが開放した旨の表示を容易に確認できる場所に設けることができる。

236

（5）　一の特定共同住宅等（省令第2条第1号に規定する特定共同住宅等をいう。）に2以上の受信部が設けられているときは、これらの受信部のある場所相互間で同時に通話することができる設備を設けること。

（6）　音声警報装置は、次に定めるところによること。

イ　音声警報装置（補助音響装置（住戸、共用室又は管理人室にいる者に対し、有効に音声警報を伝達するために、流水検知装置又は圧力検知装置からスプリンクラーヘッドが開放した旨の信号を受信し、補助的に音声警報を発する装置をいう。以下同じ。）の音声警報装置を含む。以下このイ及びハにおいて同じ。）の音圧は、次に定めるところによること。

（イ）　住戸、共用室及び管理人室に設ける音声警報装置の音圧は、取り付けられた音声警報装置から1メートル離れた位置で70デシベル以上であること。

（ロ）　（イ）に掲げる部分以外の部分に設ける音声警報装置の音圧は、規則第25条の2第2項第3号イの規定の例によること。

ロ　音声警報装置の設置は、次の（イ）及び（ロ）に掲げる区分に従い、当該（イ）及び（ロ）に定めるところによること。

（イ）　住戸、共用室及び管理人室に設ける場合　当該住戸、共用室又は管理人室ごとに、音声警報装置を1個以上設けること。ただし、有効に音声警報が伝わらないおそれがある部分については、当該部分に音声警報を有効に伝達することができるように補助音響装置を設けることとする。

（ロ）　住戸、共用室及び管理人室以外の部分（直接外気に開放された共用部分（省令第2条第4号に規定する共用部分をいう。）を除く。）に設ける場合　規則第25条の2第2項第3号ロの規定の例によること。

ハ　音声警報装置の音声警報音は、次に定めるところによること。

（イ）　音声警報音は、シグナル及びメッセージにより構成するものであること。

（ロ）　シグナルは、非常警報設備の基準（昭和48年消防庁告示第6号）第4第3号（2）に定めるところによること。

（ハ）　メッセージは、男声によるものとし、火災が発生した場所、避難誘導及び火災である旨の情報又はこれに関連する内容であること。

（ニ）　音声警報音は、サンプリング周波数8キロヘルツ以上及び再生周波数帯域3キロヘルツ以上のAD－PCM符号化方式による音声合成音又はこれと同等以上の音質を有するものであること。

ニ　音声警報を発する区域は、スプリンクラーヘッドが開放した住戸、共用室及び管理人室のほか、次の（イ）及び（ロ）に掲げる区分に従い、当該（イ）及び（ロ）に定めるところによること。

（イ）　特定共同住宅等の構造類型を定める件（平成17年消防庁告示第3号。（ロ）において「構造類型告示」という。）第2第4号に規定する階段室型特定共同住宅等　当該住戸、共用室及び管理人室の主たる出入口が面する階段室等（省令第2条第5号に規定する階段室等（省令第2条第7号に規定する開放型階段を除く。）をいう。）のうち、6以上の階にわたらない部分を一の区域として当該区域及びその直上の区域並びに当該区域に主たる出入口が面する住戸、共用室及び管理人室並びにエレベーターの昇降路

（ロ）　構造類型告示第2第5号に規定する廊下型特定共同住宅等　当該住戸、共用室及び管理人室の存する階が2階以上の階に存する場合にあっては当該階及びその直上階、1階に存する場合にあっては当該階、その直上階及び地階、地階に存する場合にあっては当該階、その直上階及びその他の地階

ホ　音声警報の構成は、第1シグナル、メッセージ、1秒間の無音状態、第1シグナル、メッセージ、1秒間の無音状態、第2シグナルの順に連続する警報を1単位として、これを10分間以上連続して繰り返すものであること。

ヘ　住戸、共用室又は管理人室ごとに、当該住戸、共用室又は管理人室の音声警報を停止できる機能を設けることができること。

四　流水検知装置は、湿式のものとすること。

五　流水検知装置の1次側には、圧力計を設けること。

六　呼水装置は、規則第14条第1項第5号の規定の例により設けること。

七　流水検知装置又は圧力検知装置の2次側の配管には、流水検知装置又は圧力検知装置の作動を試験するための弁（以下「試験弁」という。）を次に定めるところにより設けること。

（1）　試験弁の1次側には圧力計が、2次側にはスプリンクラーヘッドと同等の放水性能を有するオ

237

第6章●参考資料

リフィス等の試験用放水口が取り付けられるもの
であること。

（2）　試験弁にはその直近の見やすい箇所に試験弁
である旨を表示した標識を設けること。

（3）　試験弁を開放した場合に、住戸、共用室及び
管理人室の音声警報装置が音声警報（戸外表示器
の警報を除く。）を発しない措置を講じることが
できるものであること。

八　非常電源の容量は、規則第14条第1項第6号の2
においてその例によることとされる規則第12条第1
項第4号ロ（イ）の規定の例によるほか、警報及び
表示に要する容量にあっては、次の（1）から
（3）までに定める容量以上であること。

（1）　5の住戸、共用室又は管理人室に設置されて
いる音声警報装置が10分間以上連続して鳴動する
ことができる容量

（2）　5の作動表示灯（表示器に設けられ、当該表
示器が設置された住戸、共用室及び管理人室の感
知器が作動した旨を表示する表示灯をいう。以下
同じ。）が10分間以上連続して点滅することがで
きる容量

（3）　5の制御弁表示灯（表示器に設けられ、当該
表示器が設置された住戸、共用室及び管理人室の
制御弁を閉止した旨を表示する表示灯をいう。以
下同じ。）が10分間以上連続して点滅することが
できる容量

九　起動装置は、規則第14条第1項第8号イ（ロ）の
規定の例によること。

十　操作回路の配線、表示装置から流水検知装置又は
圧力検知装置までの配線並びに流水検知装置又は圧
力検知装置から表示器、音声警報装置及び補助音響
装置までの配線は、規則第14条第1項第9号の規定
の例によること。

十一　配管は、規則第14条第1項第10号（各号列記以
外の部分に限る。）の規定の例によること。

十二　加圧送水装置は、規則第14条第1項第11号（ハ
（イ）を除く。）の規定の例によるほか、次に定め
るところによること。

（1）　点検に便利で、かつ、火災等の災害による被
害を受けるおそれが少ない箇所に設けること。

（2）　ポンプを用いる加圧送水装置のポンプの吐出
量は、240リットル毎分以上の量とすること。

十三　表示器は、告示第3第10号に規定する戸外表示
器の規定の例によるほか、次に定めるところによる
こと。ただし、告示第3第10号に規定する戸外表示
器のうち、次の（1）及び（2）に掲げる機能を有
するものが設けられている場合には、当該戸外表示
器によることができる。

（1）　スプリンクラーヘッドが開放した場合に当該
スプリンクラーヘッドが開放した住戸、共用室及
び管理人室の作動表示灯が点滅すること。

（2）　制御弁を閉止した場合に当該制御弁に係る住
戸、共用室及び管理人室の制御弁表示灯が点滅す
ること。

（3）　作動表示灯及び制御弁表示灯は、相互に兼用
することができること。

十四　規則第14条第1項第12号の規定は、共同住宅用
スプリンクラー設備について準用する。

十五　貯水槽、加圧送水装置、非常電源、配管等に
は、規則第14条第1項第13号において適用される規
則第12条第1項第9号に規定する措置を講ずるこ
と。

　　　附　則

この告示は、平成19年4月1日から施行する。

○共同住宅用自動火災報知設備の設置及び維持に関する技術上の基準

平成18年5月30日
消防庁告示第18号

最近改正　平成22年2月5日消防庁告示第2号

第1　趣旨

この告示は、特定共同住宅等における必要とされる防火安全性能を有する消防の用に供する設備等に関する省令（平成17年総務省令第40号。以下「省令」という。）第3条第3項第3号ただし書及びトに規定する共同住宅用自動火災報知設備の設置及び維持に関する技術上の基準を定めるものとする。

第2　用語の意義

この基準において、次の各号に掲げる用語の意義は、それぞれ当該各号に定めるところによる。

一　共同住宅用受信機　共同住宅用自動火災報知設備の受信機（受信機に係る技術上の規格を定める省令（昭和56年自治省令第19号。以下「受信機規格省令」という。）第2条第7号に規定する受信機のうち、P型3級受信機又はGP型3級受信機に限る。）であって、住戸、共用室（省令第2条第3号に規定する共用室をいう。以下同じ。）及び管理人室に設ける感知器（火災報知設備の感知器及び発信機に係る技術上の規格を定める省令（昭和56年自治省令第17号。以下「感知器等規格省令」という。）第2条第1号に規定する感知器をいう。以下同じ。）から発せられた火災が発生した旨の信号（以下「火災信号」という。）を受信した場合に、火災の発生を当該住戸、共用室及び管理人室の関係者に報知するものをいう。

二　住棟受信機　共同住宅用自動火災報知設備の受信機（受信機規格省令第2条第7号に規定する受信機をいう。）であって、住戸、共用室及び管理人室以外の部分に設ける感知器又は共同住宅用受信機から発せられた火災信号を受信した場合に、火災の発生を特定共同住宅等（省令第2条第1号に規定する特定共同住宅等をいう。以下同じ。）の関係者に報知するものをいう。

三　音声警報装置　共同住宅用受信機又は住棟受信機から発せられた火災信号を受信し、音声により火災の発生を報知するものをいう。

四　補助音響装置　住戸、共用室又は管理人室にいる者に対し、有効に音声警報を伝達するために、共同住宅用受信機から発せられた火災信号を受信し、補助的に音声警報を発する装置をいう。

五　戸外表示器　住戸等（省令第2条第2号に規定する住戸等をいう。以下同じ。）の外部において、共同住宅用受信機から発せられた火災信号を受信し、火災の発生を報知するものをいう。

第3　設置及び維持に関する技術上の基準

共同住宅用自動火災報知設備は、次の各号に定めるところにより設置し、及び維持するものとする。

一　省令第3条第3項第3号ただし書の警戒区域が2以上の階にわたったとしても防火安全上支障がないものとして消防庁長官が定める設置及び維持に関する技術上の基準は、次に定めるところによること。

（1）　共同住宅用自動火災報知設備の一の警戒区域の面積が住戸、共用室及び管理人室にあっては150平方メートル以下、その他の部分にあっては500平方メートル以下であり、かつ、当該警戒区域が特定共同住宅等の2の階にわたる場合又は第2号（1）イ及びハの規定により煙感知器を設ける場合であること。

（2）　（1）の規定にかかわらず、階段室型特定共同住宅等（特定共同住宅等の構造類型を定める件（平成17年消防庁告示第3号。（3）において「構造類型告示」という。）第2第4号に規定する階段室型特定共同住宅等をいう。以下同じ。）にあっては、一の階段室等（省令第2条第5号に規定する階段室等をいう。以下同じ。）に主たる出入口が面している住戸等及び当該階段室等を単位として、6以上の階にわたらない部分を一の警戒区域とすること。

（3）　廊下型特定共同住宅等（構造類型告示第2第5号に規定する廊下型特定共同住宅等をいう。以下同じ。）の階段室等にあっては、当該階段室等ごとに一の警戒区域とすること。

二　感知器は、次に定めるところによること。

（1）　次のイからチまでに掲げる場所に、当該イからチまでに定めるところにより感知器を設けること。

イ　階段及び傾斜路　煙感知器

ロ　廊下及び通路　差動式及び補償式スポット型感知器のうち1種若しくは2種、定温式スポット型感知器のうち特種（公称作動温度60度又は65度のものに限る。以下ヘ及びトにおいて同じ。）又は煙感知器

ハ　エレベーターの昇降路、リネンシュート、パイプダクトその他これらに類するもの　煙感知器

ニ　感知器を設置する区域の天井等（天井の室内に面する部分又は上階の床若しくは屋根の下面をいう。以下同じ。）の高さが15メートル以上20

メートル未満の場所　煙感知器又は炎感知器

　　ホ　感知器を設置する区域の天井等の高さが20
　　　メートル以上の場所　炎感知器

　　ヘ　住戸　自動試験機能等対応型感知器（感知器
　　　等規格省令第2条第19号の3に規定する自動試
　　　験機能等対応型感知器をいう。以下同じ。）で
　　　あって、差動式及び補償式スポット型感知器の
　　　うち1種若しくは2種、定温式スポット型感知
　　　器のうち特種又は煙感知器のうち1種、2種若
　　　しくは3種

　　ト　共用室及び管理人室　差動式及び補償式ス
　　　ポット型感知器のうち1種若しくは2種、定温
　　　式スポット型感知器のうち特種又は煙感知器の
　　　うち1種、2種若しくは3種

　　チ　イからトまでに掲げる場所以外の場所　その
　　　使用場所に適応する感知器

（2）　感知器の設置は、次に定めるところによるこ
　　と。

　　イ　熱感知器は、共用部分（省令第2条第4号に
　　　規定する共用部分をいう。以下同じ。）の廊下
　　　及び通路にあっては、歩行距離15メートルにつ
　　　き1個以上の個数を、火災を有効に感知するよ
　　　うに設けること。

　　ロ　煙感知器は、共用部分の廊下及び通路にあっ
　　　ては歩行距離30メートル（3種の感知器にあっ
　　　ては20メートル）につき1個以上の個数を、階
　　　段及び傾斜路にあっては6以上の階にわたらな
　　　い部分ごとに1個以上の個数を、火災を有効に
　　　感知するように設けること。

（3）　住戸、共用室及び管理人室に設ける感知器に
　　あっては共同住宅用受信機に、その他の部分に設
　　ける感知器にあっては住棟受信機に接続するこ
　　と。ただし、管理人室に設ける感知器にあって
　　は、当該管理人室内に住棟受信機を設ける場合に
　　限り、共同住宅用受信機を介さずに当該住棟受信
　　機に接続することができる。

三　中継器は、消防法施行規則（昭和36年自治省令第
　　6号。以下「規則」という。）第23条第9項の規定
　　の例によるほか、その付近に当該中継器の操作上支
　　障となる障害物がないように維持すること。この場
　　合において、遠隔試験機能（中継器に係る技術上の
　　規格を定める省令（昭和56年自治省令第18号。以下
　　「中継器規格省令」という。）第2条第13号に規定
　　する遠隔試験機能をいう。）を有する中継器のう
　　ち、中継器規格省令第3条の3第3項第1号に規定
　　する外部試験器を接続するものにあっては、住戸の
　　外部であって容易に接続することができる場所に設
　　けること。

四　配線は、規則第24条第1号（チを除く。）及び第
　　5号の2ハの規定の例によるほか、次に定めるとこ
　　ろによること。

（1）　共同住宅用受信機から住棟受信機、戸外表示
　　器、音声警報装置（共同住宅用受信機の音声警報
　　装置を除く。）及び補助音響装置までの配線は、
　　規則第12条第1項第5号の規定の例によること。

（2）　非常電源から共同住宅用受信機までの配線
　　は、規則第12条第1項第4号ホ（（ハ）を除く。）
　　の規定の例によること。ただし、火災により直接
　　影響を受けるおそれのない部分の配線にあって
　　は、規則第12条第1項第5号の規定の例によるこ
　　とができる。

（3）　住戸、共用室及び管理人室に設ける感知器及
　　び音声警報装置の信号回路の配線（戸外表示器と
　　共用する配線を除く。）は、当該住戸、共用室及
　　び管理人室の外部から容易に導通を確認すること
　　ができるように措置が講じられていること。

五　共同住宅用受信機は、規則第24条第2号（イ及び
　　ロに限る。）及び第6号並びに第24条の2第1号
　　（ハ及びニを除く。）及び第4号の規定の例による
　　ほか、次に定めるところによること。

（1）　住戸、共用室及び管理人室（住棟受信機を設
　　ける管理人室を除く。）に設けること。

（2）　住戸、共用室又は管理人室で床面積が150平
　　方メートルを超えるものに設けないこと。

（3）　住戸、共用室及び管理人室に設けられた共同
　　住宅用受信機にあっては、感知器から発せられた
　　火災信号を受信した場合に、当該信号を住棟受信
　　機及び戸外表示器に発信する機能を有すること。

（4）　感知器が作動した旨の警報（以下「感知器作
　　動警報」という。）を停止できる機能を設けるこ
　　と。

（5）　火災が発生した旨の警報（以下「火災警報」
　　という。）を停止できる機能を設けることができ
　　ること。

六　住棟受信機は、規則第24条第2号（ハ及びリを除
　　く。）及び第6号から第8号まで並びに第24条の2
　　第1号及び第4号の規定の例によるほか、次に定め
　　るところによること。

（1）　共同住宅用受信機から発せられた火災信号を
　　受信した場合に、当該共同住宅用受信機の警戒区
　　域の火災表示を行うこと。

（2）　規則第12条第1項第8号に規定する防災セン
　　ター等がない場合は、管理人室に設けること。た
　　だし、当該管理人室に常時人がいない場合は、火
　　災表示を容易に確認できる場所に設けることがで
　　きる。

共同住宅用自動火災報知設備の設置及び維持に関する技術上の基準

（３）　特定共同住宅等の棟ごとに設けること。ただし、同一敷地内に特定共同住宅等が２以上ある場合で、当該特定共同住宅等の火災発生時に、円滑な対応ができる場合はこの限りでない。

七　電源は、規則第24条第３号の規定の例によるほか、共同住宅用受信機の電源にあっては、住戸、共用室又は管理人室の交流低圧屋内幹線の開閉器が遮断された場合において、当該住戸、共用室又は管理人室の感知器、戸外表示器、音声警報装置及び補助音響装置の機能に支障を生じないように措置を講じること。

八　非常電源は、次に定めるところによること。

（１）　非常電源の容量は、次のイ及びロに定める容量を合算した容量であること。

　　イ　監視状態を60分間継続することができる容量

　　ロ　次の（イ）及び（ロ）に定める容量を合算した容量に系統数（30台以下の共同住宅用受信機を一の系統とし、当該系統数が５を超えるときは、５とする。）を乗じた容量

　　（イ）　一の住戸、共用室又は管理人室に設けられている音声警報装置（補助音響装置の音声警報装置を含む。第９号（１）及び（３）において同じ。）が10分間以上連続して鳴動することができる容量

　　（ロ）　一の作動表示灯（戸外表示器に設けられ、当該戸外表示器が設置された住戸、共用室及び管理人室の感知器が作動した旨を表示する表示灯をいう。以下同じ。）が10分間以上連続して点滅することができる容量

（２）　共同住宅用受信機の主電源が停止した場合において、当該共同住宅用受信機が設置された住戸、共用室又は管理人室の感知器、音声警報装置、補助音響装置及び戸外表示器の機能に支障を生じないように措置を講じている場合は、当該共同住宅用受信機に非常電源を設けないことができること。

九　音声警報装置は、次に定めるところによること。

（１）　音声警報装置の音圧は、次に定めるところによること。

　　イ　住戸、共用室及び管理人室に設ける音声警報装置の音圧は、取り付けられた音声警報装置から１メートル離れた位置で70デシベル以上であること。

　　ロ　イに掲げる部分以外の部分に設ける音声警報装置の音圧は、規則第25条の２第２項第３号イの規定の例によること。

（２）　音声警報装置の設置は、次のイ及びロに掲げる区分に従い、当該イ及びロに定めるところによ

ること。

　　イ　住戸、共用室及び管理人室に設ける場合　当該住戸、共用室又は管理人室ごとに、音声警報装置を１個以上設けること。ただし、有効に音声警報が伝わらないおそれのある部分については、当該部分に音声警報を有効に伝達することができるように補助音響装置を設けることとする。

　　ロ　住戸、共用室及び管理人室以外の部分（直接外気に開放された共用部分を除く。）に設ける場合　規則第25条の２第２項第３号ロの規定の例によること。

（３）　音声警報装置の音声警報音は、次に定めるところによること。

　　イ　音声警報音は、シグナル及びメッセージにより構成するものであること。

　　ロ　シグナルは、非常警報設備の基準（昭和48年消防庁告示第６号）第４第３号（２）に定めるところによること。

　　ハ　メッセージは、感知器作動警報にあっては女声によるものとし、火災警報にあっては男声によること。

　　ニ　感知器作動警報のメッセージの内容は、次の（イ）及び（ロ）に掲げる区分に従い、当該（イ）及び（ロ）に定めるところによること。

　　（イ）　住戸、共用室又は管理人室の感知器が作動した場合　感知器が作動した旨及び火災の発生を確認する必要がある旨の情報又はこれに関する内容

　　（ロ）　住戸、共用室又は管理人室以外の部分の感知器が作動した場合　感知器が作動した場所及び火災の発生を確認する必要がある旨の情報又はこれに関する内容

　　ホ　火災警報のメッセージの内容は、火災が発生した場所、避難誘導及び火災である旨の情報又はこれに関連する内容であること。

　　ヘ　住戸、共用室又は管理人室以外の部分においては、感知器が作動した後、60秒以内に火災警報を発することができる場合に限り、感知器作動警報を省略することができる。

　　ト　音声警報音は、サンプリング周波数８キロヘルツ以上及び再生周波数帯域３キロヘルツ以上のＡＤ－ＰＣＭ符号化方式による音声合成音又はこれと同等以上の音質を有するものであること。

（４）　音声警報を発する区域（以下「警報区域」という。）は、次に定めるところによること。

　　イ　感知器作動警報の警報区域は、作動した感知

241

第6章●参考資料

器が設けられた住戸等及び共用部分とすること。

ロ　火災警報の警報区域は、次の（イ）から（ハ）までに掲げる区分に従い、当該（イ）から（ハ）までに定めるところによること。

（イ）　住戸、共用室及び管理人室において火災の発生が確認された場合　当該住戸、共用室及び管理人室のほか、次のa及びbに掲げる区分に従い、当該a及びbに定める範囲

　　a　階段室型特定共同住宅等　当該住戸、共用室及び管理人室の主たる出入口が面する階段室等（開放型階段（省令第2条第7号に規定する開放型階段をいう。以下同じ。）を除く。）のうち、6以上の階にわたらない部分を一の区域として当該区域及びその直上の区域並びに当該区域に主たる出入口が面する住戸等及びエレベーターの昇降路

　　b　廊下型特定共同住宅等　当該住戸、共用室及び管理人室の存する階が2階以上の階に存する場合にあっては出火階及びその直上階、1階に存する場合にあっては出火階、その直上階及び地階、地階に存する場合にあっては出火階、その直上階及びその他の地階

（ロ）　倉庫等（倉庫（室の面積が4平方メートル以上のものをいう。）、機械室その他これらに類する室をいう。以下同じ。）又は共用部分（階段室等及びエレベーターの昇降路を除く。以下この（ロ）において同じ。）において火災の発生が確認された場合　当該倉庫等又は共用部分のほか、次のa及びbに掲げる区分に従い、当該a及びbに定める範囲

　　a　階段室型特定共同住宅等　当該倉庫等又は共用部分の主たる出入口が面する階段室等（開放型階段を除く。）のうち、6以上の階にわたらない部分を一の区域として当該区域、その直上の区域並びに当該区域に主たる出入口が面する住戸等及びエレベーターの昇降路

　　b　廊下型特定共同住宅等　当該倉庫等又は共用部分の存する階が2階以上の階に存する場合にあっては出火階及びその直上階、1階に存する場合にあっては出火階、その直上階及び地階、地階に存する場合にあっては出火階、その直上階及びその他の地階

（ハ）　階段室等において火災の発生が確認された場合　次のa及びbに掲げる区分に従い、

当該a及びbに定める範囲

　　a　階段室型特定共同住宅等　当該階段室等（開放型階段を除く。）、当該階段室等に主たる出入口が面する住戸等及び共用部分（エレベーターの昇降路を除く。以下この（ハ）において同じ。）

　　b　廊下型特定共同住宅等　共用部分

（ニ）　エレベーターの昇降路において火災の発生が確認された場合　次のa及びbに掲げる区分に従い、当該a及びbに定める範囲

　　a　階段室型特定共同住宅等　一の階段室等に主たる出入口が面する住戸等又は共用部分及び当該階段室等（開放型階段を除く。）のうち、6以上の階にわたらない部分を一の警報区域としてエレベーターが停止する最上階の警報区域に存する階段室並びに当該警報区域内の住戸等及び共用部分

　　b　廊下型特定共同住宅等　エレベーターが停止する最上階に存する住戸等及び共用部分

（5）　音声警報は、次に定めるところによること。

イ　音声警報の構成は、次に定めるところによること。

（イ）　感知器作動警報は、感知器が作動した旨の信号を受信してから火災警報が発せられるまで又は当該感知器作動警報の停止操作がされるまでの間、第1シグナル、感知器作動警報のメッセージ、1秒間の無音状態の順に連続する警報を1単位として、これを連続して繰り返すものであること。

（ロ）　火災警報は、第1シグナル、火災警報のメッセージ、1秒間の無音状態、第1シグナル、火災警報のメッセージ、1秒間の無音状態、第2シグナルの順に連続する警報を1単位として、これを10分間以上連続して繰り返すものであること。

ロ　音声警報の機能は、次に定めるところによること。

（イ）　感知器が作動した旨の信号を受信した場合に、自動的に感知器作動警報を行うこと。

（ロ）　感知器が作動した旨の信号を受信した後感知器作動警報を停止させずに2分以上5分以下の範囲で任意に設定した時間が経過した場合又は火災信号を受信した場合は、自動的に火災警報を行うこと。

（6）　住戸の外部から、自動試験機能（中継器規格省令第2条第12号に規定する自動試験機能をいう。）又は遠隔試験機能を用いて住戸に設置され

242

ている共同住宅用受信機及び自動試験機能等対応型感知器並びに住戸の外部に設置されている戸外表示器の機能の異常を確認する場合には、当該住戸の音声警報装置が音声警報（戸外表示器の警報を除く。）を発しない措置を講じることができるものであること。

十　戸外表示器は、次に定めるところによること。

（１）　戸外表示器は、次のイからハまでに適合する場所に設けること。

　イ　住戸、共用室及び管理人室の主たる出入口の外部であって、作動表示灯が当該住戸、共用室及び管理人室が面する共用部分から容易に確認できる場所

　ロ　点検に便利な場所

　ハ　雨水のかかるおそれの少ない場所

（２）　（１）に定めるもののほか、戸外表示器は、消防庁長官が定める基準に適合するものであること。

十一　規則第24条第９号の規定は、共同住宅用自動火災報知設備について準用する。

　　　附　則

この告示は、平成19年４月１日から施行する。

○住戸用自動火災報知設備及び共同住宅用非常警報設備の設置及び維持に関する技術上の基準

> ［平成18年5月30日
> 消防庁告示第19号］

最近改正　平成22年2月5日消防庁告示第2号

第1　趣旨

　この告示は、特定共同住宅等における必要とされる防火安全性能を有する消防の用に供する設備等に関する省令（平成17年総務省令第40号。以下「省令」という。）第３条第３項第４号ヘに規定する住戸用自動火災報知設備及び共同住宅用非常警報設備の設置及び維持に関する技術上の基準を定めるものとする。

第2　用語の意義

　この基準において、次の各号に掲げる用語の意義は、それぞれ当該各号に定めるところによる。

一　住戸用受信機　住戸用自動火災報知設備の受信機（受信機に係る技術上の規格を定める省令（昭和56年自治省令第19号）第２条第７号に規定する受信機のうち、Ｐ型３級受信機又はＧＰ型３級受信機に限る。）であって、住戸等（省令第２条第２号に規定する住戸等をいう。以下同じ。）及び共用部分（省令第２条第４号に規定する共用部分をいう。以下同じ。）に設ける感知器（火災報知設備の感知器及び発信機に係る技術上の規格を定める省令（昭和56年自治省令第17号。以下「感知器等規格省令」という。）第２条第１号に規定する感知器をいう。以下同じ。）から発せられた火災が発生した旨の信号（以下「火災信号」という。）を受信した場合に、火災の発生を当該住戸等及び共用部分の関係者に報知するものをいう。

二　音声警報装置　感知器又は住戸用受信機から発せられた火災信号を受信し、音声又は音響により火災の発生を報知するものをいう。

三　補助音響装置　住戸等及び共用部分にいる者に対し、有効に音声警報又は音響警報を伝達するために、住戸用受信機から発せられた火災信号を受信し、補助的に音声警報又は音響警報を発する装置をいう。

四　戸外表示器　住戸等の外部において、住戸用受信機から発せられた火災信号を受信し、火災の発生を報知するものをいう。

第3　住戸用自動火災報知設備の設置及び維持に関する技術上の基準

　住戸用自動火災報知設備は、次の各号に定めるところにより設置し、及び維持するものとする。

第6章●参考資料

一　省令第3条第3項第4号ロにおいてその例による
　　こととされる省令第3条第3項第3号イただし書の
　　警戒区域が2以上の階にわたったとしても防火安全
　　上支障がないものとして消防庁長官が定める設置及
　　び維持に関する技術上の基準は、次に定めるところ
　　によること。
　（1）　住戸用自動火災報知設備の一の警戒区域の面
　　　　積が住戸等にあっては150平方メートル以下、共
　　　　用部分にあっては500平方メートル以下であり、
　　　　かつ、当該警戒区域が特定共同住宅等（省令第2
　　　　条第1号に規定する特定共同住宅等をいう。）の
　　　　2の階にわたる場合又は第2号（1）イ及びハの
　　　　規定により煙感知器を設ける場合であること。
　（2）　（1）の規定にかかわらず、階段室型特定共
　　　　同住宅等（特定共同住宅等の構造類型を定める件
　　　　（平成17年消防庁告示第3号。（3）において
　　　　「構造類型告示」という。）第2第4号に規定す
　　　　る階段室型特定共同住宅等をいう。以下同じ。）
　　　　にあっては、一の階段室等（省令第2条第5号に
　　　　規定する階段室等をいう。以下同じ。）のうち、
　　　　6以上の階にわたらない部分を一の警戒区域とす
　　　　ること。
　（3）　廊下型特定共同住宅等（構造類型告示第2第
　　　　5号に規定する廊下型特定共同住宅等をいう。以
　　　　下同じ。）の階段室等にあっては、当該階段室等
　　　　ごとに一の警戒区域とすること。
二　感知器は、次に定めるところによること。
　（1）　次のイからチまでに掲げる場所に、当該イか
　　　　らチまでに定めるところにより感知器を設けるこ
　　　　と。
　　イ　階段及び傾斜路　煙感知器
　　ロ　廊下及び通路　差動式及び補償式スポット型
　　　　感知器のうち1種若しくは2種、定温式スポッ
　　　　ト型感知器のうち特種（公称作動温度60度又は
　　　　65度のものに限る。以下ヘ及びトにおいて同
　　　　じ。）又は煙感知器
　　ハ　エレベーターの昇降路、リネンシュート、パ
　　　　イプダクトその他これらに類するもの　煙感知
　　　　器
　　ニ　感知器を設置する区域の天井等（天井の室内
　　　　に面する部分又は上階の床若しくは屋根の下面
　　　　をいう。以下同じ。）の高さが15メートル以上20
　　　　メートル未満の場所　煙感知器又は炎感知器
　　ホ　感知器を設置する区域の天井等の高さが20
　　　　メートル以上の場所　炎感知器
　　ヘ　住戸　自動試験機能等対応型感知器（感知器
　　　　等規格省令第2条第19号の3に規定する自動試
　　　　験機能等対応型感知器をいう。以下同じ。）で

　　　　あって、差動式及び補償式スポット型感知器の
　　　　うち1種若しくは2種、定温式スポット型感知
　　　　器のうち特種又は煙感知器のうち1種、2種若
　　　　しくは3種
　　ト　共用室（省令第2条第3号に規定する共用室
　　　　をいう。）及び管理人室　差動式及び補償式ス
　　　　ポット型感知器のうち1種若しくは2種、定温
　　　　式スポット型感知器のうち特種又は煙感知器の
　　　　うち1種、2種若しくは3種
　　チ　イからトまでに掲げる場所以外の場所　その
　　　　使用場所に適応する感知器
　（2）　感知器の設置は、次に定めるところによるこ
　　　　と。
　　イ　熱感知器は、共用部分の廊下及び通路にあっ
　　　　ては、歩行距離15メートルにつき1個以上の個
　　　　数を、火災を有効に感知するように設けるこ
　　　　と。
　　ロ　煙感知器は、共用部分の廊下及び通路にあっ
　　　　ては歩行距離30メートル（3種の感知器にあっ
　　　　ては20メートル）につき1個以上の個数を、階
　　　　段及び傾斜路にあっては6以上の階にわたらな
　　　　い部分ごとに1個以上の個数を、火災を有効に
　　　　感知するように設けること。
　（3）　感知器は、住戸用受信機に接続すること。
三　中継器は、消防法施行規則（昭和36年自治省令第
　　6号。以下「規則」という。）第23条第9項の規定
　　の例によるほか、その付近に当該中継器の操作上支
　　障となる障害物がないように維持すること。この場
　　合において、遠隔試験機能（中継器に係る技術上の
　　規格を定める省令（昭和56年自治省令第18号。以下
　　「中継器規格省令」という。）第2条第13号に規定
　　する遠隔試験機能をいう。）を有する中継器のう
　　ち、中継器規格省令第3条の3第3項第1号に規定
　　する外部試験器を接続するものにあっては、住戸の
　　外部であって容易に接続することができる場所に設
　　けること。
四　配線は、規則第24条第1号（チを除く。）及び第
　　5号の2ハの規定の例によるほか、次に定めるとこ
　　ろによること。
　（1）　電源から住戸用受信機（監視状態を60分間継
　　　　続した後、10分間以上作動することができる容量
　　　　の予備電源を有する場合を除く。）までの配線並
　　　　びに住戸用受信機から戸外表示器、音声警報装置
　　　　（住戸用受信機の音声警報装置を除く。）及び補
　　　　助音響装置までの配線は、規則第12条第1項第5
　　　　号の規定の例によること。
　（2）　住戸等に設ける感知器及び音声警報装置の信
　　　　号回路の配線（戸外表示器と共用する配線を除

244

住戸用自動火災報知設備及び共同住宅用非常警報設備の設置及び維持に関する技術上の基準

く。）は、当該住戸等の外部から容易に導通を確認することができるように措置が講じられていること。

五　住戸用受信機は、規則第24条第2号（イ及びロに限る。）及び第6号並びに第24条の2第1号（ハ及びニを除く。）及び第4号の規定の例によるほか、次に定めるところによること。

（1）　住戸等及び共用部分に設けること。

（2）　住戸等及び共用部分で床面積が150平方メートルを超えるものに設けないこと。

（3）　住戸等に設けられた住戸用受信機にあっては、感知器から発せられた火災信号を受信した場合に、当該信号を戸外表示器に発信する機能を有すること。

（4）　警報を停止できる機能を設けることができること。

六　電源は、規則第24条第3号の規定の例によること。ただし、住戸等に設ける住戸用受信機の電源にあっては、住戸等ごとに交流低圧屋内幹線から専用の分岐開閉器を介してとること。

七　音声警報装置（補助音響装置の音声警報装置を含む。以下（1）、（3）及び（6）において同じ。）は、次に定めるところによること。

（1）　音声警報装置の音圧は、音声警報装置から1メートル離れた位置で70デシベル以上であること。

（2）　音声警報装置は、住戸等及び共用部分に、かつ、有効に火災の発生を報知できるように設けること。ただし、有効に音声警報又は音響警報が伝わらないおそれのある部分については、当該部分に音声警報又は音響警報を有効に伝達することができるように補助音響装置を設けることとする。

（3）　音声警報装置の音声警報音は、次に定めるところによること。

　イ　音声警報音は、シグナル及びメッセージにより構成するものであること。

　ロ　シグナルは、非常警報設備の基準（昭和48年消防庁告示第6号）第4第3号（2）に定めるところによること。

　ハ　メッセージは、男声によるものとし、火災が発生した場所、避難誘導及び火災である旨の情報又はこれに関する内容であること。

　ニ　音声警報音は、サンプリング周波数8キロヘルツ以上及び再生周波数帯域3キロヘルツ以上のAD－PCM符号化方式による音声合成音又はこれと同等以上の音質を有するものであること。

（4）　音声警報を発する区域は、次のイ及びロに掲げる区分に従い、当該イ及びロに定めるところによること。

　イ　住戸等において火災の発生が確認された場合　当該住戸等に設置された感知器から発せられた火災信号を受信した住戸用受信機の警戒区域及び当該住戸等に面する共用部分

　ロ　共用部分において火災の発生が確認された場合　当該共用部分に設置された感知器から発せられた火災信号を受信した住戸用受信機の警戒区域

（5）　音声警報は、次に定めるところによること。

　イ　音声警報の構成は、第1シグナル、メッセージ、1秒間の無音状態、第1シグナル、メッセージ、1秒間の無音状態、第2シグナルの順に連続する警報を1単位として、これを10分間以上連続して繰り返すものであること。

　ロ　火災信号を受信した場合に、自動的に音声警報を行うこと。

（6）　住戸の外部から、自動試験機能（中継器規格省令第2条第12号に規定する自動試験機能をいう。）又は遠隔試験機能を用いて住戸に設置されている住戸用受信機及び自動試験機能等対応型感知器並びに住戸の外部に設置されている戸外表示器の機能の異常を確認する場合には、当該住戸の音声警報装置が音声警報（戸外表示器の警報を除く。）を発しない措置を講じることができるものであること。

八　音響警報を用いる住戸用自動火災報知設備にあっては、前号（（1）、（3）イ及びハ並びに（5）イを除く。）及び第4第1号（1）に定めるところによるほか、感知器から発せられた火災信号を受信した場合に住戸用受信機から火災が発生した旨の音響警報を発するものであること。

九　戸外表示器は、次に定めるところによること。

（1）　戸外表示器は、次のイからハまでに適合する場所に設けること。

　イ　住戸、共用室及び管理人室の主たる出入口の外部であって、作動表示灯（戸外表示器に設けられ、当該戸外表示器が設置された住戸、共用室及び管理人室の感知器が作動した旨を表示する表示灯をいう。）が当該住戸、共用室及び管理人室が面する共用部分から容易に確認できる場所

　ロ　点検に便利な場所

　ハ　雨水のかかるおそれの少ない場所

（2）　（1）に定めるもののほか、戸外表示器は、消防庁長官が定める基準に適合するものであること。

245

第6章●参考資料

第4 共同住宅用非常警報設備の設置及び維持に関する技術上の基準

共同住宅用非常警報設備は、次の各号に定めるところにより設置し、及び維持するものとする。

一 音響装置は、非常ベル又は自動式サイレンの音響装置とし、次に定めるところによること。

（1） 音圧は、音響装置の中心から1メートル離れた位置で90デシベル以上であること。

（2） 一の起動装置の操作によって、当該特定共同住宅等に設ける音響装置を一斉に鳴動させることができること。

（3） 廊下型特定共同住宅等にあっては、廊下の各部分から一の音響装置までの水平距離が25メートル以下となるように設けること。

（4） 階段室型特定共同住宅等にあっては、1階及び当該階から上方に数えた階数3以内ごとに設けること。

二 起動装置は、規則第25条の2第2項第2号の2（イを除く。）の規定によるほか、各階ごとに、階段付近に設けること。ただし、階段室型特定共同住宅等にあっては、1階及び当該階から上方に数えた階数3以内ごとに設けることができる。

三 操作部（起動装置と連動し、又は手動により警報を発するものをいう。）は、次に定めるところによること。

（1） 点検に便利で、かつ、雨水等のかかるおそれの少ない場所に設けること。

（2） 1回線に接続することができる音響装置及び表示灯の個数は、それぞれ15以下とすること。

四 配線は、規則第25条の2第2項第4号の規定の例によること。

五 非常電源は、規則第25条の2第2項第5号の規定の例によること。

　　　附　則

この告示は、平成19年4月1日から施行する。

○戸外表示器の基準

平成18年5月30日
消防庁告示第20号

第1 趣旨

この告示は、共同住宅用自動火災報知設備の設置及び維持に関する技術上の基準（平成18年消防庁告示第18号。第2第11号において「共同住宅用自動火災報知設備告示」という。）第3第10号（2）及び住戸用自動火災報知設備及び共同住宅用非常警報設備の設置及び維持に関する技術上の基準（平成18年消防庁告示第19号。第2第11号において「住戸用自動火災報知設備等告示」という。）第3第9号（2）に規定する戸外表示器の基準を定めるものとする。

第2 構造及び機能

戸外表示器の構造及び機能は、次の各号に定めるところによる。

一 確実に作動し、かつ、取扱い、保守点検及び附属部品の取替えが容易にできること。

二 耐久性を有すること。

三 水滴が浸入しにくいこと。

四 ほこり又は湿気により機能に異常を生じないこと。

五 腐食により機能に異常を生ずるおそれのある部分には、防食のための措置を講ずること。

六 不燃性又は難燃性の外箱で覆うこと。

七 配線は、十分な電流容量を有し、かつ、接続が的確であること。

八 部品は、機能に異常が生じないように、的確に、かつ、容易に緩まないように取り付けること。

九 充電部は、外部から容易に人が触れないように、十分に保護すること。

十 定格電圧は、60ボルト以下であること。ただし、附属装置にあっては、この限りでない。

十一 共同住宅用受信機（共同住宅用自動火災報知設備告示第2第1号に規定する共同住宅用受信機をいう。以下同じ。）又は住戸用受信機（住戸用自動火災報知設備等告示第2第1号に規定する住戸用受信機をいう。以下同じ。）から発せられた火災が発生した旨の信号を受信したときに遅滞なく警報を発すること。

十二 音声警報装置の音圧は、当該音声警報装置から1メートル離れた位置で70デシベル以上であること。

十三 作動表示灯（戸外表示器に設けられ、当該戸外表示器が設置された住戸等（特定共同住宅等におけ

る必要とされる防火安全性能を有する消防の用に供する設備等に関する省令（平成17年総務省令第40号）第2条第2号に規定する住戸等をいう。）の感知器（火災報知設備の感知器及び発信機に係る技術上の規格を定める省令（昭和56年自治省令第17号）第2条第1号に規定する感知器をいう。）が作動した旨を表示する表示灯をいう。以下同じ。）は、共同住宅用受信機又は住戸用受信機から発せられた火災が発生した旨の信号を受信した場合に直ちに赤色の灯火を点滅させること。

十四　作動表示灯は、周囲の明るさが300ルクスの状態において、前方3メートル離れた地点で点滅していることが明確に識別することができること。

十五　共同住宅用受信機又は住戸用受信機が通電状態にあることを容易に確認できる通電表示灯を有すること。

十六　周囲の温度が零下10度以上50度以下の場合、機能に異常を生じないものであること。

十七　通電状態において、温度40度で相対湿度85パーセントの空気中に1時間放置した場合、機能に異常を生じないものであること。

十八　充電部と非充電部との間の絶縁抵抗は、直流500ボルトの絶縁抵抗計で測定した値が5メガオーム以上であること。

十九　充電部と非充電部との間の絶縁耐力は、50ヘルツ又は60ヘルツの正弦波に近い実効電圧500ボルト（定格電圧が60ボルトを超え150ボルト以下のものにあっては1,000ボルト、定格電圧が150ボルトを超えるものにあっては定格電圧に2を乗じて得た値に1,000ボルトを加えた値）の交流電圧を加えた場合、1分間これに耐えること。

第3　附属装置

戸外表示器には、その機能に有害な影響を及ぼすおそれのある附属装置を設けてはならないこと。

第4　表示

戸外表示器には、次の各号に掲げる事項を見やすい箇所に容易に消えないように表示するものとする。

一　型式番号
二　製造年月
三　製造者名又は商標

　　附　則

この告示は、平成19年4月1日から施行する。

○消防用設備等に係る執務資料の送付について

> 平成18年11月30日　消防予第500号
> 各都道府県消防防災主管部長・東京消防庁・
> 各指定都市消防長あて　消防庁予防課長通知

標記の件について、別紙のとおり質疑応答をとりまとめたので、執務上の参考とされるとともに、各都道府県消防防災主管部長におかれましては、貴都道府県内の市町村に対して周知されるようお願いします。

凡例

消防法（昭和23年法律第186号）……………………「法」

消防法施行令（昭和36年政令第37号）……………「令」

消防法施行規則（昭和36年省令第6号）………「規則」

特定共同住宅等における必要とされる防火
安全性能を有する消防の用に供する設備等
に関する省令（平成17年総務省令第40号）…「40号省令」

特定共同住宅等における必要とされる防火
安全性能を有する消防の用に供する設備等
に関する省令等の運用について
（平成17年消防予第188号通知）…………「188号通知」

特定共同住宅等の位置、構造及び設備を定める件
（平成17年消防庁告示第2号）……「位置・構造告示」

特定共同住宅等の構造類型を定める件
（平成17年消防庁告示第3号）………「構造類型告示」

共同住宅用スプリンクラー設備の設置及び
維持に関する技術上の基準を定める件
（平成18年消防庁告示第17号）…………「17号告示」

共同住宅用自動火災報知設備の設置及び維持
に関する技術上の基準を定める件
（平成18年消防庁告示第18号）…………「18号告示」

住戸用自動火災報知設備及び共同住宅用非常
警報設備の設置及び維持に関する技術上の基
準を定める件（平成18年消防庁告示第19号）
………………………………………………「19号告示」

戸外表示器の基準を定める件
（平成18年消防庁告示第20号）…………「20号告示」

第6章●参考資料

1 「特定共同住宅等における必要とされる防火安全性
能を有する消防の用に供する設備等に関する省令」
（平成17年総務省令第40号）関連

問1　電気室、受水槽室、ポンプ室、トランクルームは
　　住戸等に該当するか。

（答）　お見込みのとおり。ただし、共用部分に設ける
　　　　4平方メートル未満の独立した一住戸専用のトラ
　　　　ンクルームは住戸等に該当しない。

問2　キッズルーム、来客用宿泊室、カラオケルーム、
　　シアタールームは、共用室に該当するか。

（答）　お見込みのとおり。

問3　エントランスホール内に設ける談話スペース等
　　は、共用部分に該当するか。

（答）　室の形態を有さない場合は、お見込みのとお
　　　　り。

問4　「消防法第17条第2項の規定に基づく条例により
　　設置維持義務を課している消防設備等の代替設備等
　　を用いる場合の留意事項について」（平成16年7月23
　　日付け消防予第126号通知）において、付加条例に
　　より設置・維持義務を課している消防用設備等に代
　　えて、消防長等が当該消防用設備等と同等以上の防
　　火安全性能を有する消防の用に供する設備等を認め
　　るための根拠規定については、「①条例により令第29
　　条の4に準じた包括的な規定を設ける方法」又は
　　「②令第32条に準じた既定の条例規定を根拠条文」
　　のいずれかによることが適当であることとされてい
　　るが、付加条例により設置義務を課している消防用
　　設備等に代えて用いる消防の用に供する設備等の技
　　術基準は、40号省令等に準じたものとすることが適
　　切であるか。

（答）　お見込みのとおり。

問5　40号省令第3条第1項及び第4条第1項におい
　　て、「通常用いられる消防用設備等」に代えて用い
　　ることができる「必要とされる防火安全性能を有す
　　る消防の用に供する設備等」が示されているが、
　　「通常用いられる消防用設備等」の欄に掲げられて
　　いない消防用設備等は、令の技術基準に従って設置
　　する必要があるか。

（答）　お見込みのとおり。

問6　地階を除く階数が11以上の二方向避難型特定共同
　　住宅について、10階以下の階に共同住宅用スプリン
　　クラー設備を設置した場合には屋内消火栓設備の設
　　置は必要ないと解してよいか。

（答）　40号省令及び17号告示に定める技術上の基準に
　　　　より住戸、共用室及び管理人室に共同住宅用スプ
　　　　リンクラー設備を設置した場合は、お見込みのと
　　　　おり。

問7　40号省令第3条第2項第1号イにより、住戸、共
　　用室及び管理人室には住宅用消火器を設置すること
　　とされているが、規則第6条に従い当該住戸、共用
　　室及び管理人室の各部分からの歩行距離が20メート
　　ル以下となるよう共用部分に消火器を設置した場合
　　は、住宅用消火器の設置を免除してよいか。

（答）　差し支えない。

問8　40号省令第3条第2項第1号ロに規定する「住宅
　　用消火器が設置された住戸、共用室又は管理人室に
　　面する部分」とは、どの範囲までをいうのか。

（答）　廊下及び階段室等のうち、住宅用消火器を設置
　　　　した住戸、共用室又は管理人室の出入口からの歩
　　　　行距離が20メートル以内の部分をいう。

問9　厨房には、共同住宅用スプリンクラー設備のスプ
　　リンクラーヘッド、共同住宅用自動火災報知設備の
　　感知器、住戸用自動火災報知設備の感知器の設置は
　　必要か。

（答）　ヘッド又は感知器の設置が必要である。なお、
　　　　厨房は居室の一部として取り扱われたい。

問10　40号省令第3条第3項第1号に規定する共同住宅
　　用スプリンクラー設備の設置免除の要件の一つであ
　　る内装制限について、「住戸、共用室及び管理人室
　　の壁及び天井（天井がない場合にあっては、上階の
　　床又は屋根）の室内に面する部分（回り縁、窓台等
　　を除く。）の仕上げを準不燃材料とし、」と規定され
　　ているが、内装制限が必要となる室の範囲はどこ
　　か。

（答）　住戸、管理人室及び共用室のうち、居室及び収
　　　　納室（納戸等で4㎡以上のものをいう。）は内装
　　　　制限の対象となるが、便所、浴室、4平方メート
　　　　ル未満の収納室、廊下等については内装制限の対
　　　　象とならないものとして取り扱われたい。

問11　10階以下の階に共同住宅用スプリンクラー設備を
　　設置した場合、40号省令第3条第3項第2号の規定
　　により、共同住宅用自動火災報知設備又は住戸用自
　　動火災報知設備を設置しないことができるとされて
　　いるが、共同住宅用スプリンクラー設備のスプリン
　　クラーヘッドが設置されていない共用部分及び住戸
　　等は、共同住宅用自動火災報知設備又は住戸用自動
　　火災報知設備を設置する必要があるか。

248

消防用設備等に係る執務資料の送付について

（答）　お見込みのとおり。

問12　40号省令第5条第2項において共同住宅用連結送水管の放水口及び共同住宅用非常コンセント設備は、特定共同住宅等の各部分から歩行距離50メートル以下となるように設置することとされているが、「特定共同住宅等の各部分」にはバルコニーを含むと解してよいか。

（答）　お見込みのとおり。

問13　11階以上の特定共同住宅等について、共同住宅用連結送水管の放水口を3階及び当該階から上方に数えた階数3以内ごとに設置する場合、40号省令第5条第2項第1号ハの規定により令第29条第2項第4号ハの例によることとされる「放水用器具を格納した箱」の設置階は如何にすべきか。

（答）　11階以上の階に設置されたい。この場合、11階以上に設ける放水口は11階を起点とし、「放水用器具を格納した箱」と同一の階に設けることとされたい。

2　「特定共同住宅等における必要とされる防火安全性能を有する消防の用に供する設備等に関する省令等の運用について」（平成17年8月12日消防予第188号）関連

問14　メゾネット型住戸に「特定共同住宅等における必要とされる防火安全性能を有する消防の用に供する設備等」の技術上の基準を適用する場合は、次のように取り扱ってよいか。
（1）メゾネット型住戸の上階のみにスプリンクラー設備の設置義務が生ずる場合でも、下階を含めて当該住戸全体にスプリンクラー設備を設置する必要がある。
（2）メゾネット型住戸が存する階段室型特定共同住宅等に共同住宅用連結送水管の放水口を設置する場合は、階数3以内ごとに、かつ、当該特定共同住宅等の各部分から歩行距離50メートル以下となるように当該住戸の主たる出入口が面する階段室等に設けること。

（答）　（1）及び（2）ともに、お見込みのとおり。

問15　令別表第一（5）項ロの用途が存する（16）項に掲げる防火対象物について、令第8条に規定する区画により（5）項ロに供する部分を区画した場合は、40号省令を適用できると解してよいか。

（答）　お見込みのとおり。

問16　188号通知　第1第4号において「独立した用途に供される部分」は、住戸とみなして40号省令を適用しても差し支えない旨が示されているが、150平方メートル以内ごとの防火区画の構造はどのようにすべきか。

（答）　「独立した用途に供される部分」と住戸等及び共用部分を区画する床又は壁は、位置・構造告示第3第3号に規定する基準に適合する構造とする必要がある。

問17　188号通知　第2第2号において、特定共同住宅等の住戸等の区画に用いる床又は壁は「堅牢かつ容易に変更できない構造を有すること。」とされているが、乾式壁の使用は認められるか。

（答）　次により適切な施工管理体制が整備されている場合は、お見込みのとおり。

1　乾式壁の施工方法
　住戸等と住戸等との間の防火区画を形成する壁のうち乾式のもの（以下「乾式壁」という。）の施工方法が、当該乾式壁の製造者により作成された施工仕様書等により明確にされており、かつ、その施工実施者に周知されていること。
2　施工現場における指導・監督等
　乾式壁の施工に係る現場責任者に当該乾式壁の施工に関し十分な技能を有する者（乾式壁の製造者の実施する技術研修を修了した者等）が選任されており、かつ、当該現場責任者により施工実施者に対して乾式壁の施工に係る現場での指導・監督等が行われていること。
3　施工状況の確認等
　乾式壁の施工の適正な実施について、自主検査等により確認が行われ、かつ、その結果が保存されていること。
4　その他
ア　施工管理体制の整備状況については、当該特定共同住宅等の施工全般に係る責任者の作成する施工管理規程等により確認すること。
イ　乾式の壁と床、はり等の躯体との接合部の耐火処理については、特に徹底した施工管理を行うこと。

問18　特定光庭の判定は、188号通知　第2第5号〜第8号に示す手順により行われるが、火災の発生するおそれがあるすべての住戸等について等価開口部を算定し、非出火想定住戸等のすべての開口部（火災住戸等より下部にある住戸等もすべて含む。）について受熱量を求める必要があるのか。

（答）　光庭や光庭に面する住戸等の形態等から、防火

249

上最も危険な状況が特定できる場合は、これらの状況に対する検証を行えば足りるが、これ以外の場合にあっては、いずれの住戸等で火災が発生しても特定光庭に該当しないことの検証を行う必要がある。

> **問19** 「等価開口部から噴出する熱気流の面の中心点」は、どのように設定するのか。

（答）　等価開口部の合成方法は、188号通知　第2第5号（1）に示したとおりであるが、等価開口部の中心点は、複数開口部の面積重心の位置である。なお、次に設定例を示すので参照されたい。

設定例1

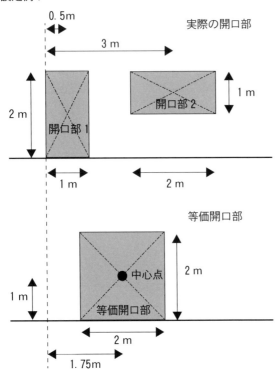

等価開口部の求め方
①高さは開口部1、2の最大の高さ：2m
②面積は開口部1、2の面積の合計：4㎡
③従って、幅は2m
④中心位置は面積重心：左破線を基準として面積重心を求めると、
2.0×0.5（開口部1）+2.0×3.0（開口部2）
＝4.0×L（等価開口部）
となることから、左破線より右側にL＝1.75m（高さ1m）が中心点となる。

設定例2

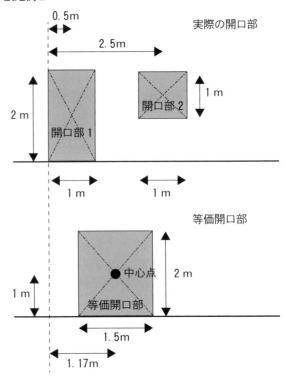

等価開口部の求め方
①高さは開口部1、2の最大の高さ：2m
②面積は開口部1、2の面積の合計：3㎡
③従って、幅は1.5m
④中心位置は面積重心：左破線を基準として面積重心を求めると、
2.0×0.5（開口部1）+1.0×2.5（開口部2）
＝3.0×L（等価開口部）
となることから、左破線より右側にL＝1.17m（高さ1m）が中心点となる。

> **問20** 避難光庭に面する廊下を経由して避難する者が受ける熱量の算定において、受熱面（避難者）と等価開口部から噴出する熱気流の面の最短距離は、どのように求めたらよいか。

（答）　188号通知　第2第5号（1）〜（3）の値は、想定出火住戸等を定めれば当該住戸等の開口条件から定められる。また同号（4）及び（5）から避難する者が受ける受熱量

$$q = 100 \frac{\cos \beta_1 \cos \beta_2}{\pi d^2} S$$

であるが、π及びSは一定なので

$$q = k \frac{\cos \beta_1 \cos \beta_2}{d^2} \quad (kは定数)$$

となる。

この場合のqの値は、等価開口部と避難する者との距離の他に、避難する者の受熱面に対する形態係数によって定まるため一概に言えないが、①想定出火住戸等の等価開口部に最も近い非出火住戸等の出入口部分及び②想

定出火住戸等の等価開口部に正対する廊下で最短距離となる部分の廊下中央部における受熱量を求める必要がある。なお、これらの部分における受熱量が3キロワット毎平方メートルに近い値となる場合は、③受熱量が大きくなると想定される廊下中央部の受熱量も求める必要がある。

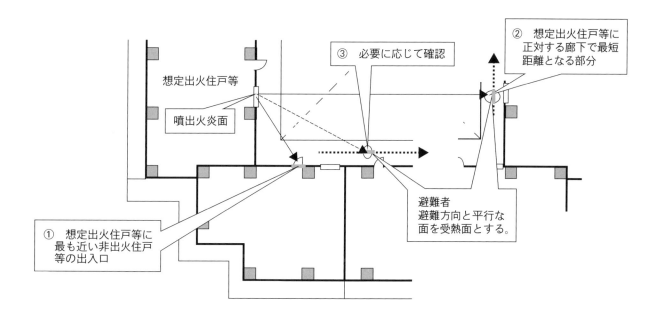

問21　188号通知 第2第7号図7において、Dは二つあるがどちらのDで光庭の高さを除するのか。

（答）　開口部が面している面で、かつ、計算上不利な方で算定されたい。なお、計算上不利なケースが明らかでない場合は、両方のDにおいて計算を行われたい。

問22　188号通知 第3第1号（1）②に示す「避難上支障のない幅員」とはどの程度か。また、隔板に用いる材質は難燃材料としてよいか。

（答）　前段、60センチメートル以上とされたい。なお、車椅子を使用しての避難が想定される場合は80センチメートル以上とすることが望ましい。
　　　後段、お見込みのとおり。なお、高さを80センチメートル以上とし、容易に破壊できるものとする必要がある。

問23　188号通知 第3第2号（4）図22において廊下端部aが閉鎖されていない場合における廊下の開放性の検証はどのようにすればよいか。

（答）　188号通知 第3第2号（5）により、廊下全体で煙の降下状況を確認し開放性の検証を行うこととされたい。

3　「特定共同住宅等の位置、構造及び設備を定める件」（平成17年消防庁告示第2号）関連

問24　位置・構造告示第3第2号により、共用部分の壁及び天井の室内に面する部分の仕上げは準不燃材料であることが求められているが、当該共用部分には外気に開放された廊下及び階段室等も含まれるか。

（答）　お見込みのとおり。

問25　バルコニー等に面する開口部の両端から側方50センチメートル以内となる範囲及び当該開口部の前面から50センチメートル以内となる範囲に避難ハッチを設ける場合、位置・構造告示第3第3号（2）の規定を満たしているといえるか。

（答）　「避難器具の設置及び維持に関する技術上の基準の細目」（平成8年4月16日消防庁告示第2号）第8第5号の規定に適合するものにあっては、お見込みのとおり。

問26 位置・構造告示第3第3号（2）により、住戸等の外壁に面する開口部は、当該住戸等に接する他の住戸等の開口部との間に設けられる外壁面から「0.5メートル以上突出した耐火構造のひさし、床、そで壁その他これらに類するもので防火上有効に遮られていること。」と規定されているが、（1）及び（2）の場合は、これと同等とみなしてよいか。

（1）隣接する住戸等の場合

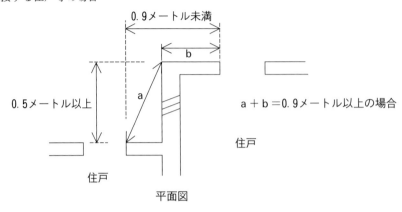

（2）上下に位置する住戸等の場合

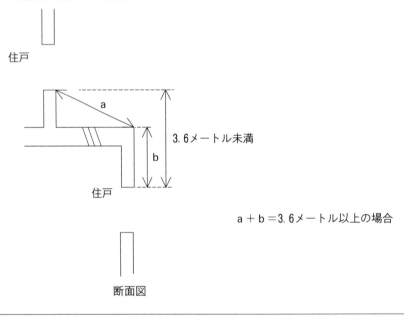

（答）　（1）及び（2）ともにお見込みのとおり。

問27 位置・構造告示第3第3号（3）ハの規定により、二方向避難型特定共同住宅等及びその他の特定共同住宅等の一の開口部の大きさは2平方メートル以下とされているが、開口部に常時閉鎖式の特定防火設備を設けた電気室、受水槽室等の機械室は、一の開口部の面積を4平方メートル以下としてよいか。

（答）　差し支えない。

問28 位置・構造告示第3第3号（4）への「可燃物が接触しても発火するおそれがないと認められる場合」とは、具体的にどのような措置を講ずればよいか。

（答）　配管の表面に可燃物が接触した場合に、熱伝導により発火することがないように、断熱材による被覆等の措置を講ずることをいう。

問29 位置・構造告示第4第2号に規定する「特定光庭に面する開口部」には、階段室に設けられた開口部も含まれるか。

（答）　含まない。

4 「特定共同住宅等の構造類型を定める件」(平成17年消防庁告示第3号)関連

問30 廊下型特定共同住宅等において、構造類型告示第3第2号(5)の規定に適合する避難経路を確保した場合は、廊下の端部以外の場所に階段室等を設けることが可能か。

(答) 差し支えない。

問31 特定共同住宅等に存する全ての住戸、共用室及び管理人室について、二以上の異なった避難経路を確保しないと二方向避難型特定共同住宅等として取り扱うことはできないか。

(答) 避難階に存し、就寝を伴わず浴室が組み込まれていない共用室又は管理人室を除き、お見込みのとおり。

問32 メゾネット型の住戸、共用室及び管理人室の場合、二方向避難型特定共同住宅等として取り扱うためには、各階毎に二方向避難を確保する必要があるか。

(答) お見込みのとおり。ただし、主たる出入口が共用部分に面して設けられた階以外の階にあっては、室内に設けられた階段等を避難経路の一部とすることができる。

問33 開放型特定共同住宅等と取り扱うためには、火災が発生した場合に当該住戸等が存する階及びその上階の廊下及び階段室が開放性を有することが必要か。

(答) 避難階に存し、就寝を伴わず浴室が組み込まれていない共用室又は管理人室が面する共用部分を除き、お見込みのとおり。

問34 一の特定共同住宅等に、階段室型及び廊下型が混在する場合は、それぞれの判断基準に従い開放性を有すると認められたものを開放型特定共同住宅等として取り扱う必要があるか。

(答) お見込みのとおり。

問35 開放型特定共同住宅等に該当することの判定に当たって、住戸、共用室及び管理人室が存しない階については、開放性を検証する必要はないか。

(答) お見込みのとおり。

問36 構造類型告示第4第2号(3)において、直接外気に開放されていないエントランスホール等が避難階に存する場合の、当該エントランスホール等に面する住戸等からの避難経路について規定されているが、住戸、共用室、管理人室、倉庫及び機械室のいずれもエントランスホール等を経由しないで避難することができる経路を確保する必要があるか。

(答) 就寝又は入浴を伴う管理人室、住戸又は共用室が、直接外気に開放されていないエントランスホール等に面している場合に限り、避難経路を確保する必要がある。

問37 構造類型告示第4第2号(4)の規定に基づき、開放型特定共同住宅等の判定を行うに当たり、廊下の見付面積として算入する部分を例示されたい。

(答) 次図によられたい。

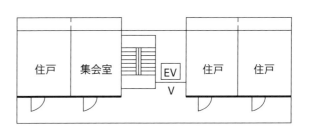

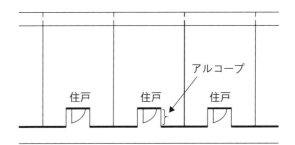

第6章●参考資料

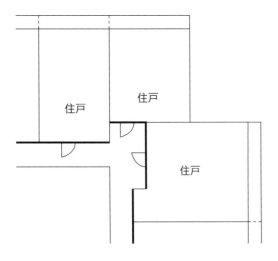

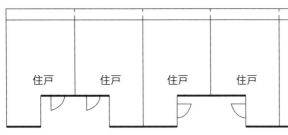

問38 開放型特定共同住宅等の廊下の外気に面する部分に風雨等を遮るために防風スクリーン等を設けた場合、当該部分は開放計算上、開放部分とみなしてよいか。

（答） 防風スクリーン等を設けた部分は、開放部分とみなすことはできない。

5 「共同住宅用スプリンクラー設備の設置及び維持に関する技術上の基準を定める件」（平成18年消防庁告示第17号）関連

問39 屋内消火栓設備を設置しなければならない特定共同住宅等であって、11階以上の階に共同住宅用スプリンクラー設備を設置し、10階以下の階を補助散水栓により包含した場合、屋内消火栓設備を設置しないことができるか。

（答） お見込みのとおり。ただし、この場合、表示装置又は住棟受信機に加圧送水装置の始動表示及び使用部分の表示が必要である。

問40 17号告示第2第1号にスプリンクラーヘッドの設置方法が規定されているが、同一の居室内に2以上のスプリンクラーヘッドを設ける場合には、どのように設置すべきか。

（答） スプリンクラーヘッド相互の設置間隔が3メートル以下とならないように設置すること。ただし、設置上3メートル以上離すことができない場合であって、当該ヘッドの製造者等の仕様書、取扱説明書等により、当該ヘッドの散水パターンを確認の上、隣接ヘッドが濡れない距離とするなどの措置が講じられている場合は、この限りでない。

問41 17号告示第2第3号において「共同住宅用自動火災報知設備により音声警報が発せられる場合は、音声警報装置を設けないことができる。」とされているが、「共同住宅用自動火災報知設備の音声警報装置」は共同住宅用スプリンクラー設備の音声警報装置の基準を満たすことが必要か。

（答） お見込みのとおり。

問42 共同住宅用スプリンクラー設備のスプリンクラーヘッドが開放した旨の信号を共同住宅用自動火災報知設備の住棟受信機に表示する場合、一の区域表示は各階ごとに行うものとした上で、一辺100メートル以下で1500平方メートル以下の区域としてよいか。

（答） 差し支えない。ただし、この場合、作動した流水検知装置が設置されている住戸、共用室及び管理人室が識別できるよう表示することが望ましい。

問43 17号告示第2第3号（4）ロにおいて共同住宅用スプリンクラー設備の表示装置の設置場所、また18号告示第3第6号（2）において共同住宅用自動火災報知設備の住棟受信機の設置場所の規定があるが、管理人室に常時人はいないが火災時に管理人室の出入口が自動的に開錠される等の所要の措置が講じられている場合又はスプリンクラーヘッドが開放した旨の表示や感知器から火災信号を受信した旨の表示を外部から確認するのに支障がない場所に設ける場合は、管理人室内に表示装置を設けてよいか。

（答） 差し支えない。

問44 17号告示第2第3号（6）ニ（イ）並びに18号告示第3第9号（4）ロ（イ）a及び（ロ）aに、共同住宅用スプリンクラー設備及び共同住宅用自動火災報知設備の音声警報を発する区域として、階段室型特定共同住宅等についてはエレベーターの昇降路を含むことがあるとされているが、当該警報は、エレベーター籠内又はエレベーターの昇降路部分から水平距離8メートル以内に設置された音声警報装置によることとしてよいか。

（答） お見込みのとおり。

消防用設備等に係る執務資料の送付について

問45 17号告示第2第3号（6）へにおいて共同住宅用スプリンクラー設備の音声警報装置には、住戸、共用室又は管理人室ごとに当該装置の音声警報を停止できる機能を設けることができるとされているが、共同住宅用自動火災報知設備の共同住宅用受信機に当該機能を設けた場合でも、17号告示第2第3号の規定により共同住宅用スプリンクラー設備の音声警報装置に代えて共同住宅用受信機の音声警報装置を用いることができるか。

（答）　お見込みのとおり。

問46 17号告示第2第8号に非常電源の容量について規定されているが、共同住宅用スプリンクラー設備を設置する住戸が5未満の場合でも、5住戸分の容量の非常電源が必要か。

（答）　共同住宅用スプリンクラー設備を設置する住戸等の数が5未満の場合は、当該住戸等分の容量の非常電源で足りるものである。

問47 規則第12条第1項第8号に規定する高層建築物、大規模建築物に該当する特定共同住宅等には、総合操作盤を設置することが必要か。

（答）　お見込みのとおり。ただし、特定共同住宅等のうち、監視・制御する設備が「特定共同住宅等における必要とされる防火安全性能を有する消防の用に供する設備等」のみで、住棟受信機等に表示を並列するだけで監視・制御が行える場合は、令第32条を適用し総合操作盤を設置しないことができる。

6　「共同住宅用自動火災設備の設置及び維持に関する技術上の基準を定める件」（平成18年消防庁告示第18号）関連

問48 メーターボックス、パイプシャフト等には、感知器を設置しないこととしてよいか。

（答）　差し支えない。

問49 住戸、共用室又は管理人室内に設けられる階段、廊下、通路及び傾斜路は、18号告示第3第2号（1）イ及びロに規定する「階段及び傾斜路」又は「廊下及び通路」に該当しないものとして取り扱ってよいか。

（答）　お見込みのとおり。

問50 18号告示第3第2号（1）において、階段及び傾斜路、エレベーターの昇降路等には煙感知器を設けることとされているが、令第32条を適用し、熱感知器の設置を認めて差し支えないか。

（答）　認められない。階段、傾斜路、エレベーターの昇降路等には煙感知器を設置する必要がある。

問51 18号告示第3第2号（3）において、「住戸、共用室及び管理人室」以外の部分に設ける感知器は、住棟受信機に接続することとされているが、倉庫、機械室等について、共同住宅用受信機を介して住棟受信機に接続してよいか。

（答）　共同住宅用受信機を介して火災信号が住棟受信機に移報するよう措置が講じられている場合は、差し支えない。

問52 18号告示第3第3号において、外部試験器を接続することにより遠隔試験機能を有する中継器は、住戸の外部であって容易に接続することができる場所に設けることとされているが、外部試験器の接続端子（中継器）の設置位置は、住戸等のメーターボックス内又は戸外表示器併設としてよいか。また接続端子を収納する外箱を難燃性としてよいか。

（答）　前段、後段とも差し支えない。

問53 18号告示第3第4号（2）において、共同住宅用自動火災報知設備の非常電源から共同住宅用受信機までの配線のうち、「火災により直接影響を受けるおそれのない部分」の配線は耐熱配線とすることができるとされているが、「火災により直接影響を受けるおそれのない部分」とは具体的にどのような部分を指すのか。

（答）　準不燃材料の床、壁又は天井により隠蔽された部分又はメーターボックス、パイプシャフト等の部分をいう。

問54 18号告示第3第5号において、共同住宅用受信機は規則第24条第2号イの規定の例によることとされているが、感知器の作動した警戒区域を表示しなくても、火災表示により火災の発生した住戸等を特定することで足りることとしてよいか。

（答）　警戒区域を表示する機能を有しない共同住宅用受信機にあっては、お見込みのとおり。

255

問55 18号告示第3第5号（2）及び19号告示第3第5号（2）において共同住宅用受信機及び住戸用受信機は、床面積が150平方メートルを超える住戸等に設けないこととされているが、共同住宅用自動火災報知設備又は住戸用自動火災報知設備の設置が必要な住戸等の床面積が150平方メートルを超える場合、どのようにすべきか。

（答）　補助音響装置にて音声警報を補完する等、在館者に対して有効に火災の発生を報知することができるよう措置が講じられた場合は、共同住宅用受信機又は住戸用受信機を設置することができる。

問56 18号告示第3第6号（3）において、同一敷地内に複数の特定共同住宅等があっても火災発生時に円滑な対応ができる場合は、棟ごとに住棟受信機を設けることを要しないとされているが「当該特定共同住宅等の火災発生時に、円滑な対応ができる場合」とは、具体的にどのような場合をいうのか。

（答）　同一敷地内に存する複数の特定共同住宅等を防災センター等において一括で監視しており、火災発生時に迅速な対応を講ずる体制が構築されている場合等をいう。

問57　交流低圧屋内幹線から他の配線を分岐させずにとる方式としては、内線規程（ＪＥＡＣ－8001－2005、日本電気協会）の引込口装置付近の配線として、「電流制限器と引込口装置の間に、消防用設備等の専用の分岐開閉器を施設する場合がある」とされていることから、下図による方式としてよいか。

図1（電流制限器がある場合）

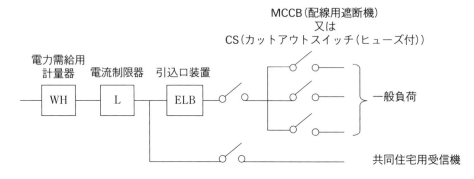

図2（電流制限器がない場合）

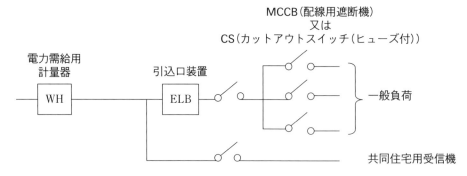

注：引込口装置は、漏電遮断器及び開閉器で構成され、分岐開閉器を兼ねることができるとされている

（答）　差し支えない。なお、この方式は、交流低圧屋内幹線の開閉器が遮断されても電源機能に支障を生じないことが目的で、未入居、長期の留守等により住戸等が未警戒となることを防止する上でも有効な配線方式であるが、電気の供給契約、電気料金の負担等の観点から当該住戸に電気を供給できない場合にあっては、次の措置が講じられていることが必要となる。

①住戸内に出火源となるような器具、物品等が放置されていないこと。
②未入居等であることが、特定共同住宅等の管理をしている者等が周知していること。
③特定共同住宅等の管理をしている者等が定期的に巡回監視を行うこと。

問58 18号告示第3第8号（2）において「共同住宅用受信機の主電源が停止した場合において、当該共同住宅用受信機が設置された住戸、共用室又は管理人室の感知器、音声警報装置、補助音響装置及び戸外表示器の機能に支障を生じないように措置を講じている場合は、当該共同住宅用受信機に非常電源を設けないことができること。」とあるが、具体的にどのような措置をいうのか。

（答）　住棟受信機の予備電源又は別置型の蓄電池等により、18号告示第3第8号（1）に定める容量の非常電源が確保されている場合等をいう。

問59 18号告示第3第9号（3）ホに、音声警報装置の火災警報のメッセージの内容が規定されているが、「火災が発生した場所」は「この近所」とすることが可能か。また、出火住戸については、火災警報のメッセージから発生場所を省略することが可能か。

（答）　前段、特定共同住宅等の形態から、火災が発生した場所を容易に特定できる場合は差し支えない。
　　　後段、差し支えない。

問60　共同住宅用スプリンクラー設備と共同住宅用自動火災報知設備の感知器が併設される住戸、共用室又は管理人室において、下記のように共同住宅用受信機に接続させることは差し支えないか。

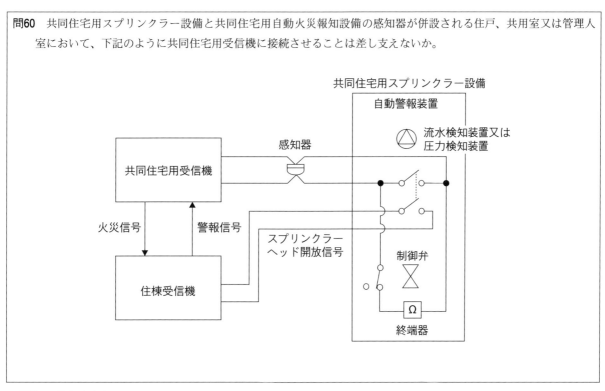

（答）　差し支えない。

第6章 参考資料

問61 住戸、共用室又は管理人室に共同住宅用スプリンクラー設備を設ける場合に、スプリンクラーヘッドが開放した旨の信号を遅滞なく表示装置又は住棟受信機に送ることができれば、下図のように接続してよいか。

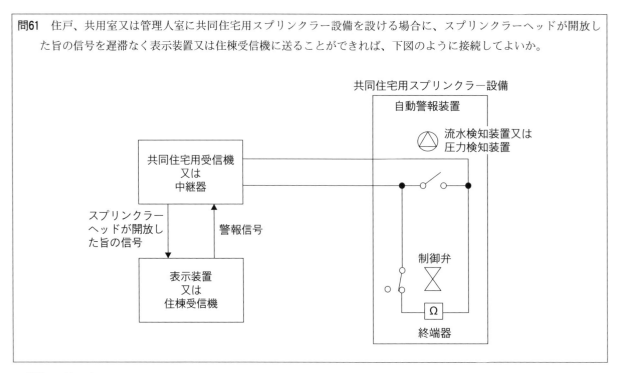

（答） 差し支えない。

7 「住戸用自動火災報知設備及び共同住宅用非常警報設備の設置及び維持に関する技術上の基準を定める件」（平成18年消防庁告示第19号）関連

問62 19号告示第3第2号（3）に、住戸用自動火災報知設備の感知器は、住戸用受信機に接続することとされているが、直接外気に開放されていない共用部分及び倉庫等に設ける感知器について、防災センター等又は管理人室等に令第21条に規定する自動火災報知設備の受信機を設置し、当該感知器を接続してよいか。

（答） 差し支えない。

問63 19号告示第4第1号（4）及び第2号に、階段室型特定共同住宅等に設ける共同住宅用非常警報設備の音響装置及び起動装置の設置方法が規定されているが、傾斜地に存すること等により地階が避難階となり、当該階に住戸等が存する場合は、当該階及び当該階から上方に数えた階数3以内ごとに音響装置及び起動装置を設けることとすべきか。

（答） お見込みのとおり。

問64 特定共同住宅等の住戸、共用室及び管理人室に住戸用自動火災報知設備を設置するとともに、共用部分に令第21条に規定する自動火災報知設備を設置し、発信機、地区音響装置、表示灯を設けた場合は、共同住宅用非常警報設備を設置しなくてよいか。

（答） お見込みのとおり。

8 「戸外表示器の基準を定める件」（平成18年消防庁告示第20号）関連

問65 20号告示第2第13号の「作動表示灯」と15号の「通電表示灯」を兼用することは認められるか。

（答） 原則として認められない。ただし、通電表示灯として赤色以外の色で点灯するとともに、作動表示灯として赤色の灯火が点滅する場合は兼用することができる。

9 その他

問66 「消防用設備等に類するものを定める件の一部を改正する件」（平成18年消防庁告示第22号）第2第2号（1）に規定する「ドデカフルオロ―二―メチルペンタン―三―オンを消火剤とする消火設備」とはどのような設備か。

（答） ドデカフルオロ―二―メチルペンタン―三―オ

ンを消火剤とする消火設備とは、ハロゲン化物消火設備に代えて用いる設備として法第17条第3項の規定に基づく総務大臣認定を受けた特殊消防用設備等である。

消火剤貯蔵容器に充てんされた消火剤を噴射ヘッドから放出するハロゲン化物消火設備に類似する設備で、燃焼連鎖反応の抑制等により消火するものであり、火災の拡大を抑制又は消火する性能を有する設備である。

オゾン層破壊係数が0であること、地球温暖化係数が小さいこと等環境特性が優れている点、消火剤放出後の水損がない点、消火剤自体の人体に対する安全性が高い点などの利点があり、消火実験等により消火性能が確認された無人の電算機室等には有効な消火設備である。

設備の概要は次のとおり。

①放射された消火剤が防護区画の全域に、かつ、速やかに拡散できる性能を確保すること。

・防護区画の開口部には、消火剤放出前に閉鎖できる自動閉鎖装置等が設けてあること。

・防護区画の換気装置等の機器は、消火剤放出前に停止すること。

・防護区画には、圧力上昇を防止するための措置がなされていること。

・消火剤放出時に消火剤がガス化すること。

②貯蔵容器の充てん比は、0.7以上1.6以下であること。

③貯蔵容器には、特殊消防用設備等の一定の性能評価等を受けた容器弁及び安全装置を設けること。

④放出された消火剤及び燃焼ガスを安全な場所に排出するための措置を講じること。

・排出ファンの換気能力は1時間あたり5回以上とすること。

⑤特殊消防用設備等の一定の性能評価等を受けた当該設備等の起動、停止等の制御を行う制御盤を設けること。

問67 「消防用設備等に類するものを定める件の一部を改正する件」（平成18年消防庁告示第22号）第2第2号（2）に規定する「加圧防煙設備」とはどのような設備か。

（答）　加圧防煙設備とは、排煙設備に代えて用いる設備として法第17条第3項の規定に基づく総務大臣認定を受けた特殊消防用設備等である。

耐火構造の床又は壁等で区画するとともに、開口部に特定防火設備である防火戸を設けた特別避難階段の附室、非常用エレベーターの乗降ロビーその他これらに類する場所を消防活動拠点とし、かつ、当該拠点に給気し加圧することにより、一定の耐熱性能と耐煙性能を確保するとともに、火災室において排煙を行い、煙を制御することにより、火災時において消防隊が行う消防活動を支援する性能を有する設備である。

設備の概要は次のとおり。

①消防活動拠点は、通常の火災規模において内部に消防隊が滞在できること。

・温度上昇が10ケルビン以下であること。

・壁面、扉等の拠点側表面の温度が100℃以下であること。

・加圧することにより、煙の流入を防ぐこと。

・扉の開閉に要する力が120ニュートン以下であること。

②消防活動拠点は、水平距離50メートル以内で防火対象物の各部分を包含すること。

③消防活動拠点には、排煙設備の起動装置、連結送水管の放水口、防災センターとの通話装置等、消防活動に必要な設備を備えていること。

④消防活動拠点は、消防隊が退避する場合に延焼防止を図る空間として機能すること。

⑤排煙機は、高温の煙が発生する盛期火災においても性能を確保すること。

問68 「消防用設備等に類するものを定める件の一部を改正する件」（平成18年消防庁告示第22号）第2第2号（3）に規定する「火災による室内温度上昇速度を感知する感知器を用いた火災報知設備」とはどのような設備か。

（答）　火災による室内温度上昇速度を感知する感知器を用いた火災報知設備とは、自動火災報知設備に代えて用いる設備として法第17条第3項の規定に基づく総務大臣認定を受けた特殊消防用設備等である。

従来の自動火災報知設備の感知器による火災感知方法（煙濃度・熱検知）に加え、火災温度上昇速度を監視する機能により、従来の自動火災報知設備より早期に他の消防用設備等及び防火設備等を連動制御することで、避難誘導及び防火区画の形成を行い、より早く安全に避難させる性能を有する設備である。

設備の概要は次のとおり。

①設備の構成について

・検定に合格した受信機及び感知器を中心に構成される自動火災報知設備に、火災進展状況の判

第6章●参考資料

断及び警報発信機能を有する外部処理装置を付
加したシステムであること。
・自動火災報知設備からの情報をもとに、外部処
理装置のリアルタイム制御機能により火災の進
展状況を予測するとともに、初期火災段階での
温度上昇に応じて「フェイズ進展警報」を発
し、避難安全性確保及び被害拡大防止の観点か
ら、必要とされる他の消防用設備等及び防火設
備等の連動制御を行うこと。

②フェイズ進展状況の判断機能について
・外部処理装置において感知器が設置されている
室の条件に基づき、感知器単位でフェイズ進展
基準時間を設定するとともに、データベース管
理し、火災発生時には感知器の熱検知機能によ
り、温度上昇に要する時間をモニタリングする
こと。モニタリングした温度上昇所要時間と感
知器の設置環境ごとに設定した温度上昇所要時
間の基準値を比較することで、火災の進展が設
計段階での想定条件より早いと判断した場合に
は、フェイズ進展警報を発報すること。

③フェイズ進展警報による放送設備の連動制御に
ついて
・フェイズ進展警報は、通常の火災確定条件（感
知器が火災信号レベルに達し、自動火災報知設
備が作動する。）による連動制御とは独立した
形で、放送設備の連動制御を行うため、通常の
火災確定条件又はフェイズ進展警報のいずれか
早い信号をきっかけとして放送設備による火災
放送鳴動を行えること。

○特定共同住宅等における必要とされる防火安全性能を有する消防の用に供する設備等に関する省令（平成17年総務省令第40号）等に係る執務資料の送付について

> 平成19年3月27日　消防予第114号
> 各都道府県消防防災主管部長・東京消防庁・
> 各指定都市消防長あて　消防庁予防課長通知

標記の件について、別紙のとおり質疑応答をとりまとめたので、執務上の参考とされるとともに、各都道府県消防防災主管部長におかれましては、貴都道府県内の市町村に対し、この旨周知されるようお願いします。

問1　消防法施行令（昭和36年政令第37号）別表第1（5）項ロに掲げる防火対象物のうち自動火災報知設備の設置を要しないものについて、「特定共同住宅等における必要とされる防火安全性能を有する消防の用に供する設備等に関する省令」（平成17年総務省令第40号）を適用する場合は、共同住宅用自動火災報知設備又は住戸用自動火災報知設備及び共同住宅用非常警報設備を設置する必要がないと解してよいか。

（答）　お見込みのとおり。なお、他の必要とされる防火安全性能を有する消防の用に供する設備等についても同様に取り扱われたい。

問2　「特定共同住宅等の構造類型を定める件」（平成17年消防庁告示第3号）第4、1（4）ロの規定は、廊下の端部以外の部分にも適用してよいか。

（答）　差し支えない。

問3　廊下の一部に外気に面しない部分が存する場合における開放性の判断において、「特定共同住宅等の構造類型を定める件」（平成17年消防庁告示第3号）第4、2（4）イ（イ）dに規定する「風雨等を遮るために壁等を設ける場合」に準じて取り扱ってよいか。

（答）　差し支えない。

問4　特定共同住宅等の11階以上の階に共同住宅用スプリンクラー設備を設置し、10階以下の階に補助散水栓を設置する場合、その水源水量は4立方メートル以上、また、加圧送水装置のポンプの吐出量は240リットル毎分以上としてよいか。

（答）　お見込みのとおり。

問5 ガス漏れ検知器を接続している共同住宅用受信機又は住戸用受信機について、ガス漏れ検知器の電源は、共同住宅用受信機又は住戸用受信機の電源の配線系統から専用の開閉器を介して、取ることとしてよいか。

（答）　差し支えない。

問6 「住戸用自動火災報知設備及び共同住宅用非常警報設備の設置及び維持に関する技術上の基準を定める件」（平成18年消防庁告示第19号）第4、1（2）において、共同住宅用非常警報設備の音声装置は一の起動装置の操作により一斉に鳴動させることとされているが、階段室型特定共同住宅等の場合は、階段室等ごとに鳴動させる方式としてよいか。

（答）　差し支えない。なお、共同住宅用非常警報設備の設置が必要な部分に対し、消防法施行令（昭和36年政令第37号）第21条に従い自動火災報知設備を設置する場合も同様である。

消防用設備等に係る執務資料の送付について

○消防用設備等に係る執務資料の送付について

> 平成19年9月3日　消防予第317号
> 各都道府県消防防災主管部長・東京消防庁・
> 各指定都市消防長あて　消防庁予防課長通知

　標記の件について、別紙のとおり質疑応答をとりまとめましたので、執務上の参考とされるとともに、各都道府県消防防災主管部長におかれましては、貴都道府県内の市町村に対してもこの旨周知されるようお願いします。

別紙
凡例
消防法（昭和23年法律第186号）…………………「法」
消防法施行令（昭和36年政令第37号）…………「政令」
消防法施行規則（昭和36年自治省令第6号）…「規則」

共同住宅用自動火災報知設備の設置及び
維持に関する技術上の基準を定める件
　（平成18年消防庁告示第18号）……………「18号告示」

住戸用自動火災報知設備及び共同住宅用
非常警報設備の設置及び維持に関する技
術上の基準を定める件
　（平成18年消防庁告示第19号）……………「19号告示」

自家発電設備の基準
　（昭和48年消防庁告示第1号）……………「1号告示」

1　点検関係

（点検時における補助的作業について）

問1 法第17条の3の3の規定に基づき、政令第36条第2項に掲げる防火対象物において点検を行う場合には、当該資格者に点検させることが必要であり、これ以外の者の作業としては補助的な内容（資機材の搬送、足場の固定等）に限られると解されるがどうか。

（答）　お見込みのとおり。

2　「18号告示」関係

問2 共同住宅用受信機又は住棟受信機の主音響装置が、18号告示第3、九（三）に適合するものである場合、当該住戸、共用室及び管理人室に設ける音声警報装置に該当するものと解してよいか。

（答）　お見込みのとおり。

261

問3 18号告示第3、四（三）に規定する信号回路の配線とは、機器の接続端子までの配線をいい、機器内の配線及び基板パターンは、含まれないと解してよいか。

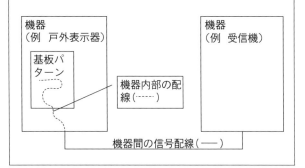

（答）　お見込みのとおり。
　　　　なお、この導通試験とは別に、機器内の配線及び基板パターンについても、当該機器としての導通を確認することが必要となることを念のため申し添える。

問4 住戸、共用室又は管理人室以外の部分（直接外気に開放された共用部分を除く。）の音声警報装置に代えて、共同住宅用自動火災報知設備と連動した政令第24条に基づく非常警報設備の放送設備を使用することは可能か。

（答）　差し支えない。

3　「19号告示」関係

問5 住戸用受信機の主音響装置が、19号告示第3、七（三）に適合するものである場合、当該住戸に設ける音声警報装置に該当するものとして解してよいか。

（答）　お見込みのとおり。

問6 共同住宅用非常警報設備の起動装置による音響装置の鳴動方式について、円滑な避難誘導等を図る観点から、廊下型共同住宅等の場合は出火階及びその直上階を鳴動させる区分鳴動とし、階段室型共同住宅等の場合は当該階段室ごとの区分鳴動とすることとしてよいか。

（答）　19号告示第4、一（二）の規定に基づき一斉鳴動もできる措置が講じられている場合は、お見込みのとおり。

4　その他

（自家発電設備について）

問7 1号告示第2、1（3）で常用電源が停電してから電圧確立及び投入までの所要時間は40秒以内であることとあるが、電力を常時供給する自家発電設備においては、停電時においても既に電圧確立状態となっているため、この場合は告示で定める所要時間（切り替え所要時間）は必要ないものと解釈してよいか。

（答）　お見込みのとおり。
　　　　なお、電力を常時供給する自家発電設備は、常に電圧確立状態が維持されているため、停電（始動）から電圧確立までの時間（始動時間）を要さないものであり、常用・非常用兼用であっても、点検時以外で始動と停止を繰り返している自家発電設備はこれに含まれないものである。

（消防用設備等の表示灯について）

問8 屋内消火栓設備及び自動火災報知設備の表示灯に平面型の表示灯を設置してもよいか。

（答）　屋内消火栓設備及び自動火災報知設備については、それぞれ規則の基準を満たせば、表示灯に平面型の表示灯を認めても差し支えない。

○令8区画及び共住区画を貫通する配管等に関する運用について

> 平成19年10月5日　消防予第344号
> 各都道府県消防防災主管部長・東京
> 消防庁・各指定都市消防長あて　消
> 防庁予防課長通知

最近改正　令和6年3月29日消防予第156号

消防法施行令（昭和36年政令第37号）第8条第1号に規定する開口部のない耐火構造の床又は壁の区画（以下「令8区画」という。）及び特定共同住宅等の位置、構造及び設備を定める件（平成17年消防庁告示第2号。以下「位置・構造告示」という。）に規定する特定共同住宅等の住戸等の床又は壁の区画（以下「共住区画」という。）を貫通する配管及び当該貫通部（以下「配管等」という。）について、下記のとおり運用を取りまとめましたので通知します。

つきましては、貴管下市町村に対してもこの旨示達され、その運用に遺漏のないようよろしく御指導をお願いします。

記

1　令8区画及び共住区画を貫通する鋼管等の取扱いについて

令8区画及び共住区画を貫通する鋼管等のうち、別添により設置されているものにあっては、消防法施行規則（昭和36年自治省令第6号）第5条の2第4号及び位置・構造告示に適合するものとして取り扱って差し支えないものであること。

2　共住区画を貫通する燃料供給配管の取扱いについて

共住区画を貫通する燃料供給配管のうち、次により設置されているものにあっては、位置・構造告示第3の第3号（4）に適合するものとして取り扱って差し支えないものであること。

（1）　配管の用途は共同住宅の各住戸に設けられている燃焼機器に、灯油又は重油を供給するものであること。

（2）　配管は日本工業規格（以下「JIS」という。）H3300（銅及び銅合金の継目無管）を含むものであること。

（3）　当該配管を含む燃料供給施設は、「共同住宅等の燃料供給施設に関する運用上の指針について」（平成15年8月6日付け消防危第81号）に適合するものであること。

3　その他

この通知に伴い、次に示す行政実例及びこれらに類する質疑応答については、廃止するものとすること。

（1）　令8区画及び共住区画を貫通する鋼管等の取扱いについて（通知）（平成8年3月27日消防予第47号）

（2）　令8区画及び共住区画を貫通する給排水管の取扱いについて（通知）（平成8年12月24日消防予第263号）

別添

令8区画及び共住区画を貫通する鋼管等の取扱いについて

1　鋼管等を使用する範囲

令8区画及び共住区画を貫通する配管等にあっては、貫通部及びその両側1m以上の範囲は鋼管等とすること。ただし、次に定める（1）及び（2）に適合する場合は、貫通部から1m以内となる部分の排水管に衛生機器を接続して差し支えないこと。

（1）　衛生機器の材質は、不燃材料であること。

（2）　排水管と衛生機器の接続部に、塩化ビニル製の排水ソケット、ゴムパッキン等が用いられている場合には、これらは不燃材料の衛生機器と床材で覆われていること。

2　鋼管等の種類

令8区画及び共住区画を貫通する鋼管等は、次に掲げるものとすること。

（1）　JIS G3442（水配管用亜鉛めっき鋼管）

（2）　JIS G3448（一般配管用ステンレス鋼管）

（3）　JIS G3452（配管用炭素鋼管）

（4）　JIS G3454（圧力配管用炭素鋼鋼管）

（5）　JIS G3459（配管用ステンレス鋼管）

（6）　JIS G5525（排水用鋳鉄管）

（7）　日本水道協会規格（以下「JWWA」という。）K116（水道用硬質塩化ビニルライニング鋼管）

（8）　JWWA K132（水道用ポリエチレン粉体ライニング鋼管）

（9）　JWWA K140（水道用耐熱性硬質塩化ビニルライニング鋼管）

（10）　日本水道鋼管協会規格（以下「WSP」という。）011（フランジ付硬質塩化ビニルライニング鋼管）

（11）　WSP 032（排水用ノンタールエポキシ塗装鋼管）

（12）　WSP 039（フランジ付ポリエチレン粉体ライニング鋼管）

（13）　WSP 042（排水用硬質塩化ビニルライニング鋼管）

（14）　WSP 054（フランジ付耐熱性樹脂ライニング鋼管）

3　貫通部の処理

（1）　セメントモルタルによる方法

第6章●参考資料

ア　日本建築学会建築工事標準仕様書（ＪＡＳＳ）
15「左官工事」によるセメントと砂を容積で1対
3の割合で十分から練りし、これに最小限の水を
加え、十分混練りすること。

イ　貫通部の裏側の面から板等を用いて仮押さえ
し、セメントモルタルを他方の面と面一になるま
で十分密に充填すること。

ウ　セメントモルタル硬化後は、仮押さえに用いた
板等を取り除くこと。

（2）ロックウールによる方法

ア　ＪＩＳＡ9504（人造鉱物繊維保温材）に規定す
るロックウール保温材（充填密度150kg／㎥以上
のものに限る。）又はロックウール繊維（充填密
度150kg／㎥以上のものに限る。）を利用した乾式
吹き付けロックウール又は湿式吹き付けロック
ウールで隙間を充填すること。

イ　ロックウール充填後、25mm以上のケイ酸カルシ
ウム板又は0.5mm以上の鋼板を床又は壁と50mm以
上重なるように貫通部に蓋をし、アンカーボル
ト、コンクリート釘等で固定すること。

4　可燃物への着火防止措置

配管等の表面から150mmの範囲に可燃物が存する場
合には、（1）又は（2）の措置を講ずること。

（1）可燃物への接触防止措置

アに掲げる被覆材をイに定める方法により被覆
すること。

ア　被覆材

ロックウール保温材（充填密度150kg／㎥以上
のものに限る。）又はこれと同等以上の耐熱性を
有する材料で造った厚さ25mm以上の保温筒、保温
帯等とすること。

イ　被覆方法

㋐　床を貫通する場合

鋼管等の呼び径	被覆の方法
100以下	貫通部の床の上面から上方60cmの範囲に一重に被覆する。
100を超え200以下	貫通部の床の上面から上方60cmの範囲に一重に被覆し、さらに、床の上面から上方30cmの範囲には、もう一重被覆する。

㋑　壁を貫通する場合

鋼管等の呼び径	被覆の方法
100以下	貫通部の壁の両面から左右30cmの範囲に一重に被覆する。
100を超え200以下	貫通部の壁の両面から左右60cmの範囲に一重に被覆し、さらに、壁の両面から左右30cmの範囲には、もう一重被覆する。

（1）給排水管の着火防止措置

次のア又はイに該当すること。

ア　当該給排水管の内部が、常に充水されているも
のであること。

イ　可燃物が直接接触しないこと。また、配管等の
表面から150mmの範囲内に存在する可燃物にあっ
ては、構造上必要最小限のものであり、給排水管
からの熱伝導により容易に着火しないもの（木
軸、合板等）であること。

5　配管等の保温

配管等を保温する場合にあっては、次の（1）又は
（2）によること。

（1）保温材として4（1）アに掲げる材料を用いる
こと。

（2）給排水管にあっては、ＪＩＳＡ9504（人造鉱物
繊維保温材）に規定するグラスウール保温材又は
これと同等以上の耐熱性及び不燃性を有する保温
材を用いてもさしつかえないこと。この場合にお
いて、3及び4の規定について、特に留意された
いこと。

6　配管等の接続

配管等を1の範囲において接続する場合には、次に
定めるところによること。

（1）配管等は、令8区画及び共住区画を貫通してい
る部分において接続しないこと。

（2）配管等の接続は、次に掲げる方法又はこれと同
等以上の性能を有する方法により接続すること。
なお、イに掲げる方法は、立管又は横枝管の接続
に限り、用いることができること。

ア　メカニカル接続

①　ゴム輪（ロックパッキン、クッションパッキ
ン等を含む。以下同じ。）を挿入管の差し口に
はめ込むこと。

②　挿入管の差し口端分を受け口の最奥部に突き
当たるまで挿入すること。

③　予め差し口にはめ込んだゴム輪を受け口と差
し口との間にねじれがないように挿入するこ
と。

④　押し輪又はフランジで押さえること。

⑤　ボルト及びナットで周囲を均等に締め付け、
ゴム輪を挿入管に密着させること。

イ　差込み式ゴムリング接続

①　受け口管の受け口の内面にシール剤を塗布す
ること。

②　ゴムリングを所定の位置に差し込むこと。
ここで用いるゴムリングは、ＥＰＤＭ（エチ
レンプロピレンゴム）又はこれと同等の硬さ、
引っ張り強さ、耐熱性、耐老化性及び圧縮永久

264

歪みを有するゴムで造られたものとすること。
③ ゴムリングの内面にシール剤を塗布すること。
④ 挿入管の差し口にシール剤を塗布すること。
⑤ 受け口の最奥部に突き当たるまで差し込むこと。

ウ 袋ナット接続
① 袋ナットを挿入管差し口にはめ込むこと。
② ゴム輪を挿入管の差し口にはめ込むこと。
③ 挿入管の差し口端部を受け口の最奥部に突き当たるまで挿入すること。
④ 袋ナットを受け口にねじ込むこと。

エ ねじ込み式接続
① 挿入管の差し口端外面に管用テーパおネジを切ること。
② 接合剤をネジ部に塗布すること。
③ 継手を挿入管にねじ込むこと。

オ フランジ接続
① 配管の芯出しを行い、ガスケットを挿入すること。
② 仮締めを行い、ガスケットが中央の位置に納まっていることを確認すること。
③ 上下、次に左右の順で、対称位置のボルトを数回に分けて少しずつ締めつけ、ガスケットに均一な圧力がかかるように締めつけること。

（3） 耐火二層管と耐火二層管以外の管との接続部には、耐火二層管の施工方法により必要とされる目地工法を行うこと。

7 支持
　鋼管等の接続部の近傍を支持するほか、必要に応じて支持すること。

（参考）
施工方法の例（鋼管等の表面の近くに可燃物がある場合）

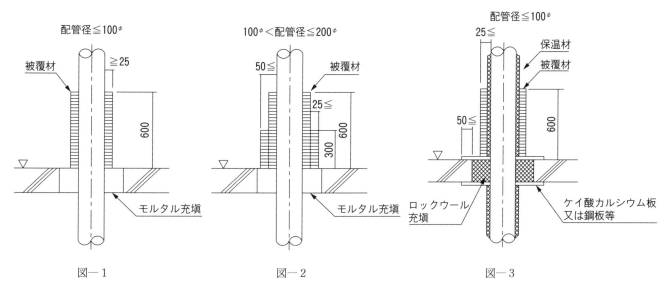

図—1　　　図—2　　　図—3

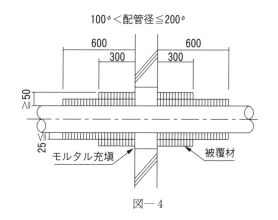

図—4

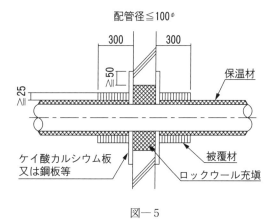

図—5

第6章●参考資料

○消防用設備等に係る執務資料の送付について

平成28年5月16日　消防予第163号
各都道府県消防防災主管部長・東京消防庁・
各指定都市消防長あて　消防庁予防課長通知

　標記の件について、別添のとおり質疑応答をとりまとめましたので、執務上の参考としてください。
　各都道府県消防防災主管部長におかれましては、貴都道府県内の市町村（消防の事務を処理する一部事務組合等を含む。）に対して、この旨周知していただきますようお願いします。
　なお、本通知は、消防組織法（昭和22年法律第226号）第37条の規定に基づく助言として発出するものであることを申し添えます。
別添

> **問1**　令別表第1（5）項ロに掲げる用途に供する部分のみで構成されている防火対象物の一部の住戸を宿泊施設として使用する場合、当該宿泊施設の床面積が、当該防火対象物の延べ面積の10分の1以下であり、かつ、300㎡未満であれば、規則第13条第1項第2号に規定する小規模特定用途複合防火対象物に該当することから、規則第28条の2第1項第5号の規定により、地階、無窓階及び11階以上の部分以外の部分には誘導灯の設置を要しないと解してよいか。

（答）　お見込みのとおり。

> **問2**　令別表第1（5）項ロに掲げる用途に供する部分のみで構成されている防火対象物の一部の住戸を宿泊施設として使用することにより、同表（16）項イに掲げる防火対象物（小規模特定用途複合防火対象物を除く。）となる場合であっても、次に掲げる要件を満たすものについては、令第32条の規定を適用し、当該宿泊施設の存する階のみに誘導灯を設置することで足りるとしてよいか。なお、当該防火対象物は地階、無窓階及び11階以上の階が存しないものである。
> 1　主要構造部が耐火構造であること。
> 2　住戸（宿泊施設として使用される部分を含む。3及び4において同じ。）が耐火構造の壁及び床で、200㎡以下に区画されていること。
> 3　住戸と共用部分を区画する壁に設けられる開口部には防火設備（主たる出入口に設けられるものにあっては、随時開くことができる自動閉鎖装置付の防火戸に限る。）が設けられていること。
> 4　3の開口部の面積の合計は、一の住戸につき4㎡以下であり、かつ、一の開口部の面積が2㎡以下であること。

（答）　差し支えない。

> **問3**　令別表第1（5）項ロに掲げる用途に供する部分のみで構成されている特定共同住宅等（「特定共同住宅等における必要とされる防火安全性能を有する消防の用に供する設備等に関する省令」（平成17年総務省令第40号。以下「40号省令」という。）第2条第1号に規定するものをいう。）の一部の住戸を宿泊施設として使用する場合に、次に掲げる要件を満たすものについては、令第32条の規定を適用し、40号省令に規定する必要とされる防火安全性能を有する消防の用に供する設備等の設置を認めてよいか。
> 1　当該宿泊施設が100㎡以下で区画されていること。
> 2　当該宿泊施設の床面積が当該防火対象物の延べ面積の10分の1以下、かつ300㎡未満であること。

（答）　差し支えない。

○消防用設備等に係る執務資料の送付について

平成30年6月15日　消防予第426号
各都道府県消防防災主管部長・東京消防庁・
各指定都市消防長あて　消防庁予防課長通知

標記の件について、別添のとおり質疑応答をとりまとめましたので、執務上の参考としてください。

各都道府県消防防災主管部長におかれましては、貴都道府県内の市町村（消防の事務を処理する一部事務組合等を含む。）に対して、この旨周知していただきますようお願いします。

なお、本通知は、消防組織法（昭和22年法律第226号）第37条の規定に基づく助言として発出するものであることを申し添えます。

別添

> **問1**　40号省令第2条第1号に規定する特定共同住宅等で、延べ面積が1,000㎡以上の令別表第1（16）項イとなるものであっても、同条第1号の2に規定する住戸利用施設の床面積の合計が1,000㎡未満であるものについては、令第32条の規定を適用し、共同住宅用スプリンクラー設備、連結送水管（共同住宅用連結送水管を含み、加圧送水装置を設けたものに限る。）及び非常コンセント設備（共同住宅用非常コンセント設備を含む。）に附置する非常電源を非常電源専用受電設備としてよいか。

（答）　差し支えない。

> **問2**　直接外気に開放されている部分（常時外気に面する部分から概ね5メートル未満の部分等をいう。）に面する換気口等で、「直径0.15メートル未満のもの」及び「直径0.15メートル以上で防火設備が設けられたもの」は、規則第13条第1項第1号の2の適用にあたり、同号ハに規定する開口部として取り扱わないこととしてよいか。
> また、規則第12条の2第1項第1号及び第2号、第13条第1項第1号、同条第2項、第28条の2第1項第4号及び第4号の2、同条第2項第3号及び第3号の2並びに7号省令第3条第3項第4号の規定においても同様に取り扱ってよいか。

（答）　前段、後段ともに差し支えない。

> **問3**　156号省令第2条第2号に規定される特定小規模施設用自動火災報知設備を同省令第3条第2項に定める技術上の基準に従い、又は当該技術上の基準の例により設置したときは、令第5条の8の規定に基づき条例に定められた適用除外の規定により、住宅

> 用防災警報器及び住宅用防災報知設備の設置を免除してもよいか。

（答）　差し支えない。

なお、各消防本部における運用等を踏まえて、「住宅用防災機器の設置及び維持に関する条例の制定に関する基準を定める省令」（平成16年総務省令第138号）及び「火災予防条例（例）について」（昭和36年11月22日付け自消甲予第73号）は、今後改正を検討していくことを申し添える。

第6章●参考資料

○消防用設備等に係る執務資料の送付について

平成31年3月29日　消防予第103号
各都道府県消防防災主管部長・東京消防庁・各指定都市消防長あて消防庁予防課長通知

標記の件について、別添のとおり質疑応答をとりまとめましたので、執務上の参考としてください。

各都道府県消防防災主管部長におかれましては、貴都道府県内の市町村（消防の事務を処理する一部事務組合等を含む。）に対して、この旨周知していただきますようお願いします。

なお、本通知は、消防組織法（昭和22年法律第226号）第37条の規定に基づく助言として発出するものであることを申し添えます。

別添

問1　主たる用途である令別表第1（5）項ロ以外の用途に供される部分の床面積の合計が当該防火対象物の延べ面積の10%以下、かつ、300㎡未満であることにより、41号通知記1．（2）に基づき、令別表第1（5）項ロとしてみなされている部分（以下「従属的な部分」という。）が存する特定共同住宅等の一部を住戸利用施設として使用し、従属的な部分と住戸利用施設との床面積の合計が当該防火対象物の延べ面積の10%を超える又は300㎡以上となることにより、40号省令第2条第1号に規定する特定共同住宅等の要件に適合しなくなる場合であっても、以下の全ての要件を満たすときは、令第32条の規定を適用し、40号省令に規定する必要とされる防火安全性能を有する消防の用に供する設備等の設置を認めてよいか。

1　当該防火対象物の各部分が、40号省令（第2条第1号の規定を除く。）及び火災の発生又は延焼のおそれが少ないものとして、その位置、構造及び設備について消防庁長官が定める基準（2号告示）に適合すること。この場合において、従属的な部分は40号省令第2条第2号に規定する住戸（令別表第1（5）項イ並びに（6）項ロ及びハに掲げる用途に供される各独立部分を除く。）とみなして当該規定を適用すること。

2　住戸利用施設の各独立部分の床面積が、いずれも100㎡以下であること。

3　令別表第1（5）項ロに掲げる用途に供される部分の床面積の合計が当該防火対象物の延べ面積の2分の1以上であること。

4　従属的な部分の床面積の合計が当該防火対象物の延べ面積の10%以下、かつ、300㎡未満であること。

5　従属的な部分は、床面積150㎡以内ごとに2号告示第3第3号に規定する基準に適合する構造で区画されていること。

（答）　差し支えない。

この場合において、従属的な部分の用途は令別表第1（5）項ロとしてみなされるものではないため留意されたい。

問2　延べ面積が300㎡以上500㎡未満の長屋式住宅の一部を令別表第1（5）項イに掲げる用途として使用することにより、同表（16）項イに掲げる防火対象物（同表（5）項イ及び一般住宅（個人の住居の用に供されるもので寄宿舎、下宿及び共同住宅以外のものをいう。）の用途以外の用途に供される部分が存せず、かつ、同表（5）項イに掲げる用途に供される部分の床面積の合計が300㎡未満のものに限る。）となった場合、令第32条の規定を適用し、特定小規模施設用自動火災報知設備を156号省令第3条第2項及び第3項の規定の例により設置してよいか。

（答）　差し支えない。

この場合において、当該防火対象物は156号省令第2条第1号ハに掲げる防火対象物とみなし、同省令第3条第2項第2号ハに掲げる場所にも感知器を設置すること。

問3　児童福祉法（昭和22年法律第164号）第41条に規定する児童養護施設における本体施設の分園として民間住宅等を活用して運営される地域小規模児童養護施設（「地域小規模児童養護施設の設置運営について」（平成12年5月1日付け児発第489号・厚生省児童家庭局長通知）中、地域小規模児童養護施設設置運営要綱で定めるものをいう。）は、本体施設と同じ用途である令別表第1（6）項ハ（3）として取り扱ってよいか。

また、小規模なグループによる養育を行うために児童養護施設等における本体施設の敷地外に存する分園として運営される分園型小規模グループケア（「児童養護施設等のケア形態の小規模化の推進について」（平成17年3月30日付け雇児発第0330008号・厚生労働省雇用均等・児童家庭局長通知）中、児童養護施設等における小規模グループケア実施要綱で定めるものをいう。）についても、同様の考え方により、本体施設と同じ用途（例えば、児童養護施設における分園型小規模グループケアにあっては、令別表第1（6）項ハ（3））として取り扱ってよいか。

（答）　前段、後段ともお見込みのとおり。

○消防設備士免状の交付を受けている者又は総務大臣が認める資格を有する者が点検を行うことができる消防用設備等又は特殊消防用設備等の種類を定める件

> 平成１６年５月３１日
> 消防庁告示第１０号

最近改正　令和２年12月25日消防庁告示第21号

消防法施行規則（昭和36年自治省令第６号。以下「規則」という。）第31条の６第６項の規定に基づき、消防設備士免状の交付を受けている者（以下「消防設備士」という。）又は総務大臣が認める資格を有する者（以下「消防設備点検資格者」という。）が点検を行うことができる消防用設備等又は特殊消防用設備等の種類は次のとおりとする。

一　消防設備士にあっては、規則第33条の３各項の規定に基づき工事又は整備を行うことができる消防用設備等の種類のほか、次の表の上欄に掲げる消防設備士の種類及び指定区分に応じ、同表下欄に掲げる消防用設備等の種類とする。

消防設備士の種類及び指定区分	消防用設備等の種類
第１類の甲種消防設備士若しくは乙種消防設備士又は第２類の甲種消防設備士若しくは乙種消防設備士	動力消防ポンプ設備、消防用水、連結散水設備、連結送水管及び共同住宅用連結送水管
第４類の甲種消防設備士若しくは乙種消防設備士又は第７類の乙種消防設備士（次項に掲げる者を除く。）	非常警報器具、非常警報設備、排煙設備、非常コンセント設備、無線通信補助設備、共同住宅用非常コンセント設備及び加圧防排煙設備
第４類の甲種消防設備士若しくは乙種消防設備士又は第７類の乙種消防設備士のうち電気工事士法（昭和35年法律第139号）第３条に規定する電気工事士免状の交付を受けている者又は電気事業法（昭和39年法律第170号）第44条第１項に規定する第１種電気主任技術者免状、第２種電気主任技術者免状若しくは第３種電気主任技術者免状の交付を受けている者	前項に掲げる消防用設備等の種類のほか誘導灯及び誘導標識
第５類の甲種消防設備士又は乙種消防設備士	金属製避難はしご、救助袋及び緩降機以外の避難器具
第６類の乙種消防設備士	簡易消火用具
第１類の甲種消防設備士若しくは乙種消防設備士、第２類の甲種消防設備士若しくは乙種消防設備士又は第３類の甲種消防設備士若しくは乙種消防設備士	パッケージ型消火設備及びパッケージ型自動消火設備
第１類の甲種消防設備士又は乙種消防設備士	共同住宅用スプリンクラー設備
第４類の甲種消防設備士又は乙種消防設備士	共同住宅用自動火災報知設備、住戸用自動火災報知設備、特定小規模施設用自動火災報知設備及び複合型居住施設用自動火災報知設備
第４類の甲種消防設備士若しくは乙種消防設備士又は第７類の乙種消防設備士	共同住宅用非常警報設備
第２類の甲種消防設備士又は乙種消防設備士	特定駐車場用泡消火設備

二　消防設備点検資格者にあっては、次の表の上欄に掲げる消防設備点検資格者の種類に応じ、同表下欄に掲げる消防用設備等又は特殊消防用設備等の種類とする。

消防設備点検資格者の種類	消防用設備等又は特殊消防用設備等の種類	
特種消防設備点検資格者	特殊消防用設備等	
第一種消防設備点検資格者	消防用設備等	消火器具、屋内消火栓設備、スプリンクラー設備、水噴霧消火設備、泡消火設備、不活性ガス消火設備、ハロゲン化物消火設備、粉末消火設備、屋外消火栓設備、動力消防ポンプ設備、消防用水、連結散水設備及び連結送水管
	必要とされる防火安全性能を有する消防の用に供する設備等	パッケージ型消火設備、パッケージ型自動消火設備、共同住宅用スプリンクラー設備、共同住宅用連結送水管及び特定駐車場用泡消火設備

第6章●参考資料

第二種消防設備点検資格者	消防用設備等	自動火災報知設備、ガス漏れ火災警報設備、漏電火災警報器、消防機関へ通報する火災報知設備、非常警報器具、非常警報設備、避難器具、誘導灯、誘導標識、排煙設備、非常コンセント設備及び無線通信補助設備
	必要とされる防火安全性能を有する消防の用に供する設備等	共同住宅用自動火災報知設備、住戸用自動火災報知設備、共同住宅用非常警報設備、共同住宅用非常コンセント設備、特定小規模施設用自動火災報知設備、加圧防排煙設備及び複合型居住施設用自動火災報知設備

　　附　　則

1　この告示は、平成16年6月1日から施行する。

2　消防設備士免状の交付を受けている者又は総務大臣
　　が認める資格を有する者が点検を行うことができる消
　　防用設備等の種類を定める件（平成12年消防庁告示第
　　24号）は、廃止する。

○消防法（抄）

〔昭和23年7月24日
法律第186号〕

最近改正　令和5年6月16日法律第58号

〔防火管理〕

第8条　学校、病院、工場、事業場、興行場、百貨店（これに準ずるものとして政令で定める大規模な小売店舗を含む。以下同じ。）、複合用途防火対象物（防火対象物で政令で定める2以上の用途に供されるものをいう。以下同じ。）その他多数の者が出入し、勤務し、又は居住する防火対象物で政令で定めるものの管理について権原を有する者は、政令で定める資格を有する者のうちから防火管理者を定め、政令で定めるところにより、当該防火対象物について消防計画の作成、当該消防計画に基づく消火、通報及び避難の訓練の実施、消防の用に供する設備、消防用水又は消火活動上必要な施設の点検及び整備、火気の使用又は取扱いに関する監督、避難又は防火上必要な構造及び設備の維持管理並びに収容人員の管理その他防火管理上必要な業務を行わせなければならない。

② 　前項の権原を有する者は、同項の規定により防火管理者を定めたときは、遅滞なくその旨を所轄消防長又は消防署長に届け出なければならない。これを解任したときも、同様とする。

③ 　消防長又は消防署長は、第1項の防火管理者が定められていないと認める場合には、同項の権原を有する者に対し、同項の規定により防火管理者を定めるべきことを命ずることができる。

④ 　消防長又は消防署長は、第1項の規定により同項の防火対象物について同項の防火管理者の行うべき防火管理上必要な業務が法令の規定又は同項の消防計画に従つて行われていないと認める場合には、同項の権原を有する者に対し、当該業務が当該法令の規定又は消防計画に従つて行われるように必要な措置を講ずべきことを命ずることができる。

⑤ 　第5条第3項及び第4項の規定は、前2項の規定による命令について準用する。

〔統括防火管理〕

第8条の2　高層建築物（高さ31メートルを超える建築物をいう。第8条の3第1項において同じ。）その他政令で定める防火対象物で、その管理について権原が分かれているもの又は地下街（地下の工作物内に設けられた店舗、事務所その他これらに類する施設で、連続して地下道に面して設けられたものと当該地下道とを合わせたものをいう。以下同じ。）でその管理について権原が分かれているもののうち消防長若しくは消

防署長が指定するものの管理について権原を有する者は、政令で定める資格を有する者のうちからこれらの防火対象物の全体について防火管理上必要な業務を統括する防火管理者（以下この条において「統括防火管理者」という。）を協議して定め、政令で定めるところにより、当該防火対象物の全体についての消防計画の作成、当該消防計画に基づく消火、通報及び避難の訓練の実施、当該防火対象物の廊下、階段、避難口その他の避難上必要な施設の管理その他当該防火対象物の全体についての防火管理上必要な業務を行わせなければならない。

② 　統括防火管理者は、前項の規定により同項の防火対象物の全体についての防火管理上必要な業務を行う場合において必要があると認めるときは、同項の権原を有する者が前条第1項の規定によりその権原に属する当該防火対象物の部分ごとに定めた同項の防火管理者に対し、当該業務の実施のために必要な措置を講ずることを指示することができる。

③ 　前条第1項の規定により前項に規定する防火管理者が作成する消防計画は、第1項の規定により統括防火管理者が作成する防火対象物の全体についての消防計画に適合するものでなければならない。

④ 　第1項の権原を有する者は、同項の規定により統括防火管理者を定めたときは、遅滞なく、その旨を所轄消防長又は消防署長に届け出なければならない。これを解任したときも、同様とする。

⑤ 　消防長又は消防署長は、第1項の防火対象物について統括防火管理者が定められていないと認める場合には、同項の権原を有する者に対し、同項の規定により統括防火管理者を定めるべきことを命ずることができる。

⑥ 　消防長又は消防署長は、第1項の規定により同項の防火対象物の全体について統括防火管理者の行うべき防火管理上必要な業務が法令の規定又は同項の消防計画に従つて行われていないと認める場合には、同項の権原を有する者に対し、当該業務が当該法令の規定又は同項の消防計画に従つて行われるように必要な措置を講ずべきことを命ずることができる。

⑦ 　第5条第3項及び第4項の規定は、前2項の規定による命令について準用する。

〔防災防火対象物品等〕

第8条の3　高層建築物若しくは地下街又は劇場、キャバレー、旅館、病院その他の政令で定める防火対象物において使用する防炎対象物品（どん帳、カーテン、展示用合板その他これらに類する物品で政令で定めるものをいう。以下この条において同じ。）は、政令で定める基準以上の防炎性能を有するものでなければならない。

② 防炎対象物品又はその材料で前項の防炎性能を有するもの（第4項において「防炎物品」という。）には、総務省令で定めるところにより、前項の防炎性能を有するものである旨の表示を付することができる。

③ 何人も、防炎対象物品又はその材料に、前項の規定により表示を付する場合及び産業標準化法（昭和24年法律第185号）その他政令で定める法律の規定により防炎対象物品又はその材料の防炎性能に関する表示で総務省令で定めるもの（次項及び第5項において「指定表示」という。）を付する場合を除くほか、前項の表示又はこれと紛らわしい表示を付してはならない。

④ 防炎対象物品又はその材料は、第2項の表示又は指定表示が付されているものでなければ、防炎物品として販売し、又は販売のために陳列してはならない。

⑤ 第1項の防火対象物の関係者は、当該防火対象物において使用する防炎対象物品について、当該防炎対象物品若しくはその材料に同項の防炎性能を与えるための処理をさせ、又は第2項の表示若しくは指定表示が付されている生地その他の材料からカーテンその他の防炎対象物品を作製させたときは、総務省令で定めるところにより、その旨を明らかにしておかなければならない。

〔住宅用防災機器〕

第9条の2 住宅の用途に供される防火対象物（その一部が住宅の用途以外の用途に供される防火対象物にあつては、住宅の用途以外の用途に供される部分を除く。以下この条において「住宅」という。）の関係者は、次項の規定による住宅用防災機器（住宅における火災の予防に資する機械器具又は設備であつて政令で定めるものをいう。以下この条において同じ。）の設置及び維持に関する基準に従つて、住宅用防災機器を設置し、及び維持しなければならない。

② 住宅用防災機器の設置及び維持に関する基準その他住宅における火災の予防のために必要な事項は、政令で定める基準に従い市町村条例で定める。

〔消防用設備等の設置、維持義務等〕

第17条 学校、病院、工場、事業場、興行場、百貨店、旅館、飲食店、地下街、複合用途防火対象物その他の防火対象物で政令で定めるものの関係者は、政令で定める消防の用に供する設備、消防用水及び消火活動上必要な施設（以下「消防用設備等」という。）について消火、避難その他の消防の活動のために必要とされる性能を有するように、政令で定める技術上の基準に従つて、設置し、及び維持しなければならない。

② 市町村は、その地方の気候又は風土の特殊性により、前項の消防用設備等の技術上の基準に関する政令又はこれに基づく命令の規定のみによつては防火の目的を充分に達し難いと認めるときは、条例で、同項の消防用設備等の技術上の基準に関して、当該政令又はこれに基づく命令の規定と異なる規定を設けることができる。

③ 第1項の防火対象物の関係者が、同項の政令若しくはこれに基づく命令又は前項の規定に基づく条例で定める技術上の基準に従つて設置し、及び維持しなければならない消防用設備等に代えて、特殊の消防用設備等その他の設備等（以下「特殊消防用設備等」という。）であつて、当該消防用設備等と同等以上の性能を有し、かつ、当該関係者が総務省令で定めるところにより作成する特殊消防用設備等の設置及び維持に関する計画（以下「設備等設置維持計画」という。）に従つて設置し、及び維持するものとして、総務大臣の認定を受けたものを用いる場合には、当該消防用設備等（それに代えて当該認定を受けた特殊消防用設備等が用いられるものに限る。）については、前2項の規定は、適用しない。

〔既存防火対象物の特例〕

第17条の2の5 第17条第1項の消防用設備等の技術上の基準に関する政令若しくはこれに基づく命令又は同条第2項の規定に基づく条例の規定の施行又は適用の際、現に存する同条第1項の防火対象物における消防用設備等（消火器、避難器具その他政令で定めるものを除く。以下この条及び次条において同じ。）又は現に新築、増築、改築、移転、修繕若しくは模様替えの工事中の同条同項の防火対象物に係る消防用設備等がこれらの規定に適合しないときは、当該消防用設備等については、当該規定は、適用しない。この場合においては、当該消防用設備等の技術上の基準に関する従前の規定を適用する。

② 前項の規定は、消防用設備等で次の各号のいずれかに該当するものについては、適用しない。

一 第17条第1項の消防用設備等の技術上の基準に関する政令若しくはこれに基づく命令又は同条第2項の規定に基づく条例を改正する法令による改正（当該政令若しくは命令又は条例を廃止すると同時に新たにこれに相当する政令若しくは命令又は条例を制定することを含む。）後の当該政令若しくは命令又は条例の規定の適用の際、当該規定に相当する従前の規定に適合していないことにより同条第1項の規定に違反している同条同項の防火対象物における消防用設備等

二 工事の着手が第17条第1項の消防用設備等の技術上の基準に関する政令若しくはこれに基づく命令又は同条第2項の規定に基づく条例の規定の施行又は適用の後である政令で定める増築、改築又は大規模の修繕若しくは模様替えに係る同条第1項の防火対象物における消防用設備等

三　第17条第1項の消防用設備等の技術上の基準に関する政令若しくはこれに基づく命令又は同条第2項の規定に基づく条例の規定に適合するに至つた同条第1項の防火対象物における消防用設備等

四　前3号に掲げるもののほか、第17条第1項の消防用設備等の技術上の基準に関する政令若しくはこれに基づく命令又は同条第2項の規定に基づく条例の規定の施行又は適用の際、現に存する百貨店、旅館、病院、地下街、複合用途防火対象物（政令で定めるものに限る。）その他同条第1項の防火対象物で多数の者が出入するものとして政令で定めるもの（以下「特定防火対象物」という。）における消防用設備等又は現に新築、増築、改築、移転、修繕若しくは模様替えの工事中の特定防火対象物に係る消防用設備等

〔既存防火対象物の用途変更の特例〕

第17条の3　前条に規定する場合のほか、第17条第1項の防火対象物の用途が変更されたことにより、当該用途が変更された後の当該防火対象物における消防用設備等がこれに係る同条同項の消防用設備等の技術上の基準に関する政令若しくはこれに基づく命令又は同条第2項の規定に基づく条例の規定に適合しないこととなるときは、当該消防用設備等については、当該規定は、適用しない。この場合においては、当該用途が変更される前の当該防火対象物における消防用設備等の技術上の基準に関する規定を適用する。

②　前項の規定は、消防用設備等で次の各号の一に該当するものについては、適用しない。

一　第17条第1項の防火対象物の用途が変更された際、当該用途が変更される前の当該防火対象物における消防用設備等に係る同条同項の消防用設備等の技術上の基準に関する政令若しくはこれに基づく命令又は同条第2項の規定に基づく条例の規定に適合していないことにより同条第1項の規定に違反している当該防火対象物における消防用設備等

二　工事の着手が第17条第1項の防火対象物の用途の変更の後である政令で定める増築、改築又は大規模の修繕若しくは模様替えに係る当該防火対象物における消防用設備等

三　第17条第1項の消防用設備等の技術上の基準に関する政令若しくはこれに基づく命令又は同条第2項の規定に基づく条例の規定に適合するに至つた同条第1項の防火対象物における消防用設備等

四　前3号に掲げるもののほか、第17条第1項の防火対象物の用途が変更され、その変更後の用途が特定防火対象物の用途である場合における当該特定防火対象物における消防用設備等

〔消防用設備等の設置の届出及び検査〕

第17条の3の2　第17条第1項の防火対象物のうち特定防火対象物その他の政令で定めるものの関係者は、同項の政令若しくはこれに基づく命令若しくは同条第2項の規定に基づく条例で定める技術上の基準（第17条の2の5第1項前段又は前条第1項前段に規定する場合には、それぞれ第17条の2の5第1項後段又は前条第1項後段の規定により適用されることとなる技術上の基準とする。以下「設備等技術基準」という。）又は設備等設置維持計画に従つて設置しなければならない消防用設備等又は特殊消防用設備等（政令で定めるものを除く。）を設置したときは、総務省令で定めるところにより、その旨を消防長又は消防署長に届け出て、検査を受けなければならない。

〔消防用設備等の点検及び報告〕

第17条の3の3　第17条第1項の防火対象物（政令で定めるものを除く。）の関係者は、当該防火対象物における消防用設備等又は特殊消防用設備等（第8条の2の2第1項の防火対象物にあつては、消防用設備等又は特殊消防用設備等の機能）について、総務省令で定めるところにより、定期に、当該防火対象物のうち政令で定めるものにあつては消防設備士免状の交付を受けている者又は総務省令で定める資格を有する者に点検させ、その他のものにあつては自ら点検し、その結果を消防長又は消防署長に報告しなければならない。

第6章●参考資料

○消防法施行令（抄）

> 昭和３６年３月２５日
> 政　令　第　３７　号

最近改正　令和6年3月30日政令第161号

（消防用設備等の種類）

第7条　法第17条第１項の政令で定める消防の用に供する設備は、消火設備、警報設備及び避難設備とする。

2　前項の消火設備は、水その他消火剤を使用して消火を行う機械器具又は設備であつて、次に掲げるものとする。

　一　消火器及び次に掲げる簡易消火用具
　　イ　水バケツ
　　ロ　水槽（そう）
　　ハ　乾燥砂
　　ニ　膨張ひる石又は膨張真珠岩
　二　屋内消火栓（せん）設備
　三　スプリンクラー設備
　四　水噴霧消火設備
　五　泡（あわ）消火設備
　六　不活性ガス消火設備
　七　ハロゲン化物消火設備
　八　粉末消火設備
　九　屋外消火栓（せん）設備
　十　動力消防ポンプ設備

3　第１項の警報設備は、火災の発生を報知する機械器具又は設備であつて、次に掲げるものとする。

　一　自動火災報知設備
　一の二　ガス漏れ火災警報設備（液化石油ガスの保安の確保及び取引の適正化に関する法律（昭和42年法律第149号）第２条第３項に規定する液化石油ガス販売事業によりその販売がされる液化石油ガスの漏れを検知するためのものを除く。以下同じ。）
　二　漏電火災警報器
　三　消防機関へ通報する火災報知設備
　四　警鐘、携帯用拡声器、手動式サイレンその他の非常警報器具及び次に掲げる非常警報設備
　　イ　非常ベル
　　ロ　自動式サイレン
　　ハ　放送設備

4　第１項の避難設備は、火災が発生した場合において避難するために用いる機械器具又は設備であつて、次に掲げるものとする。

　一　すべり台、避難はしご、救助袋、緩降機、避難橋その他の避難器具
　二　誘導灯及び誘導標識

5　法第17条第１項の政令で定める消防用水は、防火水槽又はこれに代わる貯水池その他の用水とする。

6　法第17条第１項の政令で定める消火活動上必要な施設は、排煙設備、連結散水設備、連結送水管、非常コンセント設備及び無線通信補助設備とする。

7　第１項及び前２項に規定するもののほか、第29条の４第１項に規定する必要とされる防火安全性能を有する消防の用に供する設備等は、法第17条第１項に規定する政令で定める消防の用に供する設備、消防用水及び消火活動上必要な施設とする。

（必要とされる防火安全性能を有する消防の用に供する設備等に関する基準）

第29条の4　法第17条第１項の関係者は、この節の第２款から前款までの規定により設置し、及び維持しなければならない同項に規定する消防用設備等（以下この条において「通常用いられる消防用設備等」という。）に代えて、総務省令で定めるところにより消防長又は消防署長が、その防火安全性能（火災の拡大を初期に抑制する性能、火災時に安全に避難することを支援する性能又は消防隊による活動を支援する性能をいう。以下この条及び第36条第２項第４号において同じ。）が当該通常用いられる消防用設備等の防火安全性能と同等以上であると認める消防の用に供する設備、消防用水又は消火活動上必要な施設（以下この条、第34条第８号及び第36条の２において「必要とされる防火安全性能を有する消防の用に供する設備等」という。）を用いることができる。

2　前項の場合においては、同項の関係者は、必要とされる防火安全性能を有する消防の用に供する設備等について、通常用いられる消防用設備等と同等以上の防火安全性能を有するように設置し、及び維持しなければならない。

3　通常用いられる消防用設備等（それに代えて必要とされる防火安全性能を有する消防の用に供する設備等が用いられるものに限る。）については、この節の第２款から前款までの規定は、適用しない。

〔基準の特例〕

第32条　この節の規定は、消防用設備等について、消防長又は消防署長が、防火対象物の位置、構造又は設備の状況から判断して、この節の規定による消防用設備等の基準によらなくとも、火災の発生又は延焼のおそれが著しく少なく、かつ、火災等の災害による被害を最少限度に止めることができると認めるときにおいては、適用しない。

消防法施行規則

○消防法施行規則（抄）

$$\begin{bmatrix} 昭 和 3 6 年 4 月 1 日 \\ 自 治 省 令 第 6 号 \end{bmatrix}$$

最近改正　令和6年3月29日総務省令第25号

（スプリンクラー設備を設置することを要しない構造）

第12条の2　令第12条第1項第1号及び第9号の総務省令で定める構造は、次の各号に掲げる防火対象物又はその部分の区分に応じ、次の各号に定めるところにより、当該防火対象物又はその部分に設置される区画を有するものとする。

一　令別表第1（6）項イ（1）及び（2）並びにロ、(16)項イ並びに（16の2）項に掲げる防火対象物（同表(16)項イ及び（16の2）項に掲げる防火対象物にあつては、同表（6）項イ（1）若しくは（2）又はロに掲げる防火対象物の用途に供される部分に限る。次号において同じ。）で、基準面積（令第12条第2項第3号の2に規定する床面積の合計をいう。以下この項、第13条第3項、第13条の5第1項及び第13条の6第1項において同じ。）が1,000平方メートル未満のもの　次に定めるところにより設置される区画を有するものであること。

イ　当該防火対象物又はその部分の居室を準耐火構造（建築基準法第2条第7号の2に規定する準耐火構造をいう。以下同じ。）の壁及び床で区画したものであること。

ロ　壁及び天井（天井のない場合にあつては、屋根）の室内に面する部分（回り縁、窓台その他これらに類する部分を除く。）の仕上げを地上に通ずる主たる廊下その他の通路にあつては準不燃材料（建築基準法施行令第1条第5号に規定する準不燃材料をいう。以下同じ。）で、その他の部分にあつては難燃材料でしたものであること。ただし、居室（もつぱら当該施設の職員が使用することとされているものを除く。以下次項において「入居者等の利用に供する居室」という。）が避難階のみに存する防火対象物で、延べ面積が275平方メートル未満のもののうち、次項第2号の規定の例によるものにあつては、この限りでない。

ハ　区画する壁及び床の開口部の面積の合計が8平方メートル以下であり、かつ、一の開口部の面積が4平方メートル以下であること。

ニ　ハの開口部には、防火戸（廊下と階段とを区画する部分以外の開口部にあつては、防火シャッターを除く。）で、随時開くことができる自動閉鎖装置付きのもの又は次に定める構造のものを設

けたものであること。

（イ）随時閉鎖することができ、かつ、煙感知器（イオン化式スポット型感知器、光電式感知器及び煙複合式スポット型感知器をいう。以下同じ。）の作動と連動して閉鎖すること。

（ロ）居室から地上に通ずる主たる廊下、階段その他の通路に設けるものにあつては、直接手で開くことができ、かつ、自動的に閉鎖する部分を有し、その部分の幅、高さ及び下端の床面からの高さが、それぞれ、75センチメートル以上、1.8メートル以上及び15センチメートル以下であること。

ホ　区画された部分すべての床の面積が100平方メートル以下であり、かつ、区画された部分すべてが4以上の居室を含まないこと。

二　令別表第1（6）項イ（1）及び（2）並びにロ、(16)項イ並びに（16の2）項に掲げる防火対象物で、基準面積が1,000平方メートル以上のもの　次に定めるところにより設置される区画を有するものであること。

イ　当該防火対象物又はその部分の居室を耐火構造の壁及び床で区画したものであること。

ロ　壁及び天井（天井のない場合にあつては、屋根）の室内に面する部分（回り縁、窓台その他これらに類する部分を除く。）の仕上げを地上に通ずる主たる廊下その他の通路にあつては準不燃材料で、その他の部分にあつては難燃材料でしたものであること。

ハ　区画する壁及び床の開口部の面積の合計が8平方メートル以下であり、かつ、一の開口部の面積が4平方メートル以下であること。

ニ　ハの開口部には、建築基準法施行令第112条第1項に規定する特定防火設備である防火戸（以下「特定防火設備である防火戸」という。）（廊下と階段とを区画する部分以外の開口部にあつては、防火シャッターを除く。）で、随時開くことができる自動閉鎖装置付きのもの若しくは次に定める構造のもの又は防火戸（防火シャッター以外のものであって、2以上の異なつた経路により避難することができる部分の出入口以外の開口部で、直接外気に開放されている廊下、階段その他の通路に面し、かつ、その面積の合計が4平方メートル以内のものに設けるものに限る。）を設けたものであること。

（イ）随時閉鎖することができ、かつ、煙感知器の作動と連動して閉鎖すること。

（ロ）居室から地上に通ずる主たる廊下、階段その他の通路に設けるものにあつては、直接手で

275

第6章●参考資料

開くことができ、かつ、自動的に閉鎖する部分
を有し、その部分の幅、高さ及び下端の床面か
らの高さが、それぞれ、75センチメートル以
上、1.8メートル以上及び15センチメートル以
下であること。

ホ　区画された部分すべての床の面積が200平方
メートル以下であること。

2　（略）

3　第1項の規定にかかわらず、令別表第1（16）項イ
に掲げる防火対象物（同表（5）項ロ及び（6）項ロ
に掲げる防火対象物の用途以外の用途に供される部分
が存しないものに限る。）の部分で同表（6）項ロに
掲げる防火対象物の用途に供される部分のうち、延べ
面積が275平方メートル未満のもの（第1項第1号に
定めるところにより設置される区画を有するものを除
く。以下この条において「特定住戸部分」という。）
においては、令第12条第1項第1号の総務省令で定め
る構造は、次の各号に定める区画を有するものとす
る。

一　特定住戸部分の各住戸を準耐火構造の壁及び床で
区画したものであること。

二　特定住戸部分の各住戸の主たる出入口が、直接外
気に開放され、かつ、当該部分における火災時に生
ずる煙を有効に排出することができる廊下に面して
いること。

三　前号の主たる出入口は、第1項第1号ニの規定に
よる構造を有するものであること。

四　壁及び天井（天井のない場合にあつては、屋根）
の室内に面する部分（回り縁、窓台その他これらに
類する部分を除く。）の仕上げを第2号の廊下に通
ずる通路にあつては準不燃材料で、その他の部分に
あつては難燃材料でしたものであること。

五　第2号の廊下に通ずる通路を消防庁長官が定める
ところにより設けたものであること。

六　居室及び通路に煙感知器を設けたものであるこ
と。

七　特定住戸部分の各住戸の床の面積が100平方メー
トル以下であること。

○建築基準法（抄）

〔昭和25年5月24日
　法律第201号〕

最近改正　令和5年6月16日法律第63号

（用語の定義）

第2条　この法律において次の各号に掲げる用語の意義
は、当該各号に定めるところによる。

一〜四　（略）

五　主要構造部　壁、柱、床、はり、屋根又は階段を
いい、建築物の構造上重要でない間仕切壁、間柱、
付け柱、揚げ床、最下階の床、回り舞台の床、小ば
り、ひさし、局部的な小階段、屋外階段その他これ
らに類する建築物の部分を除くものとする。

六　（略）

七　耐火構造　壁、柱、床その他の建築物の部分の構
造のうち、耐火性能（通常の火災が終了するまでの
間当該火災による建築物の倒壊及び延焼を防止する
ために当該建築物の部分に必要とされる性能をい
う。）に関して政令で定める技術的基準に適合する
鉄筋コンクリート造、れんが造その他の構造で、国
土交通大臣が定めた構造方法を用いるもの又は国土
交通大臣の認定を受けたものをいう。

七の二・八　（略）

九　不燃材料　建築材料のうち、不燃性能（通常の火
災時における火熱により燃焼しないことその他の政
令で定める性能をいう。）に関して政令で定める技
術的基準に適合するもので、国土交通大臣が定めた
もの又は国土交通大臣の認定を受けたものをいう。

九の二　耐火建築物　次に掲げる基準に適合する建築
物をいう。

イ　その主要構造部のうち、防火上及び避難上支障
がないものとして政令で定める部分以外の部分
（以下「特定主要構造部」という。）が、（1）又
は（2）のいずれかに該当すること。

（1）　耐火構造であること。

（2）　次に掲げる性能（外壁以外の特定主要構造
部にあつては、（ⅰ）に掲げる性能に限る。）に
関して政令で定める技術的基準に適合するもの
であること。

（ⅰ）　当該建築物の構造、建築設備及び用途に
応じて屋内において発生が予測される火災に
よる火熱に当該火災が終了するまで耐えるこ
と。

（ⅱ）　当該建築物の周囲において発生する通常
の火災による火熱に当該火災が終了するまで
耐えること。

ロ その外壁の開口部で延焼のおそれのある部分に、防火戸その他の政令で定める防火設備（その構造が遮炎性能（通常の火災時における火炎を有効に遮るために防火設備に必要とされる性能をいう。第27条第1項において同じ。）に関して政令で定める技術的基準に適合するもので、国土交通大臣が定めた構造方法を用いるもの又は国土交通大臣の認定を受けたものに限る。）を有すること。

九の三〜三十五　（略）

○建築基準法施行令（抄）

$$\left[\begin{array}{l}\text{昭和25年11月16日}\\\text{政 令 第 3 3 8 号}\end{array}\right]$$

最近改正　令和6年1月4日政令第1号

（用語の定義）

第1条 この政令において次の各号に掲げる用語の意義は、それぞれ当該各号に定めるところによる。

一〜四　（略）

五　準不燃材料　建築材料のうち、通常の火災による火熱が加えられた場合に、加熱開始後10分間第108条の2各号（建築物の外部の仕上げに用いるものにあつては、同条第1号及び第2号）に掲げる要件を満たしているものとして、国土交通大臣が定めたもの又は国土交通大臣の認定を受けたものをいう。

六　難燃材料　建築材料のうち、通常の火災による火熱が加えられた場合に、加熱開始後5分間第108条の2各号（建築物の外部の仕上げに用いるものにあつては、同条第1号及び第2号）に掲げる要件を満たしているものとして、国土交通大臣が定めたもの又は国土交通大臣の認定を受けたものをいう。

（耐火性能に関する技術的基準）

第107条 法第2条第7号の政令で定める技術的基準は、次に掲げるものとする。

一　次の表の上欄に掲げる建築物の部分にあつては、当該各部分に通常の火災による火熱が同表の下欄に掲げる当該部分の存する階の区分に応じそれぞれ同欄に掲げる時間加えられた場合に、構造耐力上支障のある変形、溶融、破壊その他の損傷を生じないものであること。

建築物の部分		時間				
		最上階及び最上階から数えた階数が2以上で4以内の階	最上階から数えた階数が5以上で9以内の階	最上階から数えた階数が10以上で14以内の階	最上階から数えた階数が15以上で19以内の階	最上階から数えた階数が20以上の階
壁	間仕切壁（耐力壁に限る。）	1時間	1.5時間	2時間	2時間	2時間
	外壁（耐力壁に限る。）	1時間	1.5時間	2時間	2時間	2時間
柱		1時間	1.5時間	2時間	2.5時間	3時間
床		1時間	1.5時間	2時間	2時間	2時間
はり		1時間	1.5時間	2時間	2.5時間	3時間
屋根						30分間
階段						30分間

備考
一　第2条第1項第8号の規定により階数に算入されない屋上部分がある建築物の当該屋上部分は、この表の適用については、建築物の最上階に含まれるものとする。
二　この表における階数の算定については、第2条第1項第8号の規定にかかわらず、地階の部分の階数は、全て算入するものとする。

第6章●参考資料

二　前号に掲げるもののほか、壁及び床にあつては、これらに通常の火災による火熱が1時間（非耐力壁である外壁の延焼のおそれのある部分以外の部分にあつては、30分間）加えられた場合に、当該加熱面以外の面（屋内に面するものに限る。）の温度が当該面に接する可燃物が燃焼するおそれのある温度として国土交通大臣が定める温度（以下「可燃物燃焼温度」という。）以上に上昇しないものであること。

三　前2号に掲げるもののほか、外壁及び屋根にあつては、これらに屋内において発生する通常の火災による火熱が1時間（非耐力壁である外壁の延焼のおそれのある部分以外の部分及び屋根にあつては、30分間）加えられた場合に、屋外に火炎を出す原因となる亀裂その他の損傷を生じないものであること。

（給水、排水その他の配管設備の設置及び構造）

第129条の2の4　建築物に設ける給水、排水その他の配管設備の設置及び構造は、次に定めるところによらなければならない。

一〜六　（略）

七　給水管、配電管その他の管が、第112条第20項の準耐火構造の防火区画、第113条第1項の防火壁若しくは防火床、第114条第1項の界壁、同条第2項の間仕切壁又は同条第3項若しくは第4項の隔壁（ハにおいて「防火区画等」という。）を貫通する場合においては、これらの管の構造は、次のイからハまでのいずれかに適合するものとすること。ただし、1時間準耐火基準に適合する準耐火構造の床若しくは壁又は特定防火設備で建築物の他の部分と区画されたパイプシャフト、パイプダクトその他これらに類するものの中にある部分については、この限りでない。

イ　給水管、配電管その他の管の貫通する部分及び当該貫通する部分からそれぞれ両側に1メートル以内の距離にある部分を不燃材料で造ること。

ロ　給水管、配電管その他の管の外径が、当該管の用途、材質その他の事項に応じて国土交通大臣が定める数値未満であること。

ハ　（略）

八　（略）

2、3　（略）

○可燃物燃焼温度を定める件

〔平成12年5月31日〕
〔建設省告示第1432号〕

建築基準法施行令第107条第2号に規定する可燃物燃焼温度は、次の各号に掲げる区分に応じ、それぞれ当該各号に定める温度のいずれか高い方の温度とする。

一　加熱面以外の面のうち最も温度が高い部分の温度　摂氏200度

二　加熱面以外の面の全体について平均した場合の温度　摂氏160度

○準耐火構造の防火区画等を貫通する給水管、配電管その他の管の外径を定める件

平成12年5月31日
建設省告示第1422号

最近改正 令和2年4月1日国土交通省告示第508号

建築基準法施行令（以下「令」という。）第129条の2の4第1項第7号ロの規定に基づき国土交通大臣が定める準耐火構造の防火区画等を貫通する給水管、配電管その他の管（以下「給水管等」という。）の外径は、給水管等の用途、覆いの有無、材質、肉厚及び当該給水管等が貫通する床、壁、柱又ははり等の構造区分に応じ、それぞれ次の表に掲げる数値とする。

給水管等の用途	覆いの有無	材質	肉厚	給水管等の外径			
				給水管等が貫通する床、壁、柱又ははり等の構造区分			
				防火構造	30分 耐火構造	1時間 耐火構造	2時間 耐火構造
給水管		難燃材料又は硬質塩化ビニル	5.5ミリメートル以上	90ミリメートル	90ミリメートル	90ミリメートル	90ミリメートル
			6.6ミリメートル以上	115ミリメートル	115ミリメートル	115ミリメートル	90ミリメートル
配電管		難燃材料又は硬質塩化ビニル	5.5ミリメートル以上	90ミリメートル	90ミリメートル	90ミリメートル	90ミリメートル
排水管及び排水管に附属する通気管	覆いのない場合	難燃材料又は硬質塩化ビニル	4.1ミリメートル以上	61ミリメートル	61ミリメートル	61ミリメートル	61ミリメートル
			5.5ミリメートル以上	90ミリメートル	90ミリメートル	90ミリメートル	61ミリメートル
			6.6ミリメートル以上	115ミリメートル	115ミリメートル	90ミリメートル	61ミリメートル
	厚さ0.5ミリメートル以上の鉄板で覆われている場合	難燃材料又は硬質塩化ビニル	5.5ミリメートル以上	90ミリメートル	90ミリメートル	90ミリメートル	90ミリメートル
			6.6ミリメートル以上	115ミリメートル	115ミリメートル	115ミリメートル	90ミリメートル
			7.0ミリメートル以上	141ミリメートル	141ミリメートル	115ミリメートル	90ミリメートル

1　この表において、30分耐火構造、1時間耐火構造及び2時間耐火構造とは、通常の火災時の加熱にそれぞれ30分、1時間及び2時間耐える性能を有する構造をいう。

2　給水管等が貫通する令第112条第16項ただし書の場合における同項ただし書のひさし、床、袖壁その他これらに類するものは、30分耐火構造とみなす。

3　内部に電線等を挿入していない予備配管にあっては、当該管の先端を密閉してあること。

特定共同住宅等の消防用設備等技術基準解説　第2次改訂版

令和6年12月16日　第1刷発行

編　集　特定共同住宅等防火安全対策研究会
発　行　株式会社　**ぎょうせい**

〒136-8575　東京都江東区新木場1-18-11
URL：https://gyosei.jp

フリーコール　0120-953-431

ぎょうせい　お問い合わせ　検索　https://gyosei.jp/inquiry/

〈検印省略〉

印刷／ぎょうせいデジタル㈱　©2024　Printed in Japan.　禁無断転載・複製
※乱丁・落丁本はお取り替えいたします。
ISBN978-4-324-11461-2
(5108970-00-000)
〔略号：共住設備（2訂）〕